D1723472

GESCHICHTE DER LANDSCHAFT IN MITTELEUROPA

250 JAHRE
C.H.Beck
JUBILÄUMS
EDITION

Alexander Demandt
ALEXANDER DER GROSSE
Leben und Legende

Johannes Fried
DAS MITTELALTER
Geschichte und Kultur

Saul Friedländer · Orna Kenan
DAS DRITTE REICH UND DIE JUDEN
1933–1945

Hansjörg Küster
GESCHICHTE DER LANDSCHAFT
IN MITTELEUROPA
Von der Eiszeit bis zur Gegenwart

Helmuth James und Freya von Moltke
ABSCHIEDSBRIEFE GEFÄNGNIS TEGEL
September 1944–Januar 1945

Jürgen Osterhammel
DIE VERWANDLUNG DER WELT
Eine Geschichte des 19. Jahrhunderts

Hans Pleschinski
NIE WAR ES HERRLICHER ZU LEBEN
Das geheime Tagebuch des Herzogs von Croÿ
1718–1784

Heinrich August Winkler
GESCHICHTE DES WESTENS
Von den Anfängen in der Antike bis zum 20. Jahrhundert

Hansjörg Küster

GESCHICHTE DER LANDSCHAFT IN MITTELEUROPA

Von der Eiszeit
bis zur Gegenwart

C.H.BECK

Dieses Buch erschien zuerst 1995 in gebundener Form.
Grundlage dieser Ausgabe ist die
4., vollständig überarbeitete und aktualisierte Auflage 2010.

Mit 216 Abbildungen und Karten (davon 201 in Farbe)

Jubiläumsedition 2013

© Verlag C.H.Beck oHG, München 1995
Umschlaggestaltung:
Kunst oder Reklame, München
Umschlagabbildung:
Saarschleife bei Mettlach, © vario images
Satz und Litho: Kösel, Krugzell
Druck und Bindung: Offizin Andersen Nexö, Zwenkau
Gedruckt auf säurefreiem, alterungsbeständigem Papier
(hergestellt aus chlorfrei gebleichtem Zellstoff)
Printed in Germany
ISBN 978 3 406 64438 2

www.beck.de

Inhalt

Im Gedenken an Carl Duve

Vorwort zur Neuausgabe

Die „Geschichte der Landschaft in Mitteleuropa" hat seit 1995, als das Buch zum ersten Mal erschien, weite Verbreitung gefunden. Für die Neuausgabe musste der Text an vielen Stellen verändert werden. Dabei konnten Fehler und Ungenauigkeiten korrigiert werden. Völlig neu geschrieben wurden die Kapitel zur Natur- und Siedlungsgeschichte an Nord- und Ostsee. Ebenfalls neu dargestellt wurden die Zusammenhänge zu Schlössern und Gärten; die Grundlage bildeten dabei neue Erkenntnisse, die ich in den letzten Jahren bei der Arbeit am Buch zum Gartenreich Dessau-Wörlitz gewinnen konnte. Vor allem musste der dargestellte Zeitraum erweitert werden. Die Geschichte der Landschaft endet nun nicht mehr in den 1990er Jahren, kurz nach der Wiedervereinigung der beiden deutschen Staaten, wie in früheren Auflagen des Buches. Seit dieser Zeit hat sich Landschaft ebenso verändert wie in früheren Zeiten, was in einem neu eingefügten 33. Kapitel dargestellt wird: Viele Landschaften werden heute von Windkraft- und Solaranlagen, durch die weitere Konzentration der Landwirtschaft auf wenige Großbetriebe, von Lärmschutzwänden an Eisenbahnlinien und Autobahnen und große Güterverteilzentren geprägt. Zahlreiche Bilder, die nicht mehr aktuell waren, wurden ausgetauscht.

Die jüngsten Veränderungen von Landschaft sollen ebenso wie ältere in erster Linie dargestellt, aber nicht bewertet werden. Eine Bewertung von Landschaftsveränderungen ist nämlich nur dann möglich, wenn sie zum allgemeinen Wandel unseres Alltagslebens in Beziehung gesetzt werden. Zwischen unserem Leben und der Landschaft, die uns umgibt, bestehen zahlreiche Zusammenhänge. Dies ist heute nicht anders als vor Jahrtausenden. Die Geschichte der Landschaft ist also ein Spiegel gesellschaftlicher Entwicklungen – und das ist einer der Gründe dafür, warum die Beschäftigung mit Landschaft und ihrer Geschichte so faszinierend ist.

Der Autor dieses Buches dankt Lehrern, Kollegen und Freunden für zahlreiche Anregungen, vor allem Burkhard Frenzel (†), Ansgar Hoppe (Hannover), Udelgard Körber-Grohne (Wiesensteig), Georg Kossack (†), Joachim Pötsch (Potsdam), Richard Pott (Hannover), Wolf Tietze (†) und Klaus Wächtler (Eutin). Das Buch ist dem Andenken an Carl Duve (1889–1984) gewidmet. Carl Duve hat als engagierter Naturschützer und Naturschutzbeauftragter der Stadt Hamburg eine umfangreiche biologische und landeskundliche Bibliothek zusammengetragen, die ich nach seinem Tod erwerben konnte. Einen großen Teil seiner Bücher konnte ich zum Schreiben meines Buches nutzen.

Georg Kossack und Götz Küster, mein Vater, haben das Manuskript des Buches gelesen; ihre Ermunterung und ihre Kritik waren mir besonders wichtig. Ernst-Peter Wieckenberg hat das Unternehmen, eine Geschichte der Landschaft zu schreiben, über Jahre hinweg stetig gefördert. Neben ihm halfen bei früheren Auflagen vor allem Stephan Meyer (Lektorat) und Dorothee Röhl (Herstellung), bei der Neuauflage Stefan Bollmann und Angelika von der Lahr (Lektorat) und Christa Schauer (Herstellung), aus einem Manuskript ein Buch werden zu lassen. Ihnen allen und keineswegs zuletzt Wolfgang Beck, dem Verleger des Buches, gilt mein sehr herzlicher Dank.

Hannover, im Juni 2010   Hansjörg Küster

1. Eine Geschichte ohne Anfang, ohne Daten, ohne Ende

Die Landschaft Mitteleuropas, wie sie sich heute darstellt, ist im Verlauf von Jahrmillionen durch das Zusammenwirken vieler verschiedener Faktoren entstanden. Geologische Prozesse, das Klima und seine Wandlungen, Tiere, Pflanzen und schließlich der Mensch hinterließen ihre Spuren. Die Frage nach der Entstehung der Landschaften als einem Teil der Erde, nach der Entstehung des menschlichen Lebensraumes bewegt den Menschen seit Tausenden von Jahren. In Mythen und wissenschaftlichen Untersuchungen hat man versucht, Antworten darauf zu finden. Jeder dieser Versuche läuft darauf hinaus, das Zusammenwirken der Prozesse als ein historisches Nacheinander zu erläutern – wie im Schöpfungsmythos der Bibel. Es ist folgerichtig, dass zuerst der Himmel und die Erde, dann die Gebirge, die Pflanzen, schließlich die Tiere und der Mensch „erschaffen" wurden. Denn zuerst müssen Himmel und Erde da sein, bevor Leben entstehen kann, und es muss vor dem ersten Auftreten von Tieren Pflanzen geben, die Sauerstoff und Nahrung für die Tiere „produzieren". Fundamentales ist aber „falsch" im Schöpfungsmythos (soweit ein Mythos „falsch" sein kann). Abgesehen davon, dass die Schöpfung natürlich sehr viel länger dauerte als nur ein paar Tage, muss noch etwas anderes Grundsätzliches hervorgehoben werden: Nach dem ersten Schöpfungstag war das Werden von Himmel und Erde keineswegs abgeschlossen. Himmel und Erde veränderten auch im Verlauf der folgenden „Tage" ständig ihre Gestalt. Und auch die anderen „Tagwerke" der Schöpfung hatten zwar einen Beginn, aber in keinem Fall ein Ende. Am Abend jeden Schöpfungstages war nie etwas fertig. Am sechsten Schöpfungstag fanden alle Prozesse der Erschaffung der Welt auf einmal statt: Die Erde veränderte ihre Form, Berge entstanden und vergingen, neue Pflanzen erschienen, andere starben aus; mit den Tieren verhielt es sich genauso, und auch der einmal erschaffene Mensch veränderte sich über den sechsten Schöpfungstag hinaus – und so ist es bis auf den heutigen Tag geblieben. Das, was uns umgibt, ist nie fertig, scheint aber immer fertig zu sein: unsere scheinbar so stabile Umwelt.

Diese Überlegung ist für das Verständnis der Geschichte der Landschaft in Mitteleuropa, der Geschichte jeden Teils der Erde, der Erde als Ganzem von Bedeutung. Am Beginn standen allein geologische Prozesse, später kam die Entwicklung der Pflanzen- und Tierwelt, schließlich die Evolution des Menschen hinzu. Damit waren aber die geologischen Vorgänge nicht abgeschlossen – sie wirkten ebenso wie alle anderen Prozesse auch weiterhin auf die Entstehung der Landschaft ein.

Die Bedeutung einzelner Faktoren änderte sich im Lauf der Zeit. Am Anfang der Erdgeschichte, als es noch kein Leben auf unserem Planeten gab, wurde die Landschaftsentwicklung allein von geologischen Prozessen bestimmt. Später wurden andere landschaftsprägende Faktoren ebenfalls wichtig, wodurch die geologischen Prozesse – lediglich relativ gesehen – weniger wichtig wurden. Der Faktor „Geologie" wurde einer unter mehreren.

Ganz am Ende der Landschaftsgeschichte wurden alle sie prägenden Faktoren von einem sehr entscheidenden überlagert: In den letzten Jahrtausenden bestimmte der Mensch in immer stärker werdendem Maße das Bild seiner Umwelt. Und in diesen Jahrtausenden entstand die weithin von Menschen geprägte Landschaft, die uns heute umgibt. Ihre Entstehung ist aber nicht das Werk des Menschen allein. Auch in den letzten Jahrtausenden wirkten neben den anthropogenen Faktoren andere auf die Umwelt ein: Immer noch bebt die Erde, Pflanzen- und Tierarten entstehen neu, andere sterben aus, das Klima verändert sich. Landschaft ist stets von Natur und menschlicher Gestaltung bestimmt. Sie wird außerdem von Menschen interpretiert. Landschaft entsteht im Kopf des Betrachters und ist eigentlich das, was der Maler auf seine Leinwand bannt: das Sichtbare und dessen Interpretation.

Bei der Formung von Landschaft konnte Homo sapiens nicht nach Belieben handeln; sein Verhalten ist vielfach von seiner Umwelt geprägt worden. Er versuchte immer, seinen Lebensraum so genau wie möglich kennenzulernen, bevor er begann, ihn zu verändern. Natürlich gelang es ihm nie, seine Umgebung total zu erfassen, aber die Neugier, dies zu tun, ist etwas spezifisch Menschliches.

Wann die Gestaltung von Landschaft, das Werk des Menschen an ihr, an seiner Umwelt begann, lässt sich nicht sagen. Und die anthropogene Gestaltung der Umwelt kann niemals abgeschlossen sein. Der Mensch beklagt seit Jahrtausenden die Umgestaltung seines Lebensraumes, aber er will sie dennoch. Dabei sollen die ihm bewussten und unbewussten Traditionen, die sein Leben in der Landschaft hat, auch bei der Entstehung des Neuen beachtet werden, des Neuen, des Idealen, nie Erreichbaren. Lange nachdem Homo sapiens mit der Umgestaltung seiner Umwelt begonnen hatte, gab er sich mit dem göttlichen Wort „Machet euch die Erde untertan" einen auch religiös begründeten Auftrag für sein Handeln.

Die Landschaftsgeschichte ist eine Geschichte ohne konkret erfassbaren Anfang. In vielen Büchern zu diesem Thema beginnt die Darstellung mit dem Zeitpunkt, zu dem Nachrichten über die Landschaft und ihren Wandel erstmals historisch registriert, also aufgeschrieben wurden, in Mitteleuropa meist im frühen oder hohen Mittelalter. Das Bild und der Wandel der Landschaft waren aber nebensächliche Themen in frühen Aufzeichnungen. Aus jüngeren Epochen gibt es mehr Nachrichten darüber, aber auch heute werden viele Wandlungen von Landschaft nicht historisch registriert, beispielsweise das Abholzen eines Feldgehölzes oder die Drainage einer Wiese. Doch Feldgehölz und Wiese bestimmen das Bild von Landschaft entscheidend! Mit diesen Landschaftsstrukturen wird oft verständnislos umgegangen, vielleicht deswegen, weil nichts über sie geschrieben wurde und der Mensch ihren Sinn und ihre Entstehung nicht begriffen hat.

Der Aufbau unserer Umwelt ist von beinahe gesetzmäßigen Prozessen bestimmt worden. Dabei haben alle Strukturen, also Feld, Wald, Wiese und Dorf, ihren „richtigen" Platz in der Landschaft bekommen. Der historisch nicht registrierten Landschaftsgeschichte darf man keine quasihistorische Geschichtlichkeit überstülpen, aber ohne einen folgerichtigen Aufbau lässt sich keine Geschichte schreiben. Man muss einem historischen Gerüst folgen, wobei dies aber nicht so verstanden werden darf wie der biblische Bericht über die Schöpfung. Das in diesem Buch Geschilderte ist nicht immer im strengen Nacheinander abgelaufen. Viele Prozesse haben sich durchdrungen, liefen nebeneinander ab, haben keinen Anfang, kein Ende.

Meine Darstellung soll nicht erst mit dem Zeitpunkt beginnen, zu dem historische Überlieferung einsetzte, sondern mit der Beschreibung von Epochen der Landschaftsgeschichte, auf deren Entwicklung Homo sapiens keinen Einfluss nahm, in denen sich also Urlandschaft entwickelte und wandelte (auch sie ist nichts Statisches!). In die Darstellung einbezogen werden müssen die Jahrtausende, in denen eine Besiedlung durch Jäger und Sammler, später durch Bauern einsetzte und zum Alltag wurde, ohne dass auch nur ein Wort darüber in die Geschichte einging. Diese Jahrtausende der Vorgeschichte liegen zwar „vor der Geschichte", in ihnen bildeten sich aber entscheidende Grundstrukturen der von Menschen geprägten Landschaft. Auf diese für die Historiker so dunkle Phase folgte die erhellbare Zeit der Geschichte, wobei die Historiker auf Grund der Quellenlage den Wandel von Vorgeschichte zu Geschichte überbewerten.

Die von Menschen geprägte Landschaft wird häufig „Kulturlandschaft" genannt. Dieser Begriff aber sollte vermieden werden. Denn Landschaft ist stets von Kultur geprägt. Auch Natur hat Einfluss auf die Ausbildung jeder Landschaft, so dass kein Gegensatz zwischen Natur- und Kulturlandschaft bestehen kann. Es gibt viele Theorien über die Anfänge der Prägung von Landschaft durch Menschen, denen zwei Dinge zu eigen sind: Zum einen wirkten sie außerordentlich anregend auf die interdisziplinäre Landschaftsforschung und stießen dabei auf großes Interesse in einer breiten Öffentlichkeit. Zum anderen erwiesen sich Teile dieser Theorien als nicht haltbar, weil sie das heute Gegebene zurückprojizierten in eine Zeit, in der Landschaft ganz anders gegliedert war. Dazu einige Beispiele:

In jedem Dorf ist scheinbar bekannt, wann es „gegründet" wurde, und die Jubiläen der Gründung werden festlich begangen. Aber in den meisten Fällen feiert man keineswegs die Gründung, sondern die erste urkundliche Nennung einer Siedlung – und das ist etwas ganz anderes. Die Siedlungen können schon lange vor der ersten urkundlichen Erwähnung bestanden haben, sie können vorher einen anderen oder keinen bekannten Namen besessen haben, sie können mit und ohne Namen verlagert worden sein. Feiern lässt sich also nur der Eintritt in die Geschichte, und es soll hier vor allem betont werden, dass die erste urkundliche Nennung einer Siedlung oft nichts mit einer wie auch immer gearteten Landnahme im frühen Mittelalter zu tun hat. Der Eintritt in die Geschichte kann mit dem Übergang vom prähistorischen, nicht immer ortsfesten Siedeln zum historischen, ortsfesten Siedeln zusammenhängen – aber das muss nicht so sein.

August Meitzen und andere haben immer wieder versucht, bestimmte Siedlungs- und Flurformen ethnisch zu deuten, wobei typische Dorfanlagen, Block- oder Streifenfluren zum Beispiel den Germanen, andere den Slawen zugeordnet wurden. Trotz des großen Einflusses, den diese Theorien seit mehr als einem Jahrhundert haben, müssen sie angezweifelt werden. Denn gewisse Flurformen sind immer wieder in andere überführt (auch zurückgeführt) worden, auch heute lässt sich ein Nebeneinander verschiedener Flurtypen beobachten, was mit ethnischen Gegebenheiten nichts zu tun hat. Und die heute bekannte Struktur von Dörfern reicht immer nur wenige Jahrhunderte, allenfalls bis ins ausgehende Mittelalter zurück. Ausgrabungen von frühmittelalterlichen Dörfern zeigten in vielen Landschaften, dass die Siedlungen damals grundlegend anders aussahen als einige Jahrhunderte danach. Sicher: Eine dörfliche Siedlung im Schwarzwald hat ein anderes Bild als eine in Thüringen, aber ihre Anlagen dürfen wir nicht ethnisch deuten, solange wir nicht wissen, wie das „Dorf der Stämme" aus dem frühen Mittelalter sich zum Dorf der Neuzeit wandelte.

Robert Gradmann hat in seiner Steppenheidetheorie einen entscheidenden (wenn auch von ihm selbst nie ganz genau beschriebenen!) Gegensatz zwischen Wald und Offenland, zwischen alt- und jungbesiedeltem Land gesehen. Der strikte Waldrand als Grenzlinie zwischen Wald und Offenland ist aber ein Charakteristikum nicht von Ur-, sondern nur von einer anthropogen geprägten Landschaft. In den meisten Fällen ist er erst in der Zeit um 1800, also in der Neuzeit, entstanden, als per Edikt Wald und Weideland als Nutzungsräume voneinander getrennt wurden. Die Landschaft früherer Zeiten lässt sich mit den Kriterien „Wald" und „Nichtwald" nicht zutreffend beschreiben. Zuvor wurden nur Dorf und Acker mit Zäunen umgeben und begrenzt. Außerhalb davon bestimmte zum Teil lichter, zum Teil dichter Wald das Aussehen von Landschaft, in der sich eine Grenze des Waldes nicht ziehen ließ und lässt. Aussagen über den Grad der Waldfreiheit in bestimmten Zeiten können nicht gemacht werden, mehr noch, sie sind für die Beschreibung der Landschaftsgeschichte unerheblich. Denn wie sollen Anteile von Landschaftsstrukturen errechnet werden, die nicht exakt gegeneinander abgegrenzt sind?

Dass die Unterscheidung zwischen alt- und jungbesiedeltem Land, wie Robert Gradmann sie sah, die tatsächlichen Verhältnisse zu stark vereinfacht, kann die prähistorische Archäologie nachweisen; der Gang der Besiedlung von Landschaften erfolgte in weit mehr als nur zwei Schritten. Durch Ausgrabungen und den damit verbundenen Nachweis von Siedlungen in Mitteleuropa wird auch die oft zitierte Nachricht des Tacitus über die schaurigen Wälder und widerwärtigen Sümpfe des Landes nördlich der Alpen relativiert. Tacitus beschrieb Strukturen von Landschaften, die ihm aus dem Mittelmeergebiet, seiner Heimat, nicht vertraut waren – aber er sagte damit nicht, dass Mitteleuropa zu seiner Zeit menschenleer war, und er beschrieb auch nicht die Urlandschaft Mitteleuropas; er war nur einer der ersten Geschichtsschreiber, die schriftliche Nachrichten über das Land nördlich der Alpen hinterließen.

Der Wandel der Landschaft, der Wandel der Vegetation nach der Eiszeit wird oft in Abhängigkeit von klimatischen Wandlungen gesehen. Karl Rudolph und später Franz Firbas erkannten eine gesetzmäßige Grundfolge der nacheiszeitlichen Waldentwicklung in Mitteleuropa, die durch Schwankungen des Klimas ausgelöst worden sein soll. Damit war – oft unausgesprochen, aber selbstverständlich impliziert – die Aussage verbunden, dass die Pflanzen stets ihre potentiellen Areale eingenommen hatten, stets und sofort auf klimatischen Wandel reagierten, also wenn er eintrat, dadurch begünstigt oder benachteiligt wurden. Aus neuen klimageschichtlichen Untersuchungen konnte inzwischen ein ganz anderer Ablauf rekonstruiert werden, was nun bedeutet, dass ein Zusammenhang zwischen Klimageschichte und Grundfolge der Waldentwicklung in vieler Hinsicht nicht besteht, sondern dass auch andere Ursachen den Wandel des Waldes im Verlauf der Jahrtausende beeinflussten. Verbunden mit dieser Erkenntnis ist die Tatsache, dass sich die Pflanzenarten nicht immer in ihren potentiellen Arealen befunden haben, und es mag daran die Frage angeschlossen werden, ob dies denn heute der Fall sei, was oft ebenfalls unausgesprochen vorausgesetzt wird, wenn bei der Beschreibung der Landschaft mit Begriffen wie „Potentielle natürliche Vegetation", „Schlusswaldgesellschaft" oder der Unveränderlichkeit von Pflanzengemeinschaften sorglos argumentiert wird.

Diese Begriffe hört man häufig im Naturschutz, der sich aus einer Zeitströmung heraus zur behördlich manifestierten Institution gewandelt hat. Wir wissen heute, dass vieles von dem, was Hugo Conwentz als „Naturdenkmäler", Walther Schoenichen vielleicht begrifflich korrekter als „Urdeutschland" beschrieben hat, nichts mit Naturlandschaft zu tun hat, sondern auch von Menschen geprägt wurde. Die Lüneburger Heide und ehemals beweidete lichte Wälder sind Idyllen, die man mit der Metapher „Natur" belegt und anschließend unter Naturschutz gestellt hat. Die allermeisten Naturschutzgebiete sind von menschlichem Einfluss geprägt.

Dieses Buch wurde weder von einem Historiker noch von einem Geographen oder Geologen geschrieben, sondern von einem Botaniker, der sich mit Vegetations- und Landschaftsgeschichte befasst. Die Berechtigung, dieses Buch zu schreiben, sieht er darin, dass das Erscheinungsbild der Landschaft in starkem Maße von Vegetation bestimmt wird. Vegetation ist nicht statisch. Sie verändert sich, wenn neue Pflanzen in eine Landschaft einwandern oder wenn die Umweltbedingungen sich ändern, zum Beispiel das Klima, der Boden oder der menschliche Einfluss. Viele Tierarten können auf Umweltveränderungen durch Verlagerung ihres Lebensraumes reagieren, Pflanzen dagegen nicht. Der Zustand von Vegetation sagt daher viel über den Zustand einer Landschaft und ihrer Lebensräume aus.

Vegetationsgeschichte ist ein wichtiger Teil der Landschaftsgeschichte; sie kann mehr darüber aussagen als eine historische Interpretation schriftlicher Quellen. In Pollendiagrammen, den wichtigsten Quellen der Vegetationsgeschichte, wird der Wandel von Vegetation und Landschaft im Lauf der Jahrtausende erfasst. Geht man von ihnen als Quelle der Landschaftsgeschichte aus, so hat dies einen entscheidenden Vorteil. Sie umfassen vorgeschichtliche Zeit ebenso wie historisch registrierte Epochen und zeigen, dass eine agrarisch orientierte Siedel- und Wirtschaftskontinuität die „Schallmauer" zwischen Vorgeschichte und Geschichte durchbrach. Der in Pollendiagrammen sichtbare unaufhörliche Wandel von Vegetation ist zudem nicht nur als Folge von Änderungen des Klimas oder des menschlichen Einflusses zu verstehen, sondern besteht auch von sich aus. Wandel ist ein Charakteristikum von Ökosystemen, von Natur. Im Lauf der Evolution bildeten sich immer wieder andere Formen von Tieren und Pflanzen aus, und daher wandelten sich auch stets die Ökosysteme.

Resultate der Vegetationsgeschichte müssen zu denen anderer Disziplinen in Beziehung gesetzt werden, wenn die Geschichte der Landschaft beschrieben werden soll. Geologen, Geographen, Vegetationskundler, Zoologen, Anthropologen, Archäologen, Historiker und viele andere befassen sich mit der Geschichte der Landschaft und betrachten dabei ihr Untersuchungsobjekt aus verschiedenen Blickwinkeln. Jeder von ihnen würde die Schwerpunkte anders festlegen, wenn er eine Geschichte der Landschaft schreibt. Dabei muss er aber die Synthese der Ergebnisse vieler eng miteinander verflochtenen Wissenschaftsdisziplinen versuchen. Dies geschieht auch in diesem Buch, in dessen Zentrum der Ablauf der Geschichte nach der letzten Eiszeit behandelt wird. Seit dieser „Stunde null" entwickelten sich Landschaft und Vegetation hin zu ihrer heutigen Vielfalt.

2. Stein entsteht, Stein vergeht

Bevor vom Menschen und seinem Verhalten in der Landschaft die Rede sein soll, muss über die sehr lange währenden geologischen Zeiträume gesprochen werden, in denen der Lebensraum des Menschen entstand. Dabei geht es weder darum, die Entstehung der Erde noch den Ablauf der Erdgeschichte in allen Details zu beschreiben; es soll lediglich der Versuch unternommen werden, die Entstehung dessen darzulegen, was die ersten Menschen und alle folgenden Generationen als allein von Natur geprägte Landschaft vorfanden. Dies muss gerade bei der Beschreibung der mitteleuropäischen Landschaft geschehen, denn charakteristisch für sie ist die ungewöhnliche Vielfalt der geologischen Prozesse,

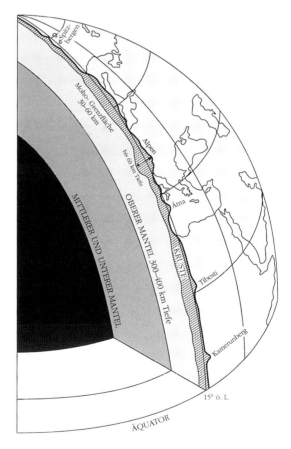

Der Schalenbau des Erdkörpers.

Blick vom Blauen zum Belchen im Hochschwarzwald. Die abgerundeten Bergformen sind typisch für eine Urgesteinslandschaft.

die Einfluss auf die Entstehung des Landes zwischen den Alpen auf der einen, Nord- und Ostsee auf der anderen Seite nahmen.

Viele geologische Prozesse umfassen die sprichwörtlich gewordenen langen Zeiträume: Seit Milliarden von Jahren kühlte die Erde, die in geraumer Vorzeit ein glühender Feuerball gewesen war, auf ihrem Flug durch das Weltall allmählich ab. Dabei ist aber nur ihr Äußeres erkaltet und fest geworden, während das Erdinnere auch heute noch glutheiß und zähflüssig ist. Der Aufbau der heute existierenden Erde lässt sich mit dem eines Hühnereis vergleichen: Sein Inhalt entspricht in seiner zähflüssigen Konsistenz dem Erdinneren; nach außen wird sowohl das Ei als auch die Erde von einer dünnen Schale umschlossen. Dort, wo die Kontinente liegen, besteht die Erdschale aus zwei Schichten von kristallinem Gestein. Granit und Gneis, der durch geologische Umwandlung von Granit entstand, bilden den Sockel der Kontinente. Granit und Gneis setzen sich aus verschiedenen Mineralien zusammen, vor allem aus Feldspat, aluminiumhaltigen Glimmern und Quarz. Es kann auch eine Vielzahl von Erzen in Granit und Gneis, dem sogenannten Urgestein, enthalten sein. Unter diesem Sockel und am

18

*Die „Lange Anna", der be-
rühmte Felsen an der Nordspitze Helgolands, besteht
aus Buntsandstein. Durch
Kräfte aus dem Erdinneren
wurden die Ablagerungen
schräg gestellt.*

Grund der Ozeane, wo die Erdschale nur eine Schicht hat, liegen andere Gesteine, die zum Teil ebenso wie der Granit aus Siliziumoxid, also Quarz, bestehen, die aber nicht so aluminiumhaltig wie Granit sind, sondern vor allem Mag-
nesium enthalten. An der Oberfläche der Kontinente treten sie nur dort auf, wo
sie in Vulkanschloten nach oben geschleudert wurden.

Die glühendheiße viskose Masse im Inneren der Erde verformte und zerbrach
im Verlauf der Erdgeschichte immer wieder die nur einige Kilometer dünne
„Eierschale" aus Granit und Basalt. Ihre Bruchstücke wurden schräggestellt
und übereinandergeschoben. Je stärker die Urgesteinsschichten dabei dem Wind
und dem Wetter ausgesetzt wurden, desto stärker wirkte die Erosion. Frost zer-
sprengte die Berge, Wind und Wasser trugen loses Gestein ab. Die Erosion nahm
besonders gewaltige Ausmaße an, als noch keine Vegetation die Erdoberfläche

schützend bedeckte. An einem anderen Ort lagerte sich das erodierte Gesteinsmaterial wieder ab. Und allmählich entstanden aus und auf ihm Böden, Wuchsorte für Pflanzen.

Seitdem die Oberfläche der Erde erstarrte, gab es klimatische Unterschiede, denn immer bestand der Gegensatz zwischen Bereichen, die die Sonne gleichmäßig beschien, und solchen, die nur zeitweise von den Sonnenstrahlen erreicht wurden. Die Achse, um die sich die Erde drehte, änderte ihre Lage immer wieder, was zur Folge hatte, dass ihre beiden Pole und der Äquator „wanderten". Die Kontinente, die fest gewordenen äußeren Teile der Erdschale, nahmen keine konstante Lage ein. Sie verschoben sich auf dem Erdball, wurden auseinandergerissen in mehrere Schollen, die auch heute noch zu weiteren Schollen zerbrechen. Im Verlauf der Kontinentalverschiebungen „wanderten" die Landmassen durch verschiedene Klimazonen; sie lagen mal in den Tropen, mal im arktischen Bereich. Das Leben auf der Erde entwickelte sich in Abhängigkeit davon. Und in den verschiedenen Lebensräumen der Erde lagerten sich unterschiedliche Sedimente ab. Diese Ablagerungen sind oft nichts anderes als nach gewissen Gesichtspunkten sortierte Bestandteile aus erodiertem Urgestein. In anderen Fällen wurde abgestorbene organische Substanz aus Kohlenwasserstoffen, Überreste von abgestorbenen Tieren und Pflanzen, zu Sedimenten akkumuliert.

Im Wüstenklima trugen Stürme große Mengen Sand zwischen den aufgefalteten Granitbergen zusammen. Sand besteht vor allem aus hartem Quarz, der widerstandsfähigsten Komponente von Granit und Basalt. Herrschte in einem Tropenklima üppige Vegetation, wurden große Mengen an Resten von Lebewesen aufgehäuft, also Kohlenwasserstoffe. Am Grund von Seen und Meeren lagerte sich kalkhaltiger Ton ab. Trockneten Meere mit salzhaltigem Wasser aus, bildeten sich Salzschichten wie in einem riesigen Salzgarten.

Senkungen und Hebungen der abgelagerten Schichten führten dazu, dass sie mal von Meeren überflutet, mal erneuter Erosion durch Wind und Wetter ausgesetzt wurden. Hebungen und Senkungen sowie klimatischer Wandel hatten zur Folge, dass sich unterschiedliche Ablagerungen überdeckten. Jüngere Sedimente begruben ältere unter sich, pressten sie zusammen und ließen sie zu Gestein werden: Aus Sand wurde Sandstein, aus Kalk Kalkstein, aus organischer Substanz Kohle, aus Salz Steinsalz. In allen diesen Gesteinen wurden Überreste von Lebewesen eingeschlossen, vor allem in denen, die sich dort gebildet hatten, wo günstige Lebensbedingungen bestanden hatten: Kalkstein und Kohle enthalten daher mehr dieser Reste als Sandstein und Salz. Auch die Reste von Lebewesen wurden zu Stein, den Versteinerungen oder Fossilien, die uns die Geschichte des Lebens auf der Erde erzählen. Man kann an den Versteinerungen, die aus den verschiedenen Gesteinsschichten stammen, die Entfaltung der Lebewesen ablesen, und durch das Erkennen dieser Entwicklungsprozesse ist es möglich, die relative chronologische Aufeinanderfolge einzelner Gesteinsschichten zu ermitteln. Denn man darf nicht immer davon ausgehen, dass die älteren Schichten unten, die jün-

Beginn vor Millionen Jahren	Die Erdzeitalter					
2	Quartär	Holozän	Zeitalter der Bedecktsamer (Angiospermen)	Känophytikum	Zeitalter der Vögel und Säugetiere	Känozoikum
	Quartär	Pleistozän				
	Tertiär	Pliozän				
	Tertiär	Miozän				
	Tertiär	Oligozän				
	Tertiär	Eozän				
65	Tertiär	Paläozän				
140	Kreide	Oberkreide	Zeitalter der Nacktsamer (Gymnospermen)	Mesophytikum	Zeitalter der Ammoniten und Saurier	Mesozoikum
	Kreide	Unterkreide				
	Jura	Malm				
	Jura	Dogger				
185	Jura	Lias				
	Trias	Keuper				
	Trias	Muschelkalk				
230	Trias	Buntsandstein				
	Perm	Zechstein			Zeitalter der Trilobiten, Fische und Amphibien	Paläozoikum
275	Perm	Rotliegendes				
	Karbon	Oberkarbon	Zeitalter der Farnpflanzen (Pteridophyten)	Paläophytikum		
330	Karbon	Unterkarbon				
	Devon	Oberdevon				
	Devon	Mitteldevon				
400	Devon	Unterdevon				
425	Silur					
500	Ordovizium		Zeitalter der Algen			
600	Kambrium					
2100	Präkambrium	Algonkium			Erste Entfaltung der Wirbellosen	
	Präkambrium	Archaikum	Älteste Formen 3,1 Milliarden Jahre			

Die Abfolge der Erdzeitalter.

Die Wettersteinkalke an der Zugspitze entstanden unterhalb des Meeresspiegels und wurden im Verlauf der Alpenfaltung weit in die Höhe gehoben.

geren oben liegen: Wo sich nämlich sehr viel Sediment gebildet hatte, drückte es auf das zähflüssige Erdinnere. Druck erzeugte Gegendruck; die Sedimentgesteine wurden oft kilometerweit in die Höhe gehoben, senkrecht gestellt oder sogar umgekippt, so dass am Ende ältere geologische Schichten auf jüngeren zu liegen kamen.

Kalkstein, der vor Jahrmillionen am Meeresgrund sedimentiert wurde, bildet heute beinahe drei Kilometer oberhalb des Meeresspiegels als Wettersteinkalk die höchste Erhebung Deutschlands: die Zugspitze. Die Reste von Meerestieren, die sich in den Kalkgesteinen der Alpen und anderer Gebirge finden, belegen nicht, dass vor Urzeiten die Sintflut selbst die höchsten Bergesgipfel bedeckte, wie manche Naturforscher des 18. und frühen 19. Jahrhunderts meinten. Nein, auch der Muschelkalk, die Kalke der Schwäbischen Alb und der Alpen lagen einmal am Grunde der Meere, deren Wasserspiegel ein ähnliches Niveau wie heute besaßen. Die Kalkgesteine wurden erst, nachdem sie entstanden waren, in die Höhe gedrückt.

22

Die Entstehung der Sedimente, ihre Verwandlung zu Stein, die sogenannte Lithogenese, und die Auffaltung der Gebirge, die Oro- oder Epirogenese, sind also drei verschiedene Prozesse, die aufeinanderfolgten und in unfasslich langen Zeiträumen abliefen. Was dann zum Gebirge aufgefaltet war, unterlag wie das Urgestein der Erosion. Je höher das Gebirge gefaltet wurde, desto stärker wirkte die Abtragung ein; weiche Gesteine verwitterten rascher als harte, und besonders harte, schwer verwitternde bilden heute die Deckschichten und Stufenränder der Gebirge: Harte Sandsteine bedecken die Keupergebirge wie den Schwäbischen Wald, „Schwammstotzen" ragen am westlichen Steilhang der Alb auf. Wind und Wetter, Hitze und Frost lassen auch heute die uralten Gesteine zerbröseln – und anderswo lagert sich das erodierte Material wieder ab, während es unter ihm liegendes Sediment zu Stein zusammenpresst.

Es ist schwer, geologische Prozesse historisch zu beschreiben, nicht nur, weil sie so unermesslich lange dauerten; während sich Sedimente bildeten, setzte auch die Umwandlung zu Stein ein, die Erosion konnte sofort einwirken, und es konnte gleichzeitig die Auffaltung zu Gebirgen beginnen. Es muss sich zwar zuerst Sediment bilden, bevor daraus Stein, schließlich ein Gebirge werden kann, aber auch diese Prozesse laufen nicht im historisch streng definierten Nacheinander ab, sondern oft gleichzeitig – wie jedes einzelne „Tagwerk" der biblischen Schöpfungsgeschichte. Viele geologische Prozesse, die wir zu stark vereinfachend weit in die Vergangenheit zurückdatieren, sind bis heute noch nicht abgeschlossen, zum Beispiel die Aufwölbung der Alpen, die im geologischen Zeitalter des Tertiärs einsetzte; noch immer werden die Alpengipfel in die Höhe gehoben, werden aber nicht wirklich höher, weil die Erosion sie gleichzeitig abträgt.

Die Landschaften, von denen in diesem Buch die Rede ist, liegen in der Mitte eines alten, kleinen, von vielen Sedimentations-, Faltungs- und Überschiebungsprozessen des Erdäußeren geprägten Kontinents. Viele, sehr viele geologische Prozesse haben gerade in der Mitte Europas deutliche Spuren hinterlassen. Die Spuren verschiedener Gebirgsbildungen kann man auf der Landkarte gut erkennen. Von Südwest nach Nordost verlaufen die variskischen oder variszischen Gebirge, von Nordwest nach Südost die herzynischen. Der einen „Streichrichtung" der Gebirge folgen das Rheinische Schiefergebirge und das Erzgebirge, der anderen der Harz, der Thüringer Wald und der Böhmerwald. Einige der jüngeren Sedimente, die sich in den Senken zwischen den alten Gebirgen bildeten, wurden später ebenfalls aufgefaltet. Ihre Faltenlinien passten sich den alten an: Der Bogen der Schwäbischen und Fränkischen Alb schmiegte sich in die älteren Gebirgs-Streichrichtungen hinein.

Mitten in Europa brach ein Graben auf, der vielleicht einmal, in fernster Zukunft, den Kontinent spalten wird. Er verläuft von Norwegen über Mitteleuropa zum Mittelmeer und weiter quer durch Ostafrika. Sein markantester Teil in Mitteleuropa ist der Oberrheingraben zwischen dem Taunus und dem Schweizer Jura. Die Gebirgsschollen westlich und östlich des Grabens wurden weit in die

Deutschland/Mitteleuropa – Geologie

Nordsee

Watten-(Marschen-)küste

Niedersächsisches

Tiefland

Meckl

Flensburg

Fördenküste

Buchten

Hamburg

Bremen

Hannover

Weserbergland

Harz

Thüringer

Becken

Erfurt

Amsterdam

Niederrheinische

Bucht

Münsterländer

Becken

Essen   Dortmund

Düsseldorf

Ruhr

Köln

Kölner

Bucht

Schiefergebirge

Vogelsberg

Thüringer Wald

Fränkische

Brüssel

Brüsseler Becken

Lüttich

Rheinisches

Ardennen   Eifel

Hunsrück Taunus

Mosel

Frankfurt

Spessart

Oden-wald

Südwestdeutsches

Nürnberg

Schichtstufenland

Fränkische Alb

Paris

Marne

Französisches

Nancy

Schichtstufenland

Oberrheintalgraben

Profillinie

Schwarzwald

Schwäbische Alb

München

Alpen

Nördlich

Flysch-Zone

Zugspitze

Innsbruck

Ost

Engadiner

Fenster

Ortler

Mle Adamello

Vogesen

Basel

Bern

Jura

Genfer See

Genf

Helvetikum

Penninikum

Insubrische-/Tonale Linie

Südlich

Saône Graben

Clermont-Ferrand

Lyon   Mt Blanc   Matterhorn

Morv.

Oise

Seine

Mailand

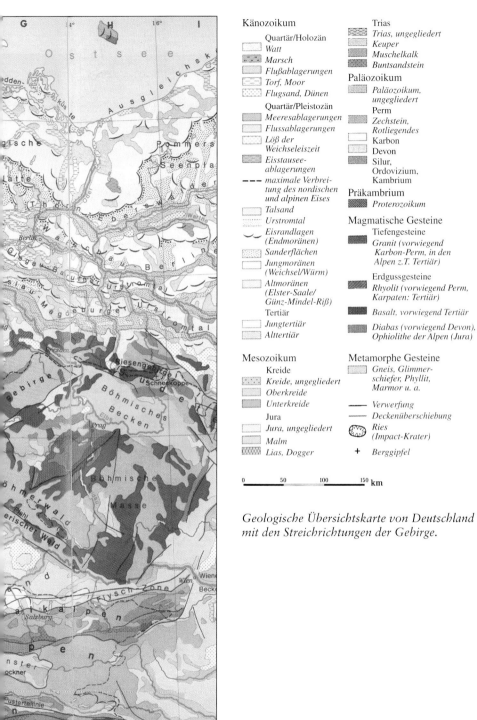

Känozoikum

Quartär/Holozän
- ☐ Watt
- Marsch
- ☐ Flußablagerungen
- ☐ Torf, Moor
- Flugsand, Dünen

Quartär/Pleistozän
- Meeresablagerungen
- ☐ Flussablagerungen
- ☐ Löß der Weichseleiszeit
- Eisstauseeablagerungen
- – – – maximale Verbreitung des nordischen und alpinen Eises
- ☐ Talsand
- Urstromtal
- Eisrandlagen (Endmoränen)
- Sanderflächen
- ☐ Jungmoränen (Weichsel/Würm)
- Altmoränen (Elster-Saale/ Günz-Mindel-Riß)

Tertiär
- ☐ Jungtertiär
- ☐ Alttertiär

Mesozoikum

Kreide
- Kreide, ungegliedert
- ☐ Oberkreide
- Unterkreide

Jura
- ☐ Jura, ungegliedert
- ☐ Malm
- Lias, Dogger

Trias
- Trias, ungegliedert
- Keuper
- Muschelkalk
- Buntsandstein

Paläozoikum
- Paläozoikum, ungegliedert

Perm
- Zechstein, Rotliegendes
- ☐ Karbon
- Devon
- Silur, Ordovizium, Kambrium

Präkambrium
- Proterozoikum

Magmatische Gesteine

Tiefengesteine
- Granit (vorwiegend Karbon-Perm, in den Alpen z.T. Tertiär)

Erdgussgesteine
- Rhyolit (vorwiegend Perm, Karpaten: Tertiär)
- Basalt, vorwiegend Tertiär
- Diabas (vorwiegend Devon), Ophiolithe der Alpen (Jura)

Metamorphe Gesteine
- Gneis, Glimmerschiefer, Phyllit, Marmor u. a.
- —— Verwerfung
- —— Deckenüberschiebung
- Ries (Impact-Krater)
- + Berggipfel

0   50   100   150 km

Geologische Übersichtskarte von Deutschland mit den Streichrichtungen der Gebirge.

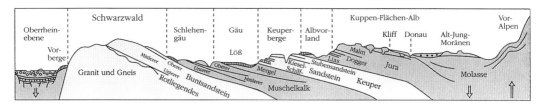

Schnitt durch die südwestdeutsche Schichtstufenlandschaft.

Höhe gehoben, bis sie zerbarsten. Ihre Bruchkanten ragen in der Nähe des Grabens am weitesten auf. Sie bilden die Gebirge von Vogesen und Schwarzwald. Die Gebirgsschollen Süddeutschlands gerieten in Schräglage, wozu auch die Alpenfaltung beitrug. Es entstand die bei Geologen berühmte südwestdeutsche Schichtstufenlandschaft. Die nach Westen emporgehobenen Gesteinsschichten bilden mehrere schroffe Stufenränder, die Westränder der südwestdeutschen Gebirge. Durchquert man die Landschaft, fallen einem vor allem diese steilen Westränder auf. Weniger deutlich nimmt man dagegen das sanfte Abfallen der Gebirge nach Südosten wahr, wenn man sich auf der gleichen geologischen Schicht allmählich abwärts bewegt, bis der nächste Stufenrand aufragt. Von West nach Ost folgen auf den Rand von Schwarzwald und Odenwald die steilen Westhänge der Keuperberge Schönbuch und Schwäbischer Wald, schließlich die kliffartigen Felsen der Schwäbischen Alb.

Am Grabenbruch und in seiner Umgebung entwickelten sich besonders starke landschaftliche Gegensätze. Es ist vielleicht kein Zufall, dass der Mensch, der sich auf eine große Vielfalt von Lebensbedingungen einstellen kann, während seiner frühesten Entwicklung sich besonders oft in der Nähe dieses Grabenbruches aufhielt und in dieser Landschaft auch vielleicht entscheidende Entwicklungsschritte hin zu seiner biologischen Identität gemacht hat. Archäologische Funde legen den Schluss nahe, dass in der Umgebung des Grabenbruchs besonders viele Urmenschen lebten, sowohl in Ostafrika (Olduvai, Broken Hill) und in Vorderasien (Berg Karmel) als auch in Europa (Mauer bei Heidelberg, Neandertal bei Düsseldorf, Weimar-Ehringsdorf, Le Moustier in der Dordogne). Aber auch in einem anderen geologisch stark durchgeformten, landschaftlich abwechslungsreichen Teil der Welt hielt sich der Mensch in früher Zeit auf: in Ostasien und Indonesien, zum Beispiel auf Java.

An den Felsen, die sich in einer Landschaft durch Gebirgshebung gebildet hatten, modelliert die Erosion besonders stark. Wind und Wetter lassen die Westkanten der südwestdeutschen Gebirge immer weiter zurückweichen. Einzelne Berge mit besonders harten Deckschichten wurden dabei vom übrigen Gebirge getrennt. Diese Bergkegel werden von den Geologen Zeugenberge genannt, weil sie bezeugen, dass das Gebirge einst einmal mindestens bis zu den isolierten Kegeln gereicht hatte: Asperg, Stromberg und Heuchelberg waren einst mit dem

Die markante Schichtstufe des Keupers am Stromberg bei Hohenhaslach im württembergischen Neckarland.

Schwäbischen Wald zu einem Keuperbergland verbunden, und auch am Rand der Schwäbischen Alb gibt es isolierte Kegelberge, zum Beispiel die drei Kaiserberge Hohenstaufen, Hohenrechberg und Stuifen, die durch die Erosion von der Gebirgsmasse der Schwäbischen Alb abgetrennt wurden. Einst lag der Weißjura der Albhochfläche auch über diesen Bergkegeln.

Zwischen den zerreißenden und immer wieder gefalteten Gebirgsschollen entstanden an mehreren Stellen Ritzen, durch die zähflüssige, glutheiße Materie aus den tieferen Schichten der Erde nach oben dringen konnte. Diese Vulkane spucken in Mitteleuropa „zur Zeit", das heißt schon seit Jahrtausenden, keine Lava aus, aber es gibt viele heiße Quellen in Deutschland, deren Wasser von der Glut im Erdinneren erwärmt wurde und an denen später Thermalbäder entstanden. Alte Vulkane aus hartem Gestein formten eigenartige Landschaftsbilder: nicht nur am Rand der Schwäbischen Alb, sondern auch im Hegau, am Kaiserstuhl und in der Oberrheinebene, in Nordhessen und in der Eifel. Dort bebt dann auch hin und wieder die Erde – in der Regel ohne katastrophale Folgen, aber mit dem Resultat, dass sich Gebirgsschollen um Bruchstücke von Millimetern gegeneinander verschieben. Folge davon kann in geologischen Zeiträumen die Bildung neuer Gebirge sein.

Im Südosten des württembergischen Neckarlandes ragt der Stufenrand der Schwäbischen Alb auf (Eichhalde bei Bissingen/Teck).

Es gibt auch Auffaltungen von Bergen, die von anderen Kräften im Erdinneren ausgehen. Koch- und kalisalzhaltige Meeresablagerungen sind verformbar und haben ein niedriges spezifisches Gewicht. Mächtige und schwere Gesteinspakete, die sich nach ihrer Entstehung über sie legten, pressten das Salz zur Seite. Es wurde vor allem zu den Bruchzonen und Klüften zwischen den Gebirgsschollen gedrückt. Dort konnte das Salz aufsteigen und einen Salzdom bilden. Manchmal wurde auch das Deckgebirge emporgedrückt, das dann zum Salzhut über dem Salzdom wurde. Der Salzhut verhinderte, dass Wasser in die Salzlagerstätte eindringen und Koch- und Kalisalz aus dem Untergrund herauslösen konnte. In Bergwerken werden die Schichten des Salzhutes durchstoßen, um an das Salz des Domes heranzukommen. Klüfte, durch die das Salz aufsteigen konnte, entstanden unter anderem entlang des Oberrheinischen Grabenbruches und seiner nördlichen Fortsetzungen am Leinegraben und in der Norddeutschen Tiefebene, beispielsweise in Lüneburg. Sogar Inseln bildeten sich durch die Wirkung des Salzes: Die Buntsandsteinfelsen von Helgoland wurden als Salzhut über einem mächtigen Salzdom in die Höhe gepresst.

Zwischen dem geologisch relativ jungen Hochgebirge der Alpen und den Flachwassermeeren Nord- und Ostsee verlaufen so viele Gebirgsfalten, Senken,

28

Gräben und Schollenrisse, dass sich im Verlauf der Erdgeschichte fast immer irgendwo Ablagerungen bildeten. Die Vielfalt der Sedimententstehungen und der Gebirgsbildungen ist in Mitteleuropa ungewöhnlich groß. Sogar ein riesiger extraterrestrischer Gesteinsbrocken, ein Meteorit, formte einen kleinen Bereich des geologischen Allerleis. Er schlug im Juragebirge ein und hinterließ einen fast kreisrunden Krater, das Nördlinger Ries. Amerikanische Astronauten besuchten es vor dem ersten bemannten Raumflug zum Mond, um eine richtige „Mondlandschaft" anzusehen.

Die geologische Karte von Mitteleuropa ist so bunt wie die kaum einer anderen Gegend der Erde, was zur Folge hat, dass es fast nirgendwo sonst ein so buntes Durcheinander von kleinräumig untergliederten Landschaften gibt. Man kann darüber spekulieren, ob der geologische Flickenteppich die landschaftliche Grundlage für die mitteleuropäische Kleinstaaterei bildete. Jedenfalls entstand eine Fülle von Landschaften, eine Fülle von Lebensräumen für Pflanze, Tier und Mensch.

In Mitteleuropa findet man praktisch alle Arten von Bodenschätzen: Erze in den Gängen des Grundgebirges, Salze, Gips, Kalk und vor allem sehr viel Kohle in den Sedimentgesteinen. Mitteleuropäische Geologen und Paläontologen

Der Hohentwiel im Hegau ist ein ehemaliger Vulkan. Von seinem Gipfel aus lässt sich die Umgebung weithin überblicken, weshalb eiszeitliche Jäger sich hier aufhielten und im Mittelalter eine wehrhafte Burg gebaut wurde, die heute gerne als Aussichtspunkt besucht wird.

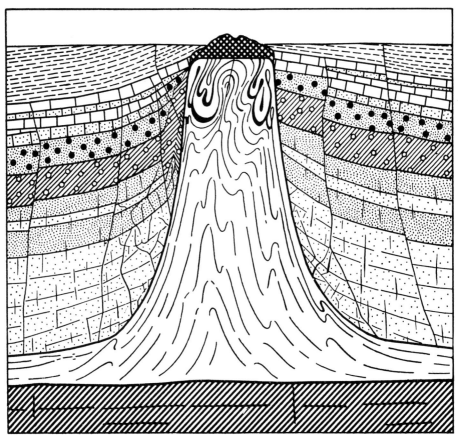

Schema eines Salzhorstes oder Salzdomes, der mehrere geologische Schichten durchbrechen konnte. Über dem Salz liegt Deckgips (kreuzschraffiert).

waren maßgeblich daran beteiligt, die Geschichte des Lebens auf der Erde zu erforschen. Das ist kein Wunder, denn kaum sonst auf der Welt findet man so viele verschieden alte Sedimentgesteine mit Fossilien aus jedem Erdzeitalter in unmittelbarer Nachbarschaft der Universitäten und Studierstuben. Die Stammbäume der Lebewesen ließen sich daher von mitteleuropäischen Gelehrten fast lückenlos ermitteln.

In der Mitte des Kontinents verlaufen wichtige Wasserscheiden. Die vielfältigen geologischen Veränderungen riegelten immer wieder Wasserläufe ab und schufen andere günstigere Voraussetzungen zur Bildung neuer Rinnen und Täler, in denen Flüsse den Meeren zueilen konnten. Ein altes Abflusssystem Mitteleuropas ist das der Donau, eines trägen Flusses, der mit geringem Gefälle den weiten Weg vom Nordrand der Alpen bis zum Schwarzen Meer zurücklegt. An-

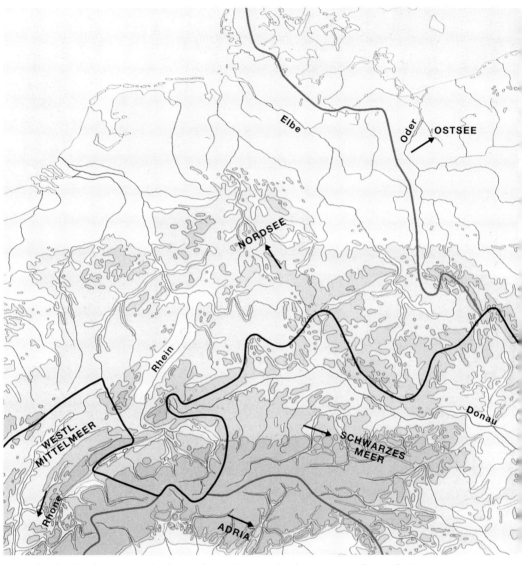

Quer durch Mitteleuropa verlaufen wichtige Wasserscheiden, unter anderem die Euro-
päische Hauptwasserscheide zwischen den Einzugsbereichen einerseits der Donau,
andererseits der Rhone, des Rheins und der Elbe.

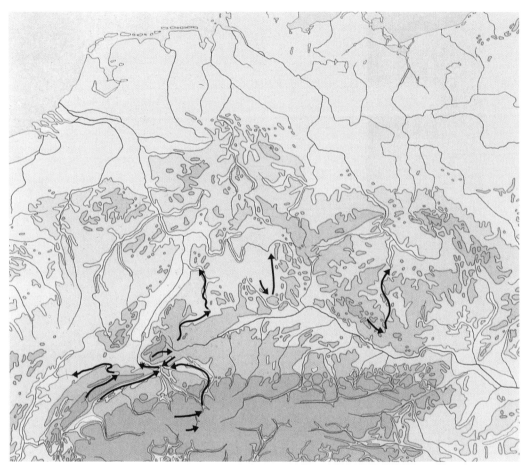

Die Europäische Hauptwasserscheide hatte nicht immer die gleiche Lage. Zahlreiche Flüsse in Mitteleuropa mündeten früher in die Donau; ihre Oberläufe sind deswegen noch heute nach Osten gerichtet. Doch Rhone, Rhein und Elbe gruben der Donau das Wasser ab und lenkten diese Gewässer nach Westen und Norden um.

dere Flüsse bekamen erst später ihre heutige Form und Länge: Elbe, Rhein und Rhone. Rhein und Rhone verlaufen zum Teil in dem bereits oben beschriebenen geologischen Graben. Die Wege dieser Flüsse zu den Meeren sind kürzer als der Lauf der Donau. Sie haben daher ein größeres Gefälle, und mit dessen Energie konnten sie der Donau das Wasser abgraben. Flüsse, die vor langen Zeiten einmal in die Donau mündeten, wurden zur Elbe, zur Rhone und zum Rhein hin umgelenkt. Die böhmische Moldau fließt zunächst wie ein Nebenfluss der Donau am Böhmerwald entlang nach Südosten. Dann knickt sie unvermittelt nach Norden um und eilt der Elbe zu. Der Neckar gibt sich als ehemaliger Nebenfluss der

Eine der Stellen, an der ein Fluss von der Donau zum Rhein umgelenkt wurde, ist das Wutachknie bei Blumberg. Die Wutach floss ehemals durch das flach eingesenkte Tal, in der heute Blumberg liegt (erkennbar an dem Hochhaus rechts der Bildmitte), zur Donau. Der Rhein zapfte den Fluss an dieser Stelle an, weil sein Tal und die Nebentäler tiefer eingeschnitten sind. Die Wutach fließt heute von links nach rechts, knickt nach Südwesten und damit zum Rhein um, so dass aus dem flach eingesenkten Tal die canyonartige Wutachschlucht wurde.

Donau zu erkennen, weil er von seiner Quelle bei Schwenningen bis zum Neckarknie bei Plochingen nach Nordosten fließt. Entsprechendes gilt für Rezat, Wutach, Doubs und den Oberlauf des Rheins selber. Zunächst streben die Flüsse nach Osten und knicken dann um, sich der Rhone und vor allem dem Rhein zuwendend. Die wasserreichen, schnell fließenden Zuflüsse des Rheins und die breiten, alten Täler der ehemaligen Donauzuflüsse stoßen dicht aneinander, wie zum Beispiel am Wutachknie oder im Gebiet zwischen Rezat und Altmühl. Wo beide Täler ein ähnliches Niveau haben, besteht die Chance, die Flusssysteme West- und Osteuropas über die Wasserscheide hinweg durch künstliche Wasserstraßen zu verbinden. Aber auch andere Verkehrswege und künstlich gezogene politische Grenzen können hier verlaufen. Demonstrieren lässt sich das im Gebiet zwischen Rezat und Altmühl, wo seit Jahrhunderten versucht wurde, Rhein- und Donauzuflüsse durch einen Kanal zu verbinden; es verliefen dort aber auch der Limes und alte Römerstraßen, und heute passiert man als Bahnreisender zwischen Bayern und Franken den flachen, kaum erkennbaren Landrücken der Wasserscheide bei Treuchtlingen.

Trotz der Gewässerumlenkungen, aber auch gerade als Folge davon ist der Charakter der mitteleuropäischen Flüsse sehr verschieden geblieben. Die Donau ist wie gesagt auf großen Strecken ihres Laufes flach und träge. Elbe und Rhein fließen zumindest in ihren Ober- und Mittelläufen erheblich schneller, beide Flüsse sind von Natur aus auf weite Strecken tiefer. Die Donau kann daher ohne wasserbauliche Maßnahmen nur mit flachen Wasserfahrzeugen, zum Beispiel der einst berühmten „Ulmer Schachtel", befahren werden, andere Flüsse – nach Ausbau des Fahrwassers – auch mit Schiffen größeren Tiefgangs. Besonders am Rand der Mittelgebirge haben Elbe und Rhein sowie ihre zahlreichen Nebenflüsse ein stärkeres Gefälle als die meisten Zuflüsse der Donau. An den Gewässern des Rhein- und Elbesystems, vor allem an den Nebenflüssen der beiden Ströme, konnte man Wassermühlen, später Hammerwerke, Papiermühlen und Spinnereien, noch später Industriebetriebe errichten, die ihre Maschinen vom Wasser antreiben ließen. Dies war an der Donau nicht in dem Maße möglich wie an den Flüssen des Einzugsbereichs von Rhein und Elbe, am Westrand des Schwarzwaldes und der Schwäbischen Alb, im Rheinischen Schiefergebirge und im Ruhrgebiet, in Thüringen und Sachsen.

Die vielfältigen geologischen Schichten Mitteleuropas sind durch Verwitterung und Erosion gezeichnet: Die Böden auf dem eigentlich mineralreichen Urgestein sind ihrer Fruchtbarkeit liefernden Bestandteile weitgehend beraubt. Was beim Zerfall des Urgesteins im Wesentlichen zurückblieb, ist unfruchtbarer Quarzsand. Er entsteht genauso bei der Verwitterung von Sandstein. So liegen auf Urgestein und den jüngeren Sandsteindecken ähnliche nährstoffarme Böden, die sich nur zum Teil zur Landwirtschaft eignen. Sie sind schwer zu bearbeiten und heute meist von großen Wäldern bedeckt, im Schwarzwald, im Odenwald, im Harz, im Erzgebirge und im Thüringer Wald, im Schwäbischen Wald, im Spessart, Steigerwald und Elbsandsteingebirge, im Mühl- und Waldviertel.

Mineralien, die Bodenfruchtbarkeit gewährleisten, werden bei der Verwitterung von Kalkstein freigesetzt. Kalkstein ist aber in geringem Maße wasserlöslich. Es bilden sich daher Klüfte im Kalkstein mit oberflächlichen Trichtern, den Dolinen, durch die das Regenwasser sofort in den Tiefen des Untergrundes versickert. Dort sammelt es sich zu unterirdischen Strömen, die in Höhlensystemen fließen. Das Sickerwasser tropft direkt in die Höhlen hinein und bildet dabei die berühmten Tropfsteine. Am Rand der Kalkgebirge tritt das Wasser in ergiebigen Quellen aus, in den Quelltöpfen. Kalkgebirge wären im Prinzip fruchtbar, ihre Böden sind leichter zu bearbeiten, aber die Trockenheit schränkt hier den Ackerbau ein. Felder liegen nur an den feuchtesten Stellen der Landschaft, am Grunde der trockengefallenen Täler, die nur dann einmal Wasser geführt hatten, als in der Eiszeit der Boden im Untergrund gefroren war – heute aber sind sie die für die Karstlandschaft typischen Trockentäler. Am Grund der Täler ist es in anderen Gegenden für den Ackerbau zu nass, in „normalen" Landschaften Mitteleuropas liegen die Felder auf den Höhen und Hängen außerhalb der Talsenken.

Die Rhumequelle bei Rhumspringe im Eichsfeld südlich vom Harz, eine ergiebige Karstquelle.

Die Gliederung einer traditionellen Agrarlandschaft in einem verkarsteten Kalkgebirge (Hämmersberg bei Ahlendorf/Kalkeifel). Die Äcker und Wiesen liegen im Talgrund, wo genügend Feuchtigkeit zur Verfügung steht, die Viehweiden und Wälder an den trockenen Hängen und auf den Kuppen.

An diesen Stellen gibt es auf den Kalkbergen der Eifel, Thüringens, der Fränkischen und Schwäbischen Alb nur magere Viehweiden und Wälder.

Mitteleuropa wäre eine unfruchtbare Gegend, die für die Entstehung von Agrarlandschaft denkbar schlechte Voraussetzungen geboten hätte, wenn nicht einschneidende geologische Veränderungen in „jüngster Vergangenheit" (aus der Sicht des Geologen!) zu besonders starker Erosion, vor allem aber zur Ablagerung zum Teil sehr fruchtbarer Sedimente geführt hätten, die so jung sind, dass sie noch nicht zu Stein werden konnten und denen das Wasser noch nicht die fruchtbaren Bestandteile ausgewaschen hat. Die älteren geologischen Bildungen beeinflussten dieses Geschehen, denn zwischen den zahlreichen mitteleuropäischen Gebirgen und Höhenzügen gab es viele Senken und Nischen, in denen während der folgenden Abschnitte der Erdgeschichte junge Sedimente liegenbleiben konnten.

3. Eiszeiten, Warmzeiten

Das Tertiär, die geologische Epoche, die vor etwa 2 Millionen Jahren zu Ende ging, war die Zeit der beginnenden Aufwölbung der eurasischen Hochgebirge, unter anderem der Alpen und des Himalaja, aber auch ein Zeitalter, in dem sich die Blütenpflanzen zu erstaunlicher Artenvielfalt vermehrten. In Mitteleuropa herrschte ein wärmeres Klima als heute, es war auch hinreichend feucht, so dass üppiges Grün die Lande bedeckte. In den Wäldern wuchsen alle uns heute vertrauten Bäume oder ganz nahe Verwandte von ihnen, deren Nachkommenschaft sich seitdem genetisch nur noch geringfügig veränderte. Aber nicht nur heute verbreitete Pflanzen grünten und blühten, sondern auch viele Gewächse, die von Natur aus heute nicht mehr in Mitteleuropa vorkommen: Magnolie, Mammutbaum, Flügel- und Hickorynuss, Ölweide, Hemlocktanne und Amberbaum.

Eine ungeheure ökologische Katastrophe zerstörte diesen Garten Eden: Das Klima wurde erheblich kälter. Die einschneidende Klimaänderung markiert die Grenze zwischen zwei geologischen Epochen, die nüchtern Tertiär und Quartär genannt werden. Das Quartär ist das Eiszeitalter, es ist aber nicht nur eine Phase der Eiszeiten. Denn merkwürdigerweise wechselten mehrfach Eiszeiten mit dazwischen liegenden Warmzeiten, in denen das Klima ungefähr heutige

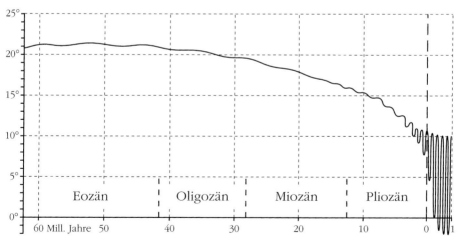

Temperaturkurve für Mitteleuropa im Tertiär (links) und Quartär (rechts, Zeitmaßstab verbreitert).

Temperaturen erreichte. Vielleicht leben auch wir nicht in der „Nacheiszeit", sondern lediglich in einer Warmzeit zwischen zwei Eiszeiten, einer Zwischeneiszeit. Steuern wir also einer nächsten Eiszeit zu, in der Kiel, Rostock und das Alpenvorland erneut unter Gletschern versinken könnten?

Charakteristisch für das Quartär ist also nicht immerwährende arktische Kälte in Mitteleuropa, sondern der mehrfache Wechsel zwischen den Klimabedingungen der Arktis und jenen der gemäßigten Zonen. Es gibt viele Theorien über die

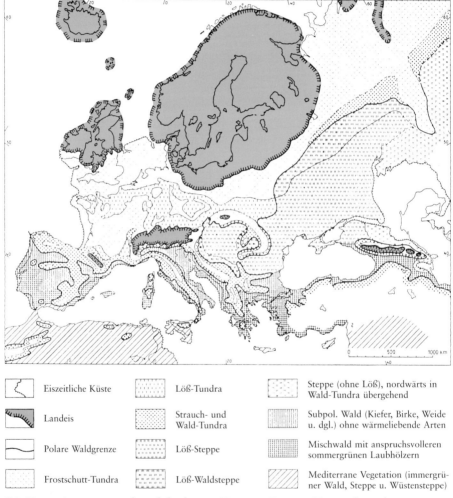

	Eiszeitliche Küste		Löß-Tundra		Steppe (ohne Löß), nordwärts in Wald-Tundra übergehend
	Landeis		Strauch- und Wald-Tundra		Subpol. Wald (Kiefer, Birke, Weide u. dgl.) ohne wärmeliebende Arten
	Polare Waldgrenze		Löß-Steppe		Mischwald mit anspruchsvolleren sommergrünen Laubhölzern
	Frostschutt-Tundra		Löß-Waldsteppe		Mediterrane Vegetation (immergrüner Wald, Steppe u. Wüstensteppe)

Die Vegetationszonen während der letzten Eiszeit in Europa. Nur in den gekreuzt schraffierten Bereichen konnten Waldbäume gemäßigter Breiten die kalte Periode überdauern.

In den unvergletscherten Arealen Mitteleuropas wuchsen während der Eiszeiten nur Kräuter und Zwergsträucher. Dem Charakter einer solchen Landschaft ähnelt heute noch der Alvar, das charakteristische Grasland der großen Ostseeinseln Öland und Gotland (Öland/Schweden).

Ursachen der Eiszeiten; und man weiß auch nicht, wie viele Eiszeiten es gegeben hat, mindestens sechs, vielleicht dreizehn, neunzehn oder noch mehr.

Der Temperaturrückgang jeder Eiszeit hatte zur Folge, dass die im äußersten Norden Europas, aber auch in den jungen Alpen damals schon stets vorhandenen Gletscher wuchsen. Das heißt: Jahr für Jahr bildete sich mehr Eis, als im Sommer abtaute. In den Jahrtausenden, die eine Eiszeit dauerte, wuchsen die Gletscherzungen weit über die Gebiete hinaus, in denen sie entstanden waren. Die Gletscher aus Nordeuropa bedeckten schließlich ganz Skandinavien, das Becken der Ostsee, Teile des Nordseebeckens, die nördlichen Britischen Inseln; auch Norddeutschland versank unter dem Eis. Zur Zeit ihrer maximalen Ausdehnung stießen die Eismassen bis an den Rand der Mittelgebirge vor. Die Alpengletscher kamen bis in die Nähe der Donau nach Norden voran. Auch in manchen Mittelgebirgen bildeten sich Gletscher, zum Beispiel im Schwarzwald: von der östlichen Karwand des Feldbergs bis zum Titisee.

Vor allem im Norden Mitteleuropas unterschieden sich die Ausdehnungen der Gletscher von Eiszeit zu Eiszeit erheblich. Nur in einer frühen Kaltphase erreichten Gletscher den Nordrand der Mittelgebirge. In der vorletzten Eiszeit, der Saaleeiszeit, stießen Eismassen aus dem Norden Europas zunächst auf breiter Front nach Süden vor und kamen kurz vor dem Rand der Mittelgebirge zum Stehen. Als es wärmer wurde, schmolz das Eis und die vom Eis nach Süden verfrachteten Gesteinsbestandteile blieben als Ablagerungen der sogenannten Drenthephase zurück; man findet sie in den Niederlanden und im Westen Nie-

Der Nigardsbreen, ein Gletscher am Sognefjord in West-Norwegen, mit Gletscherzunge und Gletschertor in einem U-förmigen Gletschertal.

In den Alpen ragten die Bergesgipfel als sogenannte Nunatakker aus den Gletschern heraus – wie heute aus dem Talnebel, der auf diesem Bild zufällig etwa bis zur Obergrenze der ehemaligen Vergletscherung reicht (Westalpen südlich von Grenoble).

Ein vom Gletscher geformtes Tal mit typischem U-förmigem Profil, breiter Talmulde und steil aufragenden Rändern (Larstigtal in den Stubaier Alpen/Tirol).

dersachsens. In einer späteren Phase der Saaleeiszeit, der Warthephase, dehnte sich erneut Eis nach Süden aus, aber mit veränderter Stoßrichtung. Es glitt zunächst vom skandinavischen Gebirge, dem Ort der Gletscherbildung, nach Osten herunter und bewegte sich dann nach Süden. Es schürfte die tiefen Becken der Ostsee aus. Das Eis dehnte sich nur im Gebiet zwischen Oder und Weichsel bis dicht an den Mittelgebirgsrand aus. Es drang aber auch nach Westen vor. Dort entstand eine bogenförmige Endmoräne, zu der die Hügelzüge der Niederlausitz, des Flämings, der Altmark und der Hohen Lüneburger Heide gehören. Der Endmoränenzug setzt sich weiter nach Norden auf der jütischen Halbinsel fort. Der damals abgelagerte Gletscherschutt trennte die Becken von Nord- und Ostsee voneinander, die zuvor ein einheitliches Meer gebildet hatten. Seitdem gibt es zwei sehr unterschiedliche Meere im Norden Mitteleuropas, die Nordsee und die Ostsee. In der letzten Eiszeit, der Weichseleiszeit, rückte das Eis mit ähnlicher Stoßrichtung vor wie in der vorangegangenen Warthephase der Saaleeiszeit. Die Gletscher erreichten aber eine geringere Ausdehnung, und ihre Moränen blieben ein Stück weit nördlich und östlich von den warthezeitlichen Ablagerungen liegen: Weichseleiszeitliche Sedimente bilden die Jungmoränen am Südwestrand der Ostsee, im östlichen Schleswig-Holstein und in Mecklenburg-Vorpommern.

*Der Starnberger See (oder Würmsee) in Oberbayern ist ein Zungenbeckensee, der durch
Einwirkung des Gletschers entstand. Der Würmgletscher verließ durch das U-förmige
Loisachtal (im Hintergrund sichtbar) die Alpen; seine Zunge reichte bis an den Nord-
rand des fjordartigen Sees (im Vordergrund). Seitlich vom See liegen die bewaldeten
Moränen.*

Im Süden und im Norden von Gletschern begrenzt, blieb in der Mitte ein Teil von Mitteleuropa eisfrei. Üppiger Pflanzenwuchs war dort in einer Eiszeit nicht möglich. Kaum ein Baum oder Strauch konnte in der Nähe des Gletschers existieren, und natürlich vor allem keine kälteempfindlichen Magnolien und Hickorynussbäume. Sie starben im kalten Klima ab; nur Kräuter und Zwergsträucher überdauerten.

Die Eiszeiten hatten für das Erscheinungsbild der Landschaften ungeheure und sehr verschiedene Folgen. Vom Gletscher bedeckte Gegenden, die Glazial-

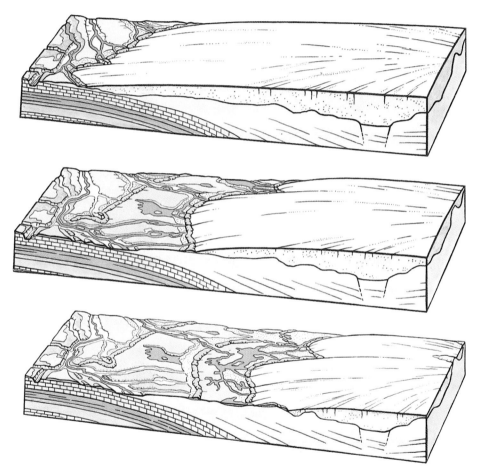

Geologische Blockbilder von Oberschwaben während des Eiszeitalters, oben während der Rißeiszeit, der maximalen Vereisung vor etwa 200 000 Jahren, Mitte zum Höhepunkt der Würmeiszeit vor etwa 25 000 Jahren, als sich die äußere Jung-Endmoräne bildete, und unten vor etwa 15 000 Jahren, als die innere Jung-Endmoräne der Würmeiszeit aufgeworfen wurde.

*Die Schlei, ein ehemaliges langgestrecktes Tunneltal, ist heute in der Ostsee „ertrunken".
In der Schlei wandern zahlreiche Fische in ihre Laichgebiete, unter anderem Heringe,
die bei Kappeln in einer komplizierten Anlage von Heringszäunen gefangen werden.*

landschaften, wurden in anderer Weise von der Eiszeit geprägt als die außerhalb
liegenden, nicht vom Eis begrabenen Periglaziallandschaften.

Die riesige Akkumulation von Eis hatte nicht nur zur Folge, dass die Glaziallandschaften davon begraben wurden. Eis ist – eine Binsenweisheit – gefrorenes
Wasser, das, zu Eis geworden, nicht mehr in den Weltmeeren und in der atmosphärischen Zirkulation vorhanden war. Daher lag der Wasserspiegel der Weltmeere bis zu 130 Meter tiefer als heute. Die flachen Meere Nord- und Ostsee
waren trockengelegt (oder wären festes Land gewesen, hätte sie nicht skandinavisches Eis bedeckt). Mitteleuropa war weiter vom Atlantik entfernt als heute,
und im kalten kontinentalen Klima regnete es erheblich weniger. Eine Eiszeit war
daher in Mitteleuropa nicht nur eine Phase großer Kälte, sondern auch eine Epoche großer Trockenheit. Die Vegetation der Eiszeit setzte sich aus Pflanzen der
heutigen Tundra und der heutigen Steppe zusammen, einige Gewächse bezeugen

44

die Kälte, zum Beispiel Zwergbirke und Silberwurz, andere die große Trockenheit, beispielsweise Beifuß, Sonnenröschen und Gänsefuß.

Obwohl es wenig regnete und schneite, war es so kalt, dass die Gletscher über die Jahrtausende hinweg zu einer Mächtigkeit von einigen hundert Metern anwuchsen. Skandinavien sank unter der Gletscherlast in die Tiefe. Und die Kraft der riesigen, sich langsam bewegenden Eismassen versetzte Berge. Im Gebirge hobelte das Eis die charakteristischen trog- oder U-förmigen Gletschertäler aus. Dabei bekamen die Felsen nicht nur die noch heute deutlich sichtbaren Schrammen, den „Gletscherschliff"; was dem Eis im Wege stand oder lag, wurde zur Seite geschoben, zu Tal gedrückt. Im Lauf der Zeit transportierten die Gletscher riesige Mengen an Schutt vor sich her. Die Steine verloren während des Eistransportes Ecken und Kanten, sie wurden zu runden Schottersteinen. Eis und Schutt gruben sich tief in die Gegenden außerhalb der Gebirge ein. Auch dort formten sie tiefe, U-förmige Täler, die Gletscherzungenbecken, von denen sich später einige mit Wasser füllten: In Norddeutschland wurden daraus Tollensee, Scharmützelsee, Schweriner und Ratzeburger See. Zungenbeckenseen gibt es auch in Alpennähe, den Zürichsee, den Bodensee, den nach dem Plattensee zweitgrößten See Mitteleuropas, ferner Starnberger und Ammersee, Attersee, Traunsee und andere. Alle diese Seen sind langgestreckt, zum Teil von steil aufragenden Hügelzügen umgeben, so dass sie an Fjorde erinnern.

Die Gletscher dehnten sich so lange aus, bis das Klima wieder milder wurde. Dann schmolz mehr Eis ab als nachgeschoben wurde. Das Eis taute, der Schutt blieb in der Landschaft liegen: Am äußersten Rand der Gletscher wurden die besonders hohen Endmoränen abgelagert, die einst den „Rahmen" der Gletscher

Ein Soll oder Toteisloch in der mecklenburgischen Jungmoränenlandschaft bei Wismar. In vielen abflusslosen Toteislöchern bildeten sich Seen oder Moore.

45

bildeten und sich heute als langgezogene Hügelketten auf der Landkarte verfolgen lassen. Seitlich vom Gletscher entstanden Seitenmoränen, die sich vor allem links und rechts der Zungenbeckenseen gut sichtbar präsentieren. Was der Gletscher in seinem Inneren transportiert hatte, blieb als Grundmoräne dort liegen, wo sich zuvor das Eis bewegt hatte. Die Grundmoräne hat keine ebene Oberfläche. Sie wird von Tälern zerfurcht, die unter dem Eis bereits als Schmelzwasserbahnen entstanden waren und daher Tunneltäler genannt werden. Einige dieser Tunneltäler füllten sich später mit Wasser; sie sind dann nur schwer von Zungenbecken zu unterscheiden. Flensburger Förde, Schlei und Kieler Förde sind ihrer Entstehung nach Tunneltäler, die später in der Ostsee „ertranken". Andere Tunneltäler werden heute von Bächen durchflossen.

Im Bereich der Grundmoräne hatte der Gletscher immer wieder einmal sein eigenes Eis, sogenanntes Toteis, überfahren und mit Schutt bedeckt. Das Eis in diesen verplombten Taschen schmolz erst später ab als der Gletscher. Der ehemals über dem Toteis liegende Schutt brach dann nach unten ein. Viele dieser so entstandenen Löcher in der Landschaft, Toteislöcher, in Norddeutschland auch Sölle genannt, füllten sich mit Wasser. So bildeten sich in Mecklenburg, Schleswig-Holstein und Brandenburg, im Schweizer Mittelland, in Oberschwa-

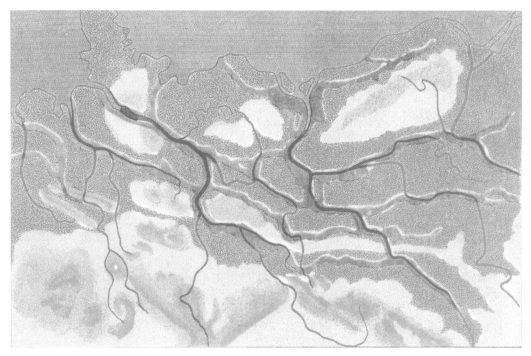

Die norddeutschen Urstromtäler verlaufen parallel zu den Endmoränen von Ost nach West.

Elbe-Urstromtal bei Hitzacker. Der heutige Fluss füllt nur einen kleinen Teil des sehr breiten Tales aus, dessen mecklenburgischer Rand am Horizont als bewaldeter Höhenzug zu erkennen ist.

ben, Oberbayern und im österreichischen Alpenvorland Tausende von Seen, von denen viele später verlandeten und zu Mooren wurden.

Die großen Felsbrocken, die die Gletscher transportiert und abgelagert hatten, stammten aus weit entfernten Gegenden und passten eigentlich nicht in die Landschaft, in der sie nun herumlagen. Granit, Gneis und Kristalliner Schiefer aus Skandinavien gelangten bis an den Nordrand der Mittelgebirge, Urgestein und Kalk der Alpen wurden weit ins Vorland geschoben. Man nennt die vom Eis abgeschliffenen, regellos herumliegenden Felstrümmer Findlinge oder wissenschaftlicher, aber nicht minder treffend „erratische Blöcke"; es sind also Steine, die sich in die Landschaft „verirrt" haben. Zum Teil tonnenschwere Findlinge waren später willkommenes Baumaterial für Großsteingräber, Menhire, Feldsteinkirchen, Schlösser und Bürgerhäuser – besonders in Norddeutschland, wo es sonst kaum anstehendes Gestein gibt, das sich in Steinbrüchen abbauen und zu Bausteinen verarbeiten ließe.

Das Land vor dem Gletscher war nur von schütterer Vegetation bedeckt. Hier formten Kälte und Trockenheit ungehindert die von einer schützenden Vegetationsdecke entblößten Landschaften. An vielen Stellen bildete sich Dauerfrostboden (er ist heute in Sibirien weit verbreitet), Eiskeile zersprengten das Gestein. Die losgesprengten Gesteinsbrocken wurden von Wind und Wetter weiter „bearbeitet". Feiner Gesteinsgrus wurde vom kalten Wind verweht, der über die baumlosen Flächen strich. Durch den gefrorenen Boden konnte in den Karst-

47

gebirgen das Wasser nicht versickern; die heutigen Trockentäler waren deshalb damals von Gewässern durchzogen. Alle Geländeformen wurden durch die Erosion stark abgerundet oder eingeebnet. Auch die Schuttmassen und Moränen älterer Eiszeiten, die gerade nicht von den Gletschern unmittelbar bedeckt waren, wurden geglättet.

In den kurzen Sommern schmolz jeweils ein Quäntchen der Gletscher. Obwohl in den Zeiten, als die Gletscherfront vorrückte, weniger Eis taute als nachgeschoben wurde, bildete sich eine riesige Menge Schmelzwasser, das sich in das Vorfeld der Gletscher ergoss. Die Gewalt der Schmelzwassermengen riss Schutt aus den Gletschern und ihren Moränen mit sich. Vor den Gletschertoren wurden Sanderflächen aus Schotter und Sand abgelagert. So entstanden zum Beispiel die Münchner Schotterebene und große Teile der Geest in Schleswig-Holstein, Niedersachsen und Mecklenburg. Die großen Wassermengen sammelten sich dann entweder in Schmelzwasserseen oder in Urstromtälern.

In den Schmelzwasserseen, von denen einige durch die Eismassen aufgestaut wurden, weil diese den Abfluss verstopften, setzte sich feiner Ton ab, zum Beispiel in Norddeutschland der „Lauenburger Ton". Ton wird heute in den Tongruben abgebaut und zu Ziegel- oder Backstein verarbeitet, aus dem viele Häuser Norddeutschlands gebaut sind. Während man die kostbaren Findlinge nur für die Sockel herrschaftlicher Gebäude oder der Kirchen aufmauerte, zog man die Mauern mit Ziegeln bis hoch zum Dach. Interessanterweise stammen beide Baumaterialien aus eiszeitlichen Sedimenten, der Ziegellehm wie die Findlinge.

Abfließen konnte das Wasser in den Urstromtälern, die immer ungefähr parallel zur Gletscherstirn und dem Band der Endmoränen verliefen und in die alle Schmelzwasserbäche einmündeten. Besonders markant sind die Urstromtäler im Norden Mitteleuropas. Oft viele Kilometer breit, verliefen sie alle von Ost nach West, der weit entfernten Nordsee zu. Die Urstromtäler nahmen später die viel kleineren warmzeitlichen Flüsse auf, die heute nicht geradlinig verlaufen, sondern sich auf ihrem Weg zum Meer gewissermaßen von Urstromtal zu Urstromtal „vorarbeiten". Die Elbe fließt von Wittenberg bis Magdeburg genau endmoränenparallel im Urstromtal west- und nordwestwärts. Dann bricht sie durch die Moränen nach Norden durch. Von Havelberg aus nimmt die Elbe wieder ein Urstromtal für ihren Lauf, in dem sie parallel zu den Endmoränen nach Nordwesten, zur Nordsee, vorankommt. Nicht alle Urstromtäler sind heute Flusstäler. Einige versumpften weiträumig und wurden zu den Luch-Landschaften Brandenburgs, in anderen baute man Kanäle, zum Beispiel den Mittellandkanal und seine östlichen Fortsetzungen bis zur Oder. Schleusen musste es auf der Strecke durch die Urstromtäler nicht geben – ideale Voraussetzung für eine künstliche Wasserstraße.

Nicht nur aus den von Eis und Frost geprägten Landschaften, sondern auch aus den Ablagerungen der Sander, der Schmelzwasserseen und Urstromtäler wirbelte der Wind große Mengen an Sand und Staub auf. Der Sand wurde, weil

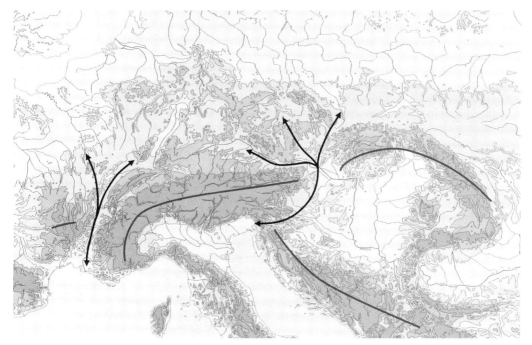

Die Wander- oder Ausbreitungswege der Gehölze nach dem Ende der Eiszeiten verliefen im Westen und im Osten um die Alpen herum nach Mitteleuropa.

er schwerer als Ton und Staub ist, nur über kürzere Distanzen verblasen. Der Wind häufte ihn zu Dünen auf, zwischen denen flache Ausblasungsmulden entstehen konnten. Die großen norddeutschen Flachwasserseen Dümmer und Steinhuder Meer bildeten sich, so eine Hypothese, in ausgeblasenen Winddellen. Wahrscheinlicher ist jedoch, dass diese Seen durch sogenannten Thermokarst entstanden: Ähnlich wie in Toteislöchern blieb unter der Erdoberfläche Eis länger erhalten als an der Oberfläche. Eis ist hygroskopisch, das heißt, es zieht weiteres Wasser an. So wuchsen die Eismassen unter der Erdoberfläche zunächst, tauten aber schließlich doch, so dass Senken einbrachen, die sich mit Wasser füllten.

Den leichten feineren Staub aus den Gletschervorfeldern wehte der Wind weiter weg und deponierte ihn als Löß vor dem Rand der Gebirge und in den Senken zwischen den Gebirgssträngen. Lößdecken bildeten sich in den Senken der Kölner Bucht und Mitteldeutschlands, aber auch in den kleineren Nischen um Harz und Weserbergland. Vor der Mittelgebirgsschwelle lagerte sich ein langgezogenes Lößband ab, die Börde nördlich von Eifel, Sauerland, Wesergebirge und Harz. Auch im Süden Deutschlands entstanden Lößdecken. Als große „Staubfänger" erwiesen sich Kaiserstuhl und Tuniberg, wo die Lößmächtigkeit heute mehr als zehn Meter beträgt. Löß bedeckte die Gegenden zwischen den Keuperbergen Südwestdeutschlands (daraus wurden die schwäbischen, badischen und fränkischen Gäulandschaften), und zwischen den Endmoränen und der Gebirgsmasse des Böhmerwaldes ging ein Lößregen auf Niederbayern nieder. Im gelben feinkörnigen Löß sind vielfältige Mineralstoffe enthalten, die sich nach dem Ende der Eiszeit die Pflanzen nutzbar machen konnten. Die eiszeitliche Lößbedeckung weiter Landstriche war eine natürliche Mineraldüngung großen Ausmaßes; die Lößlandschaften gehören heute zu den fruchtbarsten Gegenden Mitteleuropas. Ihre Böden enthalten keine Steine und sind gut zu bearbeiten, wenn sie nicht zu stark verlehmt sind.

Von Fruchtbarkeit war aber während der Eiszeit nichts zu spüren, als die Staubstürme über der nur spärlich bewachsenen Landschaft tobten. Alle Pracht der Mischwälder mit ihrer Artenfülle, im Zeitalter des Tertiärs in Mitteleuropa entstanden, war im Gebiet nördlich der Alpen vergangen. Nur am Mittelmeer hielten sich versprengte kleine Restbestände der ehemals so üppigen Tertiärvegetation. Dort war aber nur wenig Platz für Wälder, denn das in der Eiszeit vegetationsfeindliche Gebirge mit seinen Gletschern reichte beinahe bis zum Meer. Von diesen kleinen „Reliktstandorten" aus konnten sich die wärmeliebenden Pflanzen und Tiere wieder nach Norden ausbreiten, als es wärmer wurde, das Eis zurückwich und damit eine nächste Warmzeit begann. Nun lagen aber die Alpen, das Französische Zentralmassiv und die Pyrenäen wie Riegel quer über dem Wanderweg, den Tiere und Pflanzen nach Norden hin hätten nehmen können. Viele von ihnen „fanden" die enge Pforte Burgunds und den Weg östlich um die Alpen herum nicht; sie erreichten Mitteleuropa nicht mehr.

Da das Klima mehrfach zwischen kalt und warm hin und her pendelte, Eiszeiten mit Warmzeiten alternierten, wichen Pflanzen und Tiere mehrfach vor Eis und Kälte zurück, und mehrfach bekamen sie auch die Chance, sich wieder nach Norden auszubreiten und ihre angestammten Plätze zu besiedeln. Dort gedieh dann wieder üppige Vegetation, doch sie wurde von Warmzeit zu Warmzeit ärmer an Pflanzenarten, zum immer schwächeren Abglanz der Tertiärvegetation. Gleich nach einer frühen Eiszeit fanden Ölweide und Amberbaum den „Rückweg" nach Mitteleuropa nicht. Dann verschwanden Esskastanie und Jungfernrebe, Magnolie und Strahlengriffel, später Mammutbaum und Hopfenbuche. Nach einer weiteren Eiszeit kamen Walnuss, Hemlocktanne, Flügel- und Hickorynuss nicht mehr nach Mitteleuropa zurück. Auch einige der heute nördlich der Alpen wachsenden Gehölze haben in einigen Warmzeiten den Weg dorthin nicht gefunden: Die heute dort so weit verbreitete Buche, ferner Eibe, Efeu und Buchsbaum gehörten nur in einigen Warmzeiten zur mitteleuropäischen Flora. Wenige Bäume waren in jeder Warmzeit da: Tanne, Fichte und Kiefern, Erlen, Birken, die Haselnuss, Ulmen, Linden, Weiden, Eichen und Hainbuche – sie sind die „letzten Mohikaner" der Tertiärvegetation, die das ständige Hin und Her des Klimas überstanden haben und auch heute noch natürliche Bestandteile der Wälder in

Deutschland sind. Die anderen, im Eiszeitalter verschwundenen Pflanzen können aber bei uns auch gut wachsen, wie man in mitteleuropäischen Parks und Gärten sieht. Dort wurden sie in den letzten Jahrhunderten als Park- und Zierbäume angepflanzt, nachdem man sie aus fernen Gegenden der Erde importiert hatte. Amberbaum, Mammutbaum, Hemlocktanne und Hickorynuss wachsen heute noch natürlicherweise in nordamerikanischen Wäldern, Jungfernrebe, Strahlengriffel und Magnolie kommen in Ostasien vor. Dort wurden sie zwar auch immer wieder von der eiszeitlichen Kälte verdrängt, aber die in diesen Gegenden nicht von Ost nach West, sondern von Süd nach Nord verlaufenden Hochgebirge versperrten ihnen nicht den Weg, als sie sich zu Beginn der Warmzeiten nach Norden ausbreiteten.

Im Eiszeitalter wurde also der geologische Flickenteppich Mitteleuropas noch farbiger. Die Erosion rundete die Gebirge und ältere Moränen ab, in den Senken vor dem Eis wurde Löß abgelagert. Die Gletscher trugen riesige Mengen Schutt bis an die Ränder der Mittelgebirge. Die Mittelgebirgslandschaften insgesamt wirken seitdem wie eine Symmetrieachse Mitteleuropas. Von beiden Seiten, von Norden wie von Süden, wurde Löß in ihre Senken sowie in die Gegenden geweht, die sich nördlich und südlich an die Mittelgebirge anschließen. Nach Süden wie nach Norden folgen die Altmoränenlandschaften, die von älteren Eiszeiten herrühren, in jüngeren glatt gestutzt wurden, wobei ihre Böden der fruchtbaren Mineralstoffe weitgehend beraubt wurden. Altmoränenlandschaften haben in Süddeutschland nur geringe Ausdehnung, in Norddeutschland aber reichen sie weiter, vom Mittelgebirgsrand bis nach Niedersachsen, Schleswig-Holstein, Mecklenburg und Brandenburg. Einige der dann folgenden Jungmoränenlandschaften sind fruchtbarer. Sie wurden von den Gletschern der letzten Eiszeit geformt, die im Süden Würmeiszeit, im Norden Weichseleiszeit genannt wird.

Trotz aller Fülle an Standorten, die sich auf den verschiedenen Gesteinen und Lockersedimenten entwickeln konnte, wurde Mitteleuropas Vegetation immer artenärmer. Nirgendwo sonst auf der Welt gibt es gemäßigte Breiten mit so artenarmer Vegetation, obwohl von geologischer Seite alle Voraussetzungen für größte Artenvielfalt gegeben sind. Die Klimaschwankungen des Eiszeitalters und die Hochgebirgsriegel, die die Wanderwege von Tier und Pflanze versperren, haben damit der Flora und der Fauna Mitteleuropas einen eigentümlichen Charakter verliehen.

4. Jäger und Sammler

Vor etwa 18 000 Jahren setzte klimatische Milderung ein. Das Gletschereis der Würm- oder Weichseleiszeit, der bisher letzten Eiszeit, begann zu schmelzen. Jeder Gletscher blieb wie ein Moloch in der Landschaft liegen, bekam keine „Nahrung" mehr, also kein weiteres Eis aus dem „Nährgebiet" im fernen Skandinavien oder in den Alpen. Er zerbrach zu einzelnen Schollen, die allmählich abtauten. Das Klima wurde nicht auf einen Schlag warm, sondern die Phase der Klimaverbesserung dauerte etwa 8000 Jahre. Der Beginn der Periode günstiger werdenden Klimas wird von den Geologen noch dem Eiszeitalter zugerechnet. Dieses sogenannte Spätglazial war eine Übergangsperiode zwischen Kalt- und Warmzeit. Das Klima verbesserte sich nicht kontinuierlich, sondern in mehreren Schüben. Mal wurde es rasch wärmer, dann gab es einen klimatischen Rückschlag. Dann bekamen die Gletscher wieder Nachschub an Eis, sie legten

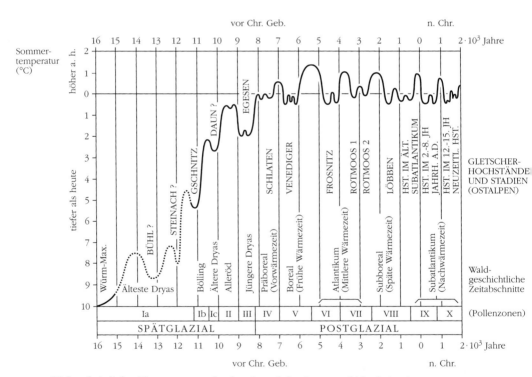

Wahrscheinlicher Temperaturverlauf während der Spät- und Nacheiszeit.

52

eine „Schmelzpause" ein, und vielleicht rückten sie sogar wieder ein Stück weit vor. Jedes auch nur geringe Wiedervorrücken der Gletscher führte zur Bildung neuer Endmoränen. Zeugnisse des Wiedervorrückens der Eismassen sind besonders deutlich im Norden Mitteleuropas zu erkennen.

Von den in Deutschland äußersten Endmoränen des nordischen Eises, den Moränen des sogenannten Brandenburger Stadiums, wich das Eis vor etwa 18000 Jahren zurück, also unmittelbar nach Einsetzen der Milderung. Diese Moränen verlaufen nordöstlich der Elbe, südlich an Berlin vorbei. Vor 16000 Jahren machte das Eis nördlich von Berlin halt, und es schob dort die Moränen des Frankfurter Stadiums zusammen. Weiter im Osten, in Polen, überfuhren die Gletscher die Moränen des Brandenburger Stadiums; dort sind die Frankfurter Moränen die äußersten der Weichseleiszeit. Etwa 2000 Jahre später waren die Gletscher bis ins südliche Mecklenburg zurückgeschmolzen; bei einem kurzen Wiedervorstoßen warfen sie vor etwa 14000 Jahren die Moränen des Pommerschen Stadiums im südlichen Mecklenburg auf. Nochmals etwa 1000 Jahre später war dann auch das gesamte südliche Ostseeküstengebiet eisfrei.

Je später das Land eisfrei wurde, desto eher blieb ihm die Bodenfruchtbarkeit erhalten. Das Gebiet, das schon früh von der Gletscherlast befreit worden war,

Brandenburgische Sandlandschaft mit armen Böden, Kiefernwäldern und Roggenfeldern am Fläming.

Das südöstliche Rügen, eine reich gegliederte Jungmoränenlandschaft mit fruchtbaren Böden, Buchenwäldern, Seen und Mooren, hier vom Turm des Jagdschlosses Granitz aus betrachtet.

konnte in den anschließenden Jahrtausenden von der erodierenden Wirkung eisiger Winde im Gletschervorfeld „bearbeitet" werden. Die Böden Brandenburgs verloren dadurch ihre feinen fruchtbareren Bestandteile, die „Streusandbüchse" blieb übrig: magerer, leicht austrocknender Sandboden. In Mecklenburg und im östlichen Schleswig-Holstein hielten sich die Nährstoffe dagegen im Boden; auf ihnen entwickelten sich die fruchtbaren Jungmoränenstandorte, bestes Ackerland, das aber einzelne Gesteinsbrocken enthält, die bei der Bodenbearbeitung lästig sein können.

Während des Eiszeitalters und an seinem Ende ereigneten sich die entscheidenden Schritte der Evolution, die Generation für Generation aus affenähnlichen Wesen den Menschen werden ließen. Vor ein paar hunderttausend Jahren hatten die Hominiden, die menschenartigen Tiere, schon viele Ähnlichkeiten mit dem heutigen Menschen, wie die Knochenfunde aus den Eiszeitschottern von Mauer bei Heidelberg („Homo heidelbergensis") und Bilzingsleben in Thüringen zeigen. Dem heutigen Menschen ähnlicher waren die Wesen, deren Existenz vor der letzten Eiszeit durch Knochenfunde bei Steinheim an der Murr nördlich von Stuttgart („Homo steinheimiensis") belegt ist. Noch höher entwickelt war der „Neandertaler", der am Beginn der letzten Eiszeit lebte und dessen Knochen man im 19. Jahrhundert im Neandertal bei Düsseldorf fand. Homo sapiens, der Mensch also, der dem heutigen genetisch glich (eine früh auftretende Rasse wird nach einem französischen Fundort „Cro-Magnon-Mensch" genannt), betrat die Weltbühne ausgerechnet während der letzten Eiszeit, die für einen wehrlosen „nackten Affen" nicht gerade ideale ökologische Bedingungen bot. Homo sapiens konnte sich aber auf ganz verschiedene, auch extreme Umweltbedingungen einstellen. Seine Entwicklung wurde offenbar durch die landschaftliche Vielfalt in der Region des geologischen Grabenbruches gefördert. Homo sapiens gehört zu den wenigen Lebewesen, die fast überall auf der Erde existieren können; der Mensch hat sich sowohl auf die ökologischen Bedingungen der Eiszeit wie später der Nacheiszeit einstellen können. Homo sapiens suchte sich in der Kältewüste andere „ökologische Nischen" als in üppig grünen Wäldern; in Abhängigkeit von der sich wandelnden Umwelt änderten sich menschliche Verhaltensmuster und Lebensweisen. Gewisse Relikte früherer Lebensgewohnheiten haben aber bis heute ihre Spuren im Wesen des Menschen hinterlassen.

In der Eiszeit ernährte sich der Mensch vor allem vom Fleisch der Tiere, die er als Jäger erbeuten konnte. Homo sapiens fehlt aber eigentlich die Eignung zum Raubtier, denn er hat nicht die Reißzähne von Hunden und Katzen, mit denen er Beutetiere durch einen gezielten Biss töten und anschließend zerfleischen kann. Er kann Beutetiere nicht verschlingen, er kann nicht tage- und wochenlang wie ein Hund ohne Nahrung auskommen, wenn er vom Jagdpech verfolgt ist, und er hat auch nicht die Kraft der Löwen und Bären. Manche Tiere kann der Mensch erschlagen, er konnte sie auch über eine Felsklippe treiben, von wo sie sich zu Tode stürzten wie am Felsen von Solutré in Burgund: Dort wurden ganze Herden wilder Pferde getötet.

Meistens aber brauchte der Mensch zum Töten von Beutetieren Werkzeuge: Steinmesser, Harpunen, Speere. Der eiszeitliche und spätglaziale Jäger bearbeitete Stein und formte ihn zu Waffen und Werkzeugen. Stein war sein einziger nicht organischer, haltbarer Werkstoff, steinern sind daher die Überbleibsel seiner Kultur, die man bei Ausgrabungen findet: Deswegen nennt man die damalige Epoche der Menschheitsgeschichte Altsteinzeit oder Paläolithikum. Mitteleuropa ist „steinreich". Was man brauchte, fand man irgendwo. Die Steinzeitjäger hatten es besonders auf Feuerstein abgesehen; Feuerstein, auch Flint genannt, besteht vor allem aus hartem Quarz, er bildete sich aus den abgestorbenen Skeletten von Kieselalgen und Schwämmen, die in kalkigen Meeressedimenten eingelagert wurden. Vor allem Kreidegestein, aber auch anderer Kalkstein wie der Jurakalk ist reich an eingeschlossenen Feuer- und Hornsteinknollen.

Im Spätglazial breiteten sich zunächst Zwergsträucher und Kräuter aus, z. B. Wacholder (rechts) und Beifuß (links) (Alvar auf Öland/Schweden).

Feuerstein lässt sich hervorragend bearbeiten: zu Messern, Pfeilspitzen, Dolchen. Und man kann mit ihm Funken schlagen, die Feuer entfachen. Das Feuer bot Schutz vor der Kälte, über dem Feuer wurde das Fleisch der erlegten Tiere gebraten. Die Hitzebehandlung schloss die Nahrung besser auf, man musste nicht so viele Tiere jagen, um stets Nahrung zu haben; Jagen war natürlich mühsam und nicht ungefährlich.

In der Eiszeit und im Spätglazial gab es viele verschiedene Jagdtiere. In den kühlen Gewässern, den Seen, Flüssen und Meeren, war mehr Sauerstoff vorhanden als in warmem Wasser. Dort lebten Fische und Vögel. In den Weiten der gräser- und kräuterreichen, gehölzarmen Vegetation fand das Rentier ideale Lebensbedingungen, aber auch Bison, Bär, Mammut und Elch lebten damals in Mitteleuropa. Alle diese Tiere, die zum Teil viel größer, stärker und wehrhafter als der Mensch waren, konnte Homo sapiens im eiszeitlichen Mitteleuropa erbeuten, wenn er sich der Werkzeuge bediente und die Tiere „überlistete". Das heißt, er musste sich mit ihrer Lebensweise in der Landschaft soweit vertraut gemacht haben, dass er ihr Verhalten „verstehen" und vorausberechnen konnte. Er musste sich daher der Lebensweise der Tiere in gewisser Weise anpassen.

Rentiere sind kein Standwild; sie ziehen in Herden weit umher, grasen, solange es etwas zu fressen gibt, und wandern dann weiter. Im Winter weichen sie der

Kälte aus, im Sommer der Mückenplage. Daher wanderten sie in einem jährlichen Zyklus über weite Strecken. Wollte man sie jagen, musste man hinter ihnen her ziehen. Genau das taten die Menschen der ausgehenden Eiszeit und des Spätglazials, als die vom Gletscher bedeckten Flächen kleiner wurden und sich dadurch weite Teile Mitteleuropas mit Leben füllten. Mit dem Zurückweichen des Eises wurden die Lebensräume für Rentiere und Menschen größer. Die Menschen folgten den Rentieren, brachen immer wieder ihre Zelte ab und schlugen sie anderswo wieder auf. Im Verlauf ihrer Wanderungen kamen sie wohl häufig an die gleichen Plätze zurück, was aber von den jeweiligen Aufenthaltsorten der Rentiere abhing. Vor allem mussten die Jäger genau wissen, wo sich die Rentiere jeweils aufhielten, wo sie grasten, an welchen Quellen sie tranken. In der Nähe der Gewässer gab es besonders viel Gras, in den Senken also, ferner wohl auch auf den fruchtbaren Lößflächen. Diese Stellen musste man von oben her, das heißt von Bergen und Hügeln aus, beobachten. Da „entwickelte" der Mensch wahre Raubtiereigenschaften. Wolf und Löwe erspähen ihre Beute zum Beispiel von hohen Felsen aus, Haushund und Hauskatze wählen stattdessen gern Stühle, Tische und Fensterbretter als Beobachtungsplätze. Genauso zog der

Von der Ehrentrudiskapelle am südlichen Tuniberg aus lässt sich die Oberrheinebene weit überblicken; im Hintergrund erkennt man die Auenwälder am Rhein und den Höhenzug der Vogesen. Im ausgehenden Eiszeitalter erspähten von hier aus Rentierjäger ihre Beutetiere. Später errichtete man hier eine Wallfahrtskapelle, die heute wegen der hervorragenden Aussicht von vielen Ausflüglern besucht wird.

steinzeitliche Jäger zu erhöhten Aufenthaltsorten, um die Senken auf der Suche nach Jagdbeute zu überblicken. Natürliche „Hochsitze" gab es in Mitteleuropas geologisch vielfältiger Landschaft in großer Menge, und dort haben die Archäologen auch die Hinterlassenschaften steinzeitlicher Jäger gefunden.

Ein breites Urstromtal ließ sich bestens von seinem Rand aus überblicken. Man sah, wann die Rentiere dort grasten, wann sie den Fluss überquerten. Steinzeitliche Jäger saßen daher bei Boberg östlich von Hamburg und am Höhbeck bei Dannenberg auf dem Ansitz. Gute Weideflächen lagen in den Tunneltälern; die Menschen nutzten eine kleine Düne als Aufenthaltsort – so geschehen im Ahrensburger Tunneltal nordöstlich von Hamburg. Auf das tief eingeschnittene Tal des Rheins konnte man hinunterblicken, wenn man sich auf den Schotterterrassen aufhielt. Sie hatten große Schmelzwassermengen abgelagert, als der Rhein noch auf einem höher gelegenen Talniveau geflossen war. Dort saßen die steinzeitlichen Jäger in der Umgebung von Neuwied. Hervorragende „Hochsitze" waren die schroff aufragenden Vulkane im Hegau, der Abhang des Tunibergs mitten in der Oberrheinebene. Dort lag (an der Ehrentrudiskapelle bei Munzingen) ebenso ein berühmter steinzeitlicher Rastplatz wie am Rand des Oberrheingrabens, oberhalb von Ehrenstetten: Weit schweifte der Blick über die Niederung, die durch die tektonischen Verschiebungen entstanden war. Die Rentiere weideten auch in den damals von Wasser durchflossenen Tälern des Juragebirges; noch idealer waren die dortigen Lebensbedingungen für die Rentierjäger. Die Täler hatten nämlich die schon vorher entstandenen unterirdischen Flussläufe des Karstgebirges angeschnitten, die weit verzweigten Höhlensysteme. Viele Höhlen hatten daher ihre Eingänge an den Talflanken. Auch wenn man sich nicht vorstellen muss, dass Höhlen als regelmäßige Wohnsitze genutzt wurden, so boten sie doch gelegentlich willkommenen Schutz vor den Unbilden der Witterung. Aus manchen von ihnen strömte Wasser hervor und ergoss sich ins Vorfeld. Es war Trinkwasser für den Menschen da, aber auch für die Rentiere, die sich unterhalb der Höhleneingänge zum Trinken versammelten. Hier konnten sie von ihren Jägern in die Falle gelockt werden. In den Tälern von Donau, Blau, Lone, Brenz und Altmühl sowie im Wellheimer Trockental nordöstlich von Donauwörth gibt es viele Höhlen, die immer wieder von Steinzeitjägern aufgesucht wurden und in denen die Archäologen erstaunliche Meisterwerke der Eiszeitkunst entdeckten: Skulpturen, die zu den ältesten Kunstwerken der Menschheit gerechnet werden, fand man in der Nähe von Ulm. Höhlensysteme hatte auch der Meteorit angeschnitten, der den Krater des Nördlinger Rieses geschaffen hatte. Die Steinzeitjäger fanden dort die Ofnethöhlen. Höhlen im Kalkstein gibt es nicht nur im Juragebirge, sondern auch anderswo, zum Beispiel in Thüringen: Dort entdeckten die Eiszeitjäger die Ilsenhöhle bei Ranis.

Sieht man einmal davon ab, dass der Mensch damals einzelne Tierarten stark bejagte und vielleicht sogar ausrottete, hatte er sich in starkem Maße auf seine Umwelt eingestellt, ohne sie nennenswert zu verändern. Deshalb verklärt man

Die Ofnethöhlen am Rand des Nördlinger Rieses boten den Jägern nicht nur Schutz, von ihnen aus ließ sich auch die Landschaft weit überblicken.

diese Epoche der Menschheitsgeschichte immer wieder. Aber dem „Zurück zur Steinzeit" steht sehr viel im Wege; nur eine kleine Zahl von Menschen konnte durch die Jagd allein ernährt werden. Die Grenzen des Wachstums waren damals sehr rasch erreicht.

Homo sapiens wurde, gerade was sein Verhältnis zur Landschaft anbelangt, in vieler Hinsicht durch die Jahrtausende geprägt, in denen er sich in Mitteleuropa vor allem jägerisch ernährte. Die Jäger waren nicht sesshaft, heute haben aber die meisten Menschen feste Wohnsitze. Warum allerdings empfinden viele Menschen dies gelegentlich als lästigen Zwang? Warum wird die Urlaubsreise als Höhepunkt innerhalb des Jahreslaufs angesehen, die biologisch und ökologisch eigentlich sinnlos ist, aber den ersehnten Ortswechsel mit sich bringt? Die alte Prägung auf das Nicht-sesshaft-Sein kommt da ebenso zum Vorschein wie bei dem oft vergeblichen Versuch, heute noch nicht sesshafte Tierhalter und Handwerker sesshaft zu machen. Viele eiszeitliche Jägerstationen schätzen wir heute als Aussichtspunkte, an denen man zwar nicht seinen Wohnsitz wählt, die man aber immer wieder gerne aufsucht. Warum findet der Mensch einen Aussichtspunkt attraktiv? Beim Kauf von Immobilien ist die „unverbaubare Aussichtslage" ein Argument dafür, an der Preisschraube zu drehen.

Aus ethnographischen Beobachtungen weiß man, dass die meisten Jägervölker

Vulkanische Sedimente, die beim Ausbruch des Vulkanes im Laacher See/Eifel weite Landstriche bedeckten (bei Wassenach).

sich auch von gesammelten Kräutern, Früchten und Pilzen ernähren. Das kann auch für die Steinzeitjäger zutreffen, aber in den Tundren der Eiszeit und des Spätglazials gab es nur wenig Nahrhaftes, wohl Pilze, ein bisschen frisches Grün; Kalorien mussten die Menschen vor allem aus der Fleischnahrung beziehen.

Gegen Ende der Erwärmungsphase, im Spätglazial, ereignete sich in Mitteleuropa eine neue ökologische Katastrophe: Im Zeitraum, der 10 000 bis 12 000 Jahre zurückliegt, wurden einige der Vulkane in der Eifel aktiv. Der folgenschwerste Ausbruch war der des Laacher-See-Vulkans. Seine Lava wälzte sich vom Laacher See bei Koblenz bis in die Marburger Gegend und begrub weite Landstriche unter sich, auch mehrere Jägerstationen, die sich auf den Rheinschottern am Rand des Neuwieder Beckens befunden hatten. Vulkanischer Tuffstaub wurde vom Wind in noch viel weiter entfernte Gegenden verdriftet, einerseits weit nach Nordosten, bis nach Vorpommern, andererseits nach Süden, bis an den Rand der Alpen.

Die Katastrophe der Urzeit ist daher ein „Glücksfall" für die landschaftsgeschichtliche Forschung: Alles Sediment, das sich zwischen Bern und Eberswalde gerade bildete, in Seen, Mooren, an Aufenthaltsorten der steinzeitlichen Menschen, wurde gleichzeitig vom Tuff überdeckt. Der „Laacher Bimstuff" ist, wenn man ihn heute findet, eine phantastische Zeitmarke; man kann nicht nur

Birken und einzelne Kiefern breiteten sich seit dem Ende des Spätglazials zwischen den Kräutern und Zwergsträuchern aus; aus einer offenen Landschaft wurde ein Waldland (am Rand der Muskauer Heide im Grenzgebiet zwischen Brandenburg und Sachsen).

erschließen, wie die Landschaft ausgesehen hat, als der Vulkan ausbrach, man kann auch das Aussehen verschiedener Landschaften miteinander vergleichen. Und da stellt sich dann heraus, dass im Süden Mitteleuropas bereits ein grundsätzlicher Landschaftswandel eingesetzt hatte: Birken und Kiefern hatten sich auszubreiten begonnen, die baumlose Öde, aber auch die üppigen Weidegründe für die Rentiere wurden von Gehölzen überzogen. Der Wandel zum Waldland hatte begonnen; in Norddeutschland war dies noch nicht der Fall, dort hielt sich das Gemisch aus Tundren- und Steppenvegetation. In mehreren Stationen der Steinzeitjäger, die damals vom Tuff überdeckt wurden und die Archäologen heute ausgraben, findet man Knochen von Tieren der Tundra und von Waldtieren. Das ist ein Zeichen dafür, dass sich die Tierwelt als Folge des Wandels von der offenen Landschaft zum Waldland rasch veränderte.

5. Meere und Wälder entstehen

Vor etwa 10 000 Jahren, um das Jahr 8000 v. Chr., hatten sich in Mitteleuropa ungefähr die heutigen Klimabedingungen eingestellt. Die Erwärmung nach der Eiszeit war damit abgeschlossen. Die Temperaturen und Niederschlagsmengen schwanken seitdem nur noch geringfügig um relativ konstante Mittelwerte, wie sich durch Untersuchungen der in den letzten Jahrtausenden entstandenen Spuren alpiner Gletscherschwankungen zeigen ließ. Vor 10 000 Jahren begann die Epoche der Nacheiszeit, das Postglazial, das möglicherweise auch nur ein Interglazial, eine Warmzeit zwischen zwei Eiszeiten sein wird.

Die Gletscher waren in Mitteleuropa bis auf kleine Reste im Hochgebirge abgeschmolzen. Das nordische Eis bedeckte aber noch große Teile Skandinaviens, was auch auf Mitteleuropa Auswirkungen hatte. Weil die Auftaugeschwindigkeit der Gletscher nicht mit der Erwärmung Schritt halten konnte, waren am Beginn des Postglazials noch große Eismassen vorhanden und die Meeresbecken noch nicht wieder vollständig mit Wasser aufgefüllt. Der Norden Mitteleuropas stößt an flache Schelfmeere, die im Gegensatz zu den Ozeanen unter sich einen Festlandsockel haben, der aus Granit besteht. Die flachen Meere der Nord- und Ostsee änderten ihre Gestalt besonders stark, als ihr Wasserspiegel nur um ein paar Meter schwankte. Im Spätglazial ragte die Doggerbank, deren höchste „Erhebung" heute nur 13 Meter unter dem Meeresspiegel liegt, noch aus dem Wasser empor. Steinzeitliche Jäger siedelten dort; Rentiere und Jäger konnten trockenen Fußes England vom Kontinent aus erreichen. Vor 9000 Jahren war die Doggerbank überflutet, aber die Küstenlinie verlief weit nördlich der Ostfriesischen Inseln und etwa bei Helgoland, so dass England noch über eine schmale Landbrücke mit dem Festland verbunden war. Dann erst überflutete das Meer das Gebiet zwischen dem Humber an der englischen Ostküste und der niederländischen Insel Texel: England wurde zur Insel und geriet in seine „splendid isolation". Der Golfstrom konnte nun sein warmes Wasser, das er aus Mittelamerika herantransportiert, nicht nur um Schottland herum, sondern auf direktem Wege in die Nordsee lenken. Mitteleuropas Klima wurde dadurch sicher ozeanischer, regenreicher, ausgeglichener. Die Winterkälte schwand, ebenso die Sommerhitze; beides konnte und kann sich aber immer einstellen, wenn Ostwinde aus dem Inneren des Kontinents in Mitteleuropa die Oberhand gewinnen.

Natürlich stieg der Wasserspiegel auch in der Ostsee. Dort waren die Verhältnisse aber um einiges komplizierter, denn im Spätglazial und zu Beginn des Postglazials waren noch große Teile des Meergebietes vom Gletscher bedeckt. Die Gletscher drückten damals die skandinavischen Gebirge weit in die Tiefe. Als die

Eislast allmählich geringer wurde, konnte Skandinavien aus der Tiefe empor tauchen, doch erst mit zeitlicher Verzögerung, denn das „Eierschalenbruchstück" Skandinavien bewegte sich langsamer, als es der Auftauprozess eigentlich ermöglicht hätte.

Im Spätglazial war die Ostsee zunächst ein von Süßwasser erfüllter See, den das nordische Eis weit in die Höhe gestaut hatte: Eis lag wie ein Riegel vor dem Abfluss des Stausees, der sich aus Schmelzwasser gebildet hatte, und verhinderte, dass das Ostseewasser sich nach Westen, in Richtung Nordsee ergießen konnte. Vor etwa 11 000 Jahren war die „Staumauer" aus Eis abgeschmolzen, so dass sich eine riesige Flutwelle vom Eisstausee aus in die Nordsee ergießen konnte; der Wasserspiegel im Ostseebecken sank dadurch um mindestens 25 Meter! Eine Verbindung zwischen Ost- und Nordsee entstand damals nicht zwischen den dänischen Inseln (wie heute), sondern in Mittelschweden; die Gegend zwischen Göteborg und Stockholm war damals von der Eislast noch so weit in die Tiefe gedrückt, dass sie deutlich unterhalb des Niveaus der dänischen Inseln lag. Nach dem Ausfließen des Stausees konnte salzhaltiges Meerwasser aus der Nordsee über die schwedische Landsenke in das Becken der Ostsee eindringen. Ein paar Jahrhunderte später hatte sich Mittelschweden so weit in die Höhe bewegt, dass die Ostsee erneut von den Weltmeeren abgeschnitten und zum Süßwassersee wurde.

Am Ende des Spätglazials war der nördliche Teil der Ostsee, der Bottnische Meerbusen, noch unter den Eismassen verborgen. Dort und anderswo taute immer noch Gletschereis, die Wasserspiegel der Weltmeere stiegen weiter an. Zu Beginn des Postglazials überflutete das Wasser erneut das Gebiet der niedrigsten Landschwelle zwischen Nord- und Ostsee. Die lag aber jetzt nicht mehr in Mittelschweden, sondern im Gebiet der dänischen Inseln sowie zwischen Südschweden und der deutschen Ostseeküste, denn dieses Gebiet hatte sich nach der Entlastung vom Eis nicht so stark in die Höhe gehoben wie die schwedische Landsenke. Die Wasserverbindungen zwischen den beiden Flachmeeren lagen nun also dort, wo sie auch heute noch zu finden sind. Die Landmasse Südskandinaviens hob sich später noch geringfügig weiter in die Höhe. Dadurch wurden die Wasserverbindungen zwischen Nord- und Ostsee wieder flacher. Die Ostsee ist seitdem mit dem System der Weltmeere gewissermaßen nur durch einen „seidenen Faden" verbunden. Besonders gering ist der Wasseraustausch an der flachen Darßer Schwelle, wo das Meer nur wenige Meter tief ist; etwas mehr Wasser unter dem Kiel haben Schiffe lediglich in der schmalen Kadetrinne, die 14–18 Meter tief ist. Nur wenig salzhaltiges Nordseewasser dringt in die Ostsee ein, beinahe ist sie ein Süßwassersee. Es gibt kaum Tidenhub in der Ostsee (im Gegensatz zur Nordsee), und das Ostseewasser kann nur in geringem Maße durch Wasseraustausch mit der Nordsee und anderen Meeren gereinigt werden. Beim Bau von neuen Verkehrswegen in der südwestlichen Ostsee muss außerordentlich vorsichtig vorgegangen werden, damit der Wasseraustausch nicht be-

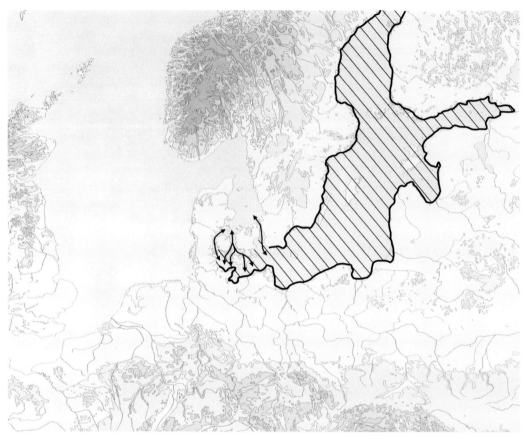

Die Ostsee ist nur durch sehr schmale Wasserstraßen mit den anderen Weltmeeren verbunden. Sie ist daher ein besonders empfindliches Ökosystem.

hindert wird. Die Havarie eines Schiffes, das gefährliche Güter geladen hat, hätte in dieser Gegend verheerende Auswirkungen.

Es dauerte also lange Zeit, bis die große Eismasse getaut war, bis das Land vom Eise befreit war und sich gehoben hatte, bis die Meere in Mitteleuropas Umgebung ungefähr ihre heutige Ausdehnung erhalten hatten. Auch auf dem Land kam es als Folge der Klimaverbesserung zu grundsätzlichen Landschaftsveränderungen, die aber ebenfalls nicht mit der Geschwindigkeit der Erwärmung Schritt halten konnten. Mitteleuropa wurde zum Waldland. Dieser grundlegende Wandel der Landschaft vollzog sich im Prinzip folgendermaßen: Die Einwanderung wärmeliebender Pflanzen, vor allem der Gehölze, brauchte viel Zeit. Die Früchte und Samen mussten von den Winden, im Fell von Säugetieren oder im Magen von Vögeln zuerst einmal ins Gebiet nördlich der Alpen gelangen. Und dort mussten sich die keimenden Pflanzen gegen die vorherrschende gräser- und kräuterreiche Vegetation durchsetzen, die sich ja vor allem im Spätglazial gut entwickelt hatte. Gräser und Kräuter bildeten einen dichten Wurzelfilz, der schwer zu durchdringen war. Die Keimlinge der Gehölze waren nach Überwindung des Wurzelfilzes nicht größer und stärker als Gräser und Kräuter. Wurden die jungen Gehölze von grasenden Tieren abgefressen, konnten sie sich nicht so schnell wieder entwickeln wie die krautigen Pflanzen.

Erst dann, als Baum- und Buschwerk so weit in die Höhe gewachsen war, dass es die Steppenkräuter beschattete, hatten die Gehölze „gesiegt". Für viele Kräuter war es unter Bäumen zu schattig; nur Gewächse, die unter Bäumen gedeihen können, kamen noch hoch. In freier Landschaft bleibt kein Baum, kein Strauch allein. Denn auf ihren Zweigen lassen sich Vögel nieder, und die lassen dort etwas fallen, unter anderem auch die Samen von Früchten, die sie anderswo gefressen haben. Manche Büsche und Bäume treiben aus ihren Wurzeln Wurzelbrut in das Grasland hinein. Einzelne Gehölzpflanzen entwickelten sich auf diese Weise zu Gehölzgruppen; sie schlossen sich überall dort zu Wäldern zusammen, wo der Boden dies zuließ, wo es also nicht zu feucht und nicht zu trocken, nicht zu kalt oder zu salzhaltig war. Nur in solchen Bereichen der Landschaft mit für Mitteleuropa extremen ökologischen Bedingungen waren und sind Gräser und Kräuter vitaler als Bäume.

Lediglich ein kleiner Teil der ursprünglich reichen Tertiärflora hatte noch in den eiszeitlichen „Refugien" am Mittelmeer während der langen Würmeiszeit „überwintert". Wärmeliebende Pflanzenarten breiteten sich nun über die schma-

Die Ausbreitung von Kiefern in einer offenen Landschaft – wie im Spätglazial (bei München-Neuherberg).

Lichter Kiefernwald mit einzelnen Birken bei Rathenow/Brandenburg; so könnten die Wälder am Beginn der Nacheiszeit ausgesehen haben.

len Wanderbahnen westlich und östlich der Alpen wieder nach Mitteleuropa aus.

Schon im Spätglazial hatten sich Sanddornbüsche und strauchförmige Weiden, der Wacholder, vor allem aber Birken und Kiefern in weiten Teilen Süddeutschlands angesiedelt. Die Früchte von Birken und Kiefern wurden vom Wind über weite Strecken transportiert, denn dank ihrer „Flügel" fliegen die Birken- und Kiefernfrüchte ausgezeichnet. Sie blieben zwischen Gräsern und Kräutern hängen, keimten massenhaft und erwiesen sich fast überall am Ende stärker als Gräser und Kräuter. Viele dieser kleineren Pflanzen konnten sich unter den lichten Schirmen von Birken und Kiefern aber noch halten. Von Süddeutschland aus breiteten sich Birken und Kiefern im Lauf von Jahrtausenden weiter nach Norden aus, immer hinter dem nordischen Eisrand her bis nach Lappland, bis zur heutigen Grenze zwischen Wald und Tundra im Norden. Vielleicht gab es Mischwälder aus Birken und Kiefern, sicher aber auch reine Kiefernbestände und Birkenwälder. Die Birke wurde vor allem in den feuchteren Bereichen zum wichtigsten Gehölz, in den Senken, an den regenreichen Hängen der Gebirge, in der Nähe der Meere. Die Kiefer, deren Nadeln von Wachs überzogen sind, das die Verdunstung verhindert, konnte sich auch auf die besonderen Bedingungen trockener Wuchsorte einstellen. Sie dominierte auf den Höhen zwischen den Talsen-

66

ken und in den küstenfernen Trockengebieten. Die mit den Waldkiefern verwandten Arven breiteten sich zusammen mit Lärchen in den Hochlagen der Alpen aus; tiefere Lagen des Hochgebirges waren mit Waldkiefern bestanden.

Mehr und mehr machte sich die Kiefer auf Kosten der Birke breit, später kamen auch andere Baumarten hoch. Die Samen von einigen Gehölzen trug der Wind herbei, andere wurden von Vögeln und Säugetieren gebracht. Vor allem in den westlichen Mittelgebirgen mit ihrem ozeanisch getönten, feuchten Klima wurden Kiefer und Birke von Haselbüschen verdrängt, die sich nördlich der Alpen von Westen her ausbreiteten. Ganze Haselwälder müssen zeitweise vor allem im Harz, im Weserbergland, in der Eifel, im Rheinischen Schiefergebirge, in Oberhessen und im Schwarzwald gestanden haben. In den Niederungen gab es auch Haselbüsche, aber wohl nicht ganz so viele, ebenso wie weiter im Osten, wo die Hasel sich erst dann gut ausbreiten konnte, als das Klima nach dem Durchbruch des englischen Kanals auch dort atlantischer geworden war. Im Südosten Mitteleuropas kam die Hasel aber deswegen nicht so stark zum Zug, weil einige ihrer möglichen Wuchsorte schon von einem anderen Baum, der Fichte, „besetzt" waren. Die Fichte hatte sich, ausgehend von ihren Refugien südlich der Alpen, im Osten um das Hochgebirge herum ausgebreitet und war von dort aus auch in weiter westlich liegenden Gebieten heimisch geworden. Fichten durchsetzten die Kiefernwälder und wuchsen mit der Zeit zu größerer Höhe empor als Kiefern, die sich unter den Schatten spendenden Fichten bald nicht mehr optimal entwickelten. Fichten breiteten sich nur dort aus, wo Haselbüsche nicht bereits üppig gediehen. So drang die Fichte zunächst nur in die Ostalpen vor, ferner bis nach Oberbayern, zum Böhmerwald, zu einigen Mittelgebirgen Nordbayerns, zum Erzgebirge und zum Thüringer Wald, schließlich in hochgelegene Gebiete im Harz. Die westliche und nördliche Verbreitungsgrenze der Fichte im frühen Postglazial war auch Jahrtausende später noch gut zu erkennen, denn den von Westen und Norden auf die von Fichten bestandenen Berge zu wandernden Menschen fiel der Baum als Besonderheit auf. Der Name „Fichtelberg" (im Erzgebirge) zeugt ebenso davon wie die Benennung des Fichtelgebirges.

Mit der von Westen fortschreitenden Ausbreitung der Haselbüsche und dem Vordringen der Fichte von Südosten war die Grundlage für eine unterschiedliche Vegetations- und Landschaftsentwicklung im Westen und Osten Mitteleuropas gelegt, die noch heute charakteristisch ist. Unterschiedliche Vegetationsentwicklungen gingen aber auch schon frühzeitig davon aus, dass manche Kieferngebiete sich nicht zu Landschaften mit anderen Waldbildern wandelten. Vor allem blieb die Kiefer „der" Baum Brandenburgs, aber auch im Nürnberger Umland und am Oberrhein behielt die Kiefer einige Bedeutung, die sie anderswo verlor.

Ziemlich zur gleichen Zeit mit Hasel und Fichte wurden noch weitere Baumarten in Mitteleuropa heimisch. Eichen verdrängten Birken und Kiefern vor allem in den tieferen Lagen Mitteleuropas. Auf Sandböden Nordwestdeutschlands bildeten sich Eichenwälder. Eichen drangen aber auch in einige Trocken-

Lärchen-Arven-Wälder, wie hier in den Stubaier Alpen/Tirol, bildeten sich bereits zu Beginn des Postglazials.

gebiete vor, die zuvor Domäne der Kiefer gewesen waren. Die Bergulme bekam am Rand der Alpen, aber auch in manchen Mittelgebirgen, in denen viel grober Blockschutt herumlag, große Bedeutung. Während sie in den Mittelgebirgen wahrscheinlich teilweise oder ausschließlich Mischbestände mit der Eiche bildete, herrschte sie in einigen Wäldern am Alpenrand allein; dort müssen vor etwa 9000 Jahren fast reine Bergulmenwälder gestanden haben. Wo viele Ulmen wuchsen, kamen auch Linden, Bergahorn und Eschen vor. Ganz besonders lindenreiche Wälder entwickelten sich in der Eifel und ihrem Vorland. Wo sich mineralstoffhaltiges Grundwasser in der Nähe der Erdoberfläche staute, konnte sich die Erle breitmachen.

Aus dem Einerlei der waldoffenen Vegetation entstand also zunächst ein Einerlei der Kiefern- und Birkenwälder. Daraus wurde in der verhältnismäßig kurzen Zeit von ein- bis zweitausend Jahren am Beginn des Postglazials ein verhältnismäßig buntes Mosaik von verschiedenen Wäldern. Diese Wälder hatten sich in Abhängigkeit von der unterschiedlichen Einwanderungsrichtung der Bäume verschieden entwickelt (Gegensätze zwischen Ost und West waren entstanden), fer-

Vor allem in den regenreichen Gegenden breiteten sich Haselbüsche unter den Kiefern und Birken aus; die Wälder wurden dichter (Öland/Schweden).

ner als Folge differierender ökologischer Bedingungen der Waldwuchsorte, wobei sich Gegensätze der Bodenqualitäten und die Höhenstufen-Zonierung besonders bemerkbar machten. Die sehr unterschiedlichen geologischen Gegebenheiten in Mitteleuropa hätten aber eine weit höhere Vielfalt der Vegetation zugelassen; und diese Vielfalt der Vegetation hätte sich auch einstellen können, wenn sich noch alle Elemente der Tertiärflora am Aufbau des mitteleuropäischen Pflanzenkleides im Postglazial hätten beteiligen können. So aber waren vor 8000 Jahren schon fast alle der heute natürlicherweise häufig in Mitteleuropa vorkommenden Baumarten vertreten. Es fehlten nur noch Tanne, Buche und Hainbuche. Die Tanne wuchs damals aber schon in der Nähe Mitteleuropas, nämlich in den Westalpen, die Buche am Südrand der Alpen und die Hainbuche im Umkreis der Karpaten. Sie drangen langsam gen Mitteleuropa vor; dabei konnten sie sich nur sehr allmählich gegen die dort schon fest etablierten Waldgemeinschaften durchsetzen, die für einen „Neuankömmling" wenig Platz boten.

In den dichter und dichter werdenden Wäldern fanden Rentiere und andere große Säugetiere des offenen Graslandes nicht mehr genügend Nahrung. Sie

Vor allem in den niedrig gelegenen Gebieten entwickelten sich die Kiefern- und Birkenbestände weiter zu Eichenwäldern. Diese finden sich in besonders schöner Form noch heute außerhalb des Buchengebietes (auf einer Schäre bei Turku/Finnland).

zogen sich dorthin zurück, wo der Wald noch nicht geschlossen und die Tundra erhalten geblieben war. Andere Tiere konnten sich auch in einer baumreichen Umwelt zurechtfinden, zum Beispiel der Bär, und in den Wäldern tauchten als Neuankömmlinge die Waldtiere Hase, Fuchs und Rothirsch auf. Diese Tiere waren Einzelgänger oder lebten in kleinen Gruppen, man begegnete ihnen nur selten, und es war schwierig, sie in einem Wald zu jagen. Für steinzeitliche Jäger hatte dies alles sicher große Folgen. Ihnen blieben zwei Alternativen: Entweder folgten sie den Rentieren in die noch verbleibenden Tundren Europas, oder sie mussten ihre Jagd- und Ernährungsgewohnheiten umstellen. Die Jäger, die in Mitteleuropa blieben, verwendeten nun andere Waffen, die aus mehreren kleinen Flintstücken bestanden. Kleine bearbeitete Feuersteinstücke, die „Mikrolithen", sind für die Archäologen das Charakteristikum, an denen Lagerplätze des Meso-lithikums, der Mittleren Steinzeit, erkannt werden. Der Beginn des Mesolithi-kums datiert in die gleiche Zeit wie der Beginn des Postglazials. Ein kultureller Wandel, der sich für den Archäologen am Wandel der Steingeräte zeigt, wurde durch einen ökologischen Wandel hervorgerufen, der sicher auch gleichbedeu-tend mit einer ökologischen Krise für Homo sapiens war. Diese Krise veränderte viele Lebensgewohnheiten des anpassungsfähigen Menschen.

Traditionen seiner früheren Ernährungsweise konnte er in der Nähe von Gewässern noch am ehesten beibehalten. Denn in den Flüssen, Seen und Meeren lebten wie in vergangenen Zeiten nahrhafte Fische, Muscheln und andere Wassertiere. Dort fanden sich auch regelmäßig Vögel ein, auf die man Jagd machen konnte. Man kann den Eindruck gewinnen, dass die Mehrzahl der mesolithischen Lager- und Wohnplätze tatsächlich dicht am Wasser lagen. Menschen der Mittleren Steinzeit hinterließen große Mengen geknackter Muschelschalen an den Gestaden der Ostsee. Sie lebten am Ufer großer Seen: in Hohen Viecheln am Schweriner See, rings um Federsee, Bodensee und Forggensee, der damals noch natürlicherweise als „Füssener See" bestand, später auslief und verlandete, schließlich zum Stausee wieder aufgestaut wurde. Der Lagerplatz auf einer Düne mitten im Rhinluch bei Friesack in Brandenburg war aber offenbar nur in noch früherer Zeit von offenen Wasserflächen umgeben gewesen. Zur Zeit des mesolithischen Lagerplatzes waren die Wasserflächen im ehemaligen Urstromtal schon weitgehend verlandet. Vielleicht ließen sich aber im Fluss Rhin Fische fangen, genauso wie in der Donau und im Neckar; Jäger des Mesolithikums lebten bei Sarching an der Donau südlich von Regensburg und in Stuttgart-Bad Cannstatt direkt am Neckarufer.

Offenbar hielten sich die Menschen des Mesolithikums also vor allem in den eiszeitlich geprägten Landschaften auf, dort, wo nach dem Abschmelzen der Gletscher besonders viele Gewässer neu entstanden waren. Die Möglichkeiten des Lebens an offenen Gewässern wurden aber in der frühen Nacheiszeit sicher dadurch eingeschränkt, dass viele Seen damals verlandeten und zu Niedermooren wurden.

Die mittelsteinzeitlichen Menschen waren nicht nur Jäger, sondern auch Sammler von Pflanzen und Pflanzenteilen. Pflanzliche Kost bildete einen großen Teil ihrer Nahrung. In den Wäldern fanden sie nahrhafte Haselnüsse. Vielleicht haben die Menschen in der damaligen Zeit selbst dafür gesorgt, dass Haselnüsse in der Nähe ihrer Aufenthaltsorte wuchsen. Haben sie Haselbüsche in den Wäldern gepflanzt, oder haben sie die Nüsse dort absichtlich ausgestreut? Wäre dem so, könnte man die so plötzliche und durchschlagende Ausbreitung des Haselbusches in Mitteleuropa vor 9000 Jahren gut erklären – Eichelhäher und Eichhörnchen allein können kaum die Nüsse überallhin transportiert haben. Diese Frage scheint nebensächlich zu sein, sie ist aber von grundsätzlicher Bedeutung: Denn wenn der Mensch die Verbreitung der Haselbüsche gefördert hat, dann hat er auch in der Mittleren Steinzeit bereits seine Umwelt aktiv gestaltet, indem er ein Gehölz schonte, schützte oder gar pflanzte, weil er dadurch Nahrung gewinnen konnte, schmackhafte und nahrhafte Nüsse. Welche Pflanzen die Menschen damals außerdem sammelten, wissen wir nur in wenigen Fällen: Vereinzelt gab es wohl Brombeeren, doch offenbar noch kaum Waldlichtungen, auf denen Himbeeren und Erdbeeren wachsen konnten.

Am Beginn des Postglazials waren also innerhalb weniger Jahrhunderte fast überall dichte Wälder entstanden, die die Lebensmöglichkeiten für Menschen einschränkten, andere Lebensgewohnheiten entstehen ließen. Möglicherweise konnten in einer Umwelt, die fast ausschließlich aus dichtem Wald bestand, zunächst weniger Menschen ein Auskommen finden als im offenen Grasland der vorhergehenden Epochen. Die Grenzen des Wachstums waren eng gesteckt, erst später, nach dem Beginn massiver Umgestaltung der Landschaft durch den Menschen, wurden die Wachstumsgrenzen für Homo sapiens wieder lockerer; erst dann konnte ein neuerliches Wachstum der Bevölkerung einsetzen.

6. Die ersten Ackerbauern

Vor 8000 Jahren reichten ausgedehnte Wälder von den Alpen bis zur Nord- und Ostsee, von Westfrankreich bis weit nach Russland hinein. Die Wälder sahen nicht überall gleich aus; ihre jeweilige Zusammensetzung hatte sich seit den vorausgehenden Jahrhunderten nur wenig verändert. In Mitteleuropa hatte sich als weiterer Waldbaum die Tanne eingefunden. Ihr sagten die Standortbedingungen der Bergulmenwälder am Alpenrand zu; allmählich nahm sie immer mehr Plätze ein, an denen zuvor Bergulmen gestanden hatten. Die Ulme wurde verdrängt; behaupten konnte sie sich in den feuchten Talklingen mit ihren instabilen, immer wieder abrutschenden Hängen. Ein weiterer Neuankömmling war die Buche. Eigenartigerweise wurde aber gerade dieser Baum, der das Bild mitteleuropäischer Landschaften später so stark prägen sollte wie kein anderer, zunächst nur an wenigen Stellen heimisch, vor allem im äußersten Südwesten und Südosten Deutschlands.

Nur an ganz wenigen Stellen wuchs kein Wald. In den Hochlagen der Alpen war es zu kalt für Baumwuchs, auf Felsen fanden die Wurzeln der Gehölze nicht genügend Halt, ebenso nicht an Steilhängen, wo der Boden zu häufig abrutschte, und auf Kies der ehemaligen Schmelzwasserrinnen aus der Eiszeit, die jetzt von kleineren Flüssen und Bächen mit klarem Wasser durchflossen wurden; diese Gewässer führten kaum anderswo erodierten Schlamm mit sich, daher bildete sich kein Auenlehm in den Senken, der von Bäumen als Wuchsort hätte erobert werden können: Weiden, Eichen, Eschen. Zu nass für Baum und Strauch waren die Moore. Zu hohen Salzgehalt vertragen Gehölze ebenfalls nicht; daher wuchsen niemals Bäume am Spülsaum der Meere und in der Nähe der salzigen Quellen in Mitteldeutschland. Auf den höchsten Kuppen der Gebirge verhinderten die Kälte, eine lange liegen bleibende Schneedecke und starker Wind einen dichten Gehölzbewuchs. Die Liste der Plätze mit möglichen Lichtungen oder offeneren Stellen innerhalb des dicht geschlossenen Waldes ist zwar einigermaßen lang, aber summiert man die Flächen dieser lichteren Partien, so kommt man nur auf einen sehr geringen Anteil an der gesamten Fläche Mitteleuropas, der Lücken des weiträumigen Waldes aufweisen konnte. Die Waldblößen waren allesamt klein.

Vor allem gab es meist keine scharfen Grenzen zwischen geschlossenem Wald und gehölzfreiem Offenland. Der Waldrand, der für heutige Landschaften bezeichnend ist, wurde meistens vom Menschen geschaffen – an der Grenze zwischen den beiden unterschiedlichen Nutzungsräumen „Wald" und „Bauernland". Eine solche Abgrenzung von Nutzungsräumen gab es vor sieben Jahrtausenden nicht, also auch keinen Waldrand, keinen klaren Gegensatz zwischen Wald und offener Landschaft. Dichte Wälder gingen ohne scharfen Übergang ganz allmählich in lichtere Landschaftsteile über. Dies ist ein Charakteristikum jeder Naturlandschaft; aus dieser Feststellung ergibt sich, dass ein jahrzehntelanger Gelehrtenstreit unter Archäologen, Biologen und Geographen nicht lösbar ist, der vor allem von Robert Gradmann zu Ende des 19. Jahrhunderts ausgelöst worden war. Dabei ging es immer wieder um die Frage, ob Mitteleuropa während des Postglazials stets bewaldet war oder ob sich dort auch offene Steppe gehalten hatte; ausgehend von dieser Frage sollte ferner bestimmt werden, welcher Flächenanteil Mitteleuropas natürlicherweise von Wald, welcher von Steppe eingenommen war. Klar ist heute, dass es weiträumige Steppen in Mitteleuropa vor 8000 Jahren nicht mehr gab; aber Pflanzen der Steppen wie Sonnenröschen, Küchenschelle und Federgras wuchsen trotzdem dort. Für diese Pflanzen reichten jedoch Flächen von nur wenigen Quadratmetern, die nicht von Bäumen beschattet wurden, als Wuchsorte aus. Diese unbeschatteten Flächen können sehr wohl ganz allmählich nach den Seiten zu in dichten Wald übergegangen sein; dabei lässt sich aber nicht wie auf einer topographischen Karte genau festlegen, wo „Wald", wo „Steppe" war, und ihre Flächenanteile können nicht berechnet werden, weil ihre Übergänge fließend waren.

Gleichwohl gibt es noch Unklarheiten bei der Frage, wie licht die Wälder in Mitteleuropas Trockengebieten während des mittleren Postglazials waren. Vor allem weiß man nicht, wie und wann sich in Mitteleuropas trockensten Gebieten Schwarzerdeböden bilden konnten, die man eigentlich nur aus Steppengebieten kennt. Man weiß auch nicht, ob unter lichten Waldpartien Schwarzerde entstehen konnte, in einer Landschaft, die man vielleicht eher „Buschland" nennen könnte.

Alle diese Überlegungen ändern nichts an der Aussage des ersten Satzes in diesem Kapitel: Mitteleuropa war prinzipiell eine Gegend mit geschlossenen Wäldern. Dieses riesige Waldland ließ sich vom damals lebenden Menschen nur schwer überblicken. Die Aussichtspunkte, von denen aus man in früherer Zeit Jagdwild beobachtet hatte, waren von Bäumen zugewachsen, oder der Wald darunter war so dicht geworden, dass man nicht wahrnehmen konnte, was sich in ihm bewegte. Die Landschaft ließ sich von ihren Bewohnern nur schwer gliedern. Es existierten kaum deutliche Grenzen in der Landschaft, weder zwischen Wald und Offenland noch zwischen den einzelnen Typen von Wäldern. Es gab zudem nur wenige Waldtypen; auf sauren wie auf kalkreichen, auf tief- und flachgründigen Böden standen die gleichen Baumarten, nur die unterschiedlichen Kräuter am Waldboden konnten dem Kundigen damals wie heute etwas von der geologischen Vielfalt unter der Vegetationsdecke der Wälder erzählen. Wer sich in einer solchen Landschaft zurechtfinden will, braucht viel Erfahrung.

Homo sapiens änderte damals, als die dichten Wälder die Lande bedeckten, erneut grundsätzliche Lebens- und Verhaltensmuster. Dabei wandelte sich auch die Beziehung des Menschen zu seiner Umwelt grundlegend; als Folge davon entwickelte sich aus einer Waldlandschaft die bäuerlich geprägte Landschaft. Zu diesen Veränderungen gibt es ein Vorspiel, das nicht in Europa, sondern im Nahen Osten stattfand.

In den Gebirgen des Vorderen Orients hatte wie in einigen anderen subtropischen Gebirgen eine höchst komplizierte Koevolution von Mensch, Tieren und Pflanzen eingesetzt. Im Verlauf dieser Koevolution entstanden aus wildwachsenden Pflanzen Kulturpflanzen, und Wildtiere wurden domestiziert. „Auslöser" für diese Veränderungen war der Mensch, der sich bei der Domestikation von Tieren und Pflanzen die in subtropischen Breiten besonders häufig auftretenden Mutationen, Veränderungen des Erbgutes, zunutze machte. Aber auch der Mensch musste sich verändern, um in der Lage zu sein, Tiere zu halten und Kulturpflanzen anzubauen. Er wurde zum sesshaften Ackerbauern; es entstanden bäuerliche Siedlungen, die zumindest so lange bewohnt werden mussten, bis das Getreide auf den Feldern in ihrem Umkreis herangewachsen und geerntet war, denn Felder mussten immer wieder bearbeitet werden, Felder mussten bewacht werden – vor Tieren und anderen Menschen, die die Bauern um ihre Ernte hätten bringen können. Schutz brauchte auch das Vieh, es musste an Futterplätze geführt werden.

Es ist aus biologischer Sicht ungewöhnlich, dass ein Lebewesen sein Verhalten so stark verändert, wie es der Mensch während des Postglazials tat; vielleicht ist diese Fähigkeit etwas spezifisch Menschliches, etwas, was den Menschen vor anderen Lebewesen auszeichnet. Die Lebensgewohnheiten alter Zeit wurden aber nicht vollständig aufgegeben. Hin und wieder gingen (und gehen) auch die Bauern auf die Jagd, auch das Sammeln von Pilzen und Beeren gab man natürlich nicht auf. Aber Wildbret und Wildfrüchte galten fortan mehr und mehr nur als willkommene Ergänzungen der essentiellen Grundlagen der menschlichen Ernährung.

In den lichten Waldsteppen der vorderasiatischen Bergländer war die Anlage von bäuerlichen Siedlungen und Feldern noch verhältnismäßig unkompliziert. Man musste den Landschaftscharakter kaum verändern, bevor man beginnen konnte, Saatgut auszubringen. Dennoch dauerte die Entstehung bäuerlicher Kultur im Nahen Osten viele Jahrhunderte. Die wirtschaftlichen Erfolge dieser „Erfindung" waren überwältigend; pro Flächeneinheit konnte ein Vielfaches der bisherigen Bevölkerung ernährt werden, es setzte ein deutliches Bevölkerungswachstum ein. Die Archäologen des 19. Jahrhunderts erkannten die Dimensionen, die der Wandel von der Jägerkultur zur Bauernkultur für den Menschen mit sich brachte, nicht in ihrem ganzen Ausmaß. Für sie war die nun beginnende Phase der Menschheitsgeschichte immer noch ein Teil der Steinzeit, weil die ersten Bauern wie die Menschen, die vor ihnen gelebt hatten, lediglich Stein zu Werkzeugen verarbeiteten, kein Metall. Die von den „Vätern der Archäologie" aufgestellte Epochengliederung wurde später beibehalten: Die erste Phase des

Ackerbaus wurde Jungsteinzeit oder Neolithikum genannt, der Wandel von der Jäger-Sammler-Kultur zur bäuerlichen Lebensweise Neolithisierung.

Wie alle erfolgreichen kulturellen Wandlungen erfasste der Neolithisierungsprozess andere Landschaften. Diese Gegenden mussten aber vor der ersten Aussaat von Getreide vom Menschen verändert werden, damit die ökologischen Bedingungen für den Ackerbau gegeben waren. Im klimatisch trockenen Zweistromland um Euphrat und Tigris konnte der Ackerbau erst nachhaltig etabliert werden, nachdem man begonnen hatte, die Felder mit Flusswasser künstlich zu bewässern. Von Anatolien aus erreichte die neolithische bäuerliche Kultur nach und nach Griechenland, den Balkan, die übrigen Mittelmeerländer. Dort wuchsen wie in Mitteleuropa damals Bäume; in den Wäldern der trockenen und warmen Gebiete Europas gab es aber mehr Lichtungen als in den Wäldern nördlich der Alpen. Bevor Felder angelegt werden konnten, mussten einzelne Bäume gefällt werden, denn auch in einem lockeren Wald würde Getreide niemals reif werden.

Die Neolithisierung erfasste das Waldland Mitteleuropa im 6. Jahrtausend v. Chr. – wie überall mit durchschlagendem Erfolg, und es ist eines der größten Rätsel der Menschheits- und Landschaftsgeschichte, wie sich dieser Wandel vollzog. Manche Archäologen nennen den kulturellen Wandel in Mitteleuropa „neolithische Revolution", was angebracht zu sein scheint, weil sich binnen kurzem so viel Grundsätzliches für den Menschen und in der Landschaft veränderte; Kulturpflanzen, Haustiere, die sesshafte Lebensweise hatten sich aber in Wirklichkeit nicht in einem revolutionären Prozess entwickelt, sondern evolutionär, Schritt für Schritt.

Günstige Leitbahnen, längs derer Menschen und/oder kulturelle Neuerungen wandern konnten, waren in Mitteleuropa die Flüsse. Hier gab es noch gehölzarme Schotterbetten, auf denen man gehen konnte; die Menschen hatten damals auch Boote, mit denen sie Flüsse befahren konnten. Direkt am Fluss konnte man kein Korn aussäen, weil kein Humus vorhanden war, weil Überschwemmungen drohten und weil Steine im Boden die Steingeräte der Ackerbauern zerstörten, mit denen das Land bearbeitet werden sollte. Damit mag zusammenhängen, dass die Menschen von ihren Wanderbahnen an den Flüssen aus die günstigsten Stellen für den Ackerbau in Mitteleuropa fanden: die Lößlandschaften Mitteleuropas mit ihren steinfreien Böden. Man kann sich vorstellen, wie die Menschen ausgehend von ihren Wanderwegen am Fluss sich nach den Seiten, auf den Talflanken, vorantasteten und sich dort ansiedelten, wo sie beim Schürfen im Boden nicht mehr auf Stein stießen: Dort erreichten sie die Kanten der steinfreien Lößplatten. Und dort wurden die meisten jungsteinzeitlichen Siedlungen gegründet. Fast alle neolithischen Siedlungen lagen auf halber Höhe der Talhänge oder an den Terrassenkanten, nie unmittelbar am Grund der Täler (wo die Böden steinig sind), aber auch nur in Ausnahmefällen mehr als ein paar hundert Meter vom fließenden Wasser der Bäche und Flüsse entfernt, denn Wasser war ja lebensnot-

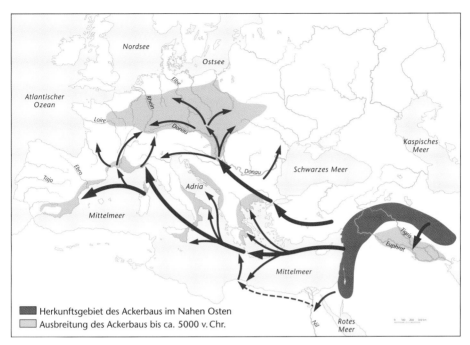

Die Ausbreitung des frühesten Ackerbaus von ca. 7000 bis 4000 v. Chr. und die Verbreitung neolithischer Kultur in den Gebirgen Vorderasiens, am Mittelmeer und in Mitteleuropa.

wendig. Die Ackerbauern entdeckten im kleinräumigen Mosaik der mitteleuropäischen Landschaften die Lößgebiete mit großer Treffsicherheit; nach wenigen Jahrhunderten wurde überall dort, wo in Mitteleuropa Löß lag, Ackerbau betrieben.

Ausgehend von Überlegungen Robert Gradmanns war man lange Zeit der Ansicht, dass neolithische Ackerbauern Lößlandschaften daran erkannten, dass sie (noch) waldfrei waren. Doch muss man davon ausgehen, dass die Siedlungen der frühen Ackerbauern in Mitteleuropa grundsätzlich im dichten Wald entstanden. Denn zum Bau von Häusern und Hütten eigneten sich gut und gerade gewachsene Stämme besonders gut, wie man sie nur in dichten Wäldern finden kann. Aus langen Stämmen errichtete man große Gebäude, die von den Archäologen Langhäuser genannt werden.

Wald wurde nicht nur für Siedlungen gerodet, sondern auch vor der Anlage von Feldern. Die Zahl der Kulturpflanzen war zwar noch klein, aber es war notwendig, gleich eine ganze Reihe von Feldern für diese Gewächse anzulegen, weil die Methoden des Ackerbaus je nach Pflanze unterschiedlich waren, zum Beispiel musste zu unterschiedlichen Zeiten gesät und geerntet werden. Auf den Feldern wuchsen dann die Getreidearten Einkorn und Emmer, die mit dem Weizen nahe verwandt sind, die Hülsenfrüchte Erbse und Linse, ferner Lein, ein Gewächs, aus dem man sowohl Öl als auch Fasern für die Herstellung von Textilien gewinnen konnte. Wir wissen nicht, wie groß die Felder waren, wie groß die Feldflur, ob diese geschlossen oder in einzelne Teile zerrissen war. Die Flächengröße des agrarisch genutzten Landes lässt sich lediglich abschätzen. Wenn man davon ausgeht, dass einhundert Menschen in einer jungsteinzeitlichen Siedlung lebten, die sich von den wenig ertragreichen Getreidearten ernährten, die auf ungedüngten Äckern angebaut wurden, waren etwa dreißig Hektar Ackerland erforderlich. Das entspricht ungefähr einem Zehntel der Fläche, die innerhalb eines Radius von einem Kilometer um die Siedlung herum lag und die man zu Fuß in höchstens einer Viertelstunde von dort aus erreichen konnte. Außerdem gab es Bereiche, in denen das Vieh weidete und wo Holz geschlagen wurde. Innerhalb eines Radius von einem Kilometer um die Siedlung herum war daher nahezu alles Land stärker oder schwächer der Nutzung des Menschen unterworfen.

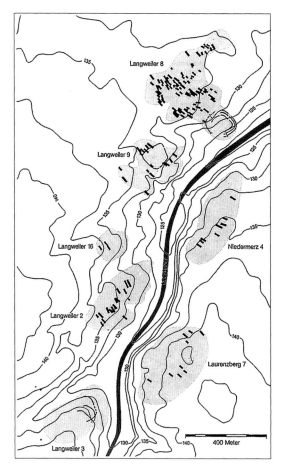

Die ältesten Ackerbauern gründeten ihre Siedlungen fast immer am halben Hang, also nicht am Talgrund und nicht in zu großer Entfernung vom Wasser, wie z. B. im Merzbachtal bei Aachen.

Wahrscheinlich war es am praktischsten, etwa viereckige Feldstücke in der gerodeten Fläche anzulegen, deren Bodenkrume man durch Hacken oder mit einem primitiven Pflug, dem Ard oder Haken, kreuz und quer aufriss; dadurch wurde die Bodenkrume vor der Einsaat gelockert, es blieben aber einzelne Stellen auf dem Feld, zwischen den Reihen, die mit dem Haken gezogen wurden, unbearbeitet. Dort war wucherndes Unkraut nur schwer zu beseitigen.

Die Haustiere, Rinder, Schweine, Schafe und Ziegen, brauchten Futter. Die damals gehaltenen Viehrassen waren äußerst genügsam; sie fanden auch im Wald Nahrung, allerdings nur dann, wenn er licht genug war, dass auf seinem Boden Kräuter gediehen. Die Haustiere fraßen in den Wäldern auch Eicheln, junge Bäume und Sträucher. Dadurch wurde den großen Bäumen gewissermaßen der Nachwuchs geraubt; Weidewälder wurden mit der Zeit immer lichter. Gehölzfreie Wiesen und Weiden im heutigen Sinne gab es noch nicht. Weil stets nur wenig Nahrung in jedem Wald vorhanden war, wurde Vieh weit umhergetrieben. Man nimmt zum Beispiel an, dass Ackerbauern, die in den rheinischen Lößbörden zwischen Köln und Aachen lebten, ihre Haustiere sogar auf den waldreichen Höhen der Eifel weiden ließen.

Heute dicht besiedeltes fruchtbares Land wurde auch schon in der Jungsteinzeit beackert: Blick auf eine Ausgrabungsstelle einer solchen Siedlung bei Kornwestheim (nördlich von Stuttgart). Die Siedlung (vor den Hochhäusern) lag am halben Hang eines flach eingesenkten Tales.

Nach der Rodung des Waldes konnte Getreide angebaut werden, Einkorn (hochwüchsig, noch unreif) und Emmer (niedrigwüchsig, reif). Diese beiden mit dem Saatweizen verwandten Getreidearten werden heute nur noch im Botanischen Garten angebaut (Botanischer Garten der Universität Stuttgart-Hohenheim).

Die typische Lage der dörflichen Siedlungen, die man vor mehr als 7000 Jahren „erfand", blieb im Prinzip über Jahrtausende hinweg bis zum heutigen Tag stets die gleiche: Dörfer liegen fast immer in einer Ökotopengrenzlage zwischen Acker- und Weideland, am halben Hang der Talflanken. Die typische Lage von Dörfern und Einzelgehöften am halben Hang erwies sich als außerordentlich zweckmäßig. Unterhalb der Höfe weidete das Vieh, in der Nähe, am Bach, war die Viehtränke. Auf den trockeneren Böden rund um die Höfe wuchsen Getreide und andere Kulturpflanzen. An den Rändern der Lößplatten trat zudem vielerorts Wasser aus, das sich nutzen ließ. Wege und Straßen verbanden die bäuerlichen Siedlungen, indem sie ebenfalls am halben Hang entlang liefen. Die neolithischen Ackerbauern hatten damit ihre Siedlungen an Plätzen angelegt, auf die Homo sapiens schon in früherer Zeit geprägt war: Plätze mit Aussicht. Bei der Gründung von ersten bäuerlichen Siedlungen in Mitteleuropa hatte sich somit Expertenwissen der einheimischen Bevölkerung – sie kannte sich in der Landschaft aus, „fand" die typische Siedellage vielleicht besser – mit dem aus dem Vorderen Orient – daher stammte das Wissen darüber, wie man Kulturpflanzen anbaute, Haustiere hielt und sesshaft lebte – in idealer Weise ergänzt. Die Archäologen diskutieren viel über die Frage, ob die Neolithisierung Mitteleuropas

Die kleinen, in etwa quadratischen Felder wurden innerhalb eines Graslandes angelegt, wie es noch heute im Zuge extensiver Feld-Gras-Wirtschaft geschieht (bei Wolfach im mittleren Schwarzwald)

durch Zuwanderer ausgelöst wurde oder ob die bereits früher ansässige Bevölkerung ihre Wirtschaft und Kultur umstellte. Die Frage ist kaum zu beantworten, weil man bei der Gründung der ersten bäuerlichen Betriebe in Mitteleuropa das Expertenwissen der Einheimischen und der Orientalen vereinigt sieht.

Die Einführung der bäuerlichen Lebensweise, des Ackerbaus und der Viehhaltung war in Europa ein durchschlagender wirtschaftlicher Erfolg mit sehr nachhaltiger Wirkung. Nirgends sonst auf der Welt blieb diese Wirtschaftsform so krisenfest erhalten wie dort. Im Nahen Osten, woher die Kulturen und die domestizierten Lebewesen stammten, führte bäuerliche Wirtschaft immer wieder zu Krisen: Wegen der künstlichen Bewässerung versalzten die Böden, das Abholzen führte zur Verkarstung, und bei den nur gelegentlich auftretenden, aber heftigen subtropischen Regengüssen wälzten sich riesige Mengen abgeschwemmten Erdreichs flussabwärts; sie begruben Siedlungen unter meterhohen Schlammlawinen. Das Alte Testament ist voll von Berichten über diese Katastrophen. Die Sintflut hat genauso ökologische Ursachen gehabt wie die Wanderzüge ganzer Völker quer durch Vorderasien, die auf versalzenen und verkarsteten Böden kein Korn mehr anbauen konnten; sie trieb der Hunger in andere Gegenden.

Das Waldland Mitteleuropa konnte durch Rodung so verwandelt werden, dass sich eine Agrarlandschaft entwickeln konnte, die in den folgenden Jahrtausenden ökologisch stabiler war als das Herkunftsgebiet des altweltlichen Ackerbaus. Dafür gibt es sicher einige Gründe. Zu nennen ist die große Fruchtbarkeit der Böden auf Löß, aber auch die Vielfalt der Standorte, die in den folgenden Jahrtausenden für den Ackerbau erschlossen wurden. Das Klima war und ist gemäßigt, es gibt normalerweise viel Regen im Frühjahr und Frühsommer, so dass Getreide gut wachsen kann; regenärmere Wochen schließen sich in „normalen" Jahren an, in denen das Korn trocknet und reift, so dass man es schließlich gut ernten kann. Im Winter gibt es Frost, der den Boden lockert und die Keimruhe derjenigen Getreidearten und -sorten bricht, die dies zum Wachstum benötigen. Entscheidend ist aber auch, dass durch das Roden einzelner Parzellen innerhalb des geschlossenen Waldgebietes in mancher Hinsicht Landschaftsbedingungen geschaffen wurden, an die die Getreidepflanzen in ihrem Herkunftsgebiet angepasst waren.

Die Wildgetreidearten stammen aus einem locker mit Gehölzpflanzen bestandenen Waldsteppengebiet des nahöstlichen Berglandes. Jeder Baum, jede Baumgruppe hat einen mäßigenden Einfluss auf das lokale Klima. Bei Hitze ist es im Schatten der Bäume am kühlsten, bei kalter Witterung unter Bäumen wärmer als anderswo; denn die wärmere Luft strahlt von der kahlen Erdoberfläche ab, der Schirm der Bäume hält sie zurück. Beseitigte man in der orientalischen Waldsteppe die wenigen Bäume und Baumgruppen, entfiel die Regulation des lokalen Klimas, wurden Winterkälte und Sommerdürre erbarmungsloser. Die Baumgruppen hielten das Wasser nach den wenigen Regenfällen nicht mehr zurück, es floss sofort ab und war für die Getreidepflanzen nicht mehr verfügbar, wenn die Sonne schien. Obwohl mehr Licht für die Photosynthese zur Verfügung stand, wuchsen die Pflanzen dennoch nicht optimal. Ohne Wasser gab es keine Photosynthese, keinen Aufbau pflanzlicher Substanz.

In Mitteleuropas Waldland herrschte vor 8000 Jahren ein besonders ausgeglichenes Klima. Im dichten Wald war es im Sommer relativ kühl, im Winter relativ mild. Die Wurzeln und die Moospolster unter den Bäumen gaben die Feuchtigkeit nur sehr langsam an das Grundwasser und die Bäche ab, die deswegen gleichmäßig Wasser führten, aber selten viel. Als die ersten Wälder gerodet wurden, verstärkten sich die lokalen Klimaextreme auf den Feldern; dort gab es im Sommer höhere, im Winter niedrigere Temperaturen, Wasser floss rascher ab, verdunstete schneller als im Wald. Aber es gab ausgleichende Luftströmungen zwischen Wald und Feld, die die Temperaturextreme mäßigten. Ausgehend vom Waldboden wurde der Grundwasserspiegel auch unter den Äckern so hoch gehalten, dass die Kulturpflanzen ihn mit ihren Wurzeln erreichen konnten. Das Mosaik aus Acker- und Waldland, das durch Rodungen entstanden war, ähnelte in vieler Hinsicht der Waldsteppe, aus der die Getreidepflanzen stammten. Ungewollt hatte der neolithische Bauer in Mitteleuropa die idealen Wuchsbedingungen für Getreide geschaffen.

Heutige Bauernhöfe stehen noch immer in genau der gleichen Ökotopengrenzlage wie Siedlungen der Jungsteinzeit: zwischen niedrig gelegenem feuchtem Grünland (vorne) und trockenem Ackerland (hinten); im Auetal südlich von Stadthagen, Niedersachsen.

Bei allem Erfolg der neuen Wirtschaftsform war sie in vorgeschichtlicher Zeit allerdings doch instabiler als heute. Das zeigt sich daran, dass fast alle Siedlungen nur einige Jahrzehnte oder wenige Jahrhunderte bestanden. Danach wurden sie aufgegeben; anderswo wurden neue Siedlungen gegründet, wofür neuerlich gerodet werden musste. Man weiß nicht, ob zusammen mit den Siedlungen auch die Ackerflächen aufgegeben wurden. Man hätte sie auch von Siedlungen aus weiter bewirtschaften können, die anderswo neu gegründet wurden. Wahrscheinlich überwucherten aber in vielen Fällen Kräuter, Sträucher und schließlich wieder Bäume auch die ehemaligen Ackerflächen, wogegen anderswo neue Schneisen für den Feldbau in den jungfräulichen Wald geschlagen wurden.

Diese eigenartige Siedelweise, zu der jahrzehntelange Sesshaftigkeit und der anschließende Ortswechsel gehörten, war typisch für die mitteleuropäische Bauernkultur in vorgeschichtlicher Zeit. Was waren die Ursachen dafür? Wohl kaum veranlasste nachlassende Bodenfruchtbarkeit die Bauern zur Aufgabe ihrer Äcker und Siedlungen, denn aus dem Löß können für viel längere Zeit als nur ein paar Jahrzehnte Bodennährstoffe aktiviert werden, auch wenn die Bauern ihre Felder nicht düngten. Vielleicht war es schwieriger, einige Jahre altes Gesträuch zu entfernen als einen „richtigen" Wald. Besonders wichtig könnte eine andere Ursache für die Verlagerung von Siedlungen gewesen sein: Die damaligen

Holzhäuser waren nur begrenzt haltbar und mussten nach einigen Jahrzehnten ausgebessert oder neu gebaut werden. Dazu brauchte man gerade gewachsene Baumstämme, und die gab es am Siedlungsplatz und in seiner unmittelbaren Umgebung nicht mehr, wenn dort schon längere Zeit eine Siedlung bestanden hatte. Gutes Baumaterial fand man aber ein Stück weit entfernt. Vielleicht war es einfacher, in einer anderen Waldparzelle eine neue Siedlung zu errichten, als Baumstämme über größere Entfernungen zu transportieren.

Noch ein weiterer Grund für die Instabilität vorgeschichtlicher Siedlungen ist wohl die geringe Anzahl der Kulturpflanzen, die angebaut wurden. Es gibt nur wenige jungsteinzeitliche Siedlungen, von denen wir wissen, dass dort mehr als zwei verschiedene Getreidearten auf den Feldern standen. Monokulturen können von spezifischen Schädlingen befallen werden, die gerade deshalb ihre Populationen so stark vergrößern, weil ihre Futterpflanze massenhaft auf einem Feld vorhanden ist. Schädlinge vermehren sich dann ebenfalls und können eine ganze Ernte vernichten. Wenn eine von nur zwei Getreidearten von Schädlingen befallen wurde, war das für jungsteinzeitliche Ackerbauern eine Katastrophe. Sie hatten nur noch eine weitere Getreideart auf ihren Feldern, und damit ließ sich der Ernteverlust nicht kompensieren. Eine Hungersnot war die Folge. Wie wir aus den heutigen Verhältnissen in der Sahelzone und durch die Berichte aus dem Alten Testament wissen, wurde deswegen die angestammte Siedlung aufgegeben, und man versuchte, anderswo Nahrung zu finden. Diese Wanderzüge konnten, mussten aber nicht so lang sein wie die in den ariden Gebieten der Subtropen; schon im Nachbartal konnte die neue Siedlung gegründet werden.

Welche Ursachen die Verlagerungen der Siedlungsplätze auch immer gehabt haben mögen: Für die Landschaftsentwicklung hatten sie wichtige Folgen. Wird an einer Talflanke in einer Lößlandschaft heute eine Baugrube ausgehoben, kann man mit großer Wahrscheinlichkeit die Überreste einer jungsteinzeitlichen Siedlung finden. Das bedeutet: Irgendwann während der zwei bis drei Jahrtausende, die die Jungsteinzeit andauerte, lag an jedem der dafür geeigneten Plätze in der Lößlandschaft für einige Jahrzehnte eine Siedlung. Fast überall in diesen Gegenden wurde irgendwann einmal Wald gerodet, irgendwann eine Siedlung mit ihren Ackerflächen auch wieder verlassen. Der Wald kehrte wieder dorthin zurück, von wo er Jahrzehnte zuvor verdrängt worden war. Gehölze, die sich dank ihrer massenhaften Samenproduktion und ihres schnellen Wachstums auf Lichtungen rasch ausbreiten konnten, kamen zuerst, vor allem Birken. Unter ihnen wuchsen andere Bäume nach. Dies waren aber nun nicht immer nur Eichen, Linden, Ulmen, Eschen und Haselbüsche; Rehe, Hirsche und Hasen brachten in ihrem Fell anhaftende Bucheckern aus den Bergen in die lichten Wälder der Lößniederungen mit, wo es mehr Gräser und Kräuter zu fressen gab als anderswo. Deswegen konnte unter den Birken auch hier und dort eine Buche keimen. Die Ausbreitung dieses Baumes wurde auf diese Weise indirekt durch die menschliche Siedeltätigkeit gefördert. Die Buchen erwiesen sich fast überall als vitaler gegenüber anderen Bäumen. Buchen wachsen zwar unter dem Laubdach anderer Gehölze, aber in ihrem Schatten kommt kaum ein anderer Baum in die Höhe. Buchenwälder setzten sich allmählich in vielen Gegenden Mitteleuropas durch, sie wurden zu derjenigen Vegetationsform, die zwischen Alpen und Nordsee am weitesten verbreitet ist. Wer meint, Buchenwälder seien natürlich, bedenkt nicht, dass dieser Baum wohl nur als Folge kultureller Umgestaltung der Landschaft zur „Natur" Mitteleuropas wurde. Hätte er in der Urlandschaft die gleiche Bedeutung bekommen, zumal er in vielen Interglazialen (das heißt: ohne „Hilfestellung" durch Ackerbauern!) es nicht geschafft hatte, sich nördlich der Alpen zu etablieren?

Der frühe Ackerbau führte nach allem, was wir wissen, zwar zur Umgestaltung der Landschaft, aber nicht zur Ausrottung von Pflanzen- und Tierarten. Im Gegenteil, ganz neue Lebensräume entstanden: Felder, Gärten, Wege zwischen den Häusern, Hüttenwände, vom Vieh beweidete Wälder, Waldränder, Brachen. Die Vielfalt der künstlich geschaffenen Wuchsorte vermehrte die Anzahl der Pflanzenarten in Mitteleuropa. Pflanzen der Flussufer, aber auch süd- und osteuropäischer Steppen wurden zu „Unkräutern". Auf den Brachen breiteten sich Himbeeren und Erdbeeren aus. Gesammelte Beeren ergänzten die Grundnahrung, die zwar alles Wichtige umfasste (Kohlehydrate lieferte das Korn, Eiweiß die Hülsenfrüchte und das Fleisch, Fett der Lein und das Fleisch), nicht aber genügend Vitamine und das gewisse Etwas, das eine tägliche Nahrung abwechslungsreicher gestaltet.

7. Die Entwicklung von Mooren und Flüssen

Als der Mensch begann, die mitteleuropäische Landschaft durch die Einführung des Ackerbaus umzugestalten, durchkreuzte und beeinflusste er natürliche Entwicklungen, die ohne ihn anders, langsamer oder gar nicht abgelaufen wären. Viele Teile der Landschaft befanden sich damals noch in einem Prozess der „Reifung", in deren Verlauf das „Chaos" der Eiszeit überwunden werden sollte. Das Ende der Eiszeit lag zu Beginn der bäuerlichen Kultur „erst" ein paar Jahrtausende zurück; für die Entwicklung vieler Landschaften war diese Zeitspanne recht kurz. Manche Gegenden hatten nach heute gängiger Vorstellung bereits einen stabilen „Reifezustand" angenommen, andere befanden sich in labilem Gleichgewicht. Den stabilen Reifezustand konnte der Mensch zunächst wenig beeinflussen, hingegen wurde das labile ökologische Gleichgewicht anderer Landschaften sofort verschoben, als der Mensch anfing, Landschaften zu verändern. Man muss sich fragen, ob dort vor dem Beginn des Neolithikums der Reifezustand einer stabilen „Urlandschaft" erreicht war oder ob der anthropogene Einfluss diese Landschaften bereits umgestaltete, als ein natürlicher End- oder „Reife"-Zustand noch nicht erreicht war.

Ein stabiler Zustand stellte sich in den Hochmooren im Lauf von ein paar Jahrtausenden ein; er hielt sich auch über die Zeitläufte, in denen der Mensch mehr und mehr das Regiment über die gesamte Landschaft beanspruchte, wenn er nicht gerade das Hochmoor selbst in seine Nutzung einbezog. Anders verlief die Entwicklung in den Flusstälern; die labilen Gleichgewichte der Flusssysteme wurden unmittelbar nach dem Einsetzen von Rodungen, Ackerbau und Viehhaltung in andere Zustände überführt. Dabei blieb der Charakter der Flusssysteme allerdings labil – wie am Ende der Eiszeit. Wie sich die unterschiedlichen Reifungsprozesse in der Landschaft und der Einfluss des Ackerbaus überlagerten (oder nicht), soll im Folgenden dargestellt werden.

In den zahllosen abflusslosen Senken, die in den von Gletschern überformten Gebieten während der Eiszeit entstanden waren, sammelte sich nach dem Auftauen von Gletschern und Toteis das Wasser. In vielen Senken entstanden Seen, in anderen Niedermoore. In die Seen wurden feines Erdreich und Humus gespült, nachdem der Boden aufgetaut war und Pflanzen die Umgebung der Senken besiedelt hatten. Viele Seen verlandeten; in ehemaligen Seebecken entwickelten sich nun ebenfalls Niedermoore, die vom Grundwasser mit Mineralstoffen und Feuchtigkeit gespeist wurden. Weil die Oberfläche der Moore dauernd nass war, konnten dort Überreste abgestorbener Pflanzen nicht von Mikroorganismen zersetzt werden wie an jedem anderen Pflanzenstandort; unter Wasser gibt

Die Verlandung eines Sees zu einem Moor verläuft in mehreren Stadien, wie sich an den verschiedenen Vegetationszonen eines Seeufers erkennen lässt (am Rußheimer Altrhein nördlich von Karlsruhe).

es ja keinen lebensnotwendigen Sauerstoff, ohne den auch Mikroorganismen nicht leben können. Die abgestorbene pflanzliche Substanz sammelte sich Jahr für Jahr an, wodurch die Mooroberfläche allmählich in die Höhe wuchs. Es bildete sich Torf.

In vielen Senken wuchs der Torf aus dem Einflussbereich des Grundwassers heraus. An seiner Oberfläche blieb es nass, so dass sich die abgestorbene organische Substanz auch weiterhin nicht zersetzte. Aber immer weniger Mineralstoffe, die Pflanzen zum Wachstum brauchen, wurden vom Grundwasser an die Mooroberfläche gebracht. Schließlich waren dort nur noch so wenige Mineralstoffe verfügbar, dass Niedermoorpflanzen regelrecht verhungerten. Nur noch ganz wenige Gewächse konnten fortan auf der sich in die Höhe wölbenden Moorfläche ein Fortkommen finden, vor allem Torfmoose. Auf diese Weise entstanden Hochmoore, deren Name nicht besagen soll, dass sie nur in Hochlagen der Gebirge vorkommen; denn Hochmoore gibt es auch in Niederungen. Der Name bezieht sich auf die Lage der Mooroberfläche über dem lokalen Grundwasserspiegel, der zur Ausbildung dieser eigenartigen Landschaftsform führt.

Mit der Entstehung von Hochmooren war ein stabiler Reifezustand der Landschaft erreicht. Hochmoore entwickelten sich weitgehend unabhängig vom übrigen Geschehen in der Landschaft. Mineralstoffe und Wasser wurden ihnen nur noch vom Regen zugeführt, weshalb man Hochmoore auch Regenwassermoore nennt. Bis in jüngste Vergangenheit blieb der Mineralstoffgehalt des Regenwassers konstant sehr niedrig. Erst heute geht von den Niederschlägen eine gewisse „Düngung" der Hochmoore aus, die zur Veränderung einer lange währenden Stabilität in diesen Landschaften führen kann. Stärker sind die Hochmoore aber heute durch Abtorfen, also den Abbau von Torf, bedroht, wobei die in Jahrtausenden entstandenen Sedimente beseitigt werden.

Man kann sich an der Entstehung von Hochmooren modellhaft klarmachen, welch lange Zeit der Reifungsprozess einer Landschaft nach dem Ende der Eiszeit prinzipiell benötigte. Hochmoore gab es am Ende der Eiszeit nicht; die ersten Mooroberflächen wuchsen erst Jahrtausende später aus dem Grundwasserspiegel heraus. Mit der Entstehung von Hochmooren war ein stabiler Zustand in der Landschaft erreicht. Diesen konnte der Mensch zunächst jahrtausendelang nicht stören oder beeinflussen. Hochmoore waren „unheimlich" oder „schaurig" (noch nach Meinung der Dichter des 19. Jahrhunderts), weil der Mensch es bis dahin nicht oder nur teilweise verstand, die Moore seinem Regiment unterzuordnen; wer sich im Moor verirrte, konnte darin versinken.

Ganz anders verliefen die Entwicklungen in den Flusstälern. In der Eiszeit waren viele Flüsse Schmelzwasserbahnen für getautes Gletschereis gewesen; in anderen Flüssen floss im Frühjahr lediglich das Tauwasser der Schneeschmelze ab. Die Wasserführung aller Flüsse war unregelmäßig. Bei kalter und trockener Witterung waren sie Rinnsale, bei Tauwetter und Regengüssen schwollen sie zu breiten Strömen an. Aber auch ein normaler Landregen konnte eine kleine Sintflut auslösen, denn die Wurzeln der wenigen Pflänzchen in den offenen Grasländern banden nur wenig Wasser; Wasser rann sofort zu Tale.

Manchmal war die Kraft der eiszeitlichen Flüsse enorm. Sie rissen Schutt aus den Gletschern und von den Talrändern mit sich, wo der Frost Steine abgesprengt hatte. Sogar grober Schotter wurde dann zu Tale getragen. Wenn die Kraft des Stromes versiegte, blieben an seinem Grund erst die groben Schottersteine, dann die Kiesel, der Sand und schließlich der feine Ton liegen. Fiel das Strombett wieder trocken, wenn Schneeschmelze oder Regen vorbei waren, wurde das feine Material vom Wind verblasen. Er formte aus dem Sand Dünen; feineres Material wurde weitertransportiert, an einem trockenen, geschützten Ort als Löß sedimentiert. Der Schotter blieb liegen. Er wurde erneut vom Wildfluss überströmt, wenn dieser bei der nächsten Schneeschmelze oder nach dem nächsten Regen neuen Schutt heranbrachte.

Viele Flüsse hatten eine weitere Strecke bis zum Meer zurückzulegen als heute, denn der Meeresspiegel lag um über einhundert Meter niedriger. Daher war das Gefälle dieser Flüsse größer. Besonders die Flüsse Norddeutschlands weisen heute ein sehr geringes Gefälle auf. Die Eider legt heute nur wenige Meter an Höhenunterschied zwischen ihrer Quelle und der Mündung zurück; in der Eis-

Im Vorfeld der Gletscher bildeten sich in den wasserreichen Schmelzwasserflüssen Sanderflächen (größter aktiver Sander des europäischen Festlandes im Jostedal/ West-Norwegen).

Das verwilderte Flusssystem der Durance in den Französischen Alpen.

zeit war diese Differenz gleich um ein Mehrfaches größer. Die Elbe hat heute einen trägen Unterlauf; zwischen der Havelmündung bei Havelberg und der Elbmündung in die Nordsee bei Cuxhaven liegen gerade einmal rund zwanzig Höhenmeter Differenz. Der Charakter dieses Flussabschnittes der Elbe muss einstmals ganz anders gewesen sein, weil man sich eine Fortsetzung ihres Unterlaufes vorstellen muss und vor allem zusätzliche einhundert Meter Höhendifferenz, die es zwischen Havelberg und der (allerdings weiter im Westen liegenden) Nordseeküste zu überwinden galt.

In den Flüssen floss also zumindest zeitweise mehr Wasser als heute; die Ströme transportierten erhebliche Sedimentmengen, und zudem hatten viele von ihnen ein deutlich größeres Gefälle. Ein Gewässer, das durch diese Charakteristika ausgezeichnet ist, bildet ein sogenanntes „verwildertes" oder verzweigtes Flusssystem. Es entstand typischerweise in eiszeitlichen Flüssen, als zu Zeiten der Hochwasserspitzen viel Schotter bewegt und abgelagert wurde. Der Transport von Kies führte aber bald zum Erlahmen der Wasserkraft: Jeder Kieselstein wurde nur so lange zu Tal verdriftet, bis die Wasserkraft zum Transport des Steines nicht mehr ausreichte. Dort blieb der Stein liegen, stellte sich der Strömung entgegen und wurde zum Hindernis. Weitere Steine lagerten sich in seiner Nähe ab; allmählich bildete sich eine langgestreckte Kiesbank, deren Oberfläche sogar über den Flusswasserspiegel hinauswuchs. Das Wasser floss nun seitwärts an der

90

Schotterbank vorbei, wo sich ebenfalls längliche Kiesbänke entwickeln konnten. Kam dann eine neue, stärkere Flutwelle, erfasste sie die Kieselsteine wieder, transportierte sie ein Stück weit, zerstörte oder verlagerte die Kiesbank. Anderswo wurden neue Schotterbänke aufgeworfen. In den breiten Flusstälern der Eiszeit verliefen also sich vereinigende und sich wieder aufspaltende Flussarme nebeneinander, die langgezogene Kiesbänke zwischen sich bildeten und wieder vernichteten.

Als im Spätglazial die riesigen Gletscher tauten, war die Wasserführung der Voralpenflüsse, des Rheins, der Elbe und anderer Flüsse im Gletschervorfeld Norddeutschlands besonders groß. Die gewaltigen Wassermassen füllten die breiten Flussbetten aus. Die große Kraft des Wassers riss besonders viel Schotter mit sich, der sich auch wieder dort ablagerte, wo die Kraft des Wassers ein wenig nachließ. Die Wildflüsse schotterten auf, und zwar besonders in der Nähe des Eises, weniger in großer Entfernung vom Gletscher, wo das Wasser auch damals schon träger war als in den Oberläufen der Flüsse. In der Nähe der Mündungen der Flüsse ins Meer wurde die Strömung im Lauf der Zeit dadurch verlangsamt, dass der Meeresspiegel anstieg. Der Lauf vieler Flüsse wurde kürzer, ihre Mündungen ertranken in den Meeresfluten, und dadurch wurde das Gefälle der Flüsse in der Nähe ihrer Mündungen allmählich geringer. Das langsamer fließende Wasser hatte zuerst keine Kraft mehr, den Sand weiterzubewegen; der Sand lagerte sich ab, Sandbänke entstanden. Dann sank auch, im fast stehenden Gewässer der ertrunkenen Flussmündungen, der Ton zu Boden: Dort bildete sich Marschland.

Als die Gletscher abgeschmolzen waren, gelangte nicht mehr so viel Wasser in die Flüsse. Zur Zeit der Schneeschmelze rann zwar immer noch etwas mehr Wasser zu Tal als im Herbst, aber im Allgemeinen wurde die Wasserführung der Flüsse immer gleichmäßiger, die Hochflutspitzen wurden niedriger. Wenn es regnete und wenn der Schnee schmolz, hielten die fast überall wachsenden Bäume, ihre weitverzweigten Wurzeln und die Moospolster, die sich unter ihnen gebildet hatten, Feuchtigkeit zurück und speicherten sie für trockenere Zeiten. Erst ganz allmählich rieselte das Wasser in die Bäche und Flüsse. Daher ist in jedem Waldland die Wasserführung der Flüsse ziemlich ausgeglichen. Je schütterer aber die Vegetationsdecke ist, desto unregelmäßiger sind die Wasserstände der Flüsse: Es gibt höhere Fluten, aber auch Trockenphasen, in denen Flüsse zu Rinnsalen werden oder gar völlig austrocknen. Das geschlossene Waldland regulierte den Wasserabfluss viel besser als jedes Rückhaltebecken. Die Quellen sprudelten fast immer, aber sie lieferten nur wenig Wasser.

Es sammelte sich in den Fluss- und Bachtälern, die, wenn sie zuvor von Schmelzwasserflüssen durchströmt worden waren, nun den Anblick von Mondlandschaften geboten haben müssen. Denn in breiten Schotterflächen verliefen nur noch schmale Flüsschen mit recht gleichmäßiger Wasserführung. Zum Transport von Kies war die Strömung in der Regel zu schwach. Nur feinere Erdbestandteile sanken in den Rinnsalen auf den Grund. Aber es war wenig Sand und Ton im Wasser aufgeschwemmt, da der geschlossene Wald ja die Bodenerosion weitgehend verhinderte; das Wasser trug daher auch nur wenig loses Erdmaterial in die Flussbetten. Nur bei (selten eintretendem) Hochwasser war die Wasserkraft größer; dann konnte die Strömung Kiesbänke bewegen, sich mal da, mal dort auf dem Schotterbett ihren Weg suchen. Dann veränderte sich der Flusslauf. Zwischen seinen Armen entstanden neue, langgestreckte Schotterinseln, vor allem neben der Hauptströmung, in der Mitte des Flussbettes. Und während sich Schotterbetten in der Mitte der Flusstäler erhöhten, bildeten sich rechts und links davon allmählich Senken. Hierhin gelangte das Flusswasser nur bei ganz seltenen großen Überflutungen, bei denen das Wasser die gesamte Talniederung ausfüllte. Die Transportkraft des Flusses war aber auch bei hohen Fluten im Randbereich des Tales kleiner als in der Mitte, was dazu führte, dass sich in der Talmitte weiterhin Schotter ablagerte, daneben Sand und am Rand der Niederung feiner Ton. Dieser feine Ton gelangte allmählich unter den Grundwasserspiegel, denn dieser stieg genauso wie der Wasserspiegel des Flusses in der Talmitte, der „aufschotterte" und rechts und links von seinem Verlauf einen Damm aus Schotter und Sand aufwarf, also zu einem Dammfluss wurde. Bald stand an den Seiten der Flussniederung Wasser; es bildeten sich Randbäche. In sie (und nicht in den Fluss in der Mitte des Tals) mündeten die Bäche von den seitlichen Hängen. Nur an wenigen Stellen war die Kraft eines Randbaches so groß, dass er zur Mitte der Talniederung, zum Hauptfluss, durchbrechen konnte. Andere Randbäche verlandeten allmählich, wurden zu ausgedehnten Randmooren, die für etliche Flussniederungen charakteristisch sind, am Oberrhein, südlich der Donau zwischen Lech- und Isarmündung, an der unteren Oder und an der Niederelbe.

In die Flusstäler kehrte nun eine Phase relativer Ruhe ein. In den Jahrtausenden nach dem Transport der großen Schmelzwassermengen konnten sie sich „erholen" oder „reifen". Der Reifungsprozess eines Flusses besteht darin, dass er einen gleichmäßigen Lauf anstrebt, wobei das Gefälle im Oberlauf größer ist als in der Nähe der Mündung: So wird aus jedem „munteren Bächlein" ein „träger Strom". Also ist die Transportkraft des Wassers im Oberlauf größer als stromabwärts. Im Oberlauf wird gröberes Material als im Unterlauf bewegt, daher kann man im Bergbach von Stein zu Stein springen und an der Niederelbe eine Sandburg bauen. Im Oberlauf vertieft der Fluss sein Bett, im Unterlauf füllt er sein Bett mit Sediment auf. Die Erosion breitet sich am Oberlauf immer weiter in Richtung Quelle aus, was man rückschreitende Erosion nennt. Ganz allmählich schnitten sich die Oberläufe der Flüsse dabei in die eiszeitlichen Schotterbetten ein, während sie im Unterlauf den Eiszeitschotter mit Sand überdeckten.

Man kann einen reifenden Fluss in dieser Weise insgesamt charakterisieren. Aber in Wirklichkeit sind die Verhältnisse komplizierter. Denn Flüsse transportieren ihre Sedimentfracht immer nur etappenweise. In den ruhiger fließenden

Strömen der Nacheiszeit wurden die Sandbänke nicht mehr so oft verlagert, aber es bildeten sich immer wieder kleine Barrieren aus Kies und Sand, die Wasser stauten, und zwar gerade dort, wo sich die Flüsse teilten oder sich wieder vereinigten. Vor den Barrieren kommt das Wasser fast ganz zur Ruhe, und zwar so lange, bis so viel Wasser gestaut ist, dass es die Barriere durchbrechen kann, ihren Schutt mitreißt und die kleine Flussstrecke unterhalb des durchbrochenen „Dammes" kräftig erodiert. Doch die Wasserkraft erlahmt erneut an der nächsten Schwelle; zuerst verliert der Fluss seine Kiesfracht, dann Sand, schließlich feinen Ton. Jeder Fluss strömt also von Absatz zu Absatz talwärts, durchströmte Bereiche wechseln mit ruhigen, fast seeartigen. Der Fluss der frühen Nacheiszeit bildete immer neue Flusstreppen und Stufen; sie entstanden, vergingen, wurden verlagert – und damit verlagerten sich auch immer wieder die Stellen, an denen Tier und Mensch einen Fluss überqueren.

Die Treppen des Flusses bildeten sich aber nicht nur als Folge der Eigendynamik des Fließens in einem Schotter- oder Sandbett. In Mitteleuropa gab es viele natürliche Stauriegel. Gebirge hielten das Wasser auf. Sie wurden in engen Tälern durchbrochen, in denen die Fließgeschwindigkeit größer war als in den breiten Strombetten der Ebenen und Hügelländer. Der Rhein ist in den Alpen ein Wildfluss mit großer Kraft, im Bodensee fließt er fast überhaupt nicht. Dann entwickelt der Fluss vor dem Rheinfall, aber auch anderswo am Hochrhein wieder enorme Kraft, die in der Oberrheinebene, im geologischen Graben, erlahmt. Aber nochmals wird der Rhein zum Wildfluss, und zwar unterhalb von Mainz, wenn sein Wasser durch das bei Schiffskapitänen berüchtigte Binger Loch und an der Loreley vorbeigedrückt wird. Erst nach dem Durchbruch der Gebirgszüge des Rheinischen Schiefergebirges wird dieser Strom endgültig zum trägen Tieflandfluss.

Weitere Treppenstufen im Flussbett bildeten sich dort, wo Bäche und Flüsse zusammenfließen, also auch da, wo Randbäche die seitlichen Kiesbänke der Hauptflüsse durchbrochen hatten. Wenn zwei Flüsse sich vereinigen, stauen das Wasser und das Sediment des einen den anderen auf. Daher lässt sich an solchen Stellen besonders leicht eine Furt finden, besonders gut eine Brücke bauen und eine Stadt gründen. Der schwächere Fluss bildet einen Schwemmfächer von Sediment auf den Schottern des anderen, der aber dadurch in seiner „Fließ-Freiheit" eingeschränkt wird. Auch Biber stauen Gewässer auf, indem sie von ihnen gefällte Bäume quer über das Wasser legen. Die Zwischenräume stopfen sie mit Zweigen aus, und weitere Zweige treibt die Strömung in die Barriere. Schon ein paar wenige Biberdämme (sie können mehr als zehn Meter lang sein!) verändern den Abfluss von Wasser grundlegend.

Allen Widrigkeiten zum Trotz suchte der Fluss stets sein physikalisch ideales Bett und fand es nicht. Es ist auch kaum anzunehmen, dass er es gefunden hätte, wenn er sich unbeeinflusst vom Ackerbau hätte weiterentwickeln können. Vielmehr muss man annehmen, dass der Reifungsprozess eines Flusssystems darin

93

Biber benagen Bäume, fällen sie und können damit Flüsse anstauen (Havelniederung nördlich von Rathenow in Brandenburg).

besteht, ein immer labil bleibendes Gleichgewicht in allen Teilen seines Laufes anzustreben, das durch ökologische Veränderungen im Einzugsbereich des Flusses verschoben werden kann.

Die Entwicklungen der Flüsse wurden durch den Beginn des Ackerbaus in andere Richtungen gelenkt. Dies war kein einmaliger Vorgang, sondern der Anfang einer Verlagerung eines Gleichgewichtes. Zunächst ging die Veränderung der Flusssysteme vor allem von den Rodungen aus. Wurde ein Stück Wald beseitigt, verschwand ein Stück Wasserreservoir. Da weniger Wasser im Ackerboden festgehalten werden kann als im Waldboden, floss es nach jedem Regen rasch ab. Die Wasserführung von Bächen und Flussen wurde dadurch unregelmäßiger. Nach jedem Regen stieg die Wasserkraft, in Trockenperioden sank sie. In gewisser Weise wurden in Teilen der Landschaft eiszeitliche Abflussverhältnisse wiederhergestellt. Dadurch verstärkte sich in den Flussbetten die Tendenz zur Ver-

In Lößgebieten entstanden nach Waldrodungen Kastentäler, Flächen, auf denen sich ero-dierter Löß absetzte. Aus dem Kastental bei Vogtsburg im Kaiserstuhl nordwestlich von Freiburg wurde später eine Weinbaulandschaft geformt.

lagerung von Treppenstufen; sogar Kiesinseln konnten wieder bewegt werden. Aber etwas war ganz anders als in der Eiszeit: Wasser, das von den gerodeten Flächen herunter rann, riss feines Erdreich und Humus mit sich, den es in der Eiszeit kaum gegeben hatte; beides wurde – wie das Wasser – nicht mehr von Bäumen, ihren Wurzeln und Moos zurückgehalten.

Zuerst wurde in den Lößgebieten gerodet, Ackerland angelegt. Von dort wälzten sich in Regenperioden Bäche mit einer „schmutzigen Brühe" zu Tal; in ihnen wurden feiner Lößlehm und Humus transportiert. In vielen Fällen wurde dieser Löß schon in den kleinen Tälchen der Lößlandschaft wieder abgelagert. Ehemals V-förmige Taleinschnitte bekamen dabei ein anderes Profil, denn an ihrem Grund bildete sich eine kleine Schwemmlößebene. So wurden aus V-förmigen Tälern Kastentäler, die bis heute für Lößlandschaften charakteristisch geblieben sind.

Größere Hochwasserspitzen führten zur stärkeren Erosion in den Oberläufen der Flüsse, die sich tiefer in die eiszeitlichen Schotterterrassen einschnitten. An den Rändern der Flüsse bildeten sich Terrassenkanten, zuerst das Hochgestade, dann das Niedergestade.

An den Unterläufen, wo die Wasserkraft durch das weitere Ansteigen der Meeresspiegel immer stärker gehemmt wurde, sank die Lehmfracht aus den Ackerbaugebieten zu Boden. Dadurch klärte sich das Flusswasser, an seinem Grund und seinen Seiten setzte sich Auenlehm ab. Die Tendenzen zu verstärkter Erosion, also des Einschneidens in die Terrassen, und zur verstärkten Sedimentation von Auenlehm bestanden auch in jeder der vom Fluss geschaffenen Stufen. An manchen Stellen lagerte sich Lehm ab (vor der Stufenkante), an anderen Stellen schnitt sich der Fluss in seine älteren Ablagerungen ein, wenn er die von ihm aufgeworfenen Lehmdämme durchbrach. Feiner Lehm bedeckte aber auch die Seiten der Niederung, denn dorthin wurde vor allem von den Talflanken her und von Nebenbächen oder -flüssen feines Material transportiert.

Von den Unterläufen her (und von den Flussstrecken ausgehend, die Unterlaufcharakter besaßen) wurde das Wasser im gesamten Flussbett allmählich immer weiter aufgestaut. An immer mehr Stellen wurden Dämme zuvor entstandener Dammflüsse durchbrochen. Das Wasser fand einen günstigeren Weg seitlich vom Damm der Ablagerungen. Nun staute es sich etwas weiter unterhalb, weil flussabwärts das Niveau nicht gleichzeitig niedriger geworden war. Die Zahl der Stellen, an denen der Fluss mal nach links, mal nach rechts auswich, nahm mit der Zeit zu. In vielen Fällen erreichte er sogar den Verlauf der Randbäche. Bei nachlassender Fließkraft und bei reichlichen Sand- und Tonfrachten, die im ruhig fließenden Strom abgelagert wurden, bildeten sich allmählich Mäander. So wurde aus dem System des verzweigten Flusses das System des mäandrierenden Flusses. Vielleicht hätte sich diese Form der „Reifung" auch ohne den Einfluss des Menschen vollzogen, vor allem in den vom Meer angestauten Unterläufen. Aber der Mensch hat durch die Rodungen gerade in Landschaften mit feinem, leicht verschwemmbarem Boden diese Entwicklung beschleunigt. Durch Mäanderbildung verlängerte sich der Lauf der Flüsse, die nun nicht mehr auf (fast) direktem Wege dem Meer zustrebten, sondern in langen Windungen. Die Fließgeschwindigkeit ließ dadurch weiter nach, was zur Folge hatte, dass noch mehr feines Bodenmaterial abgelagert wurde. Seitlich der Mäander wuchsen neue Dämme empor. Aber auch die Mäander bildeten kein stabiles System. Es entstanden Prallhänge, die vom Wasser unterhöhlt und abgebrochen wurden, und Gleithänge, an denen die Strömung geringer war, wo also sedimentiert wurde. Über den Prallhängen lagen relativ hochwassersichere Plätze, die der Mensch besiedeln konnte, wenn er das Abbrechen von Sediment am Steilhang verhinderte. Der Gleithang wurde dagegen regelmäßig überflutet, wobei sich bei jedem Hochwasser feines Sediment ablagerte. Immer wieder gelang es dem Fluss, durch stetiges Unterhöhlen der Prallhänge Windungen abzuschneiden, wodurch

Erlenbruchwälder entstanden vor allem in den feuchten Randbereichen der Flusstäler. Im Frühjahr stehen diese Wuchsorte oft lange unter Wasser (ehemalige Neckarschlinge bei Lauffen, südlich von Heilbronn).

auf einer kurzen Fließstrecke die Geschwindigkeit erhöht wurde – dort konnte sich dann rasch wieder ein Stück eines verzweigten Flusssystemes bilden, das allmählich zur Mäanderbildung zurückkehrte. Zwischen dem eher verzweigten und dem eher mäandrierenden Flusssystem entwickelte sich stets ein labiles Gleichgewicht. Jeder Fluss konnte, wenn die Wassermenge und die Transportfracht episodenhaft abrupt anstiegen, mehr nach Art eines verzweigten Stromes abfließen; dann wurden die Mäanderschleifen abgeschnitten. Dieser Prozess war reversibel, denn floss das Wasser wieder gleichmäßig ab, ohne dass große Materialfrachten mitgerissen wurden, suchte der Fluss sich erneut eine mäandrierende Bahn.

Die Vegetation der Niederungen am Fluss wurde vor allem von der Art des abgelagerten Sedimentes, vom Wasserstand und dessen jahreszeitlichem Wechsel geprägt. Auf regelmäßig von Wasser überströmten Plätzen breiteten sich strauch- und baumförmige Weiden der Weichholzaue aus. Hochwasser und Eis brachen immer wieder Weidenzweige ab oder rissen ganze Sträucher und Bäume mit sich. Die Pflanzen trieben aber rasch wieder aus; abgebrochene Weidenzweige konnten sich sogar wieder bewurzeln und an anderer Stelle festsetzen. An den Flüssen im Osten Mitteleuropas und Osteuropas mit ihrem geringen Gefälle bleibt Hochwasser sehr lange stehen, und es kann sich im Winter für Monate eine Eisdecke ausbilden. Dort gedeihen sogenannte Stromtalpflanzen: Kantenlauch, Sumpfwolfsmilch, Alant und Blauweiderich entwickeln sich erst spät im Jahr, sie

Zeitweilig überflutetes, naturnahes Grünland am Gülper See an der unteren Havel (Brandenburg). In der Nähe von Spülsäumen, wo sich nährstoffreiche Feinerde ablagerte, wachsen die sogenannten Stromtalpflanzen.

blühen im Hoch- und Spätsommer besonders prächtig. Entlang von Abschnitten geringer Strömung am Oberrhein, die durch die eigenartigen geologischen Gegebenheiten in Mitteleuropa entstanden waren, fanden viele osteuropäische Stromtalpflanzen ihre westlichsten Wuchsorte.

Während sich im Bereich der Weichholzaue und dort, wo Stromtalpflanzen wachsen, in der Regel gröberes, sandig-kiesiges Sediment findet, lagerte sich auf den seitlichen Uferwällen der Dammflüsse vor allem feiner Sand und Ton ab. Diese Bereiche werden seltener überflutet, an den Spülsäumen der Fluten werden zahlreiche Mineralstoffe deponiert. Auf den daher nährstoffreichen Böden der Hartholzaue gedeihen Stieleichen, Eschen, Linden und Ulmen. Die Buche kommt nur an Plätzen vor, die so gut wie nie überflutet werden.

Die Entwicklung von Auen in den Niederungen der Flussläufe wurde durch Rodungen und Ackerbau gefördert. Ohne Mitwirkung des Menschen hätte sich dieser Landschaftstyp in vielen Flusstälern nicht so stark ausgebreitet, es hätte viel länger gedauert, bis Auenwälder entstanden wären.

An den Rändern der Aue liegen die niedrigsten Partien, die daher entweder ständig von Wasser bedeckt oder zu Mooren verlandet sind. Die Aue war also von Randbächen oder Randmooren eingefasst. In diesem Zusammenhang interessant ist der Bedeutungswandel des Begriffes „Au(e)" in den letzten Jahrhunderten. Mit „Au" bezeichnete man ursprünglich nicht in erster Linie die feuchte Niederung, sondern die von Wasser oder Feuchtgebieten umgebene Insel, was in

98

vielen Orts- und Flurnamen dokumentiert ist: Reichenau, Rheinau, Passau. Sind die Benennungen alt, kann man sicher sein, dass sie sich auf die Insellage beziehen. In Flusstälern war die „Au" früher sowohl Insel als auch Niederung, wobei ehemals vor allem der Inselcharakter Bedeutung hatte. Heute sind viele Randbäche und -moore trockengelegt, so dass nur noch der Niederungscharakter der Auenlandschaft hervortritt.

Die Bereiche hinter den Uferwällen wurden in aller Regel vom Hochwasser der Flüsse nicht erreicht. Diese Bereiche gehören nicht eigentlich zur Flussaue, entwickelten sich aber in der Talniederung, die durch ehemalige Flussläufe geprägt worden war. In den niedrig gelegenen Randbächen, Randsenken und Randmooren stand das Grundwasser nahe der Oberfläche. In diesen sumpfigen Gegenden dehnte sich Erlenbruchwald aus. Mikroorganismen, die an Erlenwurzeln leben, fixieren Stickstoff aus der Luft und machen ihn so für Pflanzen verfügbar. Auf diese Weise entwickelten sich an den Rändern von Flusstälern ausgesprochen stickstoffreiche Wuchsorte für viele Gewächse, die manchenorts an solchen Stellen eine Art von Dschungel bilden.

Hochmoore und Flusstäler „reiften" also in unterschiedlicher Weise. Die Moorentwicklung verlief als irreversibler Prozess hin zu einem Zustand, der vom Menschen zunächst nicht beeinflusst werden konnte. Ganz anders entwickelten sich die Flusslandschaften. Hier entstanden lauter im wahrsten Sinne des Wortes „fließende", reversible, instabile Zustände, deren nie erreichtes, aber angestrebtes Gleichgewicht sofort nach dem ersten Eingriff des Menschen in den Naturhaushalt verschoben wurde. Schon die ersten Rodungen beschleunigten das Einschneiden der Flüsse in eiszeitliche Schotterterrassen, die Entstehung von Terrassenkanten, die Ablagerung von Auenlehm, die Bildung von Mäandern, Randbächen und Auenwäldern. Alle diese Landschaftselemente prägten in den folgenden Jahrtausenden das menschliche Siedeln und Wirtschaften. Sie nahmen einen Zustand der „Reife" an, der dem heutigen Betrachter den Eindruck vermittelt, als sei gerade die Flusslandschaft überkommene „Natur", an der menschlicher Einfluss jahrtausendelang spurlos vorübergegangen sei.

8. Zu neuen Ufern

Die erste Phase der Jungsteinzeit in Mitteleuropa war die Periode der Bandkeramik (so benannt nach einer charakteristischen Form der Verzierung von Keramik, die damals „Mode" war); sie dauerte einige Jahrhunderte, in denen sich der Ackerbau als Wirtschaftsform in den mitteleuropäischen Lößgebieten hervorragend bewährte. Dadurch wurde ein immer wiederkehrender Kreislauf von Prozessen ausgelöst. In Abhängigkeit davon, dass mehr Nahrung zur Verfügung stand als früher, die sich auch als „täglich Brot" viel besser aufbewahren ließ als eine Jagdbeute, konnten sich menschliche Populationen vermehren, also ein Wachstum der Bevölkerung einsetzen. Andererseits hatte die Veränderung der Umwelt für den Menschen „Nebeneffekte", die nicht alle „erwünscht" waren, was am Beispiel des Wasserabflusses klar wird: Hochwasserspitzen stiegen, Erosion fruchtbaren Ackerlandes setzte ein. Menschliche Populationen wuchsen so lange, bis ökologische Grenzen erreicht waren. Stieß das Wachstum an seine Grenzen, empfanden die Menschen das stets als Krise. Nun musste ein Ausweg gefunden werden. Man hatte die Wahl, entweder auf neues Wirtschaftsland auszuweichen oder Anbaumethoden zu verbessern, durch die die Lebensbedingungen optimiert werden konnten. Nach Überwindung der ökologischen Grenzen gab es einen neuen Wachstumsschub der Populationen von Homo sapiens, bis abermals Wachstumsgrenzen erreicht wurden. In den ersten Jahrtausenden des weltweiten Ackerbaus konnte man die ökologischen Krisen vor allem durch die Besiedlung weiterer Landschaften überwinden, mehr und mehr gewann aber die Methodenverbesserung an Bedeutung, die heute praktisch ausschließlich angestrebt wird, wenn es gilt, einen Weg aus einer für die Menschheit krisenhaften Situation zu finden. Kein anderes Lebewesen außer dem Menschen ist seiner biologischen Konstitution nach in der Lage, ökologische Grenzen zu überwinden, ein Phänomen, das dem Menschen in den letzten Jahrzehnten mehr und mehr bewusst wurde.

Den zweiten Teil der Jungsteinzeit in Mitteleuropa nennen die Archäologen auch Kupferzeit, weil in dieser Phase neben Stein, Holz und Knochen gelegentlich Metall, vor allem Kupfer, als Werkstoff Verwendung fand. Am Übergang zur Kupferzeit lagen immer noch die meisten bäuerlichen Siedlungen Mitteleuropas in den Lößlandschaften. Nach und nach führte wohl der Bevölkerungsdruck dazu, dass auch andere Siedellagen gewählt wurden. Man hielt sich weiterhin strikt daran, die Häuser in der Nähe der Talränder zu bauen, ging aber jetzt auch an die Terrassenkanten in den Flussniederungen, die durch die ökologischen Veränderungen der Flusssysteme eben erst entstanden waren (zum Beispiel

Die jungsteinzeitliche Siedlung von Pestenacker bei Landsberg in Südbayern wurde wie üblich am Talrand gegründet. Der seitliche Hang des Tales ist aber zu steil, um darauf Hütten errichten zu können, die Hochfläche (rechts im Bild) zu trocken und zu weit vom Wasser entfernt. Die Siedlung (sie wird unter den Zelten im Hintergrund ausgegraben) wurde daher am Rand des Talgrundes angelegt. Mensch und Tier hatten leichten Zugang zum Wasser; die Ackerflächen, die heute wie damals auf der Höhe lagen, waren in kurzer Zeit erreichbar.

an der unteren Isar), oder an steilere Talhänge, beispielsweise der eiszeitlich geprägten Flusstäler des Alpenvorlandes. Es war unmöglich, Holzhäuser auf dem Steilhang zu errichten. Also wurden die Häuser entweder direkt unterhalb oder oberhalb des Steilhanges errichtet, wobei Nachteile in Kauf zu nehmen waren. Die „Höhensiedlungen" oberhalb der Talhänge hatten keinen direkten Zugang zum Wasser, dafür lagen sie stets im Trockenen, und von ihnen ließ sich ein Tal bestens überblicken. Direkten Zugang zum frischen Wasser für Mensch und Tier gab es aber von den Siedlungen am Fuß der Böschungen aus; diese Geländesituation hatte zum Beispiel die jungsteinzeitliche Siedlung von Pestenacker bei Landsberg in Südbayern. Der Untergrund dieser Siedlung war feucht und moorig; die Bewohner hatten sicher vor allem im Winter Probleme damit. In der Umgebung der Siedlung wurden die Abflussverhältnisse von Wasser in besonderer Weise verändert. In einer zuvor existierenden Moorlandschaft bildeten sich Bäche, weil zeitweise viel Wasser ins Tal rann, das vom Torf nicht mehr aufgesaugt werden konnte. Die Bäche flossen – wie im vorigen Kapitel beschrieben – über Schwel-

101

len ab, vor denen sich das Wasser staute. Es bildeten sich kleine Seen, in denen man Fische fangen konnte, was ein wirtschaftlicher Grund dafür gewesen sein mag, am feuchten Moorrand zu wohnen. Aber man lebte dort auch gefährlich, denn wenn der Bach anschwoll, konnte er die Häuser zum Einsturz bringen und mit sich reißen. Für die heutige Wissenschaft sind Siedlungen wie die von Pestenacker eine wahre Fundgrube, denn im dauernd feuchten Boden haben sich Hölzer erhalten, aus denen die Häuser gebaut waren, aber nicht nur das: auch Reste von Nahrungspflanzen, von Mist, Viehfutter. Daher lässt sich das Leben der Menschen, die eine in extremer Umwelt, am Moorrand, angelegte Siedlung bewohnten, besser erforschen als das der „normalen" Menschen, die wie schon Jahrhunderte zuvor am leicht geneigten Lößhügel ihre Häuser errichteten.

Während von Pestenacker aus Lößflächen beackert wurden (sie reichten bis an die Oberkante des Hanges, unter dem das Dorf lag), entstanden anderswo im Alpenvorland noch viele weitere „Feuchtbodensiedlungen" in lößfreien Gebieten. Der Begriff „Feuchtbodensiedlung" stammt aus der Praxis der Archäologen; damit wird der besondere Glücksfall der Erhaltung organischer Siedlungsspuren im feuchten Boden (Torf oder Seeton) umschrieben. Für die ehemaligen Bewohner der Siedlungen hatte der feuchte Boden natürlich keine entscheidende Bedeutung bei der Wahl ihres Siedelplatzes, und sicher bemühten sie sich intensiv, Feuchtigkeit von ihren Behausungen fernzuhalten. Vielleicht war der Boden unter den Häusern zeitweilig trocken, oder es gelang, sie im Trockenen anzulegen. Lebensbedingungen im dauernd feuchten (und im Winter kalten) Milieu sind für Homo sapiens kaum vorstellbar. Nach der Entdeckung der ersten Feuchtbodensiedlungen im 19. Jahrhundert hatte man angenommen, dass die Niveaus der Fußböden vom Untergrund, also von der Mooroberfläche und vor allem dem Seespiegel, abgehoben waren. Denn man hatte bei Ausgrabungen stets große Mengen an Pfählen gefunden, die in den weichen, feuchten Untergrund gerammt waren; die Siedlungen am Ufer des Bodensees und an anderen Seen im Alpenvorland waren fortan die „Pfahlbauten", deren Bewohner in Gemälden und Gedichten verklärt wurden. Heute geht man davon aus, dass es zwar auch so etwas wie Pfahlbauten gegeben hat, dass aber die Häuser oft auch direkt auf Seeton am heutigen Seeufer gebaut werden konnten. Der Seespiegel vieler Seen im Alpenvorland schwankte nämlich erheblich, und zeitweilig lag er um mehrere Meter unter dem heutigen Niveau. Gerade während der Kupferzeit gab es an vielen Seen niedrige Wasserstände. Die Uferbänke aus weißer Seekreide fielen trocken wie die „Schnegglisande" am Bodensee, die man im Winter, bei Niedrigwasser, betreten kann. Allenfalls Moose und Kräuter wuchsen auf diesen Uferbänken nach dem Absinken des Seespiegels. Man musste nicht einmal Bäume auf dem späteren Siedlungsplatz am Seeufer fällen. Allerdings war es notwendig, den Hütten ein festes Fundament zu geben, weil der Untergrund aus Seekreide feucht und verformbar war; ohne ein Pfahlfundament wären die Häuser möglicherweise abgerutscht, im Untergrund eingesunken oder in sich zusammengefallen. Wälder mussten im Umkreis der Siedlung gerodet werden, damit genug Bauholz für die vielen Pfähle zusammenkam, doch der Siedlungsplatz selber war zur Zeit der Siedlungsgründung baumfrei, somit attraktiv. Damit war auch eine Siedellage wiederentdeckt worden, die Jahrtausende zuvor schon einmal die Fischer des Mesolithikums eingenommen hatten. Am Bodensee lagen sowohl die mesolithischen Fischerstationen als auch die neolithischen Siedlungen vor allem in den westlichen Zungenbeckenausläufern; klare Anhaltspunkte für eine Siedeltradition zwischen Mesolithikum und Kupferzeit gibt es aber nicht.

Man konnte so lange am Seeufer siedeln, bis der Wasserspiegel wieder anstieg. Und das geschah auch später wieder, denn die Überreste der „Feuchtbodensiedlungen" wurden bald nach ihrer Aufgabe von Wasser, später von Seeton bedeckt. Vielleicht wurden die Bewohner auch durch die Überflutung gezwungen, ihre Häuser zu verlassen. Wäre das Wasser nicht wieder zurückgekehrt, hätten sich die Hölzer der Siedlung und die anderen organischen Reste nicht bis zum heutigen Tag erhalten können.

Warum der Wasserspiegel in den Seen absank und später wieder anstieg, weiß man nicht. Es liegt nahe, daran zu denken, dass das Klima zeitweilig trockener und wärmer war, so dass weniger Wasser in die Seen gelangte. Aber dieser Schluss ist nicht zwingend, denn ein regenreicheres Klima könnte dazu geführt haben, dass Abflussschwellen eines Sees durchbrochen wurden, so dass der Wasserspiegel absank. Vielleicht bestand sogar ein Zusammenhang zwischen den Auswirkungen frühesten Ackerbaus und den Veränderungen des Wasserabflusses mit dem Schwanken der Seewasserspiegel.

Da die Seespiegel nicht ständig niedrig blieben, musste auch die Existenz bäuerlicher Siedlungen direkt am Seeufer Episode bleiben. Während in den Lößgebieten jahrtausendelang stets bäuerliche Siedlungen bestanden, konnten sie an den Seeufern und Moorrändern nur zeitweilig angelegt werden, nach der Kupferzeit nochmals in einigen Phasen der Bronzezeit, worauf später einzugehen sein wird. Sonst entstanden am Seeufer in noch späterer Zeit ausschließlich Fischersiedlungen und Hafenplätze bzw. Handelsstädte – aber keine ländlichen Siedlungen mehr.

Anderswo konnten während der Kupferzeit große Neulandflächen für den Ackerbau erschlossen werden, in denen fortan wie auf dem Löß dauerhaft dörfliche Siedlungen bestanden: in den Moränenlandschaften Norddeutschlands und Südskandinaviens. Dort gab es weite Bereiche mit lockerem Sandboden und – im Osten Schleswig-Holsteins sowie im Norden Mecklenburgs, im Bereich der Moränen der letzten Eiszeit – auch fruchtbare Lehmböden. Die Geest mit ihren sandigen und mineralstoffarmen Boden älterer Moränen war längst nicht so fruchtbar wie eine Lößgegend, aber man konnte Sand fast ebenso leicht wie Löß mit Hacken oder einfachen Pflügen aus Stein, Geweih und Knochen bearbeiten. Mühsamer war die Landarbeit im Hügelland an der Ostsee, wo die Böden aber fruchtbarer waren. Die ursprünglichen Ackergeräte waren offensichtlich verbes-

In lichten Eichen-, Birken- und Kiefernwäldern gehören die typischen Gewächse der nordwesteuropäischen Heiden zur Bodenvegetation (Lüneburger Heide bei Wilsede).

sert worden und nun stabil genug für die Bearbeitung von eiszeitlichen Moränensedimenten, in denen der Ackerbauer nur hin und wieder auf einen Stein stieß.

Genauso wie die Lößgebiete waren die sandigen Hügel des Norddeutschen Tieflandes im Prinzip völlig bewaldet, bevor dort erstmals Ackerflächen angelegt wurden. In Nordwestdeutschland waren Eichenwälder verbreitet, weiter im Osten kam auch die Kiefer häufig vor. Wir wissen über die Siedlungen der jungsteinzeitlichen „Geestbauern" noch viel weniger als über die der „Lößbauern". Als spektakuläre archäologische Geländedenkmäler haben sich aber die Großstein- oder Megalithgräber in vielen Bereichen Norddeutschlands erhalten. Diese „Hünengräber" wurden mit großen Findlingen aus Moränen errichtet – und zwar oft auf Hügelrücken, wo man sie von weitem erblicken konnte – aber nur, wenn ringsherum kein Wald stockte. Dafür, dass diese Monumente in einer offenen Landschaft errichtet wurden, sprechen auch bodenkundliche Resultate: Unter ihnen fand sich der typische Heideboden, der Heidepodsol. Die Menschen müssen also, wenn sie diesen monumentalen Gräbern eine Fernwirkung geben wollten, ganze Hügel entwaldet und waldfrei gehalten haben, was in den Sandgebieten Norddeutschlands nicht allzu kompliziert war. Nach der Waldrodung

Die Großsteingräber in Norddeutschland wurden oft auf den Kuppen von Hügeln angelegt. Man kann sie auch heute schon von weitem erkennen, was vermutlich auch zur Zeit ihrer Errichtung möglich war. Dies war aber nur möglich, wenn in ihrer Umgebung der Wald bereits erheblich aufgelichtet war (Megalithgrab von Karlsminde bei Kiel).

betrieb man Ackerbau, vor allem ließ man Vieh auf gerodeten Flächen weiden. Junges Gehölz wurde durch Beweidung vernichtet, übrig blieb das zähe Heidekraut als einziges Gewächs aus dem früheren Wald. Das widerstandsfähige „Kraut" (eigentlich ist es ein Zwergstrauch) konnte sich auf den Sandflächen als Folge landwirtschaftlicher Nutzung fast konkurrenzlos ausbreiten. Weite Heideflächen entstanden, die jahrtausendelang ihren Charakter behielten, wenn sie stets beweidet wurden.

Rodungen (auch unter Einsatz des Feuers) und Ackerbau auf pleistozänem (also während der Eiszeiten sedimentiertem) Sand führten zur Bodenverarmung. Im sauren Heideboden wurden Nährstoffe ausgewaschen, der Oberboden wurde ausgebleicht. Oft ist er heute beinahe weiß, und nur die harten, unfruchtbaren Sandpartikel sind in ihm noch vorhanden. In einer tieferen Bodenschicht fiel das aus dem Oberboden hinunter gewanderte Eisen aus und bildete eine steinharte Schicht, den Ortstein, der fortan einen Stoffaustausch zwischen den Schichten über und unter ihm einschränkte. Viele Wurzeln können den Ortstein nicht durchdringen, um an Nährstoffe in tieferen Bodenschichten heranzukommen. Ortstein kann auch Sickerwasser anstauen, so dass es nicht in den Untergrund abfließt; auf manchen Heideböden entwickelten sich daher Moore.

Trotz aller Probleme, die die Einführung des Ackerbaus in den Geestgebieten sicher schon vor 5000 Jahren aufwarf, blieb Norddeutschland fortan Bauernland. Die bäuerlichen Siedler drangen bis an die Meeresküsten vor. Ihre Megalithgräber fand man oberhalb der Steilküsten an der Ostsee, an der Kieler Bucht wie auf Rügen, am Kliff von Sylt und sogar in Sandgebieten, deren jungsteinzeitliche Bodenoberfläche heute unterhalb des Meeresspiegels liegt. Denn der Wasserspiegel der Nord- und Ostsee hatte vor 5000 Jahren noch nicht das heutige Niveau erreicht. Hingegen fehlen Großsteingräber in den Marschlandschaften; diese hatten damals noch nicht ihr heutiges Aussehen angenommen.

Im 3. Jahrtausend v. Chr. waren in Mitteleuropa bereits weite Flächen mit unterschiedlichen Bodeneigenschaften von Bauern besiedelt. Sie betrieben Ackerbau und hielten Vieh, töpferten, webten, bauten Häuser – und verließen sie nach einigen Jahrzehnten wieder, um anderswo neue Siedlungen anzulegen. Kultur und Wirtschaftsweise unterschieden sich aber von Gegend zu Gegend in mancher Hinsicht. Diese Gegensätze verstärkten sich offenbar in der Kupferzeit. Am Beginn des Agrarzeitalters lebten überall in Mitteleuropas Lößgebieten die „Bandkeramiker". Die Tontöpfe, die in den späteren Phasen der Jungsteinzeit, vor allem in der Kupferzeit hergestellt wurden, hatten je nach Landschaft, aus der sie stammen, unterschiedliche Verzierungsmuster. Die Archäologen schlossen, dass Keramik mit identischer Verzierungsweise jeweils von einer in sich abgeschlossenen Gruppe von Menschen produziert wurde. Verzierungsmuster an Tontöpfen wurden so zu Charakteristika von Gruppen, sogar „Kulturen". Die Gruppen und

Wurden durch Roden und Beweiden der Flächen die Bäume beseitigt, breitete sich die Heidevegetation aus (Lüneburger Heide bei Wilsede).

Kulturen wurden oft nach den Fundorten benannt, wo man die für sie als bezeichnend angesehene Keramik zum ersten Mal entdeckte. So wurde nach dem Fundort Rössen in Mitteldeutschland die „Rössener Kultur" benannt, die in den Lößgebieten West-, Mittel- und Süddeutschlands auf die Phase der Bandkeramik folgte. Zur gleichen Zeit wurden in Bayern die Gefäße nach anderer Weise verziert. Man fand diese zum Beispiel in Oberlauterbach südwestlich von Ingolstadt, und nach diesem Ort erhielt die „Oberlauterbacher Gruppe" ihren Namen. Später gab es im Westen Deutschlands die „Michelsberger Kultur" (benannt nach einem Fundort bei Bruchsal), im Südosten, also im heutigen Bayern, die „Altheimer Kultur", deren Reminiszenzen man in Altheim bei Landshut erstmals entdeckt hatte. In Oberschwaben fand man die Tontöpfe der „Schussenrieder Kultur", an den Schweizer Seen und am Bodensee die der „Pfyner Kultur" und der „Cortaillod-Kultur" (Pfyn liegt nordöstlich von Frauenfeld, Cortaillod am Neuenburger See). Viele verschiedene kupferzeitliche Gruppen und „Kulturen" wurden für das Gebiet Mitteldeutschlands beschrieben (Bernburger Kultur, Salzmünder und Walternienburger Gruppe, Havelländische Gruppe). Norddeutschland war während der Kupferzeit das Gebiet der „Trichterbecherkultur", deren Spuren man nicht nur dort, sondern auch weiter im Westen und im Norden gefunden hat.

Die Verzierungsmuster der Keramik deuten auf unterschiedliche ethnische Gruppen hin. Sie wurden in kultureller und wirtschaftlicher Hinsicht sowie in ihrer Prägung auf bestimmte Siedellandschaften, in denen sie den Ackerbau betrieben, von verschiedenen Seiten beeinflusst. Einige von ihnen brachten auch unterschiedliche Kulturpflanzen mit nach Mitteleuropa. In Bayern blieben die Bauern beim Anbau von Einkorn und Emmer, Linse, Erbse und Lein. In Südwestdeutschland hatten auch Gerste und Weizen große Bedeutung. Sie stammten ebenso wie Einkorn und Emmer aus dem Nahen Osten, waren aber nicht donauaufwärts nach Mitteleuropa gekommen, sondern über das Mittelmeergebiet und den Alpenraum. Mit ihnen gelangten der Schlafmohn, eine Kulturpflanze aus dem westlichen Mittelmeergebiet, und verschiedene Gewürze ins westliche Mitteleuropa. Gerste und Weizen waren auch im Gebiet der Trichterbecherkultur bekannt; die Kultur der Menschen, die die Trichterbecher töpferten, wurde von wirtschaftlichen Strömungen beeinflusst, die zuerst im Mittelmeergebiet nach Westen und dann entlang der Atlantikküste nach Norden verlaufen waren. Die Gerste kam aber wohl auch über andere wirtschaftliche Kontakte, die über das heutige Polen verliefen, in den Nordosten Deutschlands und nach Mitteldeutschland.

Diese wirtschaftlichen Unterschiede sind noch bei weitem nicht abschließend erforscht, aber sie zeigen, dass Ackerbau in Mitteleuropa nicht nach einheitlichem Schema betrieben wurde, was man bei den großen landschaftlichen Gegensätzen auch nicht erwartet hätte. Aber das scheint nicht einmal der wichtigste Grund für wirtschaftliche Unterschiede gewesen zu sein; man hat den Eindruck,

Wo Ackerbau aufgegeben wurde, wuchs zunächst die Birke empor. Sie wurde entweder von Eichen oder von der sich neu ausbreitenden Buche verdrängt. Die meisten Buchenwälder Mitteleuropas bildeten sich erst nach dem Zeitalter der ersten Rodungen in der Jungsteinzeit (Buchenwald bei Römhild in Südwest-Thüringen).

dass der Zufall mitspielte, als in manche Gegend die eine, anderswohin eine andere Kulturpflanze geriet. Der Ackerbau kam im Grunde genommen auf ähnlichen Wanderbahnen nach Mitteleuropa wie zuvor die Waldbäume: aus dem Osten und im Westen um die Alpen herum.

Besonders spannend ist eine eingehende Betrachtung der Grenzen zwischen den entstehenden Wirtschafts- und Kulturräumen. In Süddeutschland bildete sich eine West-Ost-Grenze im Gebiet zwischen Schussen und Lech, also in der Gegend, bis zu der ein paar Jahrtausende zuvor die Fichte von Osten her eingewandert war und von der ausgehend nach Westen zu die Hasel einmal größere Bedeutung gehabt hatte. Im Westen (Bodenseegebiet) und im Osten dieser Grenzregion (Niederbayern) waren die klimatischen Bedingungen für den Ackerbau etwas günstiger als im Allgäu und in Oberschwaben. Die Vegetationsgrenze und die Grenze des klimatisch etwas ungünstigeren Gebietes waren nicht scharf ausgeprägt, aber wohl doch für die Ackerbauern erkennbar, denn hier grenzten in der Kupferzeit Wirtschaftsräume aneinander – ebenfalls mit allmählichen Übergängen. Zeitweise gab es am Bodensee nur Weizen und Gerste, in Oberschwaben auch Einkorn und Emmer. Am Lech waren Weizen und Gerste selten, Einkorn und Emmer in der Überzahl. An der Isar spielte der Anbau der „westlichen" Kulturpflanzen Gerste und Weizen keine Rolle. Selbstverständlich unterschieden sich auch die Verzierungsmuster der Tontöpfe, die man entlang dieses West-Ost-Transsektes fand.

Wirtschaftliche und kulturelle Grenzen entstanden auch dort, wo sich Löß- und Geestlandschaften berührten. Rössener oder Michelsberger Kultur drang selten ins Sandgebiet ein, wo die frühe Trichterbecherkultur vorherrschte. Die Angehörigen der Rössener Kultur siedelten im Lößgebiet mit Eichen-Linden-Ulmen-Mischwäldern, die „Trichterbecherleute" im Eichenwaldgebiet, wo nur wenige Ulmen wuchsen. Auch hier wurde die Landschaftsgrenze sicher über die Unterschiede der Vegetation wahrgenommen. Besonders klar erkennbar ist die Koinzidenz der landschaftlichen und der im Neolithikum bestehenden kulturellen Grenze zwischen dem Norden der Westfälischen Bucht (Sandgebiet) und dem Lößstreifen am Hellweg zwischen Dortmund und Paderborn.

In den von Ackerbauern besiedelten Gebieten wurde der Einfluss auf die Zusammensetzung der Wälder stärker. Die Buche breitete sich nach dem schon beschriebenen Muster weiter aus. Die Waldvegetation veränderte sich auch dadurch, dass Laubheu gesammelt und dem Vieh im Winter verfüttert wurde. In vollem Laub stehende Bäume wurden „geschneitelt", indem man dünne Äste abschnitt. Die Bäume wurden dadurch übel zugerichtet. Nur wenig Laub blieb ihnen zum Überleben. Manche Baumarten überstanden das Schneiteln nicht, andere trieben umso kräftiger aus den Astlöchern wieder aus. Eschen und Linden schadet das Abschneiden von belaubten Zweigen nicht, dagegen den Ulmen. Als vor allem in West-, Nordwest- und Nordeuropa um 3000 v. Chr. ein Ulmensterben epidemisch grassierte, starben viele der bereits geschwächten Bäume ab.

Geschneitelte Bäume, deren junge Äste immer wieder abgeschnitten worden waren, nahmen eine charakteristische Wuchsform an (Pöhlde bei Herzberg südlich vom Harz).

Ulmen wurden in vielen Wäldern erheblich seltener. Im Alpenvorland verlief die Entwicklung anders. Auch dort verlor die Ulme an Bedeutung, aber nicht nur wegen der Schneitelung, sondern auch deswegen, weil Tannen und Buchen sie verdrängten.

Am Beginn des 2. Jahrtausends v. Chr. Geburt ging in Mitteleuropa die Steinzeit zu Ende. In deren letztem Abschnitt, der Jungsteinzeit, entwickelten sich Grundzüge der Gliederung von Agrarlandschaft, die auch in den folgenden Jahrtausenden galten. Weit mehr als 3000 Jahre lang hatte sich Ackerbau aus wirtschaftlicher und demographischer Sicht für Homo sapiens positiv entwickelt. Erste Begleiterscheinungen, die wir aus heutiger Sicht als negativ bezeichnen würden, hatten sich aber bereits eingestellt. Einzelne Landschaftstypen waren von Ackerbauern während der Jungsteinzeit bereits grundsätzlich und tiefgreifend verändert worden. Vor viertausend Jahren gab es in den Lößgebieten und auch in weiten Bereichen der norddeutschen Geest keine großen Urwälder mehr. Die Zusammensetzung der Baumarten war dort bereits durch menschliche Tätigkeit geprägt. Und alle großen Flüsse hatten nach dem Anfang des Ackerbaus ein anderes labiles Gleichgewicht angenommen. Mitteleuropa war bereits weitgehend ein Land bäuerlicher Kultur und agrarisch geprägter Landschaft.

110

9. Zu neuen Höhen

Etwa 1800 Jahre v. Chr. begann die Bronzezeit, von den Archäologen nach dem damals neu aufgekommenen Werkstoff benannt. Bronze ist eine Legierung aus Kupfer und einem anderen Metall, in den meisten Fällen Zinn. Das Gemisch aus Kupfer und Zinn ist erheblich härter als reines gediegenes Kupfer. Der Beginn der Bronzeherstellung ist eigentlich nur ein Teil einer ganzen Reihe kultureller Veränderungen, die auch für die Geschichte der Landschaft große Bedeutung haben, gehörte doch die Erfindung der Bronze zu den wichtigen technischen Verbesserungen, durch die der Mensch ökologische Grenzen überwinden konnte.

Aus Bronze ließen sich Äxte herstellen, mit denen man viel leichter Wälder roden konnte als mit den altmodischen Steinbeilen. Stabileres und schärferes Gerät war zum Bäumefällen notwendig geworden, denn wenn während der Bronzezeit eine Siedlung angelegt wurde, mussten oft nicht, wie mehr als 3000 Jahre zuvor, Eichen gefällt werden, sondern viel mächtigere Buchen.

In der Bronzezeit wurde erstmals Ackerland in den Kalkgebirgen der Schwäbischen und Fränkischen Alb angelegt. Die steinigen Flächen der Hänge und Höhenlagen, besonders die, wo Felsen an die Oberfläche traten, blieben vielleicht noch unbeackert, aber in den Niederungen, wo Wasser fruchtbaren Lehm zusammengeschwemmt hatte, konnte man Getreide anbauen. Im verschwemmten Sediment waren schließlich nur die von den Karsterscheinungen und vom Frost zersprengten und abgerundeten Kalksteinbrocken enthalten.

Homo sapiens überwand am Beginn der Bronzezeit ökologische Grenzen durch die Umstellung des Getreideanbaus. Das ertragsarme Einkorn verschwand weitgehend. Der Anbau von Weizen, der in manchen Gegenden während der Kupferzeit eine Rolle gespielt hatte, wurde ebenfalls eingestellt. Charakteristisch für diese Getreideart war aber gewiss nicht ihre Ertragsarmut. Vielmehr machte es Schwierigkeiten, Weizen über einen ganzen Winter zu lagern, ohne dass er verfaulte oder verschimmelte, wenn keine festen Getreidespeicher zur Verfügung standen. Die Bauern der Kupferzeit besaßen sie noch nicht, und man weiß nicht, wie sie gerade im feuchten Milieu einer Seeufersiedlung mit diesem Problem fertig wurden. Vielleicht lagerten sie das Getreide in nicht gedroschenem Zustand, also in ganzen Ähren. Auf Dauer war es aber wohl doch nicht günstig, Weizen im feuchten Klima Mitteleuropas ohne gute Lagermöglichkeiten anzubauen.

Ein Typ von Gerste, die im Neolithikum weithin angebaute Nacktgerste, ließ sich ähnlich schlecht lagern. Genauso wie beim Weizen waren bei ihr die Körner nur lose von den Spelzen umschlossen, die beim Dreschen von den Körnern abplatzten. Für die Lagerung waren diejenigen Getreidearten besser geeignet, bei

Der Dinkel war vermutlich die erste Getreideart, die man (seit der Bronzezeit) als Winterfrucht anbaute. Vor allem in Süddeutschland wurde Dinkel zu einem wichtigen Getreide (Botanischer Garten der Universität Stuttgart-Hohenheim).

denen die Spelzen die Körner sehr fest umschlossen und vor Feuchtigkeit schützten. Deswegen baute man seit der Bronzezeit vor allem sogenannte Spelzgerste an, die diese Eigenschaften besaß und daher gut gelagert werden konnte. Emmer ließ sich ebenfalls gut aufbewahren; weil er ertragreicher als Einkorn war, behielt er während der Bronzezeit Bedeutung. Spelzgetreide hatte allerdings einen Nachteil: Vor der Zubereitung von Nahrung musste man es entspelzen oder schälen. Dieser Arbeitsgang war aber erforderlich; hätte man entspelztes Getreide gelagert, wären in jedem feuchten Jahr die Vorräte verfault.

Den gleichen Lagerungsvorteil wie Spelzgerste und Emmer bot eine weitere ertragreiche Getreideart, die seit dem Beginn des zweiten vorchristlichen Jahrtausends in manchen Gegenden Mitteleuropas angebaut wurde: Dinkel. Er ist wie Einkorn und Emmer mit dem Weizen verwandt und muss in der Regel als Wintergetreide angebaut werden. Wintergetreide wird im Herbst gesät, es keimt noch vor dem ersten Schnee, seine Schösslinge werden vom Schnee bedeckt und dadurch vor strengem Frost geschützt. Gleich nach der Schneeschmelze wachsen die Getreidepflanzen weiter. Für das Sommergetreide muss zu dieser Jahreszeit erst das Saatbett bereitet werden. Gerste und Emmer, die man offensichtlich als

Sommerfrüchte anbaute, wachsen zwar schneller als Dinkel, aber dennoch hatte das Wintergetreide einen Wachstumsvorsprung vor den anderen Körnerfrüchten, die erst im Frühjahr ausgesät wurden.

Ein Teil der Feldbestellung wurde also in den Herbst vorverlegt, die Erntezeit konnte in die Länge gezogen werden, denn Wintergetreide wurde zu einer anderen Zeit reif als die Sommerfrucht. Der jahreszeitliche Arbeitsplan der Ackerbauern wurde dadurch günstiger gestaltet, Ackerbau wurde effektiver, und man konnte ihn intensiver betreiben. Vielleicht war es dadurch auch möglich, Arbeitskräfte freizusetzen, einerseits für handwerkliche Tätigkeiten (wie das Schmieden), andererseits für die Viehhaltung.

Die verbesserten Ackerbaumethoden hatten eine Intensivierung der Agrarwirtschaft zur Folge, aber auch ein rascheres Erlahmen der Bodenfruchtbarkeit. Um dem entgegenzusteuern, strebte man auf den Feldern einen Fruchtwechsel zwischen Winter- und Sommergetreide an. Vielleicht ließ man auch bereits von Zeit zu Zeit die Felder brach liegen, damit sich der Boden regenerierte, was besonders dann erfolgreich war, wenn man Vieh auf das Brachland zur Weide führte. Durch die Fäkalien der Tiere wurde die Fläche gedüngt, ohne dass der Bauer damit weitere Arbeit hatte.

Der Anbau von Dinkel setzte sich nicht überall in Mitteleuropa durch. Die Kultivierung der Winterfrucht ging interessanterweise von zwei Gebieten aus, in denen es viel regnet, das Frühjahr spät beginnt und der lehmige Boden schwer zu bearbeiten ist, von dort also, wo ein zeitliches Auseinanderziehen der Bodenbearbeitung besonders zweckmäßig war und die Vegetationsperiode kurz ist. Bronzezeitlicher Dinkelanbau spielte im Alpenvorland eine wichtige Rolle, ferner in Jütland und im Süden Skandinaviens. Im Süden Deutschlands kam er auch in den Lößgebieten auf, die an das Alpenvorland grenzten, also am südlichen Oberrhein und in Niederbayern. Sowohl im Süden wie im Norden baute man dort, wo Dinkel kultiviert wurde, auch Spelzgerste an. In anderen Gegenden brachte man vor allem Spelzgerste und Emmer aus, aber keinen Dinkel, wobei Emmer als „Statthalter" des Dinkels aufzufassen ist. Bezeichnenderweise wurde Emmer auch „Sommerdinkel" genannt.

Die Agrarwirtschaft der Bronzezeit war also in Mitteleuropa einheitlicher als in der Kupferzeit. Im Norden kultivierte man Gerste und Dinkel, in der Mitte Gerste und Emmer, am Alpenrand Gerste und Dinkel. Immer noch war der Getreideanbau im Umkreis jeder dörflichen Siedlung auf zwei Arten beschränkt. Sie waren zwar ertragreicher und zum Teil besser an das mitteleuropäische Klima angepasst, aber die Bauern waren auf Gedeih und Verderb auf den Erfolg des Anbaus von nur zwei Getreidearten angewiesen. Wurde eine von ihnen von Schädlingen befallen, reichte die andere nicht aus, um das entstandene „Ernährungsloch" zu stopfen. Die Basis der pflanzlichen Ernährung war damit gegenüber der Jungsteinzeit noch nicht wesentlich umfassender geworden – und daher hatte sich das Siedelverhalten der Menschen in der Landschaft auch nicht entscheidend

In der Bronzezeit setzte die Nutzung der Hochlagen (Almen) in den Alpen ein. Die Nutzungsbereiche sind seitdem in den eiszeitlich geformten U-Tälern in charakteristischer Weise verteilt. In den breiten Talsenken liegen die Höfe, Äcker und Grünland. Die steilen Hänge sind mit Wald bedeckt. Hochweiden oder Almen entstanden auf ebenerem Terrain oberhalb der Talflanken, aber in der Regel noch unterhalb der Waldgrenze, so dass die ganze Alm von Wald umgeben war; auf diese Weise war sie vor Lawinen geschützt. Am Wendelstein bei Bayrischzell ist diese typische Gliederung der Alpenlandschaft gut zu erkennen.

stabilisiert. Weiterhin gründete man immer wieder neue Siedlungen, die nach ein paar Jahrzehnten oder Jahrhunderten Siedeldauer aufgegeben wurden. Dann wanderten die Menschen von Ort zu Ort, mal über kleinere, mal über größere Distanzen. Dieses Verhalten fiel den bereits sesshaft gewordenen Völkern im östlichen Mittelmeergebiet als so seltsam auf, dass sie es besonders herausstellten, wenn sie in den frühesten Geschichtsbüchern unserer Zivilisation auf bäuerlich wirtschaftende Völker zu sprechen kamen: Die Barbaren des Nordens wanderten. Dabei ist das nur ein kleiner Teil der Wahrheit über ihren Lebensstil, und es handelt sich bei diesen Wanderungen auch nicht um einmalige historische Ereignisse (als solche wurden sie beschrieben!), sondern immer wieder konnten bäuerliche Bevölkerungsgruppen auf ihren Wanderungen am Rand der schon zivilisierten Welt auftauchen, eventuell sie auch überfallen und in sie eindringen.

Die Intensivierung der Tierhaltung hing mit dem Aufkommen neuer Schafrassen zusammen, die besonders langfaserige Wolle besaßen. Hielt man sie anstelle der Schafe der Jungsteinzeit, konnte man nicht nur Milch, Fett, Fleisch und das

Vlies nutzen, sondern man konnte die Schafe auch regelmäßig scheren und ihre Wolle zu Textilien verarbeiten. Wärmere Kleidung brauchten die Menschen unbedingt, wenn sie zum Beispiel auf der „Rauhen Alb" lebten.

Aber dort befanden sich noch nicht einmal die höchstgelegenen Siedlungen, die die Archäologen aus der Bronzezeit kennen. Im zweiten vorchristlichen Jahrtausend besiedelte der Mensch nämlich auch große Teile der Alpen. Die Einbeziehung des Hochgebirges in den besiedelten Bereich kann mehrere Ursachen gehabt haben. Einmal waren während der Alpenaufwölbung Gesteinsschichten mit reichen Kupfervorkommen an die Erdoberfläche geraten, die man nun ausbeutete. Da Kupfer und vor allem Zinn nicht überall in Mitteleuropa aus dem Boden geschürft werden konnten, entstanden zwischen den Bergwerken und den Orten, wo man Bronzegegenstände brauchte, Handelswege, und die führten auch über die Alpen. Schließlich entdeckte man aber auch, dass alpine Matten exzellentes Weideland waren.

In den Tallagen der Alpen hatte man schon während des Neolithikums begonnen, Ackerbau zu betreiben, was freilich archäologisch schwer nachzuweisen ist, weil die Reste der uralten Dörfer oft unter meterdickem Schutt liegen, der sich infolge mehrtausendjähriger Bodenerosion über alten Siedlungshorizonten ansammelte. Aber die Pollenkörner von Getreide, die sich in den Sedimenten der Moore und Seen finden ließen, belegen den frühen Ackerbau in den Tallagen der Alpen unterhalb von etwa 800 Metern.

In der Bronzezeit setzte auch die Nutzung der Hochlagen ein. Oberhalb von etwa 1800 bis 2300 Metern kann aus klimatischen Gründen in den Alpen kein Baum wachsen. Die Vegetationsperiode zwischen Schneeschmelze und erstem Schneefall im Herbst ist zu kurz für die Bildung eines Jahresringes; ohne dieses Dickenwachstum kann ein Baum nicht überleben. Das Holz bekommt Frostrisse, die Nadeln werden durch Frosttrocknis geschädigt. Nur Zwergsträucher und Kräuter, die mit einer kürzeren Vegetationsperiode auskommen und im Winter vom Schnee bedeckt werden, überleben in der Hochgebirgslandschaft oberhalb der Baumgrenze. Seit eh und je befinden sich dort also farbenfrohe alpine Matten als waldfreie Pflanzenstandorte.

Sie sind im Sommer vorzügliche naturgegebene Viehweiden. Durch Beweidung veränderten die Alpenwiesen ihr Aussehen. Einige Pflanzen wurden von Rindern, Schafen und Ziegen anderen vorgezogen. Die giftigen oder bitter schmeckenden Orchideen, Enziane, Germer und Quendel wurden nur selten abgebissen. Sie breiteten sich auf Kosten von abgegrasten Pflanzenarten aus. Das Vieh weidete auch im Grenzbereich des Waldes, wo es nicht nur Gras und Kräuter abrupfte, sondern auch junge Bäume. Lärche und Arve wurden dezimiert, Grünerle und Fichte leicht gefördert, aber insgesamt wurde die Waldgrenze durch Beweidung talabwärts verlegt. In ehemals bewaldeten Bereichen unterhalb der Baumgrenze breitete sich die Alpenrose aus. Alpenrosen hatte es in Lärchen-Arven-Wäldern der frühen Nacheiszeit sicher auch schon gegeben, nur nicht in so

Alpenrosen breiteten sich auf beweideten Almflächen aus, weil sie vom Vieh nicht gefressen werden.

großer Zahl. Als diese Zwergsträucher nicht mehr im Schatten der Bäume standen, konnten sie sich üppig vermehren. Während des Winters werden sie vom Schnee bedeckt und daher vor Frost geschützt; im Sommer weichen ihnen die Tiere aus, denn die ledrigen Blätter von Alpenrosen schmecken dem Weidevieh nicht. Dort, wo heute die Alpenrose wächst, hat sich vor dem Einsetzen der Weidenutzung Wald befunden. Seit der Bronzezeit verschob sich an der Baumgrenze das ökologische Gleichgewicht gegen den Wald und zugunsten der Zwergsträucher. Ein heute „typisches" Landschaftsbild der Alpen, das der weiträumig blühenden Alpenrosen, entstand somit durch die Einwirkung des Menschen und seiner Weidetiere.

Meistens noch innerhalb des Waldes, aber nicht weit von der Baumgrenze und den Weideflächen entfernt, entstanden seit der Bronzezeit Höhensiedlungen, von denen man annehmen muss, dass sie nur zeitweilig, also nur während des Sommers bewohnt wurden. Wahrscheinlich waren diese Höhensiedlungen die Almen der Bronzezeit. Das heißt, dass sich die Dorfgemeinschaft der Siedlungen im Alpenraum jeweils im Sommer aufteilte: Ein Teil blieb bei den Äckern im Tal, ein anderer ging mit dem Vieh für einige Monate auf die Alm. Bei der Arbeit im Tal war man, weil gerade in der Hauptarbeitszeit, im Sommer, nur ein Teil der Bevölkerung „zupacken" konnte, auf Wintergetreideanbau und gutes Gerät ange-

In der Umgebung von Almen bildeten sich auf besonders nährstoffreichem Boden Läger-fluren mit dem mannshoch wachsenden Alpenampfer (Zwieselbachhütte in den Stubaier Alpen/Tirol).

wiesen. Die meisten Höhensiedlungen gründete man unterhalb der Baumgrenze, im Wald. Denn oberhalb der Baumgrenze hätten Schneebruch und Lawinen die Hütten häufig zerstört. Man nutzte also den Schutz der Bäume aus, wenn man Almhütten baute.

In der Umgebung der Almen kam es zu weiteren Vegetationsveränderungen. Wo das Vieh sich oft aufhielt, vor allem in der Nähe der Ställe, wurde der Boden eutrophiert. Pflanzen nährstoffreicher Plätze (in der Naturlandschaft gediehen sie nur in Bachschluchten) fanden sich hier ein und nahmen einen mastigen Wuchs an. Es entstanden auf diese Weise die sogenannten Lägerfluren aus Alpen-ampfer und Blauem Eisenhut, die man heute an jeder Almhütte finden kann.

Allmählich wurden auch in den Alpen Wälder immer kleiner und auf mittlere Lagen beschränkt. Von oben her verschwand der Wald als Folge der Beweidung, von unten her rodete man ihn, um Äcker anzulegen. Die Tendenz, das Waldge-biet zu verkleinern, hielt seit der Bronzezeit jahrhundertelang an. Immer öfter konnten Lawinen den schmaler gewordenen Waldgürtel durchbrechen und bis in Tallagen abgehen, wobei Siedlungen im Tal unter Schnee-, Eis- und Schuttmas-sen begraben wurden.

Es ist gut möglich, dass in der Umgebung der Almen sogar kleine Getreide-äcker lagen. Wintergetreide konnte dort allerdings nicht angebaut werden. Sommergerste und vor allem Emmer benötigen aber nur eine sehr kurze Wachstumszeit. Emmer wird bereits ein knappes Vierteljahr nach der Aussaat reif, und man konnte ihn auch im unreifen Zustand an das Vieh verfüttern, wenn bei einem Schlechtwettereinbruch die Almen im Sommer verschneit waren – und das geschieht immer wieder einmal, wie jeder Bergwanderer weiß.

Die Nutzung der Weidegebiete der Alpen war sicher nur ein Grund dafür, Mitteleuropas Hochgebirge während der Bronzezeit zu besiedeln. Es galt auch, Kupfervorkommen auszubeuten, zum Beispiel im Salzburger Land. Kupfer, das für das gesamte wirtschaftliche System der Bronzezeit entscheidend war, gab es in Mitteleuropa sonst nur noch in Thüringen und Umgebung; die weiteren Kupfervorkommen im Erzgebirge und im Nordschwarzwald dürften wohl kaum schon damals bekannt gewesen sein. Der Erzbergbau in den Alpen bekam nach und nach immer größere Bedeutung – in einer Landschaft, in der durch die Gebirgsbildung seit dem Tertiär mannigfaltige Erzadern an die Erdoberfläche gelangt waren. Die Alpen wurden zu einem Bergbauzentrum Mitteleuropas. Bergbau erforderte die Anlage von Handelswegen, auf denen man das Metall an die Orte brachte, wo es gebraucht wurde. Sie führten auch über die Alpen; Zinn, für den Bronzeguss ebenso wichtig wie Kupfer, musste unter anderem aus dem Mittelmeergebiet in die Gegenden nördlich der Alpen gebracht werden. Die neuentstandenen Almen waren sicher willkommene Raststationen für Menschen, die Kupfer und Zinn über die Pässe der Alpen transportierten.

Erwähnt werden müssen hier schließlich die Geländedenkmäler aus der Bronzezeit, die wir noch heute sehen können: Grabhügel. In der Bronzezeit entstanden Grabhügelfelder von großer Ausdehnung, auf denen die Tumuli dicht bei dicht angelegt wurden. Das war natürlich nur dort möglich, wo zuvor der Wald beseitigt worden war. Viele Grabhügelfelder sind in späterer Zeit wieder von Wald bedeckt worden und daher vor Wind, Wetter und Pflug bewahrt geblieben.

Die Mittelbronzezeit im engeren Sinne dauerte bis etwa 1300 v. Chr.; im weiteren Sinne gehört aber zur Bronzezeit auch noch die Periode der Spätbronze- und frühen Eisenzeit (südlich der Mittelgebirge bis zum 7., nördlich bis ins 6. Jahrhundert v. Chr.). Diesem Zeitabschnitt soll ein besonderes Kapitel gewidmet sein.

10. Späte Bronze- und frühe Eisenzeit

Als die Archäologen im 19. Jahrhundert die Urgeschichte in Epochen einteilten, nannten sie den jüngeren Teil der Bronzezeit und die Periode, die bruchlos in die frühe Eisenzeit überleitet, „Urnenfelder-" und „Lausitzer Kultur". Immer noch war Bronze der entscheidende Rohstoff für bestimmte Geräte. Manche Grundzüge des Siedelwesens ähnelten aber schon der nachfolgenden Eisenzeit. Daher wird diese Periode auch als erster Teil der eisenzeitlichen Hallstattkultur aufgefasst. Man kann diese Phase der mitteleuropäischen Urgeschichte jedoch nicht als eine Periode des Übergangs bezeichnen, wenn man sie im landschaftsgeschichtlichen Kontext betrachtet. Vieles ist anders gewesen als in den benachbarten Epochen, und daher muss diesem Zeitalter ein eigenes Kapitel gewidmet werden.

Auch in dieser Zeit gab es „normale" Siedlungen in Löß-, Sand- und Kalkgebieten. Erneut wurden daneben extreme Siedellagen aufgesucht. Wie schon einmal während des zweiten Teils der Jungsteinzeit, der Kupferzeit, sank auch in der Zeit um 1000 v. Chr. der Wasserspiegel von Seen im Alpenvorland beträchtlich. Offenbar gab es nicht nochmals einen derart spektakulären Tiefstand der Seespiegel wie in früherer Zeit. Aber schon ein Absinken der Uferlinien um einige Dezimeter, um ein oder zwei Meter ermöglichte die Gründung von Siedlungen auf den nun trockenen, unbewaldeten Uferplatten aus Seeton. Im Starnberger See südlich von München gab es damals wohl eine Landverbindung zur Roseninsel, zu der man sich heute in einem Boot übersetzen lassen muss. Man erkennt dort vom Boot aus im seichten Wasser den Seegrund, aus dem die Pfosten emporragen, die zur Fundamentierung einer urnenfelderzeitlichen Siedlung dienten. Auch am Ufer des Federsees in Oberschwaben, am Bodensee und an vielen Schweizer Seen lagen damals Siedlungen, deren Kulturschichten heute von Sediment und Wasser bedeckt sind, weil die Seespiegel später wieder angestiegen sind. Einzelne Gebäude können damals – wie viele Jahrhunderte zuvor – auf Stelzen gestanden haben, andere lagen sicher ebenerdig dem Seeton auf, in den aber lange und dicke Pfähle zur Fundamentierung der Gebäude getrieben werden mussten.

Es ist gut möglich, aber noch nicht bewiesen, dass in allen Seen gleichzeitig die Wassermenge abnahm. Wäre dem so, kann man folgern, dass die Zeit um 1000 v. Chr. relativ regenarm gewesen sein musste und später die Regenmenge wieder zunahm, was die Seespiegel wieder ansteigen ließ. Man hat über eine Wärmeperiode in der Phase der Urnenfelderkultur und einen anschließenden „Klimasturz" spekuliert; doch in neueren klimageschichtlichen Untersuchungen lässt sich beides nicht deutlich belegen.

Zeitweise lag der Wasserspiegel der Seen im Alpenvorland um einige Meter tiefer. Die Roseninsel im Starnberger See war damals mit dem Land verbunden. Zwischen Insel und Seeufer wurde eine Siedlung auf trockengefallenem Seeboden errichtet.

Für ein trockeneres Klima während der Zeit der Lausitzer und Urnenfelderkultur kann auch sprechen, dass damals Siedlungen in zuvor unbewohnbaren Flussniederungen entstanden. Auf der Öberau, einer damaligen Donauinsel bei Straubing, und auf der früheren Rheininsel bei Bad Säckingen lagen große urnenfelderzeitliche Dörfer. Auch am Rand von Mooren siedelten sich Menschen der Urnenfelderkultur an, am Rand vom Dachauer und Erdinger Moos in der nördlichen Münchner Schotterebene.

Diese Landschaften hätten in den vorhergehenden Epochen nicht besiedelt werden können, weil die Voraussetzungen dafür nicht gegeben waren. Erst ganz allmählich hatte sich in den Flussniederungen so viel Auenlehm angesammelt, dass einigermaßen hochwassersichere Inseln inmitten der Flussniederung entstanden waren, die man besiedeln konnte. In den Mäanderschlingen, die die Flüsse um die neu entstandenen Inseln herum zogen, floss das Wasser langsamer als in den verzweigten Flusssystemen des Spätglazials, in denen das Wasser viel eher die Direttissima zur Mündung anstrebte als im mäandrierenden Strom. Das Wasser

120

Auf trockengefallenem Seeboden (am Ufer des Greifensees bei Zürich) breitete sich
Grünlandvegetation aus, ideales Weideland für Haustiere, vor allem für Pferde.
Die Anlage von Siedlungen und Wirtschaftsflächen ist in einem solchen Gelände
sehr einfach, weil keine Bäume gerodet werden müssen.

war länger im Fluss „unterwegs", es floss weniger davon in die Speicher der
Alpenvorlandseen hinein. Sank allein schon deswegen vielerorts der Seespiegel?

Auf den Flussinseln wuchsen zwar viele Gräser und Kräuter, aber auch Auenwald. Zwischen Wurzeln und Zweigen lagerte sich bei den gelegentlichen Überflutungen weiterer fruchtbarer Auenlehm ab. Die Gehölze stabilisierten den
Untergrund. Immer seltener wurden die Auenbereiche (das sind die Inseln in der
Flussniederung!) überflutet, so dass sie schließlich als Siedelgebiet in Frage
kamen. Als aber vor dem Bau von Hütten und Häusern Auenwald gerodet wurde,
fiel der stabilisierende Einfluss der Wurzeln für das Land in der im Grunde genommen immer noch amphibischen Landschaft weg. Auenlehm wurde vom Wasser mitgerissen, das heißt: das Flusswasser erodierte, wenn es bei zeitweilig grö
ßerer Wasserführung Kraft entwickelte, die früher sedimentierten Lehme wieder
weg, es schnitt Flussschlingen ab, eilte wieder rascher der Mündung entgegen.
Floss daher am Ende einer Periode der Urgeschichte, in der die ökologischen Verhältnisse der Flussniederungen erheblich verändert wurden, wieder mehr Wasser
in die Reservoire der Seebecken? Versanken die auf scheinbar sicherem Untergrund errichteten Wohnstätten am Seeufer und auf Flussinseln nach der Manipulation der Flusslandschaft unter Wasser und Schlamm einer „Sintflut", die
auch in Vorderasien und in Südosteuropa Siedlungen verschlungen hatte, nachdem die dortigen Ackerbauern eine Zeitlang die Hydrologie der Ströme zu stark
verändert hatten?

Gefragt werden muss nun, warum die Menschen der Urnenfelder- und Lausitzer Kultur auch Siedelbereiche am Rand von Feuchtgebieten aufsuchten, in deren Umgebung Ackerland nur schwer zu finden war. Auf den Uferplatten der Seen, von wo sich das Wasser zurückgezogen hatte, wuchsen genauso wie zwischen den locker stehenden Bäumen der Flussniederungen reichlich Gräser und Kräuter. Solche Gegenden hatten für die Menschen der damaligen Zeit Bedeutung. Sie brauchten nämlich Weideflächen, und zwar für ihre Pferde, die sie vielleicht von östlichen Steppenvölkern übernommen hatten. Damals erhielt die Pferdehaltung einen hohen Stellenwert. Pferde sind anspruchsvolle, vom Menschen besonders geschätzte, ja, wenn man so will, privilegierte Haustiere. Auf einer damals normalen Waldweide, auf der schon Jahrtausende zuvor Rinder, Schafe, Ziegen und Schweine Nahrung gefunden hatten, ließen sich Pferde nicht ständig halten. Sie brauchten, was sich an der Konstitution ihres Gebisses ablesen lässt, bessere gräser- und kräuterreiche Weideflächen, überhaupt viel umfangreichere Weidereviere, die von Natur aus am ehesten in den Feuchtgebieten zur Verfügung standen. An den Seeufern, die eben vom Wasser freigegeben worden waren, dauerte es Jahrzehnte, bis Büsche und Bäume hochkamen. Zuvor breitete sich natürlicherweise und ohne Zutun des Menschen kräuterreiches Grünland aus, auf dem Pferde genügend Nahrung finden konnten. In lichten Auenwäldern, auf sehr fruchtbarem Auenlehm wuchsen ebenfalls viele Gräser und Kräuter, die große Biomasse produzierten. Von ihnen konnten Pferde satt werden.

Es war wichtig, in der Nähe der Pferdeweiden zu siedeln, also unmittelbar am Rand der Feuchtgebiete oder mitten darin, denn die Pferde waren wertvoller Besitz, auf den man aufpassen musste. In einigen Siedlungen am Rand von Feuchtgebieten konnten Archäologen besonders große Höfe nachweisen, in denen wohl viele Menschen lebten, die ein „Gestüt" bewirtschafteten. Die Pferde konnten militärisch eingesetzt werden, sie gaben ihren Besitzern stets ein Gefühl der Überlegenheit.

Die Siedlungen mussten aber nun auch vor Angriffen feindlicher Reiter geschützt werden. Wohnplätze in Feuchtgebieten wurden mit Palisaden umgeben: Die Überreste einer Siedlung am Federsee machten auf ihre Ausgräber in den ersten Jahrzehnten des 20. Jahrhunderts einen so wehrhaften Eindruck, dass die Siedlung in der archäologischen Fachwelt seitdem unter dem Namen „Wasserburg Buchau" bekannt ist. Die Siedlung von Biskupin in Polen wirkt mit ihren dicht an dicht sich innerhalb eines Palisadenringes drängenden Behausungen fast schon wie eine frühe Stadt.

Siedlungen der Urnenfelderkultur wurden auch auf Anhöhen gegründet, die unmittelbar oberhalb der Flussniederungen und der Weideflächen lagen, an Plätzen, die hervorragende Beobachtungspunkte waren. Ähnliche Geländesituationen hatten schon die altsteinzeitlichen Jäger angezogen, und oft entstanden in der Nähe urnenfelderzeitlicher Siedlungen im Mittelalter Burgen – Beobachtungspunkte blieben für das „ehemalige Raubtier" Homo sapiens attraktiv, aus

Oberhalb der Rheinniederung (im Vordergrund) wurde in der Zeit der Urnenfelderkultur eine Höhensiedlung auf der Rheinhalde bei Burkheim am Kaiserstuhl errichtet. Von dort aus ließ sich die Flussniederung mit ihren Weidegründen weithin überblicken.

Gründen der Jagd, der Viehhaltung oder aus militärischer Sicht. Wohnplätze der Urnenfelderkultur lagen auf dem Limberg und oberhalb der Burkheimer Rheinhalde am Kaiserstuhl inmitten der Rheinniederung, auf dem Bogenberg hoch über dem Donautal bei Straubing.

Man kann die Lage dieser Höhensiedlungen mit denen der etwa gleichzeitigen frühen Städte im Mittelmeergebiet vergleichen. Die Burg von Tiryns wurde auf einem Hügel inmitten der fruchtbaren Weidegründe der Argolis errichtet, hoch über der Ebene entstanden Mykene und die Akropolis von Athen. Im nordgriechischen Axiostal wurde der Hügel von Kastanas besiedelt, nahe an der Elbeniederung die Höhe von Dresden-Coschütz. Die Höhensiedlungen nördlich der Alpen sind vielleicht Imitationen mediterraner Vorbilder. Der wirtschaftliche und militärische Antrieb, sie zu errichten, war nördlich und südlich der Alpen in gleicher Weise gegeben. Überall spielte die Suche nach geeigneten Weideflächen für Pferde in der Nähe der Siedelplätze eine entscheidende Rolle, überall war es genauso erforderlich, den Wohnplätzen einen wehrhaften Charakter zu geben. Der wichtige Unterschied zwischen den Verhältnissen südlich und nördlich der Alpen: Im Mittelmeergebiet florierten Hochkulturen, die die Schrift bereits kannten, in Mitteleuropa war die Schrift noch nicht bekannt; vom Schritt hinein in die schriftlich tradierende Hochkultur waren die Bewohner Mitteleuropas möglicherweise nur wenig entfernt.

Flussniederungen und Moorrandlandschaften blieben während der kommenden Jahrtausende schlechthin die Lokalitäten, an denen man Pferde hielt, mit Pferden handelte und sehr viel später sogar Pferderennbahnen anlegte. Nahe an Flussniederungen, wo viel saftiges Pferdefutter wuchs, liegen heute die berühmten Pferderennbahnen von Hamburg, Berlin, Iffezheim und Straubing. Die Rennbahn von München-Daglfing befindet sich am Rand der Moorlandschaft, wo vor etwa 3000 Jahren bereits Menschen der Urnenfelderkultur mit ihren Pferden lebten.

Pferde mussten auch im Winter mit besonders für sie geeigneter Nahrung versorgt werden. Sie konnten keinesfalls außerhalb der Ställe überwintern und im Schnee nach Futter suchen, was andere Haustiere vielleicht zumindest zeitweise während der ungünstigen Jahreszeit vermochten. Pferde brauchten qualitätvolles Futter im Stall. Es gab Laubheu, noch besser war es aber, wenn man spezielle Futterpflanzen für die Pferde anbaute und für den Winter in der Scheune aufbewahrte. Man muss davon ausgehen, dass dies in der Zeit der Urnenfelder- und Lausitzer Kultur geschah. Denn zusätzlich zu den Feldfrüchten der Bronzezeit wurden nun auch Rispenhirse und Ackerbohne weit verbreitet angebaut. Weil Rispenhirse ein sehr gutes Pferdefutter ist, säte man sie noch vor einigen Jahrzehnten auf Flächen ein, die man sonst innerhalb des Fruchtwechsels brachliegen gelassen hätte. Setzt man voraus, dass dies vor 3000 Jahren auch schon geschah, hatte man damals eine zusätzliche Nahrungspflanze zur Verfügung. Freilich konnte sie auch der menschlichen Ernährung dienen, aber Hirsemehl ist insofern minderwertig, als sich daraus nur Brei, kein Brot zubereiten lässt; Hirsemehl ist zu arm an Eiweiß oder „Kleber". Die Ackerbohne liefert dagegen viel Eiweiß. Sie ist auch heute noch eine beliebte Futterpflanze, die bezeichnenderweise nicht nur das Synonym Dicke Bohne besitzt, sondern auch Saubohne oder, was in diesem Zusammenhang besonders aufschlussreich ist, Pferdebohne genannt wird. Mit Hirse und Ackerbohne ließen sich Pferde über den Winter bringen; aber beide Pflanzen konnten auch die menschliche Ernährung bereichern.

In den Siedlungen der Urnenfelderkultur waren mehr Kulturpflanzen bekannt als in den Zeiten zuvor und danach. Vielleicht wurden einzelne von ihnen aus primär agrarisch wirtschaftenden „Dörfern" in die Siedlungen inmitten der Feuchtgebiete gebracht, in deren Umgebung potentielles Ackerland rar war. Es kann sein, dass aus verschiedenen Siedlungen unterschiedliche Kulturpflanzen an die Seeufer und in die Flussgebiete kamen. Stets stand den Bewohnern der einzelnen Siedlungen eine recht große Vielfalt an Nahrungspflanzen zur Verfügung.

Emmer, Dinkel, Gerste, Rispenhirse, Ackerbohne, Erbse, Linse, Lein und Schlafmohn gewährleisteten eine für prähistorische Zeit besonders abwechslungsreiche Ernährung. Vielleicht war dadurch die wirtschaftliche Basis für die Ackerbauern der Zeit um 1000 v. Chr. stabiler geworden. Vor allem im Südwesten Deutschlands und im Schweizer Alpenvorland wurde der Bestand an Nahrungspflanzen durch Gewächse mediterraner Herkunft bereichert. Die Linsenwicke, eine wichtige Kulturpflanze zeitgenössischer mediterraner Siedlungen,

Rispenhirse bekam in der Urnenfelderzeit große Bedeutung (Botanischer Garten der Universität Stuttgart-Hohenheim).

tauchte im Südwesten Mitteleuropas ebenso auf wie die Kolbenhirse. Eventuell wurden sogar Esskastanie und Walnussbaum erstmals in Mitteleuropa angepflanzt. Bestätigt sich diese Vermutung, ist das ein Hinweis auf größere wirtschaftliche Stabilität und längere Ortsbindung urnenfelderzeitlicher Siedlungen. Denn Walnüsse und Esskastanien kann man erst viele Jahre nach dem Pflanzen der Bäume ernten. Einen Baum pflanzt man nur dort, wo eine Siedlung über einen längeren Zeitraum bestehen soll.

Die spätbronzezeitlichen Siedlungen können mehr wirtschaftliche Stabilität erreicht haben, weil ihren Bewohnern ein größeres Sortiment an Kulturpflanzen zur Verfügung stand. Aber nicht alle Siedlungen dieser Periode lagen dort, wo man langfristig wohnen konnte. Von den ökologischen Veränderungen, die die Umgestaltung von Flusslandschaften zur Folge hatten, war bereits die Rede. Als Siedlungen in den Fluten der Flüsse und Seen versanken, mussten sie von ihren Bewohnern verlassen werden.

Die Wasserspiegel der Seen lagen in der Folgezeit im Allgemeinen höher als zu Beginn des letzten vorchristlichen Jahrtausends, und die Uferplatten aus Seekreide wurden fortan nie mehr besiedelt. Man kann daraus ableiten, dass ein charakteristischer Lagetyp für Siedlungen hiermit aufgegeben wurde, was eine Besonderheit wäre, denn einmal gefundene Typen von Siedellagen wurden sonst grundsätzlich beibehalten. Und auch die Seeufer, Moorränder und Flussinseln

Die Acker-, Sau- oder Pferde-bohne wurde in der Urnenfelder-zeit eine wichtige Kulturpflanze (Garten in Grafenhausen/Hoch-schwarzwald).

wurden immer wieder als Siedelplätze gewählt; allerdings entstanden die Behausungen dort nun auf einige Dezimeter oder wenige Meter höherem Niveau, und alle Siedlungen, die in späteren Zeiten unmittelbar am Gewässerrand entstanden, waren nicht ausschließlich oder primär ländlich orientiert: Die ostdeutschen Kietze wurden wie die Dörfer am Bodenseeufer auch oder ausschließlich von Fischern bewohnt, Klöster auf Flussinseln von Mönchen, die Sicherheit und kontemplative Einsamkeit suchten. Auch spätere Städte entstanden teilweise dort, wo schon Menschen der Zeit um 1000 v. Chr. hätten siedeln können: Teile von Berlin/Cölln, Bamberg und Regensburg liegen auf Inseln, in Bamberg sogar das Rathaus. Viele Plätze der Höhensiedlungen der Urnenfelderkultur wurden im Mittelalter von Burgen überbaut.

Während man in den nachfolgenden Epochen die meisten bäuerlichen Siedlungen außerhalb des hochwassergefährdeten Gebietes gründete, hielt man an der Nutzung der Flussniederungen und Moorränder fest. Hier lagen fortan immer Viehweiden. Vor allem für die Pferdehaltung waren sie, wie erwähnt, willkommen, was bis auf den heutigen Tag so bleiben sollte.

11. Eisen und Salz, Roggen und Hafer

Im 8. Jahrhundert v. Chr. begann mit einer Reihe technischer Innovationen ein neues Zeitalter in Mitteleuropa. Eisen wurde als Rohstoff entdeckt, es begannen Eisenerzbergbau und Eisenverhüttung. Mit verbesserten Ackerbaugeräten (eiserne Teile an Pflügen kamen im Verlauf der Eisenzeit auf) wurde es möglich, wieder andere Böden in das zu beackernde Areal aufzunehmen. Neue Kulturpflanzen wurden bekannt. In den Feuchtgebieten wurde die Viehhaltung intensiviert. Fleisch wurde mit Salz konserviert, das man in Salzstollen abbaute und auf Handelsstraßen transportierte. Vor allem die „Fürsten" der „Völker" nördlich der Alpen schielten nach dem, was die so viel vornehmeren Herrscher der Hochkulturen südlich der Alpen taten: Dort erreichten gerade zu dieser Zeit zuerst die griechischen, dann die römischen Zivilisationen kulturelle Blütezeiten – gewissermaßen vor den Augen der immer noch fast ausschließlich ländlich orientierten, prähistorischen Bevölkerung Mitteleuropas, die die Schrift noch nicht kannte.

Das neue Zeitalter, in dem sich in Mitteleuropa die Eisentechnologie verbreitete, umfasste im Grunde genommen nicht nur die Periode, die die Archäologen Eisenzeit nennen. Nicht nur in vorrömischer, sondern auch noch in nachrömischer, in historischer Zeit bestimmte die Eisenverarbeitung mit allen ihren Folgen das Leben der ländlichen Bevölkerung in Mitteleuropa, Menschen, die als Kelten in die Geschichtsschreibung eingingen, Völker, die als Germanen aus dem Dunkel der Vorgeschichte empor tauchten und mit denen sich die Römer vor allem in den ersten nachchristlichen Jahrhunderten auseinandersetzten, und Bauern, die im Fränkischen, später im Deutschen Reich lebten. Die historischen Umwälzungen bis zum hohen Mittelalter hinterließen natürlich ihre Spuren in der Landschaft, aber für die ländliche Bevölkerung änderte sich nicht viel, bis das Christentum und das städtische Siedelwesen im Mittelalter endgültig Einzug in Mitteleuropa hielten. Es ist schwer zu sagen, zu welcher Zeit sich agrarische Innovationen, die auf die Entwicklung von Eisengeräten folgten, ausbreiteten, ob in vor- oder nachrömischer Zeit. Die Forschung konnte ebenso noch nicht stichhaltig nachweisen, welche damit zusammenhängenden Landschaftsveränderungen vor, welche nach der Zeitenwende einsetzten. Sie hat sich auf Hypothesen festgelegt, die nicht unbedingt zwingend sind. Für die Entwicklung der mitteleuropäischen Agrarlandschaft ging ein nachhaltiger Impuls vom Beginn der Eisenverwendung aus, der bis zum Hochmittelalter im gleichen Sinne wirkte. Bis zum Mittelalter hatten agrarisch wirtschaftende Menschen fast allein Einfluss auf die Landschaftsgestaltung; danach erhob sich eine urban orientierte Bevölkerung als bestimmend über Land und Leute – dies ist, sieht man von der Phase der römischen Unterwerfung von Teilen Mitteleuropas ab, erst wieder der nächste epochemachende Einschnitt für die Landschaftsgeschichte nach der Erfindung eiserner Geräte. Die römische Okkupation „platzte" in eine Phase hinein, in der noch nicht alle Auswirkungen der Entwicklung eiserner Geräte voll „gegriffen" hatten.

Am Anfang der Eisenzeit stand die Entdeckung des Eisens als Rohstoff, eines harten Metalls, das sich in aufbereitetem und erhitztem Zustand gut bearbeiten, formen und schmieden ließ, auch zu feinen, scharfen und stabilen Teilen von Werkzeugen. Das Schwermetall Eisen kommt in Silikatgesteinen vor, also im Urgestein, in Granit und Gneis. Aus diesen Gesteinen hat man in der Eisenzeit noch kein Eisen gewonnen. Viel Eisen ist in Eisenverbindungen wie Hämatit, Brauneisenstein und Pyrit enthalten. Eisenhaltige Mineralien gibt es auch in Sedimentgesteinen. Im Jurakalk sind Fossilien zu Pyritkörpern versteinert, aus denen sich Eisen gewinnen lässt. Und es gibt auch Böden, in denen sich Eisen anreichert. In nassen Bereichen, zum Beispiel an Moorrändern, scheidet sich einige Dezimeter unter der Bodenoberfläche Eisen aus eisenhaltigem Grundwasser ab, wenn es mit Sauerstoff aus der Luft in Kontakt kommt. Auf diese Art und Weise entstand das Raseneisenerz.

In der Eisenzeit entdeckte man vor allem in den östlichen Zentralalpen reiche Eisenerzvorkommen. Dort traten die Erzadern dicht an die Erdoberfläche heran, weil ja während der tertiären Alpenaufwölbung die Urgesteinsschichten weit in die Höhe gehoben worden waren, später von Wind, Wetter und den eiszeitlichen Gletschern zerklüftet wurden. Man konnte dort leicht erkennen, wo es sich lohnte, zuerst in seichten Gruben, später in bergmännisch vorgetriebenen Stollen nach Eisenerz zu schürfen.

Aber auch Teile der Schwäbischen Alb, vielleicht Randgebiete des Schwarzwaldes, des Harzes und des Erzgebirges wurden zu kleineren „Revieren" der Eisenzeit. Wichtig war außerdem die „Förderung" von Raseneisenerz, da es in den vom eiszeitlichen Gletscher geformten Moorlandschaften überall verfügbar und relativ leicht zu gewinnen war, also im Alpenvorland und in Norddeutschland.

Rohes Eisenerz eignete sich für die Herstellung von Werkzeug nicht. Es musste zunächst verhüttet, also in einem Umwandlungsprozess in schmiedbares Material, auch Stahl überführt werden. Dazu waren hohe Temperaturen erforderlich, die man durch Verbrennung von Holzkohle erzeugte. Da man zur Verhüttung mehr Holzkohle als Roheisen benötigte, führte man sie in waldreichen Gegenden durch, in denen aus Holz Holzkohle hergestellt wurde. Es war leichter, Eisen dorthin zu bringen, als Unmassen von Holz oder Holzkohle in die Nähe der Eisenerzvorkommen zu transportieren. Dies ist eine bewährte Methode der Eisenverarbeitung, die heute auch noch beachtet werden muss: Heute transportiert man das Roheisen aus Nordschweden in die Nähe von Kohlegru-

Das Galmeiveilchen (aufgenommen am Breiniger Berg bei Stolberg am Nordrand der Eifel) gehört zu den wenigen Pflanzen, die auf schwermetallhaltigen Böden gedeihen können. Abraumhalden von Erzbergwerken als Wuchsorte der Pflanze gibt es seit der Eisenzeit.

ben, ins Ruhrgebiet und nach Peine, um es dort zu Stahl zu veredeln. In der Eisenzeit gab es nur kleine Rennfeueröfen, die in Wäldern gebaut wurden: am Rand der norddeutschen Moore und nördlich der Alpen, wo es viel Buchenholz gab, aus dem sich die beste Holzkohle herstellen ließ, weil sie die höchsten Temperaturen lieferte.

Der Bergbau auf Erz und andere Schwermetalle setzte eine Lawine von Umweltverschmutzungen in Gang. Unterhalb der Stollen, in der Umgebung von Pingen und bei den Rennfeueröfen lagerte man minderwertiges Gestein oder Roherz ab, den Abraum. In ihm war zwar das gerade benötigte Erz nicht mehr oder nur noch in Spuren vorhanden, aber anderes, nicht gebrauchtes Metall in Mengen, zum Beispiel Blei und Cadmium. Die Schwermetallbelastung der Böden setzte lokal begrenzt damals ein. Auf den Abraumhalden starben die meisten Gewächse ab, weil der Schwermetallgehalt des Bodens toxisch auf sie wirkte. Nur ein paar Spezialisten unter den Pflanzen überlebten, die Schwermetallpflanzen, zu denen zum Beispiel das Galmeiveilchen gehört.

Die vielerorts in den Waldgebieten rauchenden kleinen Rennfeueröfen hatten natürlich keine Filter, die verhinderten, dass giftige Dämpfe entwichen oder winzige Schwermetallpartikel in die Luft der Umgebung gerieten. In den Torfschichten der Moore in der Umgebung von Rennfeueröfen lagerten sich seit der Eisenzeit mehr Kupfer, Cadmium und Blei ab als jemals zuvor, ein sicheres Indiz dafür, dass Schwermetalle in die Atmosphäre abgegeben wurden und sich als umweltbelastende Stoffe anderswo wieder ablagerten – nicht nur in den Mooren, wo wir diesen Vorgang nachweisen können, sondern überall, wo Eisen verhüttet wurde.

Dies alles nahm man in der Eisenzeit und auch noch viel später nicht wahr. Eisen oder Stahl brachte den Menschen seit der Eisenzeit aber viele bahnbrechende Neuerungen. Sehen wir einmal von der Vielfalt an Waffen ab, die man nun schmieden konnte, um Feldzüge zu führen oder die gefürchteten Reitervölker, die aus dem Inneren Asiens nach Europa auf schnellen Pferden vordrangen, abzuwehren: Die Kelten bauten stabile und schwere Pflüge mit Pflugscharen, die den Berichten römischer Schriftsteller zufolge nicht nur den Boden aufrissen, sondern die Schollen wendeten. Solches Gerät ermöglichte eine viel intensivere Bodenbearbeitung und machte den Kampf gegen das Unkraut auf den Äckern erfolgreicher.

Mit dem Wandel der Pflugtechnik änderte sich auch die Feldflur. Diese Wandlung können wir heute noch nicht genau datieren, sie vollzog sich aber sicher im Verlauf von Jahrhunderten, setzte wohl in vorrömischer Zeit ein und fand erst in nachrömischer Zeit weite Verbreitung. Mit Pflügen, die den Boden lediglich anritzten, die Scholle aber nicht wendeten, zog man im Allgemeinen kreuz und quer über die Felder, so dass zwischen den Ritzlinien einzelne, etwa quadratische, nicht aufgerissene Horste stehenblieben, auf denen das Wachstum von Unkraut durch die Bodenbearbeitung nicht gebremst wurde. Das Feld, das so bearbeitet wurde, war nur einige Ar groß, annähernd viereckig und etwa so lang wie breit. Die viereckigen Felder, die „Blöcke", die man vor allem auf Fotogra-

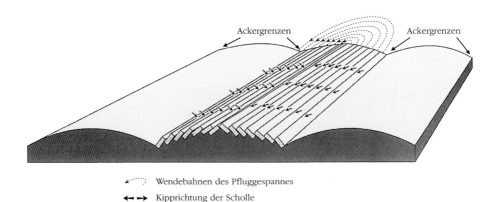

Durch die Verwendung von Beetpflügen, deren Schar fest eingestellt war und die Scholle nur nach einer Seite wendete, entstanden Wölbäcker. Die Scholle wurde stets zur Mitte des Ackers gekippt, der dadurch in der Mitte aufgewölbt wurde.

fien der Luftbildarchäologie in England erkannte, hielt man für keltisch und nannte sie daher „Celtic fields". Man weiß heute aber, dass diese Feldform mit Keltentum nicht viel zu tun haben muss.

Auf diesen Feldern war der Einsatz eines die Scholle wendenden schweren Pfluges nicht praktisch. Nach jeder kurzen Pflugbahn musste der Pflug gewendet werden, ein mühsames Unternehmen, was man sich gerne ersparen wollte. Daher ging man daran, die Ackerflur „pfluggerecht" umzugestalten. Die Äcker konnten immer noch klein sein, sie wurden aber nun sehr schmal, damit man möglichst lange Pflugbahnen erhielt. Das lästige Wenden des Pfluggespannes musste daher seltener erfolgen. Die alten Blockfluren der sogenannten Celtic fields wurden dort aufgegeben, wo man schwere Pflüge einsetzen wollte. Für ihren Einsatz legte man Langstreifenfluren an, die oft mehrere hundert Meter lang, aber nur wenige Meter breit waren.

Sobald eiserne Pflugscharen bekannt waren, wendete man die Scholle immer nur in eine Richtung, nicht mal nach links, mal nach rechts wie bei einem modernen Wendepflug. Darauf musste man sich beim Pflügen einstellen. Man zog als erste die mittlere Pflugfurche im Feld. Es folgten die benachbarten Furchen, dann nach und nach alle anderen, wobei es darauf ankam, die Scholle immer zur Mitte des Ackerbeetes hin zu wenden. Pflügte man immer wieder in dieser gleichen Weise, warf sich die Mitte des Ackerbeetes auf, zu den Rändern senkte sich das Niveau der Langstreifenäcker leicht ab. So entstanden die charakteristischen Wölb- oder Hochäcker. Die fruchtbare Bodenkrume wurde trotz tiefgründiger Bodenbearbeitung in der Mitte des Ackerstreifens festgehalten. Das Pflügen wirkte der Bodenerosion entgegen. Es wurde möglich, Substanzen zur Bodenverbesserung, also Dünger, zum Beispiel Mist oder Mergel, in den Boden einzuarbeiten – man häufte auch ihn vor allem in der Mitte des Ackerstreifens an. Dabei spielte möglicherweise noch ein anderer Aspekt eine entscheidende Rolle: Die schmalen, unmittelbar aneinandergrenzenden Ackerstreifen wurden mit der Zeit zum privaten Besitz mehrerer Bauern. Dünger war knapp; man gönnte ihn dem Nachbarn nicht. Vielleicht wendete man daher die Schollen stets von den Rändern zur Beetmitte hin.

Wölbäcker wurden außerdem gut drainiert, weil Wasser nach Regengüssen in den seitlichen grabenartigen Senken abfließen konnte. Besonders für den mehr und mehr an Bedeutung gewinnenden Wintergetreideanbau hatte dies Vorteile, denn in den regenreichen Jahreszeiten Herbst und Frühjahr wurde die Wachstumsperiode verlängert. In zu feuchten Jahren wuchs das Korn in der Beetmitte besser, in den trockenen das am Beetrand. Für die Agrarwirtschaft waren das entscheidende Vorteile. Wann man genau damit begann, Wölbäcker anzulegen und zu nutzen, weiß man allerdings nicht. Eindeutig belegt sind sie für das frühe Mittelalter; Hinweise auf ihre Anlage und Nutzung bereits in vorchristlicher Zeit sind noch vage. Mehr und mehr häufen sich die Indizien dafür, dass die Umgestaltung der Blockflur zur Wölbackerflur in der vorrömischen Eisenzeit be-

Legte man lange streifenförmige Äcker an, musste das Pfluggespann nicht so oft gewendet werden (Wiesental bei Bruchsal in der nördlichen Oberrheinebene).

Reste von Wölbäckern lassen sich an vielen Stellen unter Wald oder im Grünland erkennen, z. B. auf der Garchinger Heide nördlich von München.

gann. Die technischen Voraussetzungen für die Einrichtung von Wölbäckern waren jedenfalls bereits in der Zeit vor der römischen Okkupation gegeben.

Als Folge der Einführung von Eisen wandelten sich nicht nur die Techniken der Bodenbearbeitung, sondern auch der Ernte. Die Sicheln wurden schärfer und stabiler. Als neuartiges Erntegerät kam die Sense zum Einsatz. Während man mit der Sichel die Getreidehalme in jeder beliebigen Höhe schneiden konnte – entweder direkt unterhalb der Ähre oder aber tiefer, und zwar in mühsamer, im Mittelalter mehrfach bildlich dargestellter gebückter Haltung –, wurden bei der Sensenernte die Halme immer in der Nähe der Halmbasis geschnitten.

Daher gelangten nicht nur die Körner ins Erntegut, sondern auch das Stroh. Den damaligen Ackerbauern muss es wichtig gewesen sein, auch Stroh zu ernten. Dem Ackerstandort wurden dadurch mehr Mineralstoffe entzogen, was kompensiert werden musste, um die Bodenfruchtbarkeit zu erhalten. Das Stroh gelangte als Einstreu in die Ställe; die Viehwirtschaft gewann an Bedeutung und damit auch die Stallhaltung von Tieren. Tierhaltung war vielleicht deshalb ein florierender Wirtschaftszweig der Eisenzeit, weil es sich im Kontakt mit den mediterranen Zivilisationen herausgestellt haben mag, dass sich mit Tierzucht Geld machen ließ, wobei vor allem an den „Export" von Fellen, Wolle und Textilien gedacht werden muss.

Hielt man Tiere im Stall und streute ein, erhielt man Mist in Mengen, der auf die Äcker gebracht wurde. Auf diese Weise wurden nicht nur die zuvor entzogenen Mineralstoffe dem Ackerstandort zurückgegeben, sondern noch dazu die hochwertige Düngesubstanz der tierischen Fäkalien. Der Mist musste wie der Mergel intensiv in den Boden eingearbeitet werden, wozu wie oben erwähnt der die Scholle wendende Beetpflug notwendig war – und ihn konnte man nur auf einem Wölbacker sinnvoll einsetzen. Beetpflug, Wölbacker, Sense und Aufstallung des Viehs auf Stroh sind also entscheidende Faktoren, die einen geschlossenen Nährstoffkreislauf zwischen Acker und Viehstall erst ermöglichten.

Für die Viehhaltung brachte die Verwendung von eisernen Gegenständen zahlreiche Fortschritte. Viele Teile des Zaumzeuges für Pferde wurden aus Eisen hergestellt. Deutlich wird daran die enorme Wertschätzung dieser Tiere; es musste Pferdehaltern entscheidend darauf ankommen, gute Weidegründe in der Nähe ihrer Ansiedlungen zu haben. Mit eisernen Scheren ließ sich die Wolle von Schafen schneiden, mit eisernen Messern konnten die Felle besser bearbeitet werden. Die Wollproduktion gewann in der Eisenzeit erheblich an Bedeutung; eine Spezialität der Kelten waren kunstvoll gewebte Textilien, die am ehesten als wirtschaftlich interessantes Handelsgut gelten konnten, das die Bewohner der Gegenden nördlich der Alpen gegen mediterranes Luxusgut eintauschten.

Man hielt daher in immer mehr Landschaften Schafe, deren Wolle langfaserig war und daher gut verarbeitet werden konnte. Wolle und pflanzliche Fasern wurden gefärbt. Dafür mussten Färbepflanzen angebaut werden, zum Beispiel Färberwaid, eine Pflanze, die in keltischer Zeit aus dem kontinentalen Osteuropa

Der Färberwaid, der einen blauen Farbstoff liefert, wurde seit der Eisenzeit in Mitteleuropa angebaut. Nach der Aufgabe der Waid-Kultivierung im 19. Jahrhundert blieb die Pflanze in Mitteleuropa heimisch (Limberg am Kaiserstuhl in der Oberrheinebene).

nach Mitteleuropa gebracht und dort angebaut wurde, wohl vor allem dort, wo auch viel Wolle anfiel, die es zu färben galt: zuerst auf der Schwäbischen Alb, später auch in den Marschgebieten an der Nordseeküste, über deren landschaftliche Entwicklung während der Eisenzeit im folgenden Kapitel die Rede sein wird. Färberwaid liefert Indigo, einen blauen Farbstoff, aber erst dann, wenn seine Blätter einer komplizierten Aufbereitung unterzogen wurden. Die Blätter müssen zuerst vergoren werden und danach an die Luft kommen, wobei sie sich verfärben. Ohne diesen Gärungsprozess ist Indigo farblos. Die Webstühle wurden technisch verbessert. Mit ihnen erreichten die Kelten zum Beispiel eine erstaunliche Perfektion der Brettchenweberei.

Aber auch bei der Fleisch- und Milchproduktion gab es große Fortschritte. Hierbei wirkte sich nicht allein die Verwendung eiserner Geräte günstig aus, sondern auch der Gebrauch von Salz. Dieses wurde bereits seit der Bronzezeit in großem Maßstab gewonnen, unter anderem in Halle an der Saale und im salzburgischen Hallstatt; in den Stollen von Hallstatt gelangen bei Ausgrabungen im 19. Jahrhundert derart spektakuläre eisenzeitliche Funde, dass die gesamte erste Phase der keltischen Eisenzeit „Hallstattzeit" bzw. „Hallstattkultur" genannt wurde.

134

Das Salz konnte im Stollen mit eisernen Geräten gewonnen werden. Für den „Verbraucher" der Eisenzeit war Salz sehr wichtig, denn damit konnte er Fleisch und Milchprodukte konservieren. Ungesalzenes Fleisch wird unter den klimatischen Bedingungen Mitteleuropas, wo man Fleisch kaum trocknen kann, binnen kurzem ungenießbar, Gesalzenes und Geräuchertes ist lange haltbar, weil Vorratsschädlinge das salzige Milieu meiden. Der Viehhalter, der Salz besaß, konnte Fleisch nicht nur beim Schlachtfest nutzen, sondern noch Wochen und Monate später. Butter, eine – römischer Ansicht zufolge – „Spezialität der Barbaren", die es im Land des Olivenöls als fetthaltige Nahrungsquelle nicht gab, konnte unter Zusatz von Salz ebenfalls haltbarer gemacht werden. Noch haltbarer war Käse, der aber ebenso gesalzen werden musste wie Brei aus Getreideprodukten und Milch.

Es entstanden wirtschaftliche Abhängigkeiten zwischen einzelnen Regionen, von denen die einen Rohstoffe wie Eisen und Salz besaßen, die anderen nicht, sie aber ebenso brauchten, nachdem sich die neuen Rohstoffe bewährt hatten. Dort spezialisierte man sich auf die Produktion von Fleisch, Käse, Wolle, Textilien und Stoffen, die man vielleicht auch den Bergleuten zur Verfügung stellen konnte, die kräftige Nahrung und warme Kleidung benötigten. Die sich entwickelnden wirtschaftlichen Beziehungen waren auf gute Transportwege, ja sogar Fernstraßen angewiesen.

Die Alpenpässe wurden genutzt, um Wein und andere Luxusgüter nach Norden zu bringen, Felle und vielleicht Wolle oder Textilien nach Süden. Die Wege nordwärts der Alpen lassen sich durch die Kartierung eisenzeitlicher Grabhügel rekonstruieren, die oft wie Perlen an einer Schnur aneinandergereiht liegen. Daher ist die Folgerung erlaubt, in ihrer Nähe den Verlauf einer Straße zu vermuten: Die „Kette" eisenzeitlicher Grabhügel zwischen Murnau und Starnberg in Oberbayern befindet sich dort, wo auch in der Römerzeit und im Mittelalter ein bedeutender Handelsweg verlief (heute noch folgt die Trasse der Eisenbahn diesem alten Weg!). „Salzstraßen" verknüpften die Salzbergbaugebiete mit allen Gegenden, in denen man Salz zur Konservierung von Fleisch benötigte. Durch die Moore hindurch und in sie hinein führten Bohlenwege, die befestigt sein mussten, weil sonst Menschen und Transportgespanne im nassen Untergrund versanken. Vielleicht gehörten die Bohlenwege ins Netz der Fernwege, vielleicht führten sie zu Moorheiligtümern – oder gelangten auf ihnen Menschen und Wagen zu den Abbaugebieten von Raseneisenerz?

Es gab in der Eisenzeit Produkte, mit deren Handel einzelne Menschen Wohlstand oder Reichtum erlangen konnten. Wer Eisen, Salz und Wein erwerben wollte, musste anderes Gut dagegen einsetzen. Agrarisch orientierte Menschen konnten, wollten sie zu Reichtum kommen, nur die Viehhaltung intensivieren. So wurden überall die Weidegebiete ausgedehnt, ferner ließ man das Vieh in den Niederungen weiden, wobei aber weniger Siedlungen in hochwassergefährdeter Lage als in der Zeit der Urnenfelder- und Lausitzer Kultur entstanden. Die Sied-

Ein ausgegrabener Bohlenweg bei Smilde (Provinz Groningen, Niederlande); in entsprechender Weise wurden viele Wege durch Moorgebiete befestigt.

lungen der Viehbauern lagen am Rand der Weidegründe, zum Beispiel an der Kante des breiten Urstromtals der Elbe bei Hamburg.

Vielleicht gelangten durch erfolgreiche Viehzucht diejenigen Menschen in Mitteleuropa zu Wohlstand, die man die „Fürsten" der Kelten nennt. Solche „Fürsten" saßen auf dem Asperg, dem isolierten Hügel inmitten des fruchtbaren Neckarlandes; mediterrane Despoten hätten in entsprechender geographischer Lage sicher eine Akropolis gebaut. Der „Fürst" der Heuneburg blickte von den Albhöhen auf eine weite Niedermoorlandschaft hinab. Sein Reichtum versetzte ihn in die Lage, Wein und Vasen aus dem Mittelmeergebiet zu erwerben. Die mediterrane Hochkultur imponierte ihm derart, dass auch er für seine Burg eine mediterrane Trockenmörtelmauer brauchte, die für die mitteleuropäischen Klimaverhältnisse allerdings ungeeignet war. Reich waren auch die „Keltenfürsten", die sich in riesigen Grabhügeln beisetzen ließen, die heute noch deutlich zu erkennen sind.

Andere monumentale Anlagen entstanden in der Latène-Periode, der zweiten Phase der vorrömischen Eisenzeit: Viereckschanzen und Oppida, deren Spuren ebenfalls in der Landschaft heute noch auszumachen sind. Manche Viereck-

136

Hohenasperg nördlich von Stuttgart; in der Eisenzeit „residierte" hier ein „Keltenfürst".

Keltische Fürstengräber waren weithin sichtbar; hier das rekonstruierte Fürstengrab „Klein-Aspergle" bei Asperg/Württemberg.

Die sieben Kilometer lange Mauer des keltischen Oppidums von Manching bei Ingolstadt ist noch heute deutlich als Wall zu erkennen.

schanzen liegen in der Nähe späterer Straßen, woraus man folgern kann, dass entweder die Viereckschanzen schon in der Eisenzeit am Straßenrand lagen oder dass sich die Römer bei der Anlage ihrer Straße an den Schanzen, deutlichen Geländemarken, orientierten.

Viereckschanzen sind etwa rechteckige, einige Ar große Anlagen mit deutlich erkennbaren meterhohen Wällen, in denen oft Eingangsbereiche ausgespart sind. In der Mitte vieler Viereckschanzen legte man Brunnen oder tiefe Schächte an. Es gibt zahlreiche Deutungen dieser Anlagen. Waren es Heiligtümer, Außenmauern von Mehrseitgehöften oder einfach nur Viehpferche? Vielleicht wird man bei den Deutungen nicht generalisieren dürfen, vielleicht traf für die eine Schanze die eine, für eine andere eine zweite Erklärung zu.

Caesar hat in „De Bello Gallico" Oppida beschrieben. Er hatte sich mit dem Oppidum aus militärischer Sicht auseinanderzusetzen, für ihn war es eine befestigte, stadtartige Siedlung der Kelten. Der lateinische Begriff Oppidum wird gemeinhin mit „Stadt" übersetzt. Bei Ausgrabungen von Oppida stellte sich heraus, dass einige tatsächlich stadtartig angelegt waren, dichte Bebauung aufwiesen und einen wehrhaften Charakter hatten. Andere Anlagen, die man Oppidum nennt, haben zwar eine heute noch deutlich erkennbare äußere Befestigung, innerhalb derer aber bei Ausgrabungen kaum Bauspuren gefunden wurden (Tarodunum im Dreisamtal bei Freiburg) oder nur zum Teil besiedelte Flächen wie in Manching bei Ingolstadt, dem größten keltischen Oppidum in Mitteleuropa, das von einer sieben Kilometer langen Mauer umschlossen war. Der stadtartige Charakter kommt hier nicht klar zum Ausdruck. Man kann genauso annehmen, dass die keltischen Bewohner von Manching ihre Siedlung und ihre Felder, die in der Donauniederung lagen, unter anderem auch deswegen mit einem Damm umgaben, um sie vor Überflutung zu schützen. Sollte der Damm dort nur eine stabile Siedlung ermöglichen, wo man – mit Risiko – auch schon in der Zeit der Urnenfelderkultur gesiedelt hatte? Ein „Koog" in der Flussniederung, ein Stück eingedeichtes Land, könnte auch die Wallanlage von Tarodunum gewesen sein. In der Dreisamniederung lagen exzellente Weideflächen, die aber vom Hochwasser mehrerer Sturzbäche bedroht waren, die sich von den Schwarzwaldhöhen herab ergossen.

Natürlich ist dies Spekulation, aber sicherlich nicht spekulativer als die generalisierende Annahme, jedes Oppidum sei eine militärisch genutzte Anlage, eine „Stadt" gewesen. Will man diese Anlagen beurteilen, muss man bedenken, dass ihre Erbauer nicht in erster Linie Soldaten oder städtische Bürger waren, sondern Bauern, die um ihre Ernährung bangten, vielleicht auch kleine Überschüsse erwirtschaften wollten, um teilzuhaben am Reichtum der zivilisierten Welt des Mittelmeerraumes. Und aus diesem Blickwinkel haben Spekulationen über einen eher agrarischen Nutzen des einen oder anderen Oppidums neben denen über ihren militärischen Sinn sicher ihre Berechtigung.

Ackerbau und Viehzucht florierten in den zum Teil schon lange besiedelten Landschaften Mitteleuropas. Die Bevölkerung wuchs, der neue Rohstoff Eisen ermöglichte es den Menschen, auch dort Äcker und Siedlungen anzulegen, wo der Boden mit scharfkantigen Steinen durchsetzt war: in Gegenden auf silikathaltigem Sandstein und Urgestein. Der Kolonisierungsprozess dieser Gegenden zog sich von der vorrömischen Eisenzeit bis zum hohen Mittelalter hin, mit dem Resultat, dass ein Mittelgebirge nach dem anderen von Ackerbauern besiedelt wurde. Bei einigen Mittelgebirgslandschaften kennt man die Besiedlungsgeschichte besser, bei anderen weniger gut. Schon in vorrömischer Zeit beackert wurden auf jeden Fall die Silikatböden im Hunsrück und in der Eifel, vielleicht auch Teile von Harz und Erzgebirge, während Kernbereiche von Schwarzwald und Böhmerwald sicher erst im Mittelalter aufgesiedelt wurden. Darüber gibt es historische Nachrichten, weshalb die Historiker diesen Kolonisierungsprozess als singulären Vorgang herausstellen. Er ist im Grunde genommen aber nur das letzte Glied in einer langen Kette von ähnlichen Prozessen der Neulandbesiedlung, die schon seit der Jungsteinzeit abliefen. Jedes Mal ermöglichte die technische Verbesserung der Ackerbaugeräte einen neuen Besiedlungsschritt.

Immer ungünstigere, unfruchtbarere Böden wurden unter den Pflug genommen, mehr und mehr auch Landschaften in niederschlagsreichen Gebieten. Die angestammten Kulturpflanzen litten in ungünstigen Jahren unter dem vielen Regen, Körner verfaulten auf dem Halm oder wuchsen aus; das Unkraut wucherte empor, wuchs besser als das angebaute Getreide. Zu diesen Unkrautpflanzen gehörten zwei Gräserarten, die in ihrem langen „Unkraut-Dasein" allmählich die Eigenschaften von Kulturpflanzen angenommen hatten: Ihre Körner fielen nicht aus, wenn sie reif geworden waren (genauso wie bei den bereits frühzeitig kultivierten Getreidearten), zudem waren es große Körner, die einen ertragreichen Anbau dieser „Unkräuter" möglich machten. Im Saatgut der unter ungünstigen Bedingungen angebauten Getreidearten waren von Jahr zu Jahr mehr Körner der „Unkraut-Gräser" enthalten, wohingegen die Körner der eigentlich angebauten Getreidearten allmählich nur noch in der Minderzahl vorhanden waren. Dies wurde von den Ackerbauern bewusst oder unbewusst geduldet, weil sich durch die Ernte der „Unkraut-Gräser", die allmählich Kulturpflanzeneigenschaften an-genommen hatten, auch ertragreiche Ernten erzielen ließen. Diese ehemaligen Unkräuter waren zu sogenannten „sekundären Kulturpflanzen" geworden. Man konnte sie in vielen Gegenden mit größerem wirtschaftlichem Erfolg anbauen und lagern als die „primären" Getreidearten. So entstanden während der Eisen-zeit die ersten Felder, auf denen die sekundären Kulturpflanzen Roggen und Hafer in Mitteleuropa angebaut wurden. Beide Pflanzen bereicherten das Inven-tar der mitteleuropäischen Kulturpflanzen entscheidend.

Mitteleuropas Landwirtschaft hätte auch dadurch krisenfester werden kön-nen. Das Inventar der Kulturpflanzen war in Mitteleuropa so groß wie in kaum einer anderen Gegend der Alten Welt. Doch gab es immer noch kaum eine Sied-lung, für die der Anbau von mehr als zwei bis drei Getreidearten belegt ist. Man hat wohl manchenorts Dinkel, Gerste und Hirse in Kombination oder in Frucht-wechsel angebaut, anderswo stattdessen Gerste, Emmer und Hafer. Dabei sind die Grenzen eisenzeitlicher Wirtschaftsräume beim gegenwärtigen Forschungs-stand noch nicht erkennbar.

Die Siedlungen waren damit in der Regel noch nicht stabiler geworden. Immer noch wurden sie von Zeit zu Zeit verlagert, was auch den antiken Schriftstellern, den Beobachtern keltischer und germanischer Siedlungen, auffiel: Am Mittel-meer hatten dagegen zumindest die städtischen Siedlungen nach ihrer Gründung „ewigen" Bestand – eine Eigenschaft, die Rom sprichwörtlich zuerkannt wird.

Die Römer unterwarfen Teile der mitteleuropäischen Agrarlandschaft, mit deren Bewohnern sie zuvor einen Austausch von Waren betrieben hatten. In Mit-teleuropa schlummerten mächtige wirtschaftliche Ressourcen: Schließlich war dies ein Teil der Welt, wo sich trotz aller Krisenanfälligkeit Ackerbau jahrtausen-delang so bewährt hatte wie kaum anderswo auf der Welt – und dies, ohne dass Hochkultur das Vorherrschen der bäuerlichen Lebenswelt verändert hätte.

12. Frühe Siedlungen an der Küste

In der Eisenzeit entdeckten Viehhalter nicht nur die besonderen Qualitäten gehölzarmer Weideflächen in den Flussniederungen; auch waldfreie Grasländer der Marschen an der Küste wurden in die Nutzung einbezogen.

Die Küsten im nördlichen Mitteleuropa sind sehr unterschiedlich gestaltet. Es gibt – in Deutschland vor allem an der Ostsee und auf Sylt – weite Strecken mit Steilküsten, die vom Meer erodiert und allmählich ins Binnenland zurückverlegt werden. Oberhalb dieser Steilküsten wurde schon seit der Kupferzeit Ackerbau betrieben, also lange vor der Eisenzeit.

An den Steilküsten abgerissenes und aus Flüssen herangetragenes Erd- und Gesteinsmaterial wird von den Strömungen des Meeres fein zermahlen und nach Größe und Gewicht sortiert. Schwere Steinbrocken bleiben unterhalb der Steilküsten liegen, Sand und Ton aber werden von den Meeresströmungen transportiert. Allerdings kann nur eine relativ kräftige Strömung Sand verfrachten; bewegt sich das Wasser kaum, verlagert es nur feinen Ton.

Wo eine Welle beim Zurücklaufen von der Küste mit der nächsten anbrandenden Woge zusammentrifft, verlieren beide Wellen an Kraft, und der Sand sinkt zu Boden. Dort entsteht ein Sandriff, dessen Lage sich beim Baden erkunden lässt: Will man vom Strand ins offene Meer hinausschwimmen, kommt man zunächst in einen Bereich tieferen Wassers, dem in einiger Entfernung zur Küste ein flacherer Bereich vorgelagert ist. Erst wenn man solche Riffe überquert hat, wird das Wasser „endgültig" tiefer.

Feiner Sand und Ton werden von den Wellen zwischen Ufer und Riff hin und her getrieben. Weil sich Wellen schräg auf die Küste zu bewegen und ebenfalls schräg zurückrollen, wird das im Wasser suspendierte feine Material nach den Seiten getragen, an der Küste entlang. Riffe werden daher seitlich verlängert, auch über den Küstenabschnitt hinaus, an dem sie ursprünglich entstanden waren; sie können schließlich ganze Meeresbuchten abschneiden. Wenn der im Riff abgelagerte Sand trockenfällt, entsteht eine Sandbank, ein Haken oder eine Nehrung. Trockener Sand kann vom Wind verweht werden. Es bilden sich Dünen. Von Pflanzenwurzeln festgehalten wachsen sie meterweit in die Höhe, immer weiterer Sand fängt sich an den Dünengräsern. Insgesamt entsteht auf diese Weise eine Ausgleichsküste: Vorspringende Küstenbereiche werden abgetragen, zwischen ihnen bilden sich bogenförmige Nehrungen mit Dünen. Die Küstenlinie wird dabei immer ebenmäßiger, ausgeglichener.

Am Kliff von Sylt werden Moränen aus der Saaleeiszeit vom Meer angefressen und abgetragen. Das erodierte Material wird zu den Enden der Insel transpor-

Unterhalb der Kreidefelsen von Jasmund/Rügen bleibt grober Schotter liegen. Feineres Material wird vom Meer verfrachtet.

Wo sich verschiedene Brandungsströme treffen, bilden sich Riffe (Boddenküste im Südosten Rügens, der Hügel im Hintergrund ist das „Südperd" bei Thiessow).

Auf großen Riffen und Strandwällen können sich Dünen bilden, z. B. bei List im Norden von Sylt.

143

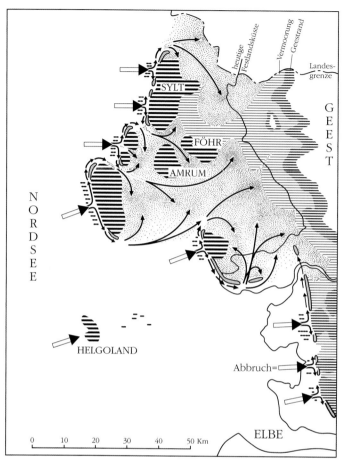

*Strömungen und Stoffverlagerungen an der nordfriesischen Küste um 3000 vor Chr.
An den mit dicken Pfeilen markierten Stellen ließ die Strömung des Meeres das Land
zurückweichen. Feines Material, das dabei erodiert wurde, transportierte die Strömung
seitwärts. Entlang der Transportbahnen des feinen Erdmaterials bildeten sich Strandwälle aus Sand.*

tiert und an deren nördlichen und südlichen Haken (bei List und Hörnum) wieder abgelagert. Die Insel wird dadurch immer länger und schmaler. An ihren
dünnsten Stellen könnte sie in nicht allzu ferner Zukunft vom Wasser durchbrochen werden. Sand wird auch an den Sandbänken vor Amrum und Eiderstedt
abgetragen und wieder angelandet. Auf der Halbinsel Eiderstedt und in Dithmarschen gibt es Strandwälle, die schon seit einigen Jahrtausenden nicht mehr
vom Meer beeinflusst werden, also „fossil" sind. Dabei handelt es sich um langgestreckte Wälle, die „Donn" genannt werden; die Ortschaften Lunden, Hochdonn und St. Michaelisdonn liegen auf solchen ehemaligen Strandwällen. Auch

144

Hinter einem Strandwall (im Hintergrund als helles Sandband erkennbar) lagerte sich feiner Ton, der Marschenklei, ab. Hier kann heute Neulandgewinnung betrieben werden (Westerhever auf der Halbinsel Eiderstedt bei Husum).

Das niedrig gelegene Feinerdegebiet hinter dem Strandwall, das Watt, wird bei Flut vom Wasser bedeckt; bei Ebbe fällt es trocken (bei Husum).

Die Sietländer, einige Kilometer von der Küstenlinie entfernt, sind die am niedrigsten gelegenen Teile des Marschlandes. Hier entstanden weiträumige Moore; viele wurden entwässert und in Viehweiden umgewandelt (bei Bremen).

die alten Orte auf Eiderstedt, Tönning, Garding, Tating und Ording, befinden sich auf früheren Nehrungen. Dicht an dicht stehen die Häuser dort, weil der sandige Bereich der etwas erhöhten Nehrung schmal ist; dort gibt es guten Baugrund, denn auf dem Sand ist es trockener als im Marschland der Umgebung. Den ehemaligen Strandwällen wurde in den letzten Jahrtausenden viel Marschland vorgelagert, das sich nahe der Elbmündung in größerer Menge ansammelte als dort, wo nur kleinere Flüsse ins Meer münden. Auch im Land Wursten (nördlich von Bremerhaven), wohin die Weser Sediment trug, liegen ehemalige Strandwälle heute im Landesinneren, hinter angeschwemmter Marsch.

Besonders ausgedehnte Haken, Nehrungen und Strandwälle gibt es an der Ostsee: bei Gelting und Heiligenhafen, auf Fehmarn und Rügen. Auf dem Fischland, dem Darß, Hiddensee und Usedom wurden und werden ebenfalls eiszeitliche Moränen an Steilküsten abgetragen, und seitlich von ihnen sind ausgedehnte Nehrungen entstanden. Hinter den Nehrungen wurden Strandseen (z. B. bei Hohwacht) oder weiter ausgedehnte Gewässer vom Meer abgetrennt, die man Haff nennt, beispielsweise das Salzhaff und das Stettiner Haff. Geschlossene Nehrungen oder Lidos können sich an Küsten nur dann bilden, wenn der Tidenhub, also der Unterschied zwischen Hoch- und Niedrigwasser, gering ist. Das ist nördlich von Sylt ebenso der Fall wie vor allem an der Ostsee. Vor einigen Jahrtausenden war der Tidenhub auch vor Eiderstedt und Dithmarschen gering; daher entstanden damals auch dort Nehrungen.

Die flachen Marschenküsten an der Nordsee sind von Tiden oder Gezeiten geprägt. Von Stunde zu Stunde, von Tag zu Tag findet man die Grenze zwischen

Das Sehestedter Moor am Jadebusen bei Wilhelmshaven ist das einzige Außendeichs-moor Deutschlands. Bei hohen Sturmfluten wird es von den Fluten erreicht; dann schwimmt der Torf, der leichter als Wasser ist, auf dem Wasser. An den Seiten des Moores reißt die Flut aber auch Torfbrocken ab.

Land und Meer woanders. Jede Kartendarstellung der Nordseeküste ist abstrahiert und entspricht nicht dem Bild, das man im jeweiligen Moment zu sehen bekommt. Für den ständigen Wandel der Küstenlinie sind einerseits die rhythmischen Bewegungen des Meeresspiegels verantwortlich, nämlich Ebbe (ablaufendes Wasser) und Flut (auflaufendes Wasser). Wie in jedem Wasserbecken gibt es auch in den Meeren Gegenden mit einem hohen und solche mit einem geringen Tidenhub. Der Tidenhub und, damit verbunden, die Gezeitenströmungen sind vor allem an den Rändern von Meeresbecken hoch. Der Tidenhub wird von den Anziehungskräften der Sonne und des Mondes bestimmt, die täglich eine andere Beziehung zueinander aufweisen. Sie sorgen dafür, dass Springtiden (besonders hoch) und Nipptiden (besonders gering) auftreten, deren Wirkungen verstärkt oder abgeschwächt werden, je nachdem, woher und wie stark der Wind weht. Die Höhe des Tidenhubs schwankt in Abhängigkeit von der Mondstellung erheblich.

In der inneren Deutschen Bucht, vor Ost- und Westfriesland sind die Gezeitenströme – wohl im Gegensatz zu früheren Zeiten – heute zu stark für die Bildung von Nehrungen. Bei einem Tidenhub von über 150 cm, wie er an den meisten Küstenabschnitten der deutschen Nordseeküste und der nördlichen Niederlande herrscht, verhindert der Flutstrom, vor allem aber der noch kräftigere Ebbstrom die Ausbildung geschlossener Strandwälle. Die Sandablagerungen vor der Küste werden dort von tiefen Gatts oder Gaten unterbrochen, durch die das Wasser der Gezeitenströmungen fließt. Das Wort Gatt ist mit dem englischen „gate" (Tor) und dem dänischen „gade" (Straße) verwandt; beides charakterisiert ein Gatt treffend. In den Gatts verlaufen Priele oder Tiefs, in denen nicht nur Meerwasser bewegt wird, sondern auch Süßwasser vom Festland abläuft. Außerhalb der Gatts sind die Priele vielfach gewunden und verästelt; sie durchziehen den gesamten amphibischen Bereich der Nordseewatten; sie verlagern sich unaufhörlich.

Die meisten Inseln West- und Ostfrieslands sind lang gestreckt; man bezeichnet sie als Barriereinseln. Auf ihnen entwickelten sich ausgedehnte Dünen. Im Bereich der Mündungen von Elbe, Weser und Ems ist der Tidenhub höher als drei Meter. Dort gibt es keine Barriereinseln, sondern runde Platen: Neuwerk, Scharhörn, Trischen und Mellum. Borkum besteht aus zwei Platen, die durch Küstenschutzanlagen miteinander verbunden sind. Ohne sie würde das Wasser zwischen den beiden Platen der Insel immer wieder durchbrechen; der Durchbruch hat den bezeichnenden Namen „Tüskendör". Barriereinseln und Platen sind keine stabilen Gebilde; sie werden von küstenparallelen Strömungen verlagert. An einem Ende werden sie abgetragen, am anderen wachsen sie durch Sandanlagerungen.

Strandwälle, Nehrungen und Inseln sind natürliche Wellenbrecher. Der „Blanke Hans" dringt nur in gebändigter Form in die flachen Meeresteile hinter den Strandwällen vor. Dorthin befördern die schwachen Meeresströmungen vor allem feines Material. An der Ostsee liegen an der Rückseite der Nehrungen, am Rand der Haffs, die charakteristischen Boddenwiesen. Sie wurden immer von Siedlungen aus bewirtschaftet, die auf trockenem Boden der nahen Moränen lagen; anders als an der Nordseeküste entstanden dort keine speziellen Siedlungen von Viehhaltern.

Im Schutz der Barriereinseln an der Nordsee entwickelte sich so genanntes Rückseiten- oder Schlickwatt. Dort wird bei jeder Überflutung feiner Ton abgelagert. Zieht sich das Wasser mit dem Ebbstrom zurück, bleiben unzählige einzellige Algen, vor allem Gold- und Kieselalgen (Diatomeen), auf dem Schlick liegen. In den Stunden, in denen sie nicht vom Wasser bedeckt sind, betreiben sie enorm viel Photosynthese und bauen große Mengen an organischem Material auf. Dazu brauchen sie aber auch Wasser; sie halten es mit schleimigen Substanzen fest, die sie ausscheiden. Deshalb ist die Oberfläche des Schlickwatts glitschig. Vom Schleim werden feine tonige Partikel festgehalten, die vom Meer herangetragen werden. Im Watt, dem amphibischen Lebensraum zwischen Hoch- und Niedrigwasserlinie, wird mit der Zeit immer mehr feines Material abgelagert: Ton und die Überreste abgestorbener Kleinlebewesen. Die Oberfläche des Watts wächst in die Höhe, und es können Salzwiesen und Marschen daraus werden, deren Kleiboden besonders fruchtbar ist. Er enthält alle für das Pflanzenwachstum notwendigen Mineralstoffe, doch auch eine Substanz, die für

Der Queller wächst unter extremen Umweltbedingungen: Mal wird er vom Salzwasser umspült, mal steht er im Trockenen. An den Pflanzen kann sich feines Erdmaterial ablagern, aus dem allmählich ein kleiner Hügel und damit höher gelegenes Land werden kann, das nur noch selten vom Meerwasser überspült wird.

die meisten Blütenpflanzen ein tödliches Gift ist: Kochsalz. Salz ist hygroskopisch, zieht also Wasser an. Blütenpflanzen nützen in ihrem Inneren unterschiedliche Salzgehalte aus, um Wasser durch die Leitbahnen der Stängel in die leicht salzhaltigen Zellen zu transportieren. Dieser lebenswichtige Prozess kann nicht ablaufen, wenn das Wasser im Boden Salz enthält. Dort, wo Wasser in Hülle und Fülle verfügbar ist, am Meer, ist es paradoxerweise für die meisten Landpflanzen kaum verfügbar. Ähnlich wie Wüstenpflanzen sind viele Gewächse der Meeresküste sukkulent. Sie nehmen Wasser auf, wenn es wenig Salz enthält (nach einem Regen), und speichern es anschließend. Oder sie lagern mit der Zeit immer mehr Salz in ihren Blättern ein, die sie dann abwerfen. Auch die mechanische Beanspruchung durch Strömung und Wellenschlag überstehen nur wenige Pflanzen. Derbe Hüllen ihrer Stängel und Blätter schützen sie.

Nur ganz wenige Blütenpflanzen können dort gedeihen, wo ständig Salzwasser über sie hinwegbrandet: Zu ihnen gehört das mit den Laichkräutern verwandte Seegras, das unter Wasser große Bestände bilden kann, sogenannte Seegraswiesen. Am Ufersaum, wo täglich zweimal die Flut aufläuft, wachsen Queller und Schlickgras. An ihnen bleiben Fadenalgen und Tang hängen. Dadurch kann die Oberfläche des Watts rascher aufwachsen als durch die Tätigkeit der kleinen

149

Algen allein. Aber genauso können stärkere Strömungen die von Fadenalgen und Tang umwundenen Strünke von abgestorbenem Queller, auch das Schlickgras aus dem Wattboden reißen; seichte Löcher bleiben zurück. Ob das Watt an Queller und Schlickgras weiter in die Höhe wächst oder abgerissen wird, hängt von den Strömungen und auch vom Zufall ab.

Wenn das Land nur um wenige Zentimeter höher liegt, wird es nicht mehr jeden Tag überflutet, und der Boden ist dort weniger salzig. Dort wächst das Andelgras, hinzu kommen Strandaster, Sode, Boddenbinse und Stranddreizack. Diese Pflanzen können gelegentliche Überflutungen und damit verbundene Versalzungen des Bodens überstehen. Der Andel bildet lange Ausläufer, unter denen angespültes Material festgehalten werden kann, so dass das Land weiter in die Höhe wächst. Man nennt die Salzwiese auch Groden; das Wort ist mit dem englischen „to grow" (wachsen) verwandt.

Wo sich Sturmfluten nur noch einige Male im Jahr auswirken, gedeihen Rotschwingel, Strandnelke, Strandflieder und Strandwegerich, nochmals ein wenig höher Gewächse, die auch in normalem Grünland vorkommen, Gänsefingerkraut, Vogelwicke und Herbstlöwenzahn. Das wenige Salz, das dort in den Boden gerät, wird vom Regenwasser rasch fortgespült, so dass der Boden bald aussüßt. Gehölze können aber selbst diesen geringen Salzgehalt nicht ertragen. Salzwiesen sind deshalb von Natur aus waldfrei.

Wo der Strandflieder wächst, wird das Land nur von hohen Sturmfluten erreicht.

Im Prinzip wächst das regelmäßig überflutete Land also immer weiter in die Höhe. Das Meer lagert vor allem an den Spülsäumen Sand und Ton ab. Ton wird von Algen festgehalten. Abgestorbene Reste von Pflanzen und Tieren werden nicht vollständig zersetzt. Man sagt an der Küste: Das Meer segnet das Land. Aber je höher Land aufwächst, desto eher ist es ein Hindernis für das Meerwasser bei hohen Fluten. Die Brandung kann die Grasnarbe der Salzwiese zerstören und den Boden darunter abtragen. Besonders zerstörerisch ist die Kraft des Wassers von Prielen, besonders der Ebbstrom. Genauso wie in jedem anderem fließenden Wasser bilden sich in Prielen Prall- und Gleithänge aus. An Prallhängen werden Sand und Ton abgetragen, an Gleithängen erneut abgelagert. Priele verändern ihre Läufe unaufhörlich, besonders erheblich beim Ablauf großer Wassermassen. Dabei können tiefe Scharten in das Marschland geschnitten und Land zerstört werden. Keineswegs ist das Meer daher immer segensreich, es ist auch der „Blanke Hans", der Land zerstört, Menschen und Tiere ständig bedroht.

Während vor allem die küstennahen Bereiche des Marschlandes immer weiter aufgehöht und daher mit der Zeit immer seltener überschwemmt wurden, drang das Wasser ins Landesinnere seltener vor. Dort wurde das Land nicht aufgehöht. Mit der Zeit wurden die Höhenunterschiede immer deutlicher. Man nennt das allmählich höher werdende Gebiet „Hochland", das niedrig bleibende „Sietland".

Im Sietland sammelte sich Wasser, und es entstanden Moore, die von Schilf, zum Teil auch von Bruchwäldern bewachsen waren. Da in den Mooren abgestorbene Pflanzenreste nicht zersetzt wurden, wuchsen die Oberflächen der Küstenmoore allmählich in die Höhe, so dass bei hohen Fluten das Meerwasser auch in die Sietländer kaum einmal vordringen konnte. Und geschah das doch einmal, so schwamm der Torf, der leichter als Wasser ist, auf den Fluten empor. Die Mooroberfläche wurde selten von Sturmfluten überspült, aber das Wasser nagte an den Rändern des Moores, riss Torfbrocken ab und verdriftete Torfbrocken an andere Küstenbereiche.

Das Klima an der Nordseeküste ist wintermild, daher liegt nur selten Schnee auf den Salzwiesen, und auch Frost tritt selten auf. Die Vegetation bleibt länger grün als im Binnenland. Schon zeitig im Frühjahr beginnen sich Gräser und Kräuter zu entwickeln, erst spät im Herbst stellen sie ihr Wachstum ein. Das bedeutet, dass Salzwiesen fast das ganze Jahr über beweidet werden können. Stallfutter muss nur für die kurzen Phasen der Schneebedeckung und der Überflutungen gewonnen werden. Seit der Eisenzeit waren daher die Marschwiesen vorzügliche natürliche Weideflächen für Rinder und Schafe. Sie waren so groß, dass man sie nicht von trockenen Plätzen der Geest, von Siedlungen auf Moränenuntergrund aus bewirtschaften konnte. Man musste Siedlungen im Marschland anlegen. Davor mussten aber die Schwankungen des Meeresspiegels sehr genau beobachtet werden. Für die Bauern war es nicht wichtig, wo eine abstra-

Watt

Sandbank

Nehrung,
Düne,
Strandwall

Marsch,
Hallig,
Deichvorland

Moor

Deich, Damm

Geestrand

0   5   10 km

hierte Wasser-Land-Grenze auf Normalnull verlief, für sie war bedeutsam, Orte zu finden, die vor Überflutung sicher waren, Plätze, auf denen das Vieh in Sicherheit gebracht werden konnte, Flächen, auf denen vielleicht auch bescheidener Ackerbau möglich war. Es ist nicht leicht, die höchsten, sichersten Plätze im Marschland, vor allem die Kuppen von alten Strandwällen und von Hochland zu erkennen. Dort gründeten die Marschbewohner ihre Siedlungen.

Die Bauern konnten sich zwar überwiegend von Fleisch, Milch und Milchprodukten ernähren, aber sie brauchten auch pflanzliche Nahrung. Nur wenige Kulturpflanzen sind tolerant gegenüber gelegentlicher Überflutung mit Salzwasser. Auf den höchstgelegenen Flächen des Hochlandes und der Strandwälle konnte man Sommergerste anbauen. Sie wächst sehr schnell. Auf nur selten überfluteten Feldern ließen sich ferner Ackerbohne, Lein und Färberwaid kultivieren. Alle wichtigen Bestandteile pflanzlicher Nahrung standen also auch den Marschbauern zur Verfügung: Kohlehydrate der Gerste, Eiweiß der Ackerbohne und Fett der Leinsamen. Der Anbau von Lein hatte zum Teil, der von Färberwaid ausschließlich technische Bedeutung. Aus Lein wurden Textilien hergestellt. Mit Färberwaid konnte man sie färben. Textilproduktion, auch die Wollverarbeitung, hatte in der Marsch einen hohen Stellenwert.

An Fleisch, Milch und Milchprodukten mangelte es keineswegs. Fleisch, Fisch, Milchprodukte und Textilien wurden bereits in der Eisenzeit aus der Marsch exportiert. Man konnte die sich verästelnden Arme der Priele und Tiefs, die die Marsch durchziehen und dicht an den Marschsiedlungen vorbeiführten, als Handelswege nutzen. Ohne Tauschhandel und eine einfache Verkehrsinfrastruktur war das Leben für Bauern in der Marsch nicht möglich. Denn es fehlte ihnen an Holz, das sie zum Hausbau, zum Heizen und zur Nahrungszubereitung unbedingt brauchten. Sie mussten Überschüsse an tierischen Produkten erzielen, damit sie dafür Holz eintauschen konnten. Das war wohl kein Problem; denn es gelang Marschbauern stets, nicht nur Holz, sondern auch andere Güter zu erwerben. Beweis für einen Tauschhandel in der Eisenzeit sind Ausgrabungsfunde von Gegenständen, die aus dem römisch besetzten Bereich stammten, beispielsweise von Terra sigillata, der charakteristischen Keramik der Römer.

Ohne Gefahr war das Leben in der Marsch nicht, wovon viele Sagen berichten. Besonders hohe Sturmfluten bedrohten das Leben von Mensch und Tier. In der Zeit um Christi Geburt stieg der Meeresspiegel um einige Dezimeter. Während die Menschen zuvor zu ebener Erde auf den Strandwällen gehaust hatten, mussten sie nun ihre Siedlungen auf besondere Weise vor den Meereswogen schützen. Sie schichteten kleine Wohnhügel aus Soden von zähem Marschklei

◄ *Die Warften in Dithmarschen (Punkte) liegen alle auf früheren Strandwällen, die sich im Gelände kaum noch erkennen lassen. Ihre Oberfläche ist aber um wenige Dezimeter höher als das Umland; sie werden daher seltener vom salzhaltigen Meerwasser überspült.*

Warft auf Hallig Hooge (Nordfriesische Inseln). Die Warften sind künstliche Hügel, die auch bei Sturmflut nicht überspült werden und auf denen die Häuser gebaut wurden. Menschen und Tiere ziehen sich hierhin bei „Landunter" zurück.

auf, zwischen die auch Abfälle aus der Siedlung gepackt wurden, vor allem Mist. Die Wohnhügel werden Wurten oder Warften genannt. Sie entstanden oft genau dort, wo die Menschen zuvor ebenerdig gesiedelt hatten, also auf den Strandwällen. Manche dieser Strandwälle sind heute kaum noch zu erkennen, aber ihr Verlauf lässt sich dadurch rekonstruieren, dass man die Wurten kartiert: Viele von ihnen sind wie Perlen einer Schnur aufgereiht und zeichnen den Verlauf der Strandwälle nach. Die Begriffe Warft und Wurt sollen beschreiben, dass Soden aufge-„worfen" wurden, um den hochwassersicheren Hügel zu errichten. „Wurt" könnte aber auch mit den Begriffen „Werder" oder „Wörth" sprachlich verwandt sein, womit Inseln bezeichnet werden. Beides charakterisiert Wurten: Erdmaterial wurde aufgeworfen, um einen vor Sturmfluten sicheren Siedelplatz zu bauen, und dieser hügelartige Siedelplatz war bei „Land unter" eine Insel im Meer.

Die meisten Siedlungen der Marsch lagen hinfort auf Wurten. Auf ihnen mussten nicht nur die Wohnhäuser Platz haben, sondern auch Stallungen oder zumindest Flächen, auf die das Vieh sich zurückziehen konnte, wenn das Wasser hoch stand. Lebensnotwendig für die Wurtbewohner war und ist ferner der Fething, eine Zisterne, in der Regenwasser gesammelt wird, Trinkwasser für Mensch und

154

Tier; Durst lässt sich mit Salzwasser nicht stillen. Getreide wurde immer noch auf hochgelegenen Stellen in der Marsch angebaut – man musste und konnte hoffen, dass das Land nur im Winter unter den Fluten versank und im Frühjahr wieder aussüßte, bevor die Saat ausgebracht wurde.

Als Sturmfluten noch höher aufliefen, mussten die Wurten erhöht werden. Kleischicht wurde über Kleischicht gelegt, die Warften wurden meterhoch. Die Siedlungen auf ihnen bestanden länger als andere, „normale" eisenzeitliche Siedlungen, die wie alle vorgeschichtlichen Siedlungen verlagert wurden. In der Marsch konnte man die Siedlungen nicht so einfach wechseln, weil dazu erst die Aufschüttung einer neuen Warft notwendig gewesen wäre.

Offensichtlich wurden etwa im 5. Jahrhundert n. Chr. zumindest viele, wenn nicht alle Wurten nach zum Teil mehrhundertjähriger Besiedlung aufgegeben. Vielleicht hing das damit zusammen, dass nach dem Rückzug der Römer aus Mitteleuropa die Verkehrs- und Handelsinfrastruktur zusammenbrach, so dass der Handel von Holz gegen Überschussprodukte der Marsch zum Erliegen kam. Ohne diesen Handel war ein Leben von Menschen in der Marsch nicht mehr möglich.

Viele Wurten wurden zwei- bis dreihundert Jahre später erneut besiedelt. Eigenartigerweise entstanden wieder im Rund angelegte Dörfer aus dreischiffigen Hallenhäusern, den Vorläufern der niederdeutschen Hallenhäuser; Siedlungen und Häuser sahen im Frühmittelalter ähnlich aus wie schon Jahrhunderte zuvor. Es gab also eine Bautradition, die nur dann bestanden haben kann, wenn doch nicht alle Wurten zwischen dem 5. und dem 7. Jahrhundert verlassen worden waren.

13. Das südliche Mitteleuropa als Provinz des römischen Weltreiches

Als Tacitus das Land Germania mit seinen schaurigen Wäldern und widerwärtigen Sümpfen beschrieb, fehlte Mitteleuropa aus der Sicht eines zivilisierten Menschen zwar die erkennbare Organisation; es war aber ein schon seit Jahrtausenden besiedeltes und beackertes Bauernland. Den Völkern südlich der Alpen war sehr wohl bekannt, dass Mitteleuropa gute Qualitäten als Agrarwirtschaftsraum aufwies, denn schon lange Zeit gab es wirtschaftlichen und kulturellen Austausch zwischen Süd- und Mitteleuropa. Am Ende dieser Phase des bilateralen Kontaktes stand die Eingliederung eines großen Gebietes nördlich der Alpen in das mediterran geprägte Römische Reich. Ursache für die Einrichtung von Provinzen nördlich der Alpen mag das Machtstreben der Römer gewesen sein, das aus dem Gefühl der kulturellen, wirtschaftlichen und militärischen Überlegenheit resultierte, aber auch ökonomischer Druck. Im Römischen Reich hatte die wirtschaftliche Blüte zum Wachstum der Bevölkerung geführt. In Rom und anderen Städten lebten immer mehr Menschen, die nicht primär einer agrarischen Tätigkeit nachgingen und aus einem ländlichen Umfeld heraus mit dem täglichen Brot versorgt werden mussten. Als im Umland der Städte nicht mehr genug Nahrung erzeugt werden konnte, kam Getreidefernhandel auf. Gerade Regionen an der Peripherie des Imperiums, in denen Ressourcen zur Versorgung der expandierenden Städte und neue Lebensräume für Teile der wachsenden Bevölkerung in Aussicht standen, wurden daher in das Riesenreich inkorporiert.

Mitteleuropa betraf das „Schicksal", Teil des Römischen Reiches zu werden, in einer Zeit, als der eisenzeitliche Landesausbau noch längst nicht abgeschlossen war. Erst einige der besiedelbaren Gegenden auf Sand- und Urgestein waren unter den Pflug genommen. So war – wie schon erwähnt – mit dem Zeitpunkt der römischen Besetzung die Eisenzeit noch nicht zu Ende; sie dauerte noch mehrere Jahrhunderte länger an.

Einem Agrarland mit prähistorischer schriftloser Kultur wurde im Zuge der Kolonialisierung der „Segen" einer Hochkultur mit Schrift und organisierter Verwaltung übergestülpt; Parallelen zur imperialistischen Kolonialisierung Afrikas, Amerikas und Asiens während der frühen Neuzeit drängen sich auf.

Die Kolonien nördlich der Alpen bekamen von Anfang an eine feste Grenze. Diese hatte es in Mitteleuropa zuvor noch nicht gegeben. Die Römer legten die Grenze quer durch das heutige Deutschland. Rhein und Donau mussten als wichtige Verkehrswege zum Reich gehören, also hatten die Grenzen jeweils am jenseitigen Flussufer zu verlaufen. Militärisch besonders verletzbar war die

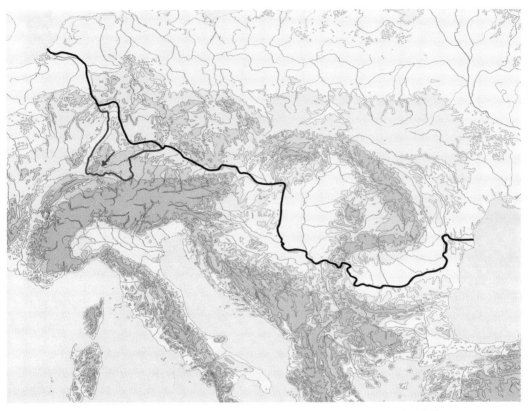

Der größte Teil des Limes, der Nordgrenze des Römischen Reiches, war durch den Verlauf von Rhein und Donau vorgeprägt. Zwischen den beiden Flüssen verlief er zunächst im Norden zwischen der Wetterau und der Weltenburger Donauenge als „Obergermanisch-raetischer Limes". Später musste er zurückverlegt werden; man errichtete den Donau-Iller-Rhein-Limes zwischen dem Bodensee und der Illermündung.

Grenze im Gebiet zwischen Rhein und Donau, über die Europäische Hauptwasserscheide hinweg. Mal am Ufer kleinerer Flüsse entlang, dann wieder andere Flüsse und Täler querend, über die Gebirge, aber zum Teil entlang eines klimatischen Gradienten (das klimatisch begünstigte Neckarland wurde Teil des Römischen Reiches, das rauere Hohenlohe nicht) legten die Römer eine aufwendige Grenzbefestigung an, den Limes. Er ist heute noch an vielen Stellen als deutlich sichtbarer Wall zu erkennen. Damals wurden im Abstand von einigen Kilometern entlang des Limes, aber auch in dessen Hinterland wehrhafte Kastelle errichtet; in Rufweite voneinander standen Limestürme. Nachrichten konnten von Turm zu Turm, von Kastell zu Kastell verbreitet werden. Trotz aller Befestigungen hielt der Limes zwischen Rhein und Donau nicht allen Angriffen von außen stand; er musste während der römischen Besatzungszeit schließlich verlegt wer-

Rekonstruierter Limesturm am Ostende des Obergermanisch-raetischen Limes bei Hien-heim/Donau. Der Wall zwischen Turm und Weg ist der Überrest des Limes.

den. Zunächst bestand der Obergermanisch-raetische Limes zwischen der Wetterau und der Donau südlich von Regensburg. Später riegelte der Donau-Iller-Rhein-Limes das Römische Reich nach Norden ab; er wurde zwischen dem Ostende des Bodensees und der Illermündung in die Donau (bei Ulm) errichtet.

Zur Sicherung der Grenzen wurde eine große Anzahl Soldaten an die Nordgrenze des Imperiums verlegt. Zu ihrer Versorgung brauchte man Zivilpersonal. Soldaten und Zivilpersonal wurden unmittelbar am Limes und im Hinterland angesiedelt. Zum ersten Mal in Mitteleuropas Geschichte lebten damit große Menschenmassen nördlich der Alpen auf engem Raum zusammen, die sich zudem nicht direkt mit der Produktion von Nahrung befassten. Sie mussten mit Agrargütern versorgt werden; in Mitteleuropa entwickelte sich – ebenso wie zuvor schon im Nahen Osten und am Mittelmeer – ein Abhängigkeitsverhältnis zwischen Menschen, die Agrargüter produzierten, und anderen, die damit versorgt wurden.

Damit verbunden war die Entstehung einer ganzen Reihe von Strukturen innerhalb der Landschaft, die sich gegenseitig voraussetzten und bedingten: stadtartige Siedlungen, Häfen, Straßen, Furten und Brücken, Villen, weitere Kulturen landwirtschaftlich genutzter Pflanzen, intensivere Viehhaltung, Gewinnung von besseren Baustoffen usw. Man kann kaum entscheiden, welche dieser Charakteristika der römischen Kulturlandschaft in Mitteleuropa zuerst da waren; wenn sie im folgenden aufgezählt werden, muss klar sein, dass damit nicht nacheinander, sondern gleichzeitig aufkommende Phänomene beschrieben werden.

Militärpersonal und städtische Bürger hatten ganz andere Denkstrukturen als Bauern. Sie wählten ihre Siedelplätze nach anderen Kriterien als ein agrarisch wirtschaftender Mensch. Der Siedelplatz des Dorfes am halben Hang einer Talflanke ist für Städter und Militär nicht praktisch. Orte auf leicht geneigten Hängen sind nur schwer zu befestigen, man kann sie leicht angreifen, und von ihnen aus kann kaum eine wirksame Verteidigung gegenüber Angreifern erfolgen. Sie haben keinen direkten Zugang zum Wasser, dem wichtigen Transportweg für Güter, mit denen die Siedlungen versorgt werden müssen. Trinkwasser ist oft nicht unmittelbar in der Siedlung vorhanden, die Abwasserentsorgung ist problematisch. Und in einer Siedlung am halben Hang lässt sich keine Wasserkraft zum Betrieb einer Mühle nutzen, in der das Mehl für die Stadtbevölkerung gemahlen werden muss.

Zur Gründung einer städtischen Siedlung oder eines Kastells wählte man eine andere Geländesituation. Die Siedlung entstand möglichst direkt am Fluss. Weil man wusste, dass dort Überschwemmungen drohten, wählte man Steilhänge, oft Prallhänge oberhalb der Flüsse als Siedelplätze. Steile Straßen oder Gassen verbanden das Flussufer mit den vor Hochwasser sicheren Teilen der Stadt, die dennoch dicht am Fluss lagen. Auf dem Steilhang baute man Häuser dicht bei dicht, wobei es notwendig war, sie vor dem Abrutschen zu sichern, was aufwendigere Bauweise voraussetzte, mit Fachwerk, mit Stein; Häuser aus Holz, mit Lehm beworfen, wie sie in ländlichen Siedlungen nach wie vor standen, waren für die Lage am instabilen Steilhang nicht robust genug.

Wege mussten in die Stadt hineinführen, Wege aus dem nahen und fernen Umland, auf denen Stadt und Kastell von außen mit Wasser, Nahrung, Baustoffen, Heizmaterial versorgt werden mussten. Von Natur aus bestehende Versorgungswege waren die großen Flüsse, in Mitteleuropa vor allem Rhein und Donau. Auf ihnen konnten Güter aus dem Zentrum Europas heraus mit der Strömung in die Peripherie gebracht werden, aber es gelang auch, Güter auf weite Strecken gegen den Strom zu transportieren, am Niederrhein, am Oberrhein, auf dem Bodensee und auf der Donau, überall, wo das Gefälle gering war. Versorgungsgüter wurden aus dem Mittelmeergebiet durch die Senke des geologischen Grabenbruchs an der Rhone bis an die Oberläufe von Rhein und Donau geschafft. Güter des täglichen Bedarfs und Luxusprodukte gelangten so zum Teil auf dem Wasser, zum Teil über Land bis ans Basler Rheinknie, nach Augst, wo die Römer einen wichtigen Stützpunkt unterhielten. Von dort aus ging der Transport auf dem Wasser weiter, stromabwärts nach Mainz, Köln, Xanten, ins Rheinmündungsgebiet, ja sogar nach Britannien.

Wo Güter angelandet werden sollten, musste es eine Schiffslände oder einen Hafen geben. In einem Hafen durfte keine starke Strömung herrschen, die das Be- und Entladen der Schiffe behindert hätte, oder es musste flache Gestade geben, auf die man die Schiffe ziehen konnte. Eine stadtartige Siedlung am Fluss konnte nur in der Nähe eines Platzes aufblühen, an dem sich ein Hafen oder eine Schiffs-

*Die Überreste einer Römer-
straße bei Jesenwang, wie
sie der Luftbildarchäologe
unter dem Schnee erkennen
kann.*

lände einrichten ließ. Man konnte die Schiffe auf den Gleithang des Flusses ziehen, der dem Prallhang mit der Stadt gegenüberlag. Dann musste der Fluss durch
eine Furt gequert oder mit einer Brücke überspannt werden, und Hafen wie Brücke mussten militärisch gesichert werden. Wo der Fluss sich in mehrere Äste aufspaltete, war die Lage für Stadt und Hafen besonders günstig. Dort ließ sich der
Fluss am besten überqueren. Denn es ist einfacher, einen Fluss durch mehrere
kleine Furten zu queren, als eine einzige breite Furt zu wählen. Und es ist leichter,
zwei oder drei kurze Brücken über Inseln zu legen, als eine lange Brücke von Ufer
zu Ufer zu spannen. Die Strömung in den verschiedenen Flussarmen ließ sich beeinflussen. Man konnte den einen Flussarm anstauen, die Hauptmasse des Wassers in einen anderen Gewässerarm lenken. Die Strömung wurde in dem Flussarm
herabgesetzt, in dem der Hafen lag.

Häfen konnte man auch in Altwasserarmen einrichten, die vom strömenden
Wasser sowieso schon abgeschnitten waren. Dann aber versandeten und verlan-

deten die natürlichen Hafenbecken, so dass sie nach kurzzeitiger Nutzung wieder aufgegeben wurden. Oder man gründete Hafen und Stadt oder Kastell am Zusammenfluss zweier oder mehrerer Ströme. Die Gewässer stauen sich dort gegenseitig auf. Das Wasser fließt vor dem Erreichen der Flussmündung ruhiger als unterhalb davon. Gut zu sehen ist dies in Koblenz und Passau, wo die Schiffsländen und Häfen unmittelbar oberhalb der Stellen lagen, wo Rhein und Mosel beziehungsweise Donau und Inn aufeinandertreffen. Heute noch liegen die Häfen der Städte dort.

Stadtartige Siedlungen der Römer entwickelten sich also idealerweise hoch über dem Fluss, aber direkt in seiner Nähe und möglichst dicht bei einem Hafen, am Zusammenfluss von Strömen oder an Stromspaltungsgebieten, oft dort, wo auch im Mittelalter und bis auf den heutigen Tag Städte zu finden sind.

Nicht alle Siedlungen der Kolonialmacht lagen an Flüssen. Güter mussten im Römischen Reich auch über Land transportiert werden. Ein Straßennetz war notwendig, das einerseits die Geländesituationen optimal ausnützen, andererseits Wege umfassen sollte, die die militärischen und zivilen Zentren verbanden. Römische Straßen wurden möglichst schnurgerade angelegt, zum Beispiel quer über die Münchner Schotterebene, die ehemalige Sanderfläche aus eiszeitlichem Schotter, die im Gletschervorfeld entstanden war. Straßen führten am Rand breiter eiszeitlich geformter Täler entlang, dort, wo die Kante des Hochufers verlief und wo niemals Hochwasser zu erwarten war: Diese Geländesituation prägte den Verlauf der römischen Straßen an Donau und Lech. Die Straßen folgten auch dem Verlauf des geologischen Grabenbruches in der Oberrheinebene. Sie querten Flüsse dort, wo Städte lagen. Dort befanden sich auch die Stromspaltungsgebiete mit ihren Furten oder Brücken: Salzburg an der Salzach, Augsburg an der Wertachmündung in den Lech, Straßburg und Augst am Rhein, Trier an der Mosel. Die Straßen sollten Gebirge mit minimalen Steigungen überwinden. Sie wurden daher über möglichst flache Sättel geführt, wie zum Beispiel östlich vom Kinzigtal im Schwarzwald, durch das sich eine Straße vom Straßburger Raum nach Osten anlegen ließ. Östlich vom Tal war nur ein kleiner Sattel zwischen Schiltach und Waldmössingen zu überwinden. Die Schwäbische Alb ließ sich am bequemsten dort überschreiten, wo die Täler ehemaliger Donauzuflüsse verlaufen, denen der Rhein und seine Nebenflüsse vor Urzeiten das Wasser abgegraben hatten. Die Täler früherer Donauzuflüsse sind breit, und sie führen nur noch wenig Wasser. Das Gefälle zwischen ihnen und den Tälern der Rheinzuflüsse ist kurz und geringer als dort, wo der gesamte westliche Steilhang des Juragebirges erklommen werden muss. Ideale Bedingungen für die Aufnahme und Anlage von römischen Straßen boten die Täler von Rems, Kocher und Brenz, von Fils und Lone oder zwischen Rottweil und der Umgebung von Tuttlingen.

Die Römer bauten auch Straßen über Mitteleuropas Hochgebirge, die Alpen. Ihre Senken verlaufen von West nach Ost, dieser Richtung folgen auch die meisten Flüsse. Wo ein Fluss nach Norden oder Süden zum Rand der Alpen durch-

Römische Passstraße in der Scharnitz bei Mittenwald (Bayerische Alpen).

bricht, waren gute Voraussetzungen für die Verkehrserschließung des Hochgebirges gegeben. Römerstraßen nutzten also die Täler von Alpenrhein, Etsch und Eisack. Flache Sättel zwischen den Flusstälern wurden zu den Leitlinien der Passstraßen, zum Beispiel am Brenner und am Fernpass.

Beim Straßenbau folgten die Römer sicher oft dem Verlauf von Vorgängerwegen, die es vielleicht schon seit Jahrtausenden gab. Sie machten aus nur gelegentlich miteinander verbundenen Einzelwegen ein Verkehrsnetz, das in seinen Grundzügen in vielen Fällen Jahrhunderte überdauerte. Seine Grundideen wurden vor allem wieder aufgegriffen, als in Mitteleuropa Eisenbahnen gebaut wurden. Schienengebundener Verkehr erfordert größtmögliche Geradlinigkeit der Trassen; große Gefälle kann er nicht überwinden. Daher ähneln sich die Verläufe vieler Römerstraßen und Eisenbahnlinien, wie auch das Netz der Römerstraßen dem Eisenbahnnetz des 19. und 20. Jahrhunderts sehr ähnlich sieht.

Verkehrsnetz und Transportsystem funktionierten bereits in erstaunlich kurzer Zeit nach der römischen Besetzung des Landes, was allerdings für die städtischen Zentren lebensnotwendig war. Sie konnten nur dann bestehen, wenn sie vom ersten Tag ihrer Existenz an genügend Lebensmittel, Baumaterial und Brennholz erhielten. Damit die Bedürfnisse der Städte befriedigt werden konnten, wurde die Landschaft in vieler Hinsicht verändert.

In den dörflichen Siedlungen des städtischen Umlandes wurde prinzipiell ähnlich gewirtschaftet wie in den Jahrhunderten zuvor, es wurden die gleichen Getreidearten angebaut, vor allem Gerste und Dinkel. Die Kontinuität der Wirtschaftsweise ist nur dann denkbar, wenn Kontinuität der Besiedlung besteht, ein Phänomen, das mit historischen und selbst oft mit archäologischen Methoden nur schwer nachzuweisen ist, weil prähistorische Siedlungen immer wieder verlagert wurden. Das hat mit dem Abbrechen einer grundsätzlichen Besiedlungskontinuität nichts zu tun. Diese Kontinuität der Besiedlung muss bestanden haben; sonst wären nicht in vorrömischer und römischer Zeit die gleichen Getreidearten auf den Feldern angebaut worden. Dinkel war nur im Land nordwärts der Alpen bekannt, nicht aber im römischen Mutterland. Die Römer lernten ihn von den unterworfenen Völkern kennen, und damit nicht nur seinen Anbau, sondern auch die Lagerung von bespelzten Körnern sowie das Entspelzen der Früchte vor dem Mahlen. In römischer Zeit mussten die Erträge erhöht werden, weil ein beträchtlicher Teil des Ernteguts an die Kastell- und Stadtbevölkerung abzuliefern war. Vermutlich wurden daher die während der vorrömischen Eisenzeit entwickelten besseren Bodenbearbeitungsmethoden (Ackern mit dem die Scholle wendenden Pflug, Mergel- und Mistdüngung, neue Erntetechniken) weiter optimiert.

Die Römer überzogen das unterworfene Land auch mit einem eigenen System von Agrarbetrieben, den Villen. Wer eine Villa besaß oder verwaltete, dachte in den Kategorien eines Agrariers. Er führte einen arrondierten Betrieb in der Landschaft, der in seiner Anlage einem Aussiedlerhof heutiger Zeit vergleichbar ist, wobei allerdings wohl kaum „Aussiedler" einer dörflichen Siedlung auf ihm ansässig waren. Wo man eine Villa anlegte, hat der römische Agrarschriftsteller und -dichter Columella in seinen „Zwölf Büchern über Landwirtschaft" beschrieben: „[…] So wesentlich es ist, welcherlei Boden man bearbeitet und auf welche Weise man es tut, so ist es doch nicht weniger wichtig, wie man das Wirtschaftsgebäude anlegt […] Ein Landwirt wird […] – nach Cato – den Boden seines Areals soweit in Beschlag legen, dass ‚weder dem Haus das Ackerland noch dem Ackerland das Haus fehlt'. Wie dieses im ganzen gelegen sein soll, will ich im folgenden darstellen […] Wer sich anschickt, ein Gebäude zu errichten, muss es nicht nur in einer gesunden Gegend, sondern am gesündesten Platz dieser Gegend tun […] Erstrebenswert ist also eine in Wärme und Kälte gemäßigte Atmosphäre, wie sie etwa auf halben Hängen zu herrschen pflegt, wo sie nicht, in Niederungen eingesenkt, zur Winterzeit von Reif erstarrt oder im Sommer in der

Gluthitze brät, noch zu den höchsten Erhebungen emporgehoben, bei den geringsten Windstößen und Regenschauern zu jeder Jahreszeit wütet. Die beste Lage ist also die am halben Hang, allerdings so, dass der Bauplatz etwas herausspringt, damit nicht ein Gießbach, der nach Regenfällen hernieder braust, die Fundamente gefährdet."

Columella gibt damit eine auch schon zu römischer Zeit uralte Erfahrung über die Anlage ländlicher Siedlungen wieder. Idealerweise sollen sie am halben Hang liegen, also dort, wo das Dorf bereits seit der Jungsteinzeit seinen angestammten Platz hatte.

Villen wurden vor allem in den fruchtbaren Lößgebieten gebaut, in der rheinischen Lößbörde, in der Pfalz, in der Wetterau, in den Gäulandschaften am Neckar, im Nördlinger Ries und im Gäuboden an der Donau. Ihre Zahl nahm im 1. und 2. Jahrhundert n. Chr. deutlich zu. Einzelne Villen wurden damals schon wieder aufgegeben oder verlagert; insgesamt haben sie aber wohl eine größere Ortsfestigkeit besessen als prähistorische Siedlungen. Die stabilere Siedelweise ergab sich aus dem Kontakt zu den ortsfest angelegten Städten und Kastellen, aus der aufwendigen Bauweise der großen Villenanlagen. Nur in der Nähe einer Siedlung, die viele Jahrzehnte lang bestand, konnten landwirtschaftliche Kulturen angelegt werden, die erst nach einiger Zeit Profit abwarfen: Obstgärten und Weinberge. Der Anbau von Obst (und von Oliven) entwickelte sich ursprünglich im Vorderen Orient und verbreitete sich zugleich mit dem kulturellen Phänomen, stabile, stadtartige Siedlungen anzulegen, nach Westen. Oliven ließen sich aus klimatischen Gründen nicht nördlich der Alpen anbauen, aber die Techniken, die zur Behandlung des Ölbaumes erforderlich waren, wurden auf die Kulturen anderer Bäume übertragen, zum Beispiel das Okulieren und das Pfropfen. Eine Villa bestand lange genug, dass ihre Bewohner auch von dem Ertrag der um sie herum angelegten Obstgärten profitieren konnten, in denen Äpfel, Birnen, Kirschen, zum Teil auch Pfirsiche, Walnüsse und Esskastanien gediehen. Walnuss und Esskastanie wurden in vielen römisch besetzten Gebieten heimisch, sie „verwilderten" und wuchsen fortan auch, ohne dass ein Mensch sie pflanzte, in Hecken oder sogar in Wäldern; die Esskastanie ist seitdem in vielen Wäldern am Oberrhein verbreitet.

Auch den Ertrag eines Weinberges konnte nur derjenige richtig nutzen, der ihn für eine lange Zeitdauer anlegte. Die Römer brachten den Weinbau nach Mitteleuropa. Römischer Weinbau ist vor allem für das Moselgebiet belegt, wahrscheinlich aber auch für den Mittelrhein, die Pfalz, das Neckargebiet, das Donautal bei Regensburg und Niederösterreich.

Die agrarische Produktion wurde aber noch auf andere Weise intensiviert. Man baute den ertragreichen, aber empfindlichen Weizen an. Er konnte im Horreum, im festen Getreidespeicher, gelagert werden. Agrargeräte und Düngung wurden verbessert. Man errichtete große Viehställe, hielt kräftigere und größere Rinder. Für die Stallhaltung musste mehr hochwertiges Futter gewonnen werden. Man legte Wiesen an, auf denen Heu gemacht wurde: Gras und Kräuter wurden geschnitten, getrocknet in die Höfe gebracht und dort für die winterliche Fütterung gelagert.

Viehhalter lebten in den Flussniederungen, wo Gras und Kräuter auf feuchtem, fruchtbarem Untergrund besonders gut gediehen. Als Hochwasserschutz dienten Deiche. Im Jahre 55 n. Chr. wurde im Rheindeltagebiet unterhalb von Arnheim ein Polder angelegt, der Jahre später von marodierenden Truppen, nicht von Naturgewalt zerstört wurde. Auch in der Römerzeit siedelte man innerhalb des aus der Eisenzeit stammenden Walles von Manching in der Donauniederung.

Insgesamt entstand in der römischen Besatzungszeit ein hervorragend organisiertes Handelssystem für Gegenstände des täglichen Bedarfs zwischen Produzenten, Transporteuren und Konsumenten. Nur so konnten die Städte weitgehend ohne Hunger und Mangelerscheinungen existieren, nur so war es möglich, das aus dem Mittelmeergebiet stammende Personal des Imperiums auch fernab seiner Heimat mit vertrauten Gütern aus südlichen Gefilden zu versorgen.

Aus dem Süden kamen Feigen, Gewürze, Öl. Der Wein, der an Mosel, Rhein und Donau wuchs, wurde in Fässern stromabwärts auf die Reise geschickt. Die Fässer waren in vielen Fällen aus dem Holz der Tanne hergestellt, die nur im südlichen Deutschland und im Alpenraum wächst. Daher lässt sich die Herkunft dieser Fässer leicht bestimmen, wenn man sie auch außerhalb des Verbreitungsgebietes der Tanne bei Ausgrabungen findet.

Tannenholz war auch ein begehrter Baustoff. Die Stämme wurden auf Rhein, Donau und ihren Nebenflüssen stromabwärts in die Städte und Kastelle getriftet oder geflößt. Dort wurden sie als hochwertiges Material beim Bauen auf schwierigem, steilem Terrain benötigt. Um Tannen zu schlagen, zogen die Holzfäller in römischer Zeit wohl hoch hinauf ins Gebirge, wo der Baum mit seinen bis zu über 50 Meter hohen Stämmen zu finden war.

Vorzügliches Baumaterial in Form von Stein fanden die Römer in Kalk- und Tuffabbrüchen, die sich in den Nebentälern des tief eingeschnittenen Rheins gebildet hatten. Tuffstein aus der Eifel, das Sediment der spätglazialen Vulkanausbrüche, kam als Baustoff per Schiff in die Städte am Niederrhein.

Diese entwickelten sich zu besonders mächtigen Wirtschaftszentren des Römischen Reiches, vor allem Köln und Xanten. Köln wurde zur römischen Großstadt, die ihr ländliches Umfeld besonders stark beeinflusste. Vom niederschlagsreichen Eifelland wurden viele Kilometer lange Wasserleitungen in die Stadt gebaut, um die Bevölkerung mit sauberem Trinkwasser zu versorgen. Kunstvoll wurde das Gefälle der Täler ausgenützt, um das Wasser in der Leitung am Fließen zu halten.

Im 3. Jahrhundert n. Chr. begann das System des Imperiums zu wanken. Die Macht Roms ließ nach, was sich bis in die äußersten Randbereiche des Reiches auswirkte. Der Limes wurde immer stärker bedroht und musste schließlich zurückverlegt werden. Die Bedeutung vieler Städte sank, die Anzahl der Villen ging

Vom Urfttal bei Nettersheim in der Eifel nach Köln wurde eine etwa 70 Kilometer lange Wasserleitung errichtet. Dort konnte die römische Bevölkerung mit Wasser aus der Eifel versorgt werden.

zurück. Nach mehrhundertjähriger Blütezeit zerfiel das römische Agrarlandschaftssystem, was vielleicht nicht nur mit der allgemeinen Krise des Imperiums zusammenhing, sondern auch damit, dass in Mitteleuropas vielfältiger Landschaft zentralistisch aufgebaute Staatsgebilde und künstlich gezogene Grenzen nicht dauerhaft zu halten waren. Das Imperium zerbrach aber nicht vollständig. Seine Organisation hielt sich in kleineren Regionen: an Nieder- und Oberrhein, in Trier und seiner Umgebung, bei Passau, Regensburg und Salzburg sowie am Ostrand der Alpen, wobei wirtschaftliche Kraft vor allem in den niederrheinischen Städten über die römische Zeit hinaus wirkte. Die Bevölkerungszahlen aller Städte sanken aber, die Villen wurden verlassen. Das Leben der ländlichen Siedler ging weiter seinen prähistorisch-eisenzeitlichen Gang: Siedlungen wurden gegründet, aufgegeben, verlagert, genauso wie in vorrömischer Zeit. Die Eisenzeit nahm weiter ihren Verlauf, wurde aber jetzt von Geschichtsschreibern etwas besser beobachtet, und für sie begann das dunkle, aus zivilisatorischer Sicht schwer zu durchschauende Völkerwanderungszeitalter; Tacitus hätte die Landschaft Germaniens auch nach dem Abzug der Römer als schaurig und widerwärtig empfunden.

14. Die „dunkle" Völkerwanderungszeit

Nach dem weitgehenden Niedergang römischer Organisation in Mitteleuropa brach dort aus der Sicht der von außen die Verhältnisse beobachtenden Geschichtsschreiber das Chaos der Völkerwanderung aus, oder es herrschte das Dunkel der „dark ages", wie diese Periode im englischen Sprachraum genannt wird. Die meisten ortsfesten Siedlungen wurden aufgegeben. Die Geschichtsschreiber erkannten, dass sich in Mitteleuropa ganze Völkerschaften auf die Wanderschaft begaben; sie zogen oft Hunderte von Kilometern weit. Historiker suchen bis auf den heutigen Tag Gründe für dieses Phänomen, das für zivilisierte Menschen schwer zu verstehen war. Lösten Klimaschwankungen, der Anstieg des Meeresspiegels oder das Eindringen nicht sesshafter Reitervölker aus dem Osten Eurasiens die Wanderungen aus?

Derartige Ursachen sind theoretisch denkbar. Aber katastrophale Klimaschwankungen gab es in der Mitte des 1. Jahrtausends n. Chr. nicht, und einem Anstieg des Meeresspiegels, der ohnehin nur kleine Bereiche Mitteleuropas betraf, hätten die Küstenbewohner auch auf andere Weise begegnen können als durch den Auszug der Angeln und Sachsen nach England. Nicht sesshafte Reitervölker, die Hunnen, Awaren und Ungarn, fielen in Mitteleuropa ein. Aber auch schon in vorrömischer Zeit waren berittene Nomaden dorthin gezogen, deren Namen man nur ausnahmsweise kennt. Jedes Mal konnten die Reitervölker so weit nach Westen vordringen, bis sie auf Barrieren geschlossenen Waldes stießen, in denen sich Reitervölker aus der Steppe nicht bewegen konnten. Oder anders ausgedrückt: Die Steppenvölker aus dem Osten drangen nur in Gegenden ein, in denen Wälder bei der Entstehung von Agrarlandschaft zurückgedrängt worden waren.

Aber zurück zum Thema: Es muss gefragt werden, ob die Geschichtsschreiber nicht zum Teil einen Zustand der Wanderung von Völkern beschrieben, der ihnen unverständlich war, der aber in Wirklichkeit etwas ganz Normales im Siedelverhalten von prähistorischen Menschen gewesen ist. Einzelne Gruppen von Menschen haben sich im Verlauf der Vorgeschichte immer wieder von Ort zu Ort bewegt, mal über geringere, mal über größere Entfernungen. Vielleicht wurde dies durch Einflüsse von außen ausgelöst, etwa durch Klimaschwankungen, schlechte Ernten, Überfälle von Reiternomaden, vielleicht muss man aber gar keine äußeren Einflüsse für dieses Verhalten suchen; vielleicht gehörte das „Wandern" zu den Charakteristika prähistorischen Siedelwesens. Am direktesten ist in der Völkerwanderungszeit ein Einfluss der östlichen Reitervölker auf das „Wandern" von Völkerschaften zu sehen. Versprengte Häuflein von ihnen

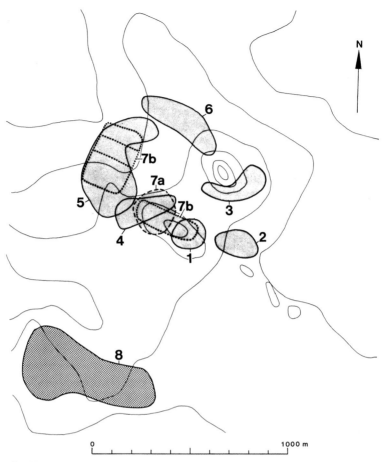

Die Dorfsiedlungen bei Vorbasse in Jütland wurden bis zum Mittelalter immer wieder verlagert. Areal 1 bezeichnet die Lage einer Siedlung des 1. Jahrhunderts vor Chr., Areal 2 eine Siedlung des 1. Jahrhunderts nach Chr. Im 2. Jahrhundert befand sich eine Siedlung auf dem Areal 3, im 3. Jahrhundert wurde sie ins Areal 4 verlagert. Die Siedlung nahm Areal 5 im 4. und 5. Jahrhundert ein, im 6. und 7. Jahrhundert Areal 6. Areal 7a wurde vom 8. bis zum 10. Jahrhundert bewohnt, im 11. Jahrhundert Areal 7b. Im 11. Jahrhundert wurde dann das heutige Dorf Vorbasse auf Areal 8 gegründet; seitdem wurde die Siedlung nicht mehr verlagert.

trieb es da- und dorthin. Man kann das zum Beispiel an den westlichen Vorposten von Siedlungen erkennen, die slawische Ortsnamen tragen und die fast immer truppweise nebeneinanderliegen – zwischen Ansammlungen von Siedlungen mit deutschen Namen, zum Beispiel im Thüringer Osterland bei Altenburg.

Mitteleuropa blieb nach dem Abzug der Römer besiedelt, „verwaldete" nicht vollständig, wie immer wieder übertreibend behauptet wird. Lediglich die Bevölkerungsdichte nahm ab, wobei vor allem die zivilisierten Menschen des Römerreiches Mitteleuropa den Rücken kehrten.

Für manche Gegenden konnte nachgewiesen werden, dass die völkerwanderungszeitlichen Ackerbauern eine etwas andere Siedellage als römische Villenbesitzer bevorzugten. Am Mittelrhein lagen die nachrömischen Siedlungen näher am fließenden Wasser als römische Villen. Das kann mit der Abnahme der Betriebsgrößen zusammenhängen, vielleicht aber auch damit, dass das Ausräumen der Landschaft und das großflächige Wirtschaften in römischer Zeit zur Drainage der Unterhänge in den Tälern geführt hatten, die sich nun auch für die Ackernutzung eigneten. Waren die Oberhänge und Ebenen zwischen den Tälern im Mainzer Becken, einem der trockensten Gebiete Mitteleuropas, durch die weiträumige römerzeitliche Landbewirtschaftung für den Ackerbau zu trocken geworden?

Anhand anderer archäologischer Befunde konnte gezeigt werden, dass ländliche Besiedlung der Völkerwanderungszeit unmittelbar auf städtisch-römische folgte. Damit war allerdings eine Siedlungsverlagerung verbunden, denn in Steilhanglage der Stadt konnte keine dörfliche Nachfolgesiedlung entstehen. So wurde das römische Straubing als Siedelplatz verlassen, die dörfliche Nachfolgesiedlung entstand ein Stück weit entfernt, am sanfter geneigten Hang.

Oft aber entzieht es sich unserer Kenntnis, warum kürzere oder weitere Wanderungen von Völkerschaften stattgefunden haben, warum Siedlungen immer wieder neu gegründet, aufgegeben und verlagert wurden. Die historischen Quellen überliefern auch nicht, wie groß die wandernden „Völker" waren. Dafür, dass komplette Landstriche verlassen wurden, fehlen in den meisten Fällen sichere Indizien. Meist blieb eine „Restbevölkerung" stets in der Gegend, wenn auch nicht am genau identischen Siedelplatz. Denn die weiterhin prähistorisch-eisenzeitlich geprägte ländliche Bevölkerung „wanderte", verlegte ihre Siedlungen von Zeit zu Zeit, begab sich auf kürzere oder längere Wanderschaft, wobei nicht immer die ökologische oder militärische Katastrophe die Wanderungsprozesse gesteuert haben muss. Immer wieder wurden neue Wälder gerodet, immer wieder bildeten und schlossen sich nach der Aufgabe von Siedel- und Ackerflächen Wälder erneut – wie in prähistorischer Zeit. Wie schon Jahrtausende zuvor begünstigte diese prähistorische Siedelweise die Ausbreitung der Buche, die auf ehemaligen Siedelflächen nach dem Hochkommen eines Birkenwald-Pionierstadiums Fuß fassen konnte.

Am Übergang von der Völkerwanderungszeit zum Mittelalter kam die prähistorische Siedelweise zu ihrem Ende, und die ländliche Siedlung erlangte fortan Ortsfestigkeit. Dieser Vorgang ist in den Quellen relativ gut überliefert, während sich das vorausgegangene „Wandern" nur unklar in den fremden (römischen) Darstellungen widerspiegelt oder in den Sagen der später ortsfest siedelnden „Völker" mündlich tradiert ist, zum Beispiel im Nibelungenlied.

Der Übergang von der prähistorisch mobilen zur historisch immobilen Siedel-

Viele frühe Klöster in Mitteleuropa (im Bild Oberzell auf der Reichenau im Bodensee) wurden auf Inseln gegründet.

weise verlief in mehreren Schüben, und es konnte auch wieder eine gegenläufige Entwicklung diesen Übergang unterbrechen. Einzelne ortsfeste Siedlungen gab es auch schon vor dem Mittelalter, vor allem in römischer Zeit, und auch nach dem Beginn des Mittelalters wurden hin und wieder Siedlungen aufgegeben, was von den Historikern als Wüstungsvorgang beschrieben wird.

Die Entstehung ortsfester ländlicher Siedlungen ist ein grundlegender Wandel in der Geschichte der Landschaft, und sehr viel ist darüber geschrieben und spekuliert worden. Grundsätzlich muss man sich dabei über verschiedene Tatsachen im Klaren sein: Die Entstehung ortsfester Siedlungen muss nicht zeitgleich mit der Benennung von Ortschaften stattgefunden haben; ein Ortsname kann zusammen mit der Bevölkerung gewandert sein, bevor er die zuletzt von ihr gegründete Siedlung bezeichnete. Die erste urkundliche Nennung einer Siedlung hat in vielen Fällen nichts mit ihrer Gründung zu tun. In der Regel wurden in den Urkunden nur Siedlungen genannt, die schon Bestand hatten, wobei mit der

Die Wurmlinger Kapelle bei Tübingen/Württemberg liegt auf einer markanten Berghöhe; in einer derartigen Landschaftslage kann sich in vorchristlicher Zeit ein Heiligtum befunden haben. Heute sind viele Höhenkirchen das Ziel von Wallfahrten.

Nennung nicht einmal ausgesagt ist, dass die betreffende Siedlung ihre Ortsfestigkeit schon erlangt hatte. Viele Gemeinden leiten ihr Alter aus der ersten urkundlichen Nennung ab, was der Realität in den meisten Fällen nicht entspricht; dies ist nur dann berechtigt, wenn man aus den Urkunden genau weiß, dass eine Siedlung tatsächlich zu einem bestimmten Zeitpunkt gegründet wurde – wie bei Bergbaustädten, Moorkolonien und Siedlungen von Glaubensflüchtlingen in allerdings viel späterer Zeit.

Nach den schriftlichen Quellen ist kaum zu entscheiden, ob Siedlungen in einer zuvor menschenleeren oder aber lediglich prähistorisch besiedelten Landschaft mit nicht ortsfesten Siedlungen gegründet wurden. Die Kolonisierung in Brandenburg, also die Einführung ortsfester Siedelweise, spielte sich in einer zuvor slawisch, nicht immer ortsfest besiedelten Landschaft ab, wogegen bei der Kolonisierung des Schwarzwaldes nach allem, was wir wissen, zuvor weitgehend menschen- und siedlungsleeres Land mit Siedlungen überzogen wurde.

Die Vielfalt der Dorf- und Flurformen muss schließlich nicht unbedingt etwas mit der ethnischen Zugehörigkeit der „Völker", die die Dörfer gründeten, zu tun haben. Siedlungsbilder unterscheiden sich zwar in charakteristischer Weise von Landschaft zu Landschaft, aber die Dorfformen sind erst ganz allmählich, im Verlauf von Jahrhunderten, entstanden und gewachsen, weil auch in den ortsfesten Siedlungen Besitzgrenzen verschoben und Gebäude verlagert wurden. Die Bauernhäuser von heute sind nur wenige Jahrhunderte alt; wie sich ihr Aufbau aus dem Haus des frühen Mittelalters herleitete, ist vielfach unbekannt. Sicher griff man beim Bau der Häuser auf ältere Traditionen zurück, aber man baute immer wieder neu, wobei auch die Siedlungspläne sich nach und nach änderten.

Im Folgenden sei der Versuch unternommen, den Wandel von der prähistorischen zur historischen Siedelweise unter Berücksichtigung des oben Gesagten zu beschreiben.

In direkter Tradition zur Spätantike hatten sich im Westen Mitteleuropas Macht- und Handelszentren erhalten. Kontinuierlich besiedelt blieben ehemalige römische Städte am Niederrhein (Xanten, Köln, Bonn) sowie am Mittelrhein in der Umgebung von Mainz. In diesen Bereichen hielten sich auch bescheidene Überreste des antiken Handelsnetzes. Daher nahm die staatliche Neuorganisation Mitteleuropas von dort und von anderen ähnlichen Zentren weiter im Westen im Wesentlichen ihren Ausgang: im Merowingerreich.

Wege für den Güteraustausch hatten sich in der Spätantike auch im Osten der Alpen gehalten. Wohl nicht wesentlich später bildeten sich auch im Osten Mitteleuropas, anknüpfend an diese alten Verbindungswege, ortsfeste Zentren heraus: Mikulčice, Most, Krakau und Breslau.

Von Osten und besonders von Westen her setzte sich in Mitteleuropa nun die Ortsfestigkeit von Siedlungen als kulturelles Phänomen durch. Aus dem Westen breitete sich das Christentum nach Mitteleuropa aus. Die Mönche des frühen Mittelalters siedelten sich zunächst dort an, wo sie sich Sicherheit vor instabil siedelnden Menschen erhofften, oft auf Inseln in Flüssen oder Seen, in Kaiserswerth bei Düsseldorf, Werden an der Ruhr und Corvey bei Höxter, auf einer Insel bei Säckingen und in Rheinau am Hochrhein, auf der Reichenau im Bodensee. Auch das Kloster Fulda entstand auf einer ehemaligen Insel; man weiß aber nicht, ob sie im frühen Mittelalter noch Insel war oder ob der sie umgebende Flussarm damals schon verlandet gewesen ist. Anderswo entstanden frühe kirchliche Zentren an Quellen (Aachen, Soest, Paderborn), wo auch schon in früherer Zeit Opferplätze gelegen haben könnten. Diese befanden sich vielleicht auch auf markanten Bergkuppen, die später von Kirchen, zum Teil den Zielorten von Wallfahrten, besetzt wurden: Petersberg bei Fulda, Michaelsberg bei Bruchsal, Wurmlinger Kapelle bei Tübingen, Salmendinger Kapelle auf der Reutlinger Alb, auf dem Bussen in Oberschwaben und dem Auerberg im Osten des Allgäus.

Ebenfalls von Westen her, aber weiter im Norden Mitteleuropas, breitete sich im frühen Mittelalter ein Handelsnetz aus. An der Nordseeküste wurden im

Die Warften oder Wurten wurden im 8. Jahrhundert wieder besiedelt. Um die Gehöfte herum pflanzte man Gehölz als Schutz vor dem Wind, so dass die Wurten heute aus der Ferne wie kleine Wälder aussehen (Wurt Utters nördlich von Wilhelmshaven).

7. und 8. Jahrhundert wieder Wurten besiedelt, offensichtlich, nachdem sie einige Jahrhunderte lang verlassen gewesen waren. Zwischen den von nun an ortsfest besiedelten dörflichen Wohnhügeln entstanden Wurten, die keinen runden, sondern einen länglichen Grundriss erhielten: Emden, Groothusen auf der Krummhörn, Nesse bei Norden, Langwarden in Butjadingen. Auf diesen Wurten, den Langwurten, liegen alle Gebäude zugleich an einer zentralen Straße wie am Rand der Wurt. Hinter jedem Haus befindet sich der Abhang des Wohnhügels, ein Gestade, auf das man Boote ziehen konnte. Mit Booten wurde von den Langwurten aus Handel getrieben mit anderen Siedlungen, deren langgestreckter Grundriss ebenfalls anzeigt, dass Händler in ihnen lebten. Sie lagen am Gestade von Flussufern. Ihre Ortsnamen beziehen sich oft auf diese Lage; sie enthalten den Namensteil „stedt", „stade" oder „stede". Beispiele für solche Siedlungen sind Dorestad im Rheinmündungsgebiet und Stade an der Niederelbe, deren wichtige Hafenfunktionen in früher Zeit belegt sind. Andere „stade-" oder „stede-" Siedlungen wurden vielleicht so benannt, ohne wichtige Häfen am Gestade zu sein; am Rand der trockenen Geest zu Fluss- und Nordseemarschen liegen sie allesamt. Andere Ortsnamen dieser auf jeden Fall ortsfesten, langgestreckten Siedlungen enden auf -wik, man nannte den Typ der Handelssiedlung mit langgestrecktem Grundriss Wiksiedlung. In ihnen lebten Wikinger oder Friesen, die den Handel im Küstengebiet betrieben.

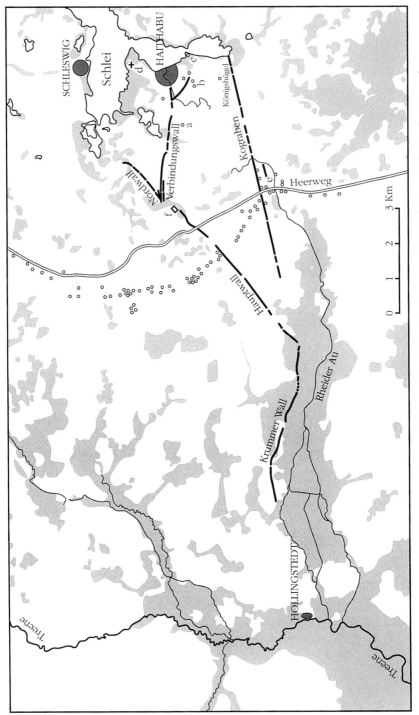

Von der Nordsee aus fuhren die Wikinger mit ihren Schiffen auf der Eider, der Treene und der Rheider Au bis in die Gegend von Hollingstedt. Quer über die Schleswiger Landenge wurde die Fracht dann über Land zum Hafen Haithabu an der Schlei transportiert. Von dort aus ließ sich der gesamte Ostseeraum auf dem Wasserweg erreichen.

Das Gelände des frühmittelalterlichen Hafens Haithabu bei Schleswig an der Schlei. Die Stadt wurde von einem halbrunden Wall umgrenzt, der heute von Gehölz bewachsen ist. Im Nordteil des Stadtgeländes steht heute ein Museum.

Mit ihrem Seehandel verlängerten sie die in spätantiker Tradition stehende Handelsachse am Niederrhein zunächst unter anderem in den südlichen Nordseeraum. Wikinger steuerten mit kleinen Booten Langwurten und Wiksiedlungen an. Sie betrieben intensiven Gütertausch; Fleisch, Textilien und Milchprodukte als Exportgüter machten von nun an die Marschbewohner reich. Die Wirtschaft blühte auf, besonders als es den Wikingern gelang, einen Handelsweg von der Nordsee aus in die Ostsee zu finden. Die Einrichtung einer Handelsverbindung zwischen den beiden Meeren Mitteleuropas war problematisch, denn um die sturmgefährdete Nordspitze Jütlands herum konnte mit den damals zur Verfügung stehenden Booten kein Schifffahrtsweg gelegt werden. Also befuhren die Wikinger mit ihren Booten die Flüsse der jütischen Halbinsel, auf denen sie am weitesten nach Osten vorstoßen konnten: Eider, Treene und Rheider Au. Auf der Treene gelangten sie flussaufwärts bis nach Hollingstedt (man beachte den Ortsnamen, der auf die Geestrandlage mit ihrem Gestade verweist), das nur etwa fünfzehn Kilometer von der Westspitze der Schlei entfernt ist. Die Schlei ist ein in den Ostseefluten versunkenes Tunneltal aus der Eiszeit; für die Anlage eines Schifffahrtsweges bot sie beste Voraussetzungen. Am äußersten westlichen Ende der Schlei entstand Haithabu, einer der bedeutendsten Handelsplätze des frühen Mittelalters. Zwischen Hollingstedt und Haithabu wurde ein Landweg mit aufwendigen Befestigungen eingerichtet, die heute als das Danewerk noch deutlich zu erkennen sind. Auf dieser kurzen Strecke wurden die Handelsgüter entweder

Der Freesdorfer Borchelt, eine slawische Burg mit Ringwall, bei Luckau in der Nieder-
lausitz.

in Wagen transportiert oder sogar in den leichten Booten, die über Land gezogen wurden. Von Haithabu aus stießen die Wikinger wieder in See und erschlossen weite Teile des Ostseeraumes als Handelsgebiet.

Dort kamen sie unter anderem mit Slawen in Kontakt, die von Osten her dauerhaftere Siedlungen in Mitteleuropa gründeten. Slawische Dauerbesiedlung inmitten des „prähistorischen Siedelchaos" scheint in vielen Fällen von der Besiedlung von Inseln ausgegangen zu sein, einer Siedellage, die im Westen die christianisierenden Mönche für ihre Klöster gewählt hatten. Wichtige Befestigungen der Slawen, ihre sicher nicht für kurze Dauer angelegten aufwendigen Ringwälle, wurden in vielen Fällen auf Inseln oder Halbinseln gegründet, zum Beispiel in Brandenburg an der Havel, Groß Raden bei Sternberg und bei Teterow in Mecklenburg. Später entwickelten sich auch die frühen, von slawischer Besiedlung ausgehenden Handelsplätze an der Ostsee auf Inseln oder Halbinseln, zum Beispiel in Lübeck. Ralswiek, wie der Name verrät, eine langgestreckte Wiksiedlung, entstand auf einem Eiland, hinter einem Strandwall der Ausgleichsküste im Nordwesten Rügens auf feiner toniger Marscherde, die sich im Strömungsschatten des Strandwalles abgelagert hatte. Ralswiek wurde zu einem wichtigen mittelalterlichen Hafen der Slawen an der südlichen Ostsee, wo es aber noch viele andere gab zwischen Oldenburg in Holstein, Nowgorod und Kiew.

Wirtschaftliche, staatliche und kirchliche Kräfte zielten allesamt darauf ab, Mitteleuropa zu einem Land ortsfester Siedlungen zu machen, denn nur ortsfeste Besiedlung war in einem Staats- und Wirtschaftssystem kalkulierbar. Andere Be-

176

weggründe hatten die christlichen Missionare. Die Kirchengebäude in den Dörfern waren Heiligen geweiht, daher durften sie nicht wieder aufgegeben werden. Die Kirche wurde zu einem Kristallisationspunkt des Dorfes, sie gehört auch sprichwörtlich „ins Dorf".

Der Wandel zur ortsfesten Siedlung vollzog sich in den einzelnen Landschaften Mitteleuropas nicht gleichzeitig. Abseits der obengenannten Zentren schritt er im Allgemeinen von West nach Ost voran, etwa gemeinsam mit der Ausbreitung des Deutschen Reiches, das sich stets nach Osten abzusichern hatte – im Grunde genommen nicht gegen die Slawen als „Volk", sondern gegen noch nicht ortsfeste Siedelweise, die sich in administrative Strukturen nicht eingliedern ließ. Karl der Große hatte die Idee, einen Grenzwall gegen die Slawen in Ostholstein zu bauen, den sogenannten Limes Saxoniae. Viele feste Burgen wurden an der damaligen Ostgrenze des Reiches errichtet. Der Kaiser versuchte auch, die Flusssysteme von Rhein und Donau durch einen Kanal zu verbinden, um weiter nach Osten vorstoßen zu können. Zwischen Weißenburg (an der Rezat) und Treuchtlingen (an der Altmühl) wurde tatsächlich ein großes Stück Graben ausgehoben, in dem teilweise heute noch tiefes Wasser steht. Aber der Kanal blieb unvollendet, obwohl schriftliche Quellen bereits den Kaiser dafür rühmten, dass ihm das Jahrhundertbauwerk gelungen sei.

Der Karlsgraben an der Europäischen Hauptwasserscheide bei Treuchtlingen in Mittelfranken sollte eine Kanalverbindung zwischen den Flusssystemen von Rhein und Donau werden. Er blieb zwar unvollendet, jedoch teilweise bis heute eine offene Wasserfläche.

In der Nähe ortsfester Siedlungen wurden immer wieder die gleichen Waldparzellen zur Gewinnung von Brenn- und Werkholz genutzt. Nach häufigem Holzeinschlag entstanden Niederwälder (Reher Kratt bei Itzehoe).

Dem Reich wurden während des frühen Mittelalters im Osten die Marken zugefügt, zum Beispiel die Mark Brandenburg und Österreich, für deren Beherrschung und Kolonisierung Markgrafen eingesetzt wurden. Die Siedlungen bekamen dort nicht immer neue deutsche Namen, sondern viele von ihnen behielten den Namen slawischer (oder auch früherer deutscher) Vorgängersiedlungen, die nicht ortsfest gewesen waren. Die Kolonisierung schritt von West nach Ost in unterschiedliche Landschaftsräume vor, die im Zuge der Waldentwicklung ein jeweils anderes charakteristisches Aussehen erhalten hatten. Zunächst kam sie von Westen her bis an den Rand der Landschaften mit vorherrschendem Nadelwald voran, bis zu den Kieferngebieten in Brandenburg und der Oberpfalz sowie zu den mit Fichten bewachsenen Gebirgen Österreichs und Böhmens. Später wurden diese Landschaften in das Reich einbezogen. Seine Ostgrenzen stießen wiederum an Vegetationsgrenzen, zum Beispiel an ein von Fichten-Hainbuchen-Wäldern bewachsenes Gebiet im heutigen Polen und an die pannonische Steppe.

Die Fixierung der Siedellagen von Dörfern war Voraussetzung dafür, dass sich zugleich fixierte Flursysteme um sie herum entwickeln konnten, wobei noch nicht geklärt ist, ob nicht in der Zeit zuvor nur die Siedlungen, nicht aber die

Viele Fachwerkhäuser wurden aus Holz gebaut, das in Niederwäldern herangewachsen war. Das ist an krummen Streben zu erkennen. Die Gefache wurden oft mit einem Geflecht aus Kleinholz gefüllt, das mit Lehm bestrichen wurde (bei Neuhaus an der Elbe).

Fluren verlagert wurden. Vielleicht wurden sie von den Bewohnern mehrerer Siedelplätze aus bewirtschaftet, die ihre Lage um die Flur herum verändert hatten.

Aus waldgeschichtlicher Sicht ist aber zu vermuten, dass in prähistorischer Zeit nicht nur die Siedlungen, sondern auch oft die Fluren verlagert, also im Verlauf der Zeit immer neue Waldparzellen gerodet wurden, deren Nutzung nach einigen Jahrzehnten dann wieder aufgegeben wurde; so konnten sich über Phasen von Sekundärsukzession wieder geschlossene Wälder entwickeln: Auf den ehemaligen Äckern wuchsen Birken, unter ihnen Eichen oder Buchen, deren Kronen einen geschlossenen Wald bildeten. In der gesamten Epoche mit nicht ortsfester Siedlungsweise breitete sich die Buche in Europa aus. Diese Expansion endete jedoch abrupt mit dem Ende der Völkerwanderungszeit, obwohl aus klimatischen Gründen eine weitere Ausbreitung des Baumes denkbar gewesen wäre, zum Beispiel im Westen der Britischen Inseln. Es kam nach der Aufgabe der prähistorischen, nicht ortsfesten Siedelweise nur noch selten zur Aufgabe von Siedelflächen, nur noch selten zur Bildung von Sekundärwäldern aus Birken, die von Buchen überwuchert werden konnten. Die Ausbreitung der Buche in Europa wurde durch die prähistorische Siedelweise indirekt gefördert; mit dem Einsetzen historischer, ortsfester Besiedlung endete sie.

Von ortsfesten Siedlungen aus wurde Wald grundsätzlich anders bewirtschaftet. Brennholz wurde nicht nur wenige Jahrzehnte lang, sondern permanent an den gleichen Stellen gemacht. Holz wurde immer wieder in den gleichen Waldparzellen geschlagen, immer wieder dann, wenn die Gehölze so weit in die Höhe gewachsen waren, dass sich der nächste Einschlag lohnte. Diese Form der Waldnutzung, die Niederwaldnutzung, hatte sich in Ansätzen schon viel früher entwickelt, gewann aber nun in Abhängigkeit vom geänderten Siedelverhalten der Bauern erheblich an Bedeutung. Einzelne Baumarten vertragen den häufigen Holzeinschlag nicht, andere besser; sie treiben nach dem Holzeinschlag rasch neu aus. Die Buche übersteht eine ständige Niederwaldnutzung nicht, die Hainbuche aber, die bisher in Mitteleuropa nur selten vorgekommen war, ist sehr ausschlagfreudig. Nach dem Holzschlagen treibt sie immer wieder neue, sekundäre Stämme aus den Baumstümpfen in die Höhe, manchmal sogar büschelweise. Da nun bei ortsfester Siedelweise stets die gleichen Waldstücke zur Holznutzung herhalten mussten, breitete sich die Hainbuche in den Wäldern des frühen Mittelalters aus. Es entwickelten sich die Eichen-Hainbuchen-Wälder, oft an der Stelle früherer Buchen- oder Buchen-Eichenwälder.

Der Übergang zur ortsfesten Siedelweise, verbunden mit von oben gelenkter Organisation, bedeutete Prosperität für Homo sapiens, wirtschaftliche Blüte. Er führte zu einem bedeutenden Schub des Bevölkerungswachstums, hatte aber auch grundsätzliche Auswirkung auf das Verhältnis zwischen Mensch und Wald. Menschheitsgeschichte und die Geschichte seines „Widerparts", des Waldes, liefen fortan in andere Richtungen als zuvor: Das Mittelalter hatte begonnen.

15. Das mittelalterliche Dorf

Die Veränderungen der Landschaft während des Mittelalters sind so vielfältig, dass sie nicht in einem einzigen Kapitel beschrieben werden können. Zuerst muss vom Dorf gesprochen werden, zu dem nicht nur das mit Häusern bebaute Areal, sondern auch sein Wirtschaftsraum gehört.

Am Anfang des Mittelalters ähnelte das Dorf wohl noch einer ländlichen Siedlung der vorrömischen Zeit. Es wurde wie schon viele Male zuvor „gegründet", aber oft zum letzten Mal; die Lage vieler Dörfer wurde fortan nicht mehr verändert. Die Ortsbindung der ländlichen Siedlung nahm also während des ersten Jahrtausends n.Chr. erheblich zu. Entscheidend war die Gründung von Kirchen, die als dörfliche Kristallisationspunkte nicht mehr aufgegeben und verlassen werden durften. Siedlungen gehörten, wenn sie in Urkunden genannt wurden, in den Einzugsbereich einer Obrigkeit, die Ordnung in das prähistorische „Siedelchaos" bringen wollte – und brachte: Die Bewohner ländlicher Siedlungen fügten sich unter die Grundherrschaft. Sie waren nun wohl bereit, ihre Siedlungen für eine „längere Ewigkeit" zu errichten als ihre Vorfahren.

Die ländlichen Siedlungen befanden sich in prinzipiell ähnlicher landschaftlicher Lage wie schon Jahrtausende zuvor: am halben Hang einer Talflanke oder in der Nähe von Terrassenkanten. Diese typische Dorflage hatten die jungsteinzeitlichen Ackerbauern gewählt, weil sie die Täler als Wander- und Erschließungsbahnen benutzten und erst eine Wegstrecke entfernt vom Talgrund einen steinfreien Lößboden fanden, den sie mit ihren Stein- und Knochenwerkzeugen bearbeiten konnten. Charakteristika des Bodens und der Vegetation hatten die ersten Ackerbauern von ihrer Wanderbahn in ihr Wirtschaftsgebiet geleitet. Ähnlich ließen sich die Gründer späterer Siedlungen in ihr Siedel- und Ackerbauareal hineinführen. In manchen Epochen lagen die Siedlungen dichter am Bach, in anderen Zeiten weiter davon entfernt, aber stets auf die Hanglage orientiert. Nach und nach war aus der Siedlungslage am halben Hang, die ja auch Columella anpries, die sogenannte Ökotopengrenzlage der Siedlungen geworden. Auf den steinigen, von Quellwässern überrieselten Hängen unterhalb der Siedlungen, also zwischen Dorf und Bach, lagen nun die Weideflächen für das Vieh: Grünland mit Gebüsch und einzelnen, weit ausladenden Bäumen. Auf der anderen Seite der Siedlung, jenseits der Ökotopengrenze, wo sich die besten Ackerböden befanden, waren die Felder. In der dörflichen Siedlung des Mittelalters manifestierte sich die Ökotopengrenzlage: Das Dorf lag arrondiert zwischen dem Ackerland und der Viehweide, zwischen den beiden wichtigen Wirtschaftsbereichen der ländlichen Siedlung. Der Wirtschaftsraum ließ sich von einem Dorf in sol-

Das kleine Dorf Steinkirchen im Dachauer Hügelland/Oberbayern hat seit dem Mittelalter seine Lage und Ausdehnung kaum verändert. Deutlich erkennbar ist die Ökotopengrenzlage am halben Hang: Unterhalb des Dorfes schlängelt sich ein Weg durch traditionelle Grünlandbereiche, die heute teilweise als Äcker bewirtschaftet werden, hinunter zum Bach; das seit alters genutzte Ackerland liegt jenseits des Dorfes auf der trockenen Höhe.

cher Lage aus am besten nutzen. Steinzeitliche Bauern konnten dies kaum im Auge gehabt haben, als sie die ersten ländlichen Siedlungen Mitteleuropas gründeten. Die Strukturen, die sie aus ganz anderen Ursachen als spätere Siedler in die Landschaft legten, bewährten sich im Verlauf der folgenden Jahrtausende. Die Ökotopengrenzlage der ländlichen Siedlung ist ein wichtiger Garantiefaktor dafür, dass in Mitteleuropa im Agrarsektor über Jahrtausende hinweg so erfolgreich gewirtschaftet werden konnte wie nirgends sonst auf der Welt. Oft fällt es allerdings schwer, die ursprüngliche Ökotopengrenzlage der Siedlungen zu erkennen: wenn die Ortsmitte zwar weit vom Bach entfernt lag, sich dann aber schon in früher Zeit eine von Bauernhöfen gesäumte Straße bis in den Bachgrund hinzog.

Ausnahmen pflegen aber die Regeln zu bestätigen: Es gibt auch ländliche Siedlungen des Mittelalters und der Neuzeit, die nicht am halben Hang der Täler oder an einer Terrassenkante entstanden. Etliche Siedlungen entstanden um Mühlen herum, also im Talgrund; wieder andere hatten ihren Kern am Talrand und bezogen sehr bald den Grund enger Täler mit in ihre Entwicklung ein; in

Niedereggenen im Markgräflerland verläuft der Dorfbach entlang der Hauptstraße, fließt also mitten durch das heutige Dorf. Wurtensiedlungen an der Küste konnten keine Ökotopengrenzlage einnehmen. Grundsätzlich ungewöhnlich ist auch die Lage von Siedlungen in Gebieten, deren Untergrund aus wasserlöslichem Kalkstein besteht, durch den das Wasser versickert. Äcker ließen sich dort am ehesten im Talgrund anlegen, wo gerade noch genug Feuchtigkeit vorhanden war, um das Wachstum von Getreide zu ermöglichen, und wo die Schwemmlehme so wenig steinig waren, dass man sie – wie schon seit der Bronzezeit – gut bearbeiten konnte. Die steinigen, trockenen Hügel und Hänge mussten dem weidenden Vieh überlassen bleiben. In solchen Landschaften lag die Keimzelle ländlicher Siedlungen dort, wo Lehmschichten den Wasserabfluss in den Untergrund verhinderten. Dort sammelte man Trinkwasser in Teichen, Hülen genannt. Auf Hülen oder Hülben nehmen Ortsnamen der Schwäbischen Alb Bezug: Hülben, Berghülen, Steinhilben.

Die meisten Dörfer des Mittelalters lagen wie schon in den Jahrtausenden zuvor am „Gestade" der Geest, am Rand eiszeitlicher Urstromtäler oder der Luchlandschaften, am Rand der Lößplatten, an Talflanken und Terrassenkanten. Sie entstanden immer nur an einer Talseite, und wenn sich heute eine Siedlung über beide Talflanken ausdehnt, so geht dies auf jüngeren Ausbau zurück oder auf Verschmelzung von ehemals zwei Siedlungen, von denen dann gelegentlich die eine ursprünglich weltlich, die andere geistlich orientiert war: Zwischen Markt Indersdorf und Kloster Indersdorf im Dachauer Land fließt das Flüsschen Glonn, gemeinsam bilden beide Ortsteile die Gemeinde Indersdorf. Lagen ländliche Siedlungen an beiden Talflanken, galt das Dorf am Südhang fortan als reich, das am ungünstigeren Nordhang war ärmer.

Wie die Dörfer zu dem Zeitpunkt aussahen, als sie ortsfest wurden, wissen wir trotz aller Spekulationen darüber allenfalls in Ansätzen. Denn das einzige Gebäude, das in vielen Siedlungen aus dem Mittelalter stammt und noch heute sichtbar ist, ist die Kirche. Das geistliche Zentrum der weltlichen Siedlung ist oft nicht genau im Ortszentrum situiert, sondern etwas von der zentralen Straßenkreuzung entfernt. Das kann darauf hinweisen, dass Kirchen nicht die ersten Gebäude im Dorf waren, sondern dann gebaut wurden, als schon mindestens jeweils ein Gehöft errichtet war. Dies konnte einem Bauern gehören, der hinter seinem Hof eine Eigenkirche gründete. Viele Eigenkirchen wurden später zu Dorfkirchen. Der Kirchturm sollte so hoch sein, dass er von der gesamten Feldflur aus zu sehen war. Die in der Sonne blitzende Wetterfahne, oft in Gestalt eines Turmhahns, drehte sich im Wind. Die Bauern auf dem Feld konnten beim Blick auf die Wetterfahne die Windrichtung erkennen, und sie sahen, wie sich die Witterung in den nächsten Stunden entwickeln würde. Danach entschieden sie, ob sie noch weiter ernteten oder schleunigst Korn oder Heu einbrachten. Zwar gab es zunächst keine Kirchturmuhren, aber zu festgelegten Zeiten rief die Glocke zum Gebet. Dadurch gelang es, den Tageslauf für alle Gemeindemitglieder

In den Marschen und im Gebirge, wo vor allem die Viehhaltung wichtig war und ist, sind Wohnstallhäuser die charakteristischen Bauerngehöfte. Zu den Wohnstallhäusern zählt das Schwarzwaldhaus (Signau bei Grafenhausen im Hochschwarzwald).

zu synchronisieren. Man betete nicht nur zur gleichen Zeit, sondern begann auch gemeinsam mit der Arbeit und machte zur gleichen Zeit Feierabend.

Ländliche Gebäude aus dem Mittelalter blieben nicht erhalten. Wir kennen nur ihre Grundrisse durch archäologische Ausgrabungen. Ländliche Bauten waren zunächst aus Holz errichtet, das die Jahrhunderte nicht überdauerte. Die Bauernhäuser wurden abgerissen, oder sie fielen in sich zusammen, brannten ab – und wurden am gleichen Ort wieder errichtet (was in den Jahrtausenden zuvor nicht immer geschehen war!). Die Bauernhäuser, die auf frühneuzeitlichen Gemälden dargestellt sind, haben noch kaum Ähnlichkeiten mit Gehöften, die wir aus heutigen Dörfern kennen. Daran wird deutlich, wie wenig wir über das Aussehen von mittelalterlichen, also noch älteren ländlichen Gebäuden wissen. Daher sind wir auch nicht darüber unterrichtet, wie der Plan eines Dorfes aussah, als es „gegründet" wurde, also seine Ortsfestigkeit erreichte. Dörfer sind nicht als Haufen-, Straßen-, Anger- oder Runddörfer entstanden, sondern im Laufe von Jahrhunderten zu den Gebilden herangewachsen, die sich in dieser Weise klassifizieren lassen. Nach und nach siedelten sich weitere Bauern neben einem Hof und der Kirche an, manchenorts in einer Straßenzeile, was zur Bildung eines Straßendorfes führte. Anderswo wurden die Höfe regellos angeordnet; es entstand ein Haufendorf. Wieder in anderen Gegenden entwickelten sich die Runddörfer mit im Kreis stehenden Gehöften. Diese Dorfanlagen sind immer

Mehrseithöfe wurden vor allem in Gebieten errichtet, in denen traditionell der Ackerbau besonders wichtig war, z. B. im mitteldeutschen Lößgebiet (Altenburg-Unterzetzscha in Ost-Thüringen).

wieder ethnisch gedeutet worden, und immer wieder fiel auf, dass dies nicht uneingeschränkt möglich war. Runddörfer entwickelten sich nämlich zum Beispiel als Rundlinge in manchen (nicht in allen!) slawisch besiedelten Gebieten, aber auch auf der dänischen Geest, die niemals von Slawen bewohnt war. Darum sind Runddörfer nichts spezifisch „Slawisches".

Etwas anderes muss prinzipiell hervorgehoben werden: Da viele Dörfer erst in sehr langer Zeit ihren heutigen Siedlungsplan erhielten, kann ihr Grundriss nicht auf vermeintlich „slawische", „fränkische" oder „alemannische" Siedlungs-„Gründer" zurückgehen. Viel eher muss daran gedacht werden, dass während des vielhundertjährigen Wachstums der Siedlungen ihr Plan landschaftlich verschieden entwickelt wurde, wobei man sich von dem Gedanken leiten ließ, das eigene Dorf der benachbarten Siedlung ähnlich werden zu lassen: Dieses Gestaltungsprinzip führte dazu, dass man in einigen Landschaften vor allem Straßen-, in anderen Haufendörfer findet.

Die Gehöfte bestanden in vielen Gegenden aus mehreren Gebäuden, dem Wohnhaus, dem Stall, Speichern und Scheunen. Anderswo, vor allem in der Marsch, gab es schon im frühen Mittelalter Wohnstallhäuser heutiger Prägung, Vorläufer der niederdeutschen Hallenhäuser, in denen Mensch und Tier unter einem Dach lebten. Wohnstallhäuser wurden vor allem dort errichtet, wo die Viehhaltung im Zentrum des wirtschaftlichen Interesses stand und Ackerbau zu-

185

nächst nur für den Eigenbedarf, später überhaupt nicht mehr betrieben wurde: in den Marschen, in regenreichen Gebirgen mit kühlem Klima und im Alpenvorland. Aus Gehöften mit mehreren Gebäuden entwickelten sich Mehrseitgehöfte, die für diejenigen Gegenden typisch sind, in denen das wirtschaftliche Schwergewicht auf Ackerbau oder auf einer Kombination aus Ackerbau und Viehhaltung ausgerichtet ist: in Lößlandschaften und Sandgebieten, vielerorts in tieferen Lagen der Mittelgebirge. Vielleicht erzwang die Brandgefahr in Scheunen und Speichern eine räumliche Trennung von den übrigen Bereichen des landwirtschaftlichen Anwesens.

Bis heute hielten sich die grundsätzlichen Unterschiede im Grundriss der Gehöfte. Einhaushöfe oder Wohnstallhäuser dominieren an der Küste, im Schwarzwald und im Alpenvorland. Geesthöfe haben mehrere Gebäude. Mehrseithöfe findet man in Ostholstein, in Franken, Thüringen, im Rheinland, Schwaben und Niederbayern. Sie verweisen auf lange Ackerbautradition, wenn sie auch im Einzelnen ein sehr verschiedenes Erscheinungsbild haben, vor allem unterschiedlich groß sind: Der fränkische Mehrseithof ist sehr klein, gewaltige Ausmaße kann dagegen der Vierseithof im ostbayerischen Gäu und in Teilen des österreichischen Alpenvorlandes haben.

In trockener, möglichst ebener Lage dehnten sich, direkt an das Dorf anstoßend, die Felder aus. Sie waren wie die Siedlung auch eingezäunt, weil das Vieh sonst überall herumlaufen konnte. Die Zäune markierten Hof und Acker als bäuerlichen Privatbesitz. Das Ackerland als Ganzes bildete die Feldflur des Dorfes.

Kamp-Flur bei Dunum in Ostfriesland.

186

Ein Egarten, ein abseits von der Kernflur gelegenes einzelnes Feld, inmitten von Wald und Weideland auf dem Schafbuckel bei Ochsenwang (Schwäbische Alb). Das Bild, im Jahr 1991 aufgenommen, hat bereits historische Bedeutung, denn inzwischen wurde die Bewirtschaftung dieses Egartens eingestellt.

Die Feldflur konnte wie sicherlich seit Urzeiten völlig regellos angelegt sein. Innerhalb einer gerodeten Fläche hat man dann mal hier, mal dort ein Stück Land umgebrochen, um Korn anzubauen. Man nennt diese Betriebsform Feld-Gras-Wirtschaft, die wohl die ursprünglichste Agrarordnung ist und sich in peripheren Ackerbaugebieten Skandinaviens, der Alpen und des Schwarzwaldes bis heute erhalten hat. Wo Ackerbau intensiver betrieben wurde, hat man größere zusammenhängende Teile der Feldflur bewirtschaftet. Dann bestand das Ackerland aus Blockfluren. Sie konnten später zu streifenförmigen Äckern geteilt werden, ein Vorgang, der vielleicht schon in der vorrömischen Eisenzeit einsetzte und von dem schon oben die Rede war. Streifenförmige lange und schmale Äcker wurden mit dem die Scholle wendenden Beetpflug bearbeitet, Blockfluren dagegen auch noch im Mittelalter mit dem Ard, dem Haken oder mit Hacken, die den Boden lediglich anritzten. Als die Beetpflüge mehr und mehr in Gebrauch kamen, teilte man immer mehr Blöcke zu Streifen. Aber immer wieder entstanden auch neue Ackerblöcke, vor allem am Rand der Siedlungen. Man nennt sie in manchen Gegenden Kamp. Vielleicht gehörten die Kämpe Siedlern, die am Rand der Dorfmarkung ansässig wurden, überhaupt am Rand der Gesellschaft lebten und keinen Beetpflug besaßen wie die „reichen" Bauern des Dorfes. Sie

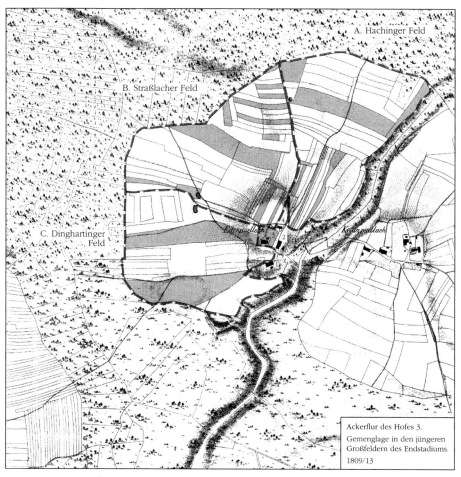

A. Hachinger Feld

B. Straßlacher Feld

C. Dinghartinger Feld

Ödenpullach

Kreuzpullach

Ackerflur des Hofes 3.
Gemenglage in den jüngeren
Großfeldern des Endstadiums.
1809/13

Die Dorfflur von Ödenpullach südlich von München setzte sich aus drei Feldern zusammen, dem Hachinger Feld, dem Straßlacher Feld und dem Dinghartinger Feld, die das in Ökotopengrenzlage befindliche Dorf halbkreisförmig umgaben. Auf den drei Feldern wurde Fruchtwechsel (Dreifelderwirtschaft) betrieben. Jeder Bauer musste Landbesitz in jedem Feld haben, so dass er in jedem Jahr Winter- und Sommergetreide anbauen konnte und im dritten Feld Brachland hatte, auf dem das Vieh weiden konnte.

konnten sich vielleicht nur die einfacheren Hakenpflüge zur Bodenbearbeitung leisten, oder sie hackten ihren Grund und Boden. Möglicherweise ließen sie auch ihre Schweine auf die Kämpe. Schweine durchwühlen jeden Boden nach Essbarem; eine intensivere Bodenbearbeitung war nach der Wühltätigkeit der Schweine nicht erforderlich. Und noch weiter außerhalb hielt sich auch die Feld-Gras-Wirtschaft. Innerhalb der gerodeten Fläche entstanden (vielleicht in nicht immer fixierter Position) einzeln gelegene Äcker, die manchenorts Egarten genannt werden. Das Nebeneinander von verschieden „alten" Flursystemen ist charakteristisch für das mittelalterliche und frühneuzeitliche Dorf.

Die besten Ackerparzellen waren meist streifenförmig gegliedert. Sie sollten so lang wie möglich sein, damit in langen Bahnen gepflügt werden konnte. Die Streifen wurden von ihren Besitzern in die „Wildnis" hinein verlängert. Die Äcker konnten einige hundert Meter, sogar Kilometer lang werden, aber sie waren schmal, oft weniger als zehn Meter breit.

Die Ackerstreifen wurden in strikter Organisation zu größeren Bereichen zusammengefasst. Denn bei der geringen seitlichen Ausdehnung der Streifen war es wichtig, dass auf benachbarten Äckern zu ähnlichen Zeiten gepflügt und geerntet wurde. Es war kaum möglich zu ernten, ohne dabei mit dem Erntewagen auch einmal über das benachbarte Ackerbeet fahren zu müssen. Also mussten die mit Wintergetreide bestellten Äcker nebeneinander liegen, denn Wintergetreide wurde früher geerntet als Sommergetreide. Noch viel weniger ging es an, dass ein Ackerbeet unmittelbar neben einem Getreidefeld brach liegen blieb, denn auf dem Brachacker wucherte das Unkraut; es sollte nicht in das bebaute Areal hineinwachsen. Außerdem diente der Brachacker als Viehweide, und er ließ sich kaum wirksam gegenüber den mit Getreide bestandenen Äckern abgrenzen, wenn die „Beete" dicht nebeneinanderlagen.

Also wurde der Flurzwang eingeführt. In einem Bereich der Flur baute man Wintergetreide an, in einem anderen Sommergetreide, in einem dritten Bereich lagen die Äcker brach. Die Bereiche der Flur bekamen verschiedene synonyme Bezeichnungen: Gewanne, Hufen, Stücke, Felder, Zelgen. Ihre Gesamtheit bildete die Flur, die sogenannte Gewannflur. Jeder Bauer im Dorf musste in jedem Gewann oder in jedem Feld mindestens einen streifenförmigen Wölbacker besitzen, damit er sowohl Wintergetreide als auch Sommergetreide ernten konnte und Anteil an der Viehweide auf der Brache hatte. Der individuelle Ackerland-Besitz war seither zersplittert. Jeder Bauer hatte mal hier, mal dort einen Acker. Die Besitzstruktur wurde bei Erbteilungen, in deren Verlauf ein Langstreifenbeet der Länge nach separiert werden konnte, bei Heiraten und Besitzverlagerungen im Lauf der Jahrhunderte immer komplizierter. Daher waren Äcker eines jeden Bauern über die gesamte Flur eines Dorfes verteilt, kein Bauer hatte zusammenhängenden Landbesitz. In Abhängigkeit vom Erbrecht entwickelte sich die Besitzgröße unterschiedlich. Zum Beispiel im evangelischen Württemberg herrschte Realteilung, wobei ländlicher Besitz unter allen Erben aufgeteilt wurde. Der Besitz der Einzelbauern wurde dadurch immer kleiner. Im katholischen Franken galt dagegen das Anerbenrecht: Im Erbfall gelangte der Hofbesitz komplett an einen einzigen Nachkommen, wurde also nicht geteilt. Doch eines muss betont werden: Die geringe Breite der Ackerbeete hing vor allem mit der Art der Bewirtschaftung und nicht mit der Art und Weise der Vererbung von Land zusammen.

Erst Agrarreformen und Flurbereinigungen der Neuzeit beendeten den Zustand der Zersplitterung des bäuerlichen Besitzes; in der Neuzeit wurden die bäuerlichen Besitztümer zu Fluren zusammengelegt, die (wieder!) blockförmig waren. Davon wird später die Rede sein.

Charakteristisch für die Ackerflur des Mittelalters war auch ein Fruchtwechselsystem. Wintergetreidefeld, Sommergetreidefeld und Brachfeld wurden nach Plan verlagert. Wo im ersten Jahr Winterfrucht stand, säte man im zweiten Sommergetreide ein, im dritten Jahr blieb dieses Areal brach. Man nennt diese Form des Fruchtwechsels Dreifelderwirtschaft oder Dreizelgenwirtschaft, wobei wichtig ist, dass das „Feld" nicht der Acker des einzelnen Bauern war, sondern die Gesamtheit aller Äcker der Zelge, auf denen alle Bauern des Dorfes in einem bestimmten Jahr entweder Winter- oder Sommerfrucht anbauten oder Brachland hatten. Jedes Mitglied der dörflichen Gemeinschaft hatte Anteil an jedem Feld. Wer außerhalb davon stand, außerhalb siedelte, keinen Beetpflug hatte, bewirtschaftete weiterhin Blockfluren. Vielleicht gab es auch auf den Blockfluren einen Fruchtwechsel, aber nicht als kollektiven Prozess aller Ackerbauern. Man kann daher diese Form des Fruchtwechsels auch nicht Dreifelderwirtschaft nennen.

Insgesamt wurden in Mitteleuropa nun mehr verschiedene Kulturpflanzen angebaut als in den Zeiten zuvor. Roggen und Hafer, deren Kultur in der Eisenzeit aufgekommen war, waren im Mittelalter außerordentlich wichtige Körnerfrüchte. Daneben hatten auch Dinkel, Gerste, Emmer und Hirse große Bedeutung. Aus dem Osten übernahm man während des Mittelalters den Buchweizen, eine anspruchslose Brotfrucht, die man auch auf entlegenen Egärten und in den Waldgebirgen aussäen und ernten konnte. Buchweizen ist der „Weizen des Waldes", wie sein Name sagt, er ist aber kein Getreide; die üppig weißrosa blühende Pflanze ist eine Verwandte von Knöterich und Sauerampfer.

In der Nähe der Dörfer wurden – außerhalb des Bereiches des Flurzwanges in der Dreifelderwirtschaft – Spezialkulturen angelegt. Da die Siedlungen ja nun ortsfest geworden waren, konnte man Obstgärten einrichten mit Apfel-, Birnen-, Zwetschgen- und Kirschbäumen. Nussbäume wurden an zentralen Plätzen des Ortes gepflanzt. Wo das Klima es zuließ, legte man Weinberge an. Der Anbau von Wein hatte im Mittelalter größere Verbreitung als heute. Dies wird immer wieder als ein Hinweis auf wärmeres Klima während des Mittelalters gewertet, doch ist dieser Schluss nicht zwingend. Damals war der Transport von Wein teurer als heute. Man brauchte aber zumindest in der Kirche (Messwein!) stets ein Getränk, das sich über längere Zeit aufbewahren ließ und nicht verdarb wie unvergorener Saft, Milch und selbst Wasser. Es gab also ganz andere Gründe dafür, einen eigenen Weinberg in der Nähe des Dorfes anzulegen als heute, und es kam nicht darauf an, dass die Reben in jedem Jahr ihre volle Süße erreichten. Man war auch mit herben Früchten, mit herbem Wein zufrieden; Hauptsache war, dass er im Fass frisch blieb. Weinberge gab es im Mittelalter nicht nur an Rhein, Mosel, Nahe, Neckar, Main und Donau, am Bodensee, an der Unstrut und der Elbe bei Dresden, sondern auch im Alpenvorland, in Niederbayern, an Weser und Leine, sogar bei Berlin, was alte Flur- und Straßennamen, zum Teil sogar alte Geländeformen verraten.

Eine andere neue Form von Spezialkultur war der Hopfengarten, der ebenfalls für eine längere Zeitdauer angelegt wurde, für einige Jahrzehnte. Hopfen konnte man nur dort kultivieren, wo sich keine Kaltluft sammelte, also an Hängen, wo kühle Luft in Strahlungsnächten rasch in den Talgrund abfloss. Der weltweit älteste Hopfenanbau ist frühmittelalterlich für die Holledau bezeugt, die heute das größte Hopfenanbaugebiet der Welt ist: Zwischen Ingolstadt, Regensburg und Landshut bedecken auch heute Hopfengärten riesige Flächen, aber stets nur die zum Teil recht steilen Hänge des Tertiärhügellandes, niemals den Talgrund und auch nicht die Rücken der Hügel. Da man Hopfengärten, auch wenn ihre Einrichtung von klösterlicher Seite gelenkt war, nur im Bereich eines ortsfest bleibenden Dorfes anlegen konnte, ist auch die „Entdeckung" des mit Hopfen gewürzten Bieres eine Folge der Stabilisierung bäuerlicher Strukturen in der Landschaft.

Die verschiedenen Spezialkulturen entstanden nur in bestimmten Gegenden. Und auch die Dreifelderwirtschaft wurde nicht überall eingeführt. In manchen Sandgebieten Norddeutschlands betrieb man ohne Fruchtwechsel den sogenannten „Ewigen Roggenbau". Das war nur mit intensiver Düngung möglich: Außerhalb der Feldflur stach man in der Heide Soden ab, die sogenannten Plaggen. Die Plaggen wurden in die Viehställe transportiert und dort als Einstreu verwendet. In den Ställen bildete sich ein Gemenge aus Soden und Fäkalien, das vor der Feldbestellung auf den Äckern ausgebracht wurde. Die dauernde Fruchtbarkeit der Feldflur war dadurch gewährleistet; ihre Bodenoberfläche wurde dezimeterweise, manchmal auch über einen Meter hoch aufgehöht: Es entstand der sogenannte Esch, auf den im Verbreitungsgebiet dieser Wirtschaftsform viele Orts- und Flurnamen hinweisen. Gut zu erkennen sind Eschfluren vor allem im Emsland und im Osnabrücker Land. Dort, wo man die Plaggen gestochen hatte, verarmte der Boden mehr und mehr. Sand wurde bloßgelegt und vom Wind zu Dünen zusammengeweht; als Folge des Plaggenstechens entstanden sogar Wanderdünen.

Die Vermehrung der Vielfalt angebauter Feldfrüchte und die strikte Organisation des Ackerbaus geschahen auf den Druck hin, den herrschaftliche Strukturen auf die Dörfer und ihre Bewohner von außen her ausübten. Das Dorf war im Mittelalter keine abgeschlossene Wirtschaftseinheit mehr wie in den Jahrtausenden zuvor, sondern seine Bewohner mussten Naturalien abgeben, Abgaben leis-

Auf intensiv genutztem Sandboden, zum Beispiel dort, wo Plaggen gestochen wurden, bildeten sich im Mittelalter vielerorts vegetationsarme Dünen. Der Sand der Wanderdünen wird vom Wind verlagert, was auf diesem Bild (bei Hamburg-Billwerder) zu erkennen ist: Die Wurzeln der Birken sind vom Wind bloßgelegt worden.

ten an Menschen, die keine Bauern waren. Aus den Dörfern musste die Ernährung der Menschen in Klöstern, Burgen und Städten sichergestellt sein. Dies war nur dann möglich, wenn der Ackerbau immer weiter intensiviert wurde. Bodenbearbeitung mit dem die Scholle wendenden Beetpflug, Dreifelderwirtschaft und deren strikte Organisation (oder die Eschwirtschaft mit ewigem Roggenbau) und Düngung mit Mergel und organischen Stoffen sind wohl schon vor dem Mittelalter von Bauern aus noch nicht ortsfesten Siedlungen durchgeführt worden, wohl auch schon in der vorrömischen Eisenzeit. Nach dem Aufblühen von Städten und Bürgertum im Mittelalter bestand der Zwang dazu, diese Neuerungen konsequenter anzuwenden. Man kann dies auch anders formulieren: Ohne die zunächst nicht darauf ausgerichteten Verbesserungen der agrarischen Produktionsweise wäre das Dorf als Wirtschaftseinheit nicht in der Lage gewesen, sowohl in der Römerzeit wie dann vor allem im Mittelalter Überschüsse zu produzieren, die auf den städtischen Märkten angeboten werden konnten. Die eisenzeitlichen Verbesserungen der landwirtschaftlichen Methoden waren Voraussetzung für das Aufblühen der Städte während des Mittelalters.

Im unmittelbaren Umkreis der Dörfer lagen nicht nur die Ackerfluren, sondern auch Weideland, die Allmende, die von jedem Bauern im Dorf genutzt wer-

Seit dem frühen Mittelalter wurden Weiher als Fisch- und Mühlteiche in den Tälern auf-
gestaut (Schlüchtsee bei Grafenhausen im Hochschwarzwald); im Hintergrund liegt die
ehemalige Mühle.

*Mühlen wurden im allgemeinen
abseits der Dörfer unmittelbar im
Talgrund errichtet (Klausenmühle
im Mettmatal/Südschwarzwald).*

den konnte. Das beste Weideland befand sich unterhalb der Dörfer, zwischen den Gehöften und dem Talgrund. Dort wuchsen nicht nur Gräser und Kräuter, sondern auch Gebüsch und einzelne, weit ausladende Bäume. Pferde, Rinder und Schweine weideten auf diesen Flächen. Sie fanden genug Wasser zum Trinken, genug Gras zum Fressen, sie rupften auch Laub von den Bäumen ab. Junge Bäume und Sträucher konnten nicht mehr emporwachsen, weil ihre Triebe vom Vieh abgefressen wurden. Nach und nach verschwand Gehölz von intensiv beweideten Flächen. Die Tiere wurden zeitweise im Stall gehalten, um sie vor Kälte zu schützen und in den Ställen Mist als Dünger zu sammeln.

Im Talgrund direkt unterhalb der Siedlung staute man Wasser auf, indem man ein Wehr errichtete, hinter dem ein Weiher entstand (beide Wörter sind übrigens etymologisch verwandt!). Am Wehr wurde Wasser abgeleitet, um ein Mühlrad anzutreiben. Es bewegte die Mühle, in der – zum Teil unter herrschaftlicher Aufsicht – das Korn gemahlen wurde. Die Einführung der Wassermühlen auf dem Land machte die Getreideproduktion effektiver, denn in der Zeit vor Einführung der Wassermühlen hatte man lediglich Handmühlen, die jeder Haushalt für sich

In Hüte- oder Hudewäldern, in denen das Vieh weidet, kommen nur wenige Bäume hoch. Für die Entwicklung ihrer Kronen haben sie viel Platz. Das Vieh frisst aber immer wieder das Laub von den unteren Zweigen ab, so dass eine Fraßkante entsteht (bei Machtlfing am Starnberger See).

allein verwendete. Wassermühlen und Mühlteiche gibt es in Mitteleuropa seit dem frühen Mittelalter. Natürlich wurden auch diese aufwendigen Anlagen erst zu einem Zeitpunkt errichtet, als die zugehörigen Siedlungen Ortsfestigkeit erlangt hatten. Der Müller stand wie der Kampbesitzer etwas außerhalb der Dorfgemeinschaft. Der Ort, an dem man eine Mühle baute, galt – vielen Märchen und Sagen zufolge – als nicht geheuer. Schon deswegen blieben Wassermühlen in Tälern meist einzelnstehende Gebäude, um die herum sich keine Weiler bildeten. Die Anlage von Gehöften neben der Mühle war nur dann sinnvoll, wenn das bäuerliche Anwesen eine arrondierte Lage inmitten der Wirtschaftsfläche bekam.

Das Vieh wurde auch außerhalb der Flur eines Dorfes auf die Weide geführt: in Wälder, die nach langer Beweidung lichter und lichter wurden. Sie hatten keine Grenze gegenüber baumfreien Weideflächen. Begrenzend wirkten nur die Zäune um die Anwesen des Dorfes und die Feldflur herum. Grenzen zwischen dichtem Wald, bewirtschaftetem Wald, aufgelichtetem Hüte- oder Hudewald und baumfreier Weide gab es im Mittelalter nicht. Denn Wald und Weide bildeten einen einheitlichen Nutzungsraum außerhalb der Kernflur. Aus der Tatsache, dass es keinen Waldrand als Nutzungsgrenze gab, folgt, dass man prinzipiell nicht darüber spekulieren kann, wie viel Fläche bewaldet und unbewaldet gewesen ist, welcher Landschaftsanteil gerodet war. Gäbe es Quellen darüber, ließe sich lediglich ermitteln, wie groß die Feldflur war. Aber Feldflur und Offenlandbereich sind nicht das gleiche. Das Land zwischen Kernflur und „unberührtem" Wald war mit aufgelichtetem Gehölz bewachsen – gehörte es dann zum Wald oder zur gerodeten Fläche? Diese Frage lässt sich nur dann beantworten, wenn man genau definiert, welcher Baumanteil auf einer Fläche stehen muss, damit man sie Wald nennen kann. Aber wird dadurch das Problem gelöst?

Mit dem Phänomen der Fixierung von Dörfern an bestimmten Plätzen hängen zahlreiche andere Entwicklungen der Landschaft zusammen, die auf die Intensivierung agrarischer Produktion zurückzuführen sind. Sie war die Voraussetzung für das Aufblühen von Klöstern, Burgen und Städten. Die dort ansässigen Grundherren übten Druck auf die Dorfbewohner aus, immer mehr Versorgungsgüter zu produzieren.

16. Die mittelalterliche Stadt

Inmitten der Versorgungsräume, inmitten des dörflichen Umlandes entwickelte sich während des Mittelalters städtische Kultur. Die Städte waren in der Versorgung mit Naturalien vom Land abhängig. Weil es aber in ihnen Handel und damit Geld gab, übernahmen sie die führende ökonomische Rolle; es entstand eine Abhängigkeit des Landes, also der Dörfer, von der Stadt. Stets wurde eher die Abhängigkeit vom Geld als entscheidend angesehen, weniger das Abhängigkeitsverhältnis, das sich aus der Naturalienversorgung ergab. Man muss sich aber klarmachen, dass im Grunde genommen zwar Dörfer ohne Städte existieren konnten, nicht aber Städte ohne ländliches Umfeld.

Jede Stadt musste sogar von einer ganzen Anzahl von Dörfern umgeben sein, um genügend Versorgungsgüter erhalten und genügend wirtschaftliche Potenz auf ihrem Markt bündeln zu können. Die zentralen Orte durften nicht zu dicht beieinanderliegen. Es entwickelte sich eine „Zentralisierungs-Pyramide" aus Dörfern, Kleinstädten oder Unterzentren, Großstädten oder Oberzentren, die Walter Christaller in einer schon fast klassisch zu nennenden Darstellung aus ökonomischer Sicht beschrieben hat.

Städte waren attraktive Wohnorte, und zwar nicht nur, weil städtische Bürgerrechte Privilegien mit sich brachten und Stadtluft „frei" machte. In den Städten gab es Märkte, Kultur, Kirchen, Zugang zu Nachrichten, ein hohes Maß an Sicherheit. All dies zog Menschen an, weshalb das städtische Areal immer sehr dicht bebaut werden musste, um Wohnraum für alle Zuzügler zu schaffen. Ein Charakteristikum der städtischen Siedlung ist das „verdichtete Wohnen". In jeder Stadt war die äußere Befestigung, die aus Mauern, Türmen, Toren, Zugbrücken und Gräben bestand, nur unter größten Anstrengungen zu errichten und zu unterhalten. Und es war leichter, kurze Mauerstrecken zu verteidigen als lange. Deshalb mussten Mauern und Gräben so kurz wie möglich sein. Erst dann, wenn die städtische Bevölkerung so stark angewachsen war, dass die Stadt aus allen Nähten platzte, entschloss man sich zur Erweiterung des Mauerringes.

Viele Städte erhielten im Lauf des Mittelalters noch einen weiteren äußeren Verteidigungsring, eine Landwehr, die nicht wie die Mauer in sich völlig abgeschlossen sein musste. In Berlin erinnert daran der Landwehrkanal, in Hamburg der Name eines S-Bahnhofes. Die Weichbilder Lüneburgs, Rothenburgs und Schwäbisch Halls werden von noch heute gut sichtbaren Wällen, Hecken und anderen Befestigungsanlagen umschlossen, den Landhegen, die man von Landtürmen aus bewachte. Landhecken gibt es auch im Siegerland. Ein Teilstück einer Landwehr in Südthüringen blieb als derart markante Landschaftsstruktur

*Die ehemalige freie Reichsstadt Nördlingen zählt zu den am besten erhaltenen mittel-
alterlichen Stadtanlagen in Deutschland. Deutlich erkennbar ist der Gegensatz zwischen
der dichten mittelalterlichen Bebauung innerhalb des nahezu kreisrunden Mauerringes
und der lockeren Anlage der Vorstädte aus dem 19. und 20. Jahrhundert. Eisenbahnen
und Umgehungsstraßen wurden um den Mauerring herumgelegt.*

bis ins 20. Jahrhundert hinein erhalten, dass man ihr einen Abschnitt der ehemaligen innerdeutschen Grenze folgen ließ.

Viele Stadtbewohner waren Bauern, sogenannte Ackerbürger. In der Stadt
wurden Rinder, Schweine und Pferde gehalten, die unter anderem auf dem
„Brühl", dem herrschaftlichen Weideland, vor den Mauern weideten. Die Acker-
bürger besaßen Getreideäcker, Obst- und Weingärten vor den Toren der Stadt.
Am Rand der nur wenig befestigten städtischen Gassen, vor den Mauern der
Stadthäuser wuchs Unkraut, das später für Dörfer charakteristisch wurde:
Brennnessel, Andorn, Katzenminze und Guter Heinrich.

Es gab Handwerker in der Stadt, Schuster, Brauer, Bäcker, Metzger, Schiffbauer, Färber, Gerber, Müller, Zimmerleute, Leineweber. Kaufleute lebten in der
Stadt, Geistliche, Lehrer, städtisches Verwaltungs- und Wachpersonal. All dies
hat unmittelbar mit der Agrarlandschaft im Umfeld der Stadt zu tun, denn im
Gemeinwesen der Stadt mussten sehr verschiedene Bedürfnisse von Bürgern be-

friedigt werden. Deshalb sollte sie eine möglichst optimale Lage in der Landschaft haben.

Viele mittelalterliche Städte entstanden in ähnlicher landschaftlicher Situation wie Städte der Römerzeit. Manche von ihnen, zum Beispiel Köln und Trier, waren auch in der Völkerwanderungszeit zentrale Orte geblieben. Sie blühten im Mittelalter als Folge der wiedererstarkten ökonomischen und politischen Organisation auf. Notwendig für die Stadt waren eine enge Bindung an das Umland, eine ausreichende Wasserversorgung, ein Flussübergang, Möglichkeiten zum Betrieb von Wassermühlen in unmittelbarer Siedlungsnähe, Hafen und Märkte, eine Befestigung. Die dörfliche Siedlage bot alle diese Voraussetzungen nicht. Städte sind daher nicht direkt aus Dörfern hervorgegangen. Für die Stadtentwicklung geeignete Orte sind durch landschaftliche Prädisposition determiniert; in vielen Fällen kann man begründen, warum sich an einem bestimmten Ort nur eine Stadt entwickeln konnte und niemals ein Dorf.

Das wird im Fall von Siedlungen besonders deutlich, die sich auf kleinen Inseln inmitten von Gewässern und Feuchtgebieten entwickelten. Konstanz, eine der wichtigsten Städte des Mittelalters, liegt auf einem schmalen Hügelsporn, der auf fast allen Seiten vom Bodensee und von Mooren umgeben ist. Vor dem Mittelalter befand sich dort ein kleiner Weiler, der nur einen Teil des Hügels bedeckte; auf der anderen Hälfte des Hügels mag die landwirtschaftliche Nutzfläche gelegen haben. Der ganze Hügel bot sich auf Grund seiner Nähe zum Wasser, der Möglichkeit, einen Rheinübergang einzurichten, und wegen der idealen Voraussetzungen für die Anlage einer Befestigungsmauer als Ort für eine Stadt an. Siedelte man aber den gesamten Hügelsporn auf, gab es keinen Platz mehr für Äcker. In dieser Form konnte die Siedlung nur dann weiterexistieren, wenn sie von außen, aus dem Umland, mit Agrargütern versorgt wurde; sie „musste" fortan Stadt sein. Über den Markt kamen Güter von außen nach Konstanz, andere Güter wurden dort an das Umland verteilt, der Markt zog allmählich auch den Fernhandel an.

Es gibt zahlreiche Siedlungen in Mitteleuropa, die in Insel- oder Halbinsellage entstanden und deshalb irgendwann einmal die wirtschaftliche Organisationsform der Stadt annahmen, um überleben zu können. Ein berühmtes Beispiel für so eine Stadtlage ist die Ile de la Cité, der Kern von Paris. Aber man findet Städte, die auf Inseln entstanden, auch in Mitteleuropa: Lindau, Passau, Wasserburg, Donauwörth, Köpenick, Spandau, Brandenburg, Havelberg, Stralsund, Lübeck, Kiel.

Man kann ein interessantes Beispiel für die Verlagerung einer Stadt auf eine von Feuchtgebieten umgebene Insel anführen. Am Lech hatten schon die Römer eine Ansiedlung auf dem Areal des späteren Altenstadt bewohnt. Dort entwickelte sich im Mittelalter eine größere Siedlung mit einer imposanten Kirche von städtischer Dimension. Aber für die weitere Stadtentwicklung fehlten die naturräumlichen Voraussetzungen: Es gab zu wenig Wasser in Altenstadt, und der Ort ließ sich kaum wirkungsvoll befestigen. Altenstadt (man beachte den Ortsnamen!) wurde weitgehend verlassen. Nur einige Bauern blieben in der Umgebung der heute überdimensioniert wirkenden Kirche. Einige Kilometer weiter liegt ein ehemals vom Lech umflossener Hügel, auf dem fortan die Stadt Schongau eine blühende Entwicklung nahm.

In diesen „Inselstädten" entstanden wichtige Märkte und Häfen. Ein großer Teil des Handelsgutes wurde auf dem Wasser in die Städte gebracht und von dort exportiert. Güter wurden vom Schiff auf Wagen umgeladen, und umgekehrt. Dort wurde das Holz angelandet für Zimmerleute, Böttcher und Schiffbauer. Schiffe konnten von den Werften auf städtischem Grund aus direkt ins Wasser gelassen werden. Bierbrauer, Färber, Gerber und Leineweber hatten direkt in der Nähe ihrer Handwerksbetriebe Wasser in Hülle und Fülle zur Verfügung, das sie nicht nur für ihre Gewerbe dringend brauchten, sondern auch erheblich verschmutzten. Die Städte auf Inseln oder Hügelspornen ließen sich mit geringem Aufwand militärisch sichern. Gerade die obengenannten Städte waren im Mittelalter so gut wie uneinnehmbar für Angreifer von außen.

Ähnlich entwickelten sich viele der alten Wik- und Kietzsiedlungen zu Städten, die bereits im frühen Mittelalter überwiegend von „Nichtagrariern" bewohnt worden waren, sondern von Händlern, Fischern und Dienstleuten. Wenn diese Siedlungen wuchsen, so war dies nur in der wirtschaftlichen Organisationsform der Stadt möglich, weil sie keinen direkten Zugang zu Agrarflächen hatten. So wurden die Hafenorte an der Ostsee Städte, die am äußersten westlichen oder südlichen Ende der Förden und Flussmündungstrichter lagen: Flensburg, Schleswig, Eckernförde, Wismar, Rostock. Wenn eine Niederungsburg inmitten von Sumpfland Kern einer Siedlung wurde, konnte daraus nur eine Stadt entstehen, weil im feuchten Moorland um die Siedlung herum kein Ackerbau möglich war: So entstand zum Beispiel Stuttgart.

Es gibt Städte, die sich aus Fischersiedlungen entwickelten oder deren Keimzelle eine Mühle war. Einige Städte wuchsen mehr oder weniger regellos, bei anderen ist sorgfältige Planung zu erkennen: Gut geplante Städte aus dem Mittelalter sind nach der Lage der Kirchen ausgerichtet. Bei ihnen sind Altar und Chor nach Osten orientiert. Wo die Straßen parallel zur Kirche angelegt wurden, beispielsweise in Wittenberg, Northeim, Lüneburg, Celle und Greifswald, oder wo sie genau rechtwinklig zu den Kirchen verlaufen wie in Konstanz, Magdeburg, Dessau, Lübeck, Rinteln oder Hildesheim, wird überlegte Planung offensichtlich. Der innerstädtische Raum wurde optimal ausgenützt. Um eine solche Lage zu erreichen, wurden manche Städte verlagert, beispielsweise Celle und Uelzen. Andernorts, so in Berlin und Hannover, zeigt sich fehlende Planung daran, dass die nach Osten ausgerichteten Kirchen diagonal auf städtischen Plätzen stehen, deren Raum daher nicht optimal ausgenutzt wird.

Alle Städte sind auch von Ackerbürgern bewohnt worden. Für das Recht, in der Stadt zu leben, mussten sie eine gewisse Entfernung zwischen ihrem Wirt-

Das Deutsche Museum in München liegt auf einer Insel inmitten der Isar, über die die Zweibrückenstraße hinwegführt. Hier kreuzte schon im Mittelalter eine Fernstraße ein Stromspaltungsgebiet.

201

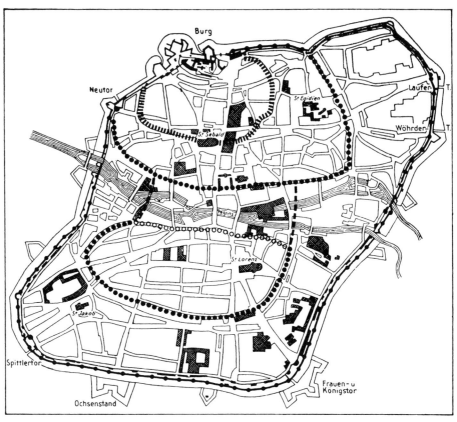

Nürnberg entstand an einem Stromspaltungsgebiet der Pegnitz; die Stadt entwickelte sich aus zwei zunächst voneinander abgesetzten Teilstädten, der älteren Sebalder Stadt unterhalb der Burg im Norden und der etwas jüngeren Lorenzer Stadt im Süden. Im 13. Jahrhundert wurden die Mauerringe beider Städte, die Pegnitz querend, miteinander verbunden; einen weiteren äußeren Befestigungsring legte man im 15. Jahrhundert an.

schaftsbetrieb und ihren Wirtschaftsflächen in Kauf nehmen. Ihr „Gewerbe" bestimmte die Lage der Stadt nicht wesentlich. Die Stadtlage wurde stets vor allem von den übrigen Bürgern „festgelegt", die ihre Bedürfnisse erfüllt sehen mussten.

Einige der Städte auf einer Insel lagen inmitten einer Stromspaltung, wo man nicht nur Häfen anlegen, sondern auch den Fluss per Furt oder Brücke überqueren konnte, wo man das Wasser zum Betrieb von Mühlen anstauen, Schiffsmühlen in die Flüsse legen oder Mühlen an den Brücken errichten konnte.

Diese Vorteile nutzten auch viele andere Städte, die seitlich an den Flüssen entstanden, dort, wo auch die Römer schon städtisch gesiedelt hatten oder wo sie Städte angelegt hätten, wären sie die Herren über ganz Mitteleuropa geworden.

An den Stromspaltungsgebieten wurden Mühlwehre und Mühlen errichtet (Bad Kösen an der Saale).

Wie wichtig die enge Beziehung zwischen Stadt und Flussübergang war, lässt sich daraus ableiten, dass nahezu alle bedeutenden Brücken des Mittelalters bei einer Stadt lagen. Und Brücken ließen sich am besten dort errichten, wo der Fluss sich in mehrere Arme aufspaltete. Dort war auch schon vor dem Bau der Brücke die Flussüberquerung per Furt einfacher als anderswo.

Viele Stadtnamen nehmen auf die Lage an Furten Bezug: Fürth, Schweinfurt, Haßfurt, Frankfurt, Erfurt, Herford. Der Name „Zweibrücken" beschreibt treffend, wie man in dieser Stadt über den Schwarzbach kam, einen Zufluss der Blies. „Zweibrückenstraße" heißt der Weg, der seit der Zeit, da München entstand, über die Isar führt, über die Insel hinweg, auf der heute das Deutsche Museum steht.

Die Beispiele für Städte an Stromspaltungsgebieten lassen sich unendlich vermehren. In Nürnberg entwickelten sich zwei Teilstädte an Flussinseln beidseits der Pegnitz. In der Nähe lag auch noch ein Hügel, auf dem sich, einer Akropolis ähnlich, eine Burg errichten ließ. Eine vergleichbare Situation ergab sich in Bamberg, wo das Rathaus auf einer kleinen Insel liegt. Auch in Kassel, Regensburg, Esslingen (die Brücke heißt Plien*au*brücke!), Heilbronn, Hameln, Magdeburg, Straßburg und Kehl führten erst Furten, dann Brücken über zwei oder mehrere Flussarme hinweg ans andere Ufer.

An einem der Gewässerarme mussten die städtischen Mühlen angetrieben

In der Nähe des höchsten Punktes in der Innenstadt von Hannover, auf dem die Marktkirche steht, wurde ein Leinearm aufgestaut, um eine Mühle zu errichten. Daneben entstand das Leineschloss, dessen moderne Erweiterung (links) heute den Plenarsaal des niedersächsischen Parlaments beherbergt.

werden. In Nürnberg, Bad Kösen und Hameln ist heute noch genau zu sehen, wie und wo das Wasser eines Flussarmes angestaut wurde, um über einen Mühlkanal zu den Rädern der Wassermühle geführt zu werden.

Siedlungen wurden sogar verlagert, um engen Kontakt zu sich spaltenden Bächen und kleinen Flüssen zu bekommen, deren Überquerung unproblematisch war (wenigstens dann, wenn kein Hochwasser herrschte). Dies lässt sich am Beispiel von Ulm gut zeigen. Die frühmittelalterlichen Siedlungen auf dem späteren Ulmer Stadtgebiet lagen in typischer dörflicher Ökotopengrenzlage, am leicht geneigten Hang. In ihrer Nachbarschaft bekam im hohen Mittelalter eine kleine Siedlung besondere Bedeutung: Sie lag unmittelbar oberhalb der Mündung der Blau in die Donau. Die Blau, ein kleines Flüsschen mit respektablem Gefälle, mündete mehrarmig in die Donau. Dort bestanden ideale Voraussetzungen zum Betrieb von Mühlen. Die Siedlung oberhalb der Blau wurde zum Kristallisationspunkt der Stadt; dort wurde die mittelalterliche Pfalz gegründet, später baute

Ehemalige Mühlen entwickelten sich weiter zu Industriebetrieben des 19. und 20. Jahrhunderts (Stromspaltungsgebiet der Weser in Hameln).

man ganz in der Nähe das Ulmer Münster. Die Stadt wuchs rasch; die Dörfer in ihrem direkten Umland wurden verlassen (zogen ihre Bewohner in die Stadt um?), und später überdeckte die Stadtsiedlung auch die Areale der früheren Dörfer. Ähnlich muss man sich die Stadtwerdung von Freiburg im Breisgau vorstellen, einer Stadt, die sich dicht an die Dreisam schmiegt, über die Inseln in ihrem Stromspaltungsgebiet reichte, wo sich der Holzmarkt befand (wo also die Baumstämme aus dem Schwarzwald angelandet wurden), Fischer*au* und Gerber*au*.

Wo das Gefälle der Flüsse gering war, mussten sie in aufwendigen Anlagen gestaut werden, damit ein Betrieb von Mühlen möglich war. Man schuf einen Mühlenstau, legte künstlich Seen an. Besonders stark wirkten Mühlenstau und Mühlteich auf die Entstehung des Stadtbildes von Hamburg ein. Die Keimzelle der Stadt befand sich an der Alster, an einer Stelle, an der das Flüsschen einige Meter Gefälle überwinden musste, um hinunter in das breite Tal der Elbe zu gelangen. Weil die Alster aber nicht immer genügend Wasser führte, musste sie gestaut werden, zuerst dicht an der Stadt, später durch einen Damm unter dem heutigen Jungfernstieg. Diesem Mühlenstau ist es zu verdanken, dass sich heute mitten in Hamburg ein riesiger Teich befindet, der den Namen des Flüsschens trägt und für das Bild der modernen Stadt bestimmend wurde.

Zwischen den im Mittelalter zusammenwachsenden Städten Berlin und Cölln wurde der Mühlendamm errichtet, an den der Name einer innerstädtischen Straße erinnert. Dieser Mühlendamm ermöglichte es, in Berlin und Cölln Mühlen zu betreiben, obwohl dort das Gefälle der Spree sehr gering ist. Überhaupt haben Spree und Havel besonders in ihren Unterläufen ein so geringes Gefälle, dass sich nur dann Städte an ihren Ufern halten konnten, wenn die Anlage eines

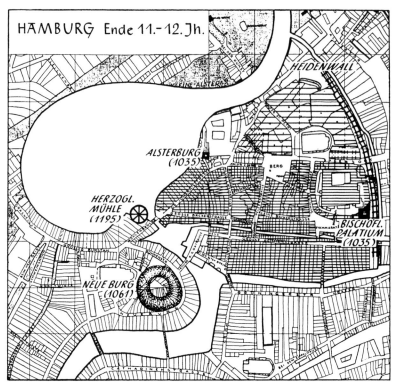

Durch den Mühlenstau entstanden Mühlen und Mühlteiche unmittelbar in Stadtnähe. Die Alster in Hamburg ist ein früherer Mühlteich, der sich im 12. Jahrhundert bildete.

Mühlenstaus gelang. Die „Inselstädte" Köpenick, Spandau, Brandenburg und Havelberg brauchten ihn genauso wie Potsdam und Rathenow.

Dort, wo sich unter keinen Umständen ein Mühlenstau erzeugen ließ, baute man städtische Windmühlen. Viele von ihnen ergänzten das System der Wassermühlen. Sie konnten nur dort gebaut werden, wo regel- und gleichmäßig Wind wehte, also in der norddeutschen Tiefebene, aber auch am Rand einiger Mittelgebirge, vor allem in Thüringen und Sachsen. In Xanten und Zons wurden Windmühlen auf den Stadtmauern errichtet, die im Unterschied zu anderen noch heute erhalten sind.

Die weitere Entwicklung Hamburgs zu einer der wichtigsten Städte Mitteleuropas wurde durch seine Nähe zu einem weiteren Stromspaltungsgebiet begünstigt, das seine Entstehung besonderen Umständen verdankt. In der Nähe von Hamburg trifft die Flussströmung der Elbe auf den von Tiden beeinflussten Einzugsbereich der Nordsee. An einer solchen Nahtstelle zwischen Fluss und Meer bildeten sich zahlreiche Flussarme. Flutstrom und Flussstrom wurden verlangsamt; hier konnten ideale Furten, Brücken und Häfen angelegt werden. Sedi-

Rothenburg ob der Tauber liegt auf einem Bergsporn. Die Stadt war zwar hervorragend zu befestigen, hatte aber keinen direkten Zugang zu einer Wassermühle.

mentfrachten, die das Wasser nicht mehr weiter bewegen konnte, sanken zu Boden oder wurden an den Ufern der Flussarme abgelagert. Daraus entstanden ganze Inseln wie beispielsweise die, auf der heute der Hamburger Stadtteil Wilhelmsburg liegt. Im Mittelalter befanden sich zwischen Hamburg und Harburg unzählige kleine Flussarme und Inseln, die für die Anlage eines der bedeutendsten Häfen der Welt wie geschaffen waren. Die Hafenanlage ist immer wieder umgestaltet worden. Vor allem kam es darauf an, den Hauptstrom der Elbe möglichst dicht an Hamburg, also in die Norderelbe, zu leiten, damit möglichst große Schiffe den Hamburger Hafen erreichen konnten. Die Süderelbe wurde erst im 20. Jahrhundert völlig abgedämmt. Die ursprüngliche Topographie des Stromspaltungsgebietes der Elbe zeichnet sich noch deutlich in der Lage vieler Hafenbecken ab.

Auch an der Wesermündung gibt es dort ein Stromspaltungsgebiet, wo der Flussstrom durch Tideneinfluss gestaut wurde. Dort entstand Bremen. Und Emden entwickelte sich in ähnlicher Lage an der unteren Ems. In den Niederlanden und im nördlichen Belgien entstanden die Häfen im weit verzweigten Stromspaltungsgebiet von Rhein, Maas und Schelde.

Ein weiterer „Typ" der mittelalterlichen Stadt wurde noch nicht angeführt: Städte auf einem Bergsporn. Diese boten – wie die spätere Entwicklung zeigte – nicht die besten Voraussetzungen für städtisches Leben, namentlich in der Neuzeit; dies war aber in ihrer Entstehungszeit, dem Mittelalter, noch nicht abzusehen. Sie waren hervorragend zu befestigen, lagen aber weit entfernt vom Wasser. Mühlen gab es zwar im Talgrund, aber es war sehr schwer, diese zu verteidigen, wenn die Stadt belagert wurde. Dennoch bekam Rothenburg ob der Tauber im Mittelalter und in der frühen Neuzeit große Bedeutung. Langenburg entstand auf einem Bergsporn hoch über der Jagst. Ähnlich ist die Situation von Kleinstädten an der Weißen Elster: Groitzsch und Pegau.

Zunächst waren alle Städte wirtschaftlich und politisch erstarkende Systeme. Immer vielfältigere Nahrungsgüter kamen von nah und fern, wodurch die Basis der Ernährung im Lauf des Mittelalters allmählich sicherer wurde. Die Anzahl der Getreidearten, die zu Mehl gemahlen wurden, nahm in den Städten genauso zu wie auf dem Dorf. Und auch Nahrungsmittel aus fernen Landen kamen in die Stadt: immer mehr Feigen zum Süßen, immer mehr Gewürze, die den Speisen besonders dann hinzugefügt wurden, wenn sie nicht mehr frisch waren, wenn ein Hautgout durch scharfe Geschmacksnoten überdeckt werden musste. Allerdings entstanden immer noch Mangelsituationen in der Stadt, vor allem in Zeiten der Teuerung, nach Missernten und in Krisenzeiten oder dann, wenn die Stadt belagert und von ihrem Umland abgeschnitten wurde. Um dem entgegenzuwirken, baute man seit Ende des Mittelalters Getreidespeicher und Handelshäuser in den Städten (das berühmte Konstanzer Kaufhaus von 1388 ist eines der ältesten derartigen Gebäude).

Die Städte nahmen unterschiedliche Entwicklungen. Entscheidend für sie war zunächst ihre Lage zu den Einzugsgebieten und den überregionalen Handelswegen. Diejenigen Städte blühten besonders stark auf, die an der Grenze zweier Wirtschaftsräume lagen und auf deren Märkten die Waren aus beiden Gebieten im Umfeld der Stadt feilgeboten wurden. In Husum kam Korn der Geest und Vieh aus der Marsch auf den Markt. Freiburg, das „Tor zum Schwarzwald", hatte auf seinen Märkten Erz aus dem Schwarzwald und landwirtschaftliche Produkte aus dem Umland des Kaiserstuhls zu bieten, in Deggendorf gab es Produkte des Gäubodens und aus dem Bayerischen Wald. Hamburg wurde sogar das „Tor zur Welt", sein Hafen, an der Nahtstelle zwischen den Weltmeeren und weiten Teilen Mitteleuropas, wurde zu einem Welthandelszentrum, zu einem der wichtigsten Märkte weit und breit.

In jeder Stadt hatte ein Teil der Bewohner größeren, ein anderer geringeren Anteil am wirtschaftlichen Aufschwung. Die Armen hatten besonders unter Hungersnöten zu leiden, die Reichen gewannen immer mehr Einfluss auf die Stadt, aber auch auf ihr Umfeld.

17. Straßen und Burgen

Die städtischen Wirtschaftszentren konnten nur gedeihen, wenn sowohl zwischen ihren Märkten und dem dörflichen Umland als auch zwischen den Märkten verschiedener Städte ein Warenaustausch florierte. In Mitteleuropas abwechslungsreicher Landschaft gab es fast jeden Rohstoff. Im Harz, vor allem am berühmten Rammelsberg bei Goslar, baute man Silber und andere edle Erze ab. Salz wurde in den Solequellen von Schwäbisch Hall, Hall in Tirol, Halle an der Saale und Lüneburg gewonnen. Der vulkanisch entstandene Tuffstein der Eifel war ein begehrter Baustein; im benachbarten Rheinischen Schiefergebirge und in Thüringen wurde Schiefer gebrochen. Vorzüglichen Sandstein baute man an der Weser ab. Kupfer stammte aus Tirol und aus dem Mansfelder Revier, Bernstein konnte man an der Ostseeküste finden. Im Westerwald und am Nordrand der Eifel gab es besonders guten Töpferton. In den Fluss- und Seemarschen ließ sich leicht ein Überschuss an Fleisch produzieren, in den fruchtbaren „Kornkammern" konnte man vom Getreide abgeben, wobei man allerdings nicht davon ausgehen darf, dass dieser Überfluss an Korn besonders groß war. Schafhirten in den Mittelgebirgen und den Marschen boten Wolle an. Hering und Stockfisch kamen vom Meer, Gewürze und Südfrüchte, vor allem Feigen, wurden vom Mittelmeer und aus Vorderasien bezogen. Alle diese Produkte wurden auf die städtischen Märkte gebracht. Jede Stadt „brauchte" alle die obengenannten Produkte. Was es in ihrem eigenen Umland nicht gab, musste von anderswo herbeigeschafft werden, und man benötigte andere Handelsgüter zum Tausch oder Geld, um einen vielseitigen Markt aufbauen zu können.

Von existentieller Wichtigkeit für die Städte waren daher die Handelswege. Die besten naturgegebenen Handelswege waren die Wasserstraßen, die vom Land her dem Meer zueilten, aber kein Handelsnetz bildeten. In römischer Tradition waren sie im frühen Mittelalter teilweise weiterbenutzt worden; frühe städtische Zentren am Rhein bezogen ihre Güter über den Wasserweg. Die in die Nordsee mündenden Flüsse waren in den Wirtschaftsraum einbezogen worden. Mit den kleinen Booten des frühen Mittelalters konnten flache Küstengewässer an der Nordsee befahren werden; die Wasserfahrzeuge ließen sich an den Schiffsländen der Geestränder und Langwurten an Land ziehen. So war eines der ersten mitteleuropäischen Handelsnetze entstanden; das flache Schelfmeer ermöglichte das Aufblühen eines polyzentrisch angelegten Wirtschaftsraumes. Bald waren auch die Küstengewässer der Ostsee und die Unterläufe der Flüsse, die in die beiden mitteleuropäischen Meere münden, in den Handelsraum einbezogen.

Als im Mittelalter immer mehr Stadte entstanden, waren die Kapazitäten dieses Handelsnetzes bald erschöpft. Die kleinen Boote der Wikinger und Friesen reichten nicht mehr aus, um den Warenaustausch zu bewerkstelligen. Man brauchte Schiffe, die mehr Ladekapazität hatten und seetauglich waren. Diese Wasserfahrzeuge konnte man aber nicht mehr aufs Gestade ziehen. Eine der wichtigsten Strecken des wikingerzeitlichen Handelsnetzes erwies sich nun als dessen neuralgischer Punkt. Größere Schiffe konnten die Flüsschen Rheider Au, Treene und Eider in Schleswig-Holstein nicht befahren. In Hollingstedt und Haithabu konnte man keine Kaianlagen für hochseetaugliche Schiffe bauen. Also kam der Transport von Waren oder Booten über Land zwischen Hollingstedt und Haithabu zum Erliegen. Hafenmolen oder Kaianlagen, mit deren Bau man in der Zeit um 1000 n. Chr. begann, ließen sich nirgendwo an flachen Gestaden des Geestrandes errichten, auch nicht am Rand einer Langwurt. Man musste sie an Stellen in Flussmündungen bauen, wo die Strömung tieferen Wasserstand verursachte. Ideale Voraussetzung für den Molenbau bot ein Prallhang, an dem der senkrechte Abbruch eines Kais schon vorgeprägt war.

Die alten Häfen, die Wikinger und Friesen angelaufen hatten, verloren ihre Bedeutung. Da über sie kaum historische Quellen existieren, wurden sie von der Geschichte vergessen: Groothusen, Langwarden, Nesse und Hollingstedt. Und auch das Schicksal von Haithabu war besiegelt. Der Hafen an der westlichen Schlei mit der dazugehörigen städtischen Siedlung wurde nach Schleswig verlegt, er bekam aber nie die „internationale Bedeutung", die Haithabu gehabt hatte, weil der Hafen von Schleswig nicht mehr mit einem Hafen, der Zugang zur Nordsee hatte, in Beziehung treten konnte. Im Unterschied zu den anderen frühmittelalterlichen Hafenplätzen erinnerte man sich in der geschichtlichen Überlieferung stets an Haithabu, weil dieser Ort einstmals überragende Bedeutung gehabt hatte. Dorestad wurde ebenfalls aufgegeben (in seiner Nähe entwickelte sich die Siedlung Wijk-bij-Duurstede südöstlich von Utrecht), andere ehemalige Hafenzentren überdauerten die folgenden Jahrhunderte als Bauern- oder Fischerdörfer.

Zum wichtigsten Hafen der westlichen Ostsee avancierte Lübeck, das nicht nur am äußersten westlichen Ende einer Bucht lag, sondern auch an der Mündung des Flüsschens Trave. Die Strömung der Trave war niemals so stark, dass sie vertäute Schiffe losreißen konnte, aber sie sorgte dafür, dass die Fahrrinne zum Hafen tief genug war, damit die nun üblichen Koggen Lübecks Hafen erreichen konnten. Dieser Lage an der Flussmündung verdankte Lübeck, dass es zum wichtigsten Sitz der Handelsorganisation der Hanse wurde, die bald auf allen Meeren weit und breit mit ihren Koggen präsent war.

In Lübeck bündelten sich die Handelsrouten nach Skandinavien und ins Baltikum. Es kam nun darauf an, einen kooperierenden Hafen im Bereich der Nordsee zu finden, und dies war von Anfang an Hamburg, wo allerbeste Voraussetzungen für die Anlage eines Hafens bestanden, wovon im letzten Kapitel die Rede war.

Im Mittelalter genutzte Fernwege verlaufen so gerade wie möglich und umgehen in vielen Fällen die Ortschaften. An ausgesetzten Stellen pflanzte man Gebüsch und Bäume an ihrem Rand, um Schneeverwehungen zu verhindern (sogenannte Römerstraße bei Arzbach im Dachauer Hügelland/Oberbayern).

Weil es zwischen Hamburg und Lübeck zunächst keine Wasserstraßenverbindung gab und diese im Mittelalter für einigermaßen hochseetaugliche Schiffe auch niemals hätte gebaut werden können, musste der Gütertransport zwischen den beiden Hansestädten über Land abgewickelt werden. Dagegen hatten die mächtigen Stadtväter Hamburgs und Lübecks nichts einzuwenden, denn aus ihren Häfen zogen die Städte bedeutende Zolleinnahmen.

So wurden die Hansekaufleute nicht nur zu den Beherrschern des Seehandels in Mitteleuropa; bald fuhren auch ihre von Pferden und Ochsen gezogenen Planwagen zwischen Hamburg und Lübeck und nur wenig später auch anderswo weit über Land. Viele Städte im nördlichen Mitteleuropa wurden zu Hansestädten mit den Niederlassungen der Handelsorganisation. Die Hansekaufleute dehnten ihren Einfluss in südlicher Richtung bis Frankfurt und Nürnberg aus.

Im Süden Deutschlands bauten kurze Zeit später die Geschlechter der Fugger und Welser ein Verkehrswegenetz auf. Von ihren Niederlassungen aus, vor allem Augsburg und Nürnberg, verliefen wichtige Handelswege nach Böhmen und über die Alpenpässe hinweg zu den Mittelmeerhäfen, von denen Venedig am wichtigsten war, denn dort bekam man alle Köstlichkeiten der mediterranen und orientalischen Welt. Andere süddeutsche Kaufleute transportierten Waren von Oberitalien an den Bodensee und zum Oberrhein.

Gleichzeitig mit dem Aufschwung der Städte entstand also ein dichtes Handelsnetz aus Wasser- und Landwegen. Viele Handelsstraßen folgten dem Lauf römischer Straßen oder anderer Wege, die schon lange zuvor begangen worden waren. Determinanten bestimmten ihren Verlauf: Ihre Anfangs- und Endpunkte waren die Handelszentren und Stapelplätze. Die Straßen mussten flache Passhöhen der Gebirge nutzen, enge Schluchten meiden, weil dort die Wagen der Kaufleute von oben her leicht angegriffen werden konnten. Die Wege verliefen daher über die Höhen. Furten und Brücken konnte man nicht überall anlegen. Sie legten den Straßenverlauf ebenso fest wie die „Brücken" trockenen Landes zwischen den norddeutschen Mooren.

Viele Straßen bekamen klangvolle Namen: Da ist die Alte Salzstraße zu nennen, auf der keineswegs nur Salz von der Lüneburger Saline nach Lübeck transportiert wurde. Auf dem Hellweg gelangte Erz aus dem Harz bis zum Duisburger Rheinhafen und nach Flandern; in der Gegenrichtung wurden zum Beispiel Tuche und solche Handelsgüter transportiert, die von Süden her auf dem Rhein bis Duisburg gebracht worden waren. Parallel zum Rhein verlief der Mauspfad, den man in Düsseldorfs Umgebung heute noch auf fünfzehn Kilometer Länge begehen kann. Über die „Höhen" in der Mitte der jütischen Halbinsel, über den Mittelrücken der Geest, der nur an wenigen Stellen von Flüssen durchbrochen ist, verlief der „Ochsenweg", auf dem Rinder aus Dänemark und aus den Marschen an der Nordseeküste nach Süden getrieben wurden, wo man sie vor den Toren der Städte mästete. Zum Verkauf gelangten sie zum Beispiel in Wedel westlich von Hamburg; viele Ochsen wurden dann aber nach einer Fährpassage über die Elbe von Stade aus weiter nach Westen getrieben. In Friesland kamen weitere Viehherden dazu; sie wurden in die besonders mächtig und volkreich werdenden Städte der Niederlande gebracht.

Straßen führten über die bis dahin noch nicht oder nur schwach besiedelten Gebirge hinweg. Der Name Hochstraße hielt sich als Bezeichnung vieler Wege in diesen Gegenden. So heißt beispielsweise die Straße zwischen Titisee im Hochschwarzwald und Zurzach am Hochrhein, auf der in längst vergangenen Tagen Waren zwischen dem Breisgau und dem Hochrhein unter Umgehung des Basler Rheinknies über den Schwarzwald transportiert werden konnten. Im Nordschwarzwald gab es die „Weinstraßen", auf denen man aus dem Freudenstädter Gebiet nach Norden gelangte. Den Böhmerwald querte der Goldene Steig (zwischen Passau und Prag), eine bedeutende Gebirgsstraße, auf der man Waren von der Donau an die Moldau, von dort auf die Elbe bringen konnte. Über den Harz verlief der Kaiserweg (zwischen Bad Harzburg und Ellrich). Der Rennsteig führt sogar auf der Kammlinie eines Gebirges entlang, auf dem Thüringer Wald. Und

Überreste eines alten Weges am Rand der Schwäbischen Alb bei der Burg Teck.
Die Passhöhe im Hintergrund determiniert den Wegeverlauf. Am Hang wichen die
Fuhrwerke mit ihren Gespannen nach links und rechts aus, wenn bereits vorhandene
Wegespuren nach Regen weder begehbar noch befahrbar waren. So entstand ein
ganzes „Wegebündel".

213

auch anderswo erinnern die Namen von Hochstraßen, Rennwegen, Ochsen-
pfaden, Heerwegen, Pilgerpfaden, Salz- und Weinstraßen an frühere Fernverbin-
dungen.

Nur in Ausnahmefällen waren diese Straßen befestigt. In den Furten legte man
Steinsetzungen an, eine davon fand man, sechs Meter breit, am Übergang des
Helmerbaches zwischen Münster und Dülmen. Durch die Moore führten Boh-
lenwegstrecken, oder man schüttete dort Dämme auf.

Anderswo drückten sich die Hufe von Pferden und Ochsen tief in den Boden
ein, besonders dann, wenn er durch Regen und nach Bodenfrost aufgeweicht
war. Und auch die Räder der schweren Planwagen hinterließen tiefe Spuren im
weichen Lehm, Sand oder Löß. Waren die Spuren zu stark ausgefahren oder aus-
getreten, umging man die schlammigen Wegstücke, legte eine neue Wegespur daneben oder trieb das Vieh neben der alten Wegführung entlang. Neue Spuren
entstanden, die ebenfalls tiefe Narben im Boden hinterließen. Es ist charakteristisch für alte Straßen, dass sie aus ganzen „Bündeln" von nebeneinander verlaufenden Spuren bestanden, die bis zu 100 Meter breite Streifen in der Landschaft
bildeten.

Besonders tief schnitten sich die Wegespuren an Berghängen und im weichen
Löß in den Untergrund ein. Die Hohlwege im Umland des Harzes sind bis zu
zehn Meter tief, am Kaiserstuhl sogar noch stärker in den Untergrund einge-

*In den Lößgebieten gruben die
Wagenräder tiefe Hohlwege in
den Untergrund, an deren Hängen üppiges Grün gedeiht (bei
Oberrotweil am Kaiserstuhl).*

214

Der Handelsweg am Mittelrhein wurde durch besonders zahlreiche Burgen gesichert, von denen die meisten – wie Burg Gutenfels – auf den Höhen liegen. Einzigartig ist die Pfalz bei Kaub, eine Burg auf einer Insel mitten im Strom.

schnitten. Durch Regengüsse wurden ihre steilen Böschungen abgeschrägt, und es bildeten sich talähnliche Geländeformen, denen man heute kaum noch ansieht, dass sie keine natürlichen Täler, sondern ehemalige Wege sind.

Ursprüngliche Hohlwege und Wegespurenbündel haben sich an manchen Stellen erhalten; schwer zu sagen ist dabei aber, wie alt diese Geländeformen wirklich sind.

Im Unterschied zu den Wegen blieben bestimmte Einrichtungen an deren Linienführung vielfach bis auf den heutigen Tag erhalten. Sowohl die Wasserstraßen – am Rhein ist das sehr gut zu sehen – als auch die Landwege wurden durch Burgen und Warten gesichert. In der Umgebung mancher Burg bildeten sich zivile Burgweiler oder sogar Städte. Viele Burgen sind als die Sitze von Raubrittern in unser Geschichtsbewusstsein getreten. Doch waren sie das ursprünglich nicht; die Burgherren sollten die Routen sichern, denn schließlich waren auf den Straßen Güter von großem Wert unterwegs. Zugleich boten die

Burgen Herberge. Könige und Kaiser sowie das hohe Verwaltungspersonal nutzten auf Reisen die Pfalzen, die – jeweils Tagesreisen voneinander entfernt – ein System nobler Herbergen bildeten.

Von den Burgen aus waren vor allem die Flussübergänge, die Steilstrecken und die tiefen Geländeeinschnitte zu überwachen. Die Lage von Burgen an Flussübergängen zeigt sich an Namen von Ortschaften an der unteren Elbe. Hamburg, Moorburg, Wilhelmsburg und Harburg befinden sich an der Flusspassage durch das Stromspaltungsgebiet, wo sich Fluss- und Meeresströmungen treffen. Lüneburg, Artlenburg, Lauenburg und Boizenburg liegen in der Nähe der Übergänge der Alten Salzstraße über die Elbe. Magdeburg, Sudenburg und Burg entstanden an den Elbfurten der östlichen Fortsetzung des Hellweges, die in die Berliner Gegend führte.

Die Burgherren errichteten ihre wehrhaften Gebäude oft an Plätzen, wo sich Jahrtausende zuvor Rentierjäger aufgehalten hatten: auf dem Höhbeck bei Dannenberg, auf den Vulkanbergen. Mittelalterliche Burgherren wählten diese Plätze nicht deshalb aus, weil sie nach Wild Ausschau hielten (obwohl sie große Jäger waren, worüber die Trophäensammlungen der Burgen Auskunft geben), sondern nach Handelsgespannen, die es zu schützen galt. Als später das Schutzsystem der Burgen zusammenbrach und verrohte, ließen sich die Kaufmannswagen von oben her angreifen und ausplündern. Dieser Versuchung erlagen die Burgherren sehr oft, und immer wieder mussten Raubritter zur Räson gebracht, immer wieder Wege verlagert werden, um die Gespanne vor solchen Burgherren zu schüt-

Isolierte Bergkuppen waren ideale Standorte für mittelalterliche Burgen. Ausgehend von einem mittelalterlichen Kern wurde die Burg Hohenzollern auf der Schwäbischen Alb im Lauf der Jahrhunderte zu einer weithin sichtbaren Geländemarke ausgebaut.

*Ein traditioneller Viehtrieb oder Triftweg auf dem Schafbuckel bei Ochsenwang/
Schwäbische Alb. Seitlich vom Fahrweg befindet sich ein Grünlandstreifen, der von
Schafen während der Trift beweidet wird. Er ist von Gebüsch begrenzt, das ein Ausbre-
chen der Schafe seitwärts ins Ackerland verhindert.*

zen, die sich vom Raubrittertum nicht abbringen ließen, weil sie nicht nur geld-
gierig waren, sondern wohl die Waren tatsächlich dringend benötigten, die
unterhalb ihrer Burgen vorübergebracht wurden. Historisch überlieferte Berichte
und viele Sagen aus dem Mittelalter sind voll von Nachrichten darüber. Burgen
sind bis auf den heutigen Tag besonders markante Punkte in der Landschaft; in
ihrer Nähe wurde auch das Bild der Vegetation in besonderer Weise geprägt.
Denn Burgen hatten Gärten, aus denen sich bestimmte Pflanzen in die umgebenden Wälder ausbreiteten, zum Beispiel Immergrün, Efeu, Judenkirsche, Türken-
bundlilie und Nieswurz.

Fuhr- und Kaufleute mieden Siedlungen. Ihre Wege führten daran vorbei. An
den Straßen fanden sie alles, was sie auf ihren Reisen brauchten. Es gab dort
nicht nur die herrschaftlichen Herbergen, die Pfalzen, sondern auch Unterkünfte
für Kaufleute. Viele von ihnen existieren noch heute als einzeln gelegene Gast-
höfe und Krüge an einsamen Straßenkreuzungen, weit außerhalb der Dörfer.
In der Umgebung mancher dieser Herbergen entwickelten sich eigene kleine
Siedlungen, die in Norddeutschland die Silbe „krug" in ihrem Namen führen
(Aukrug, Finkenkrug).

Neben den Herbergen lagen feste Viehpferche und Viehtränken, ganze Wohnorte, die von Fuhrleuten bewohnt wurden (eine ursprüngliche Fuhrmannssied-
lung ist Buntenbock südlich von Clausthal-Zellerfeld im Harz), sogar beson-

Die Tiere der Wanderschäfer wurden vielerorts nachts auf einem Brachacker einge-pfercht; durch die Exkremente der Tiere wird der Acker gedüngt. Am späten Vormittag, zu der Zeit der Aufnahme dieses Bildes, werden die Tiere aus dem Pferch getrieben. Über den Triftweg an der Gebüschreihe im Mittelgrund treibt der Schäfer die Tiere auf die mit Wacholder und Weidbäumen bestandene Schafweide im Hintergrund (Schafbuckel bei Ochsenwang/Schwäbische Alb).

dere Hospitäler, zum Beispiel das Dassower Aussätzigenhaus an der Straße von Lübeck nach Wismar und das Kinderhaus bei Münster, an dem später eine Siedlung entstand (heute ein Stadtteil von Münster).

An den Wegen wurden Kapellen errichtet. Eine ganze Reihe von ihnen ist den Heiligen Leonhard und Georg geweiht; Leonhard ist der Heilige der Fuhrleute, Georg der Patron der Reiter. Den ursprünglichen Sinn dieser Kirchen (viele von ihnen liegen heute einsam in der Landschaft, allenfalls von ein paar Häusern umgeben) errät man kaum noch; die Heiligen werden aber noch verehrt, und ihre Heiligtümer sind die Ziele von Wallfahrten (Leonhardiwallfahrt in Bad Tölz, Leonhardiritt in Meilenhofen westlich von Ingolstadt, Georgiritt in Traunstein). Besonders viele Kirchen lagen an den Pilgerwegen nach Rom oder Santiago de Compostela.

Wege waren die Basis einer komplizierten Infrastruktur, und der Unterhalt der Straßennetze erforderte eine weitreichende Organisation. Handels- und Pilgerwege waren oft nicht miteinander vernetzt. Ein weiteres Wegenetz bildeten die Routen, auf denen das Vieh von Ort zu Ort getrieben wurde. Der Viehtrieb, die Trift, erforderte breite Grünstreifen, die am besten von Wällen oder Hecken einzufassen waren. Auf den Grünstreifen konnte man eine Schafherde langsam vorwärts bringen; die seitlichen Einfassungen verhinderten ein unkontrolliertes Aus-

Mit Strohbündeln werden landwirtschaftliche Nutzflächen markiert, die nicht von Herden der Wanderschäfer beweidet werden sollen (bei Brenden im Südschwarzwald).

brechen der Herden auf seitwärts liegende Wirtschaftsflächen. Unter bestimmten Voraussetzungen durften Viehherden aber auch ohne Weg und Steg über die Allmenden und sogar die Felder getrieben werden. Transhumante Schäfer, sie zogen von Ort zu Ort („Bald gras ich am Neckar, bald gras ich am Rhein…"), durften nahezu überallhin mit ihrem Weidevieh, sofern sie sich außerhalb der Ackerflur der Dörfer aufhielten („Schäfer, sag, wo tust du weiden? Draußen im Wald und auf der Heiden"). Viele Bauern sahen es gerne, wenn Schäfer ihre Tiere auf abgeernteten Äcker trieben, weil der Tierkot willkommener Dünger war. Die Schäfer gingen sogar davon aus, dass sie abgeerntete Felder nutzen durften; sie mussten sich nur an ein spezielles „Verkehrszeichen" halten, das ihnen verbot, solche Äcker beweiden zu lassen, die ihre Besitzer ausdrücklich davon ausschlossen: Wo Schafherden nicht erwünscht waren, stellte man einen Stock mit einem Strohbündel auf dem Acker auf. Sie sieht man heute noch, und noch immer verstehen Wanderschäfer dieses Zeichen.

Separat von den Fernwegen entstanden Wege untergeordneter Bedeutung zwischen den Dörfern. Auch sie nutzten Furten. Zwischen hangseitig gelegenen Dörfern führten sie in der gleichen Ökotopengrenzlage entlang, in der sich die Dörfer befanden. Viele Ortsverbindungsstraßen markieren heute noch traditionelle Grenzen zwischen Acker- und Grünland.

Neben den Handelsstraßen wurden gegen Ende des Mittelalters erste Kanäle gebaut. Einer der ältesten von ihnen ist der Stecknitzkanal zwischen Elbe und Trave. Sieben Jahre brauchte man, um ihn auszuheben (von 1391 bis 1398).

Dennoch konnte er nur von kleinen Schiffen befahren werden, nicht von Hanse-koggen. Der Salztransport wurde durch den Kanalbau billiger; Salz aus Lüne-burg war daher in Lübeck im 15. Jahrhundert preiswerter als französisches Meersalz, das im späten Mittelalter mit Macht auf die Märkte gedrückt wurde. Der Transport von anderen Gütern über Land behielt zwischen Hamburg und Lübeck seine Bedeutung; der kleine Kanal brachte ihn nicht zum Erliegen.

Während des Mittelalters war also neben einem unvollständigen Handelsnetz auf Wasserwegen ein flächendeckendes Straßennetz entstanden. Es setzte sich eigentlich aus verschiedenen ursprünglich unabhängigen Wegenetzen zusammen, aus Wegen des lokalen Transportes, des überregionalen Handels, aus Heer- und Pilgerwegen.

18. Wer nicht will deichen, der muss weichen

Nachdem die geographische Lage der Dörfer festgelegt, die Landwirtschaft intensiviert worden war, die Städte einen wirtschaftlichen Aufschwung genommen hatten und die Versorgungswege ausgebaut waren, nahm die Bevölkerungsdichte in Mitteleuropa zu. Aus heutiger Sicht könnte man sagen, dass das mittelalterliche Deutschland die wirtschaftliche Potenz eines Entwicklungslandes besaß. Dabei hatte der Mensch wieder einmal die Grenzen des Wachstums für seine eigene Species durchbrochen und überwunden. Unter dem Druck steigender Bevölkerungszahlen, vor allem in den Städten, mussten die Bauern auf dem Land immer mehr Nahrung bereitstellen. Und Menschen aus den zu eng gewordenen Lebensräumen machten sich auf, die letzten Wildnisse Mitteleuropas zu besiedeln, die kleinflächig in der Nähe der bewohnten Bereiche lagen, größeren Umfang nur in siedlungsferner Lage hatten. Bevor vom „mittelalterlichen Landesausbau" berichtet wird, soll zunächst eine besondere Form des Ausbaus in den Küstenländern an der Nordsee beschrieben werden, weil er wohl mit einem tiefgreifenden Strukturwandel zusammenhängt, von dem im letzten Kapitel die Rede war.

Die Küstenländer westlich der Weser waren im frühen Mittelalter eine der wenigen Landschaften gewesen, die wirtschaftlich flächendeckend erschlossen waren. Es gab dort ein System aus zentralen Handelsorten auf Langwurten, denen dörflich orientierte Rundwurten „zugeordnet" waren. Dieses wirtschaftliche System brach zusammen, als die kleinen friesischen Boote die angewachsenen Warenströme nicht mehr aufnehmen konnten. Die größeren Schiffe des hohen Mittelalters konnten nicht am Rand der Handelsorte ans flache Ufer gezogen werden. Die Handelsorte verloren dadurch ihre Funktion, mit Ausnahme von Emden, das, in der Emsmündung gelegen, auch von größeren Schiffen angelaufen werden konnte. Die Friesen fuhren auch weiterhin zur See, nun aber mit größeren Schiffen, die in ihrem Heimatland nur an wenigen Stellen festmachen konnten, stattdessen in niederländischen Häfen, in Bremen und Hamburg. Die Friesen hatten also weiterhin Anteil am überregionalen Handel, obwohl Friesland im Verkehrsschatten lag. Sie fuhren nur an wenigen Stellen über die offene See; lieber war ihnen die Route im Schutz der West- und Ostfriesischen Inseln. Weiter ins Hinterland gelangten sie kaum einmal, und auch in die Gegenden nördlich der Elbmündung kamen sie nur selten.

In der friesischen Marsch verlegte man sich infolge der „Strukturkrise" mehr auf Agrarwirtschaft. Bedürfnisse des überregionalen Schiffsverkehrs mussten bei der Gestaltung der Landschaft nicht mehr beachtet werden. Die Landwirtschaft ließ sich nur dann intensivieren, wenn es gelang, Acker- und Weideland beständig vor Überflutung zu schützen. Schon die Römer oder die von ihnen unterworfenen Bauern hatten im Rheinmündungsgebiet Dämme gebaut, um Wasser vom Wirtschaftsland fernzuhalten. Dies zu tun lag auch für mittelalterliche Küstenbewohner auf der Hand. Aber sie konnten damit erst beginnen, als die Boote nicht mehr die flachen Schiffsländen an den Warften ansteuerten. Denn der Bau von Dämmen versperrte die früheren Schifffahrtswege zu den Siedlungen.

Der Deichbau verlief in mehreren Schritten. Zuerst wurden rings um die Wurtendörfer niedrige Sommerdeiche gezogen, zum Beispiel in Heppens bei Wilhelmshaven. Dadurch war die Ackerflur einzelner Dörfer vor sommerlicher Überflutung geschützt, während man noch in Kauf nahm, dass hohe Fluten des Winterhalbjahrs die Dämme überspülten. Bei diesem ersten Deichbau ging es nicht darum, die Siedlungen vor den Sturmfluten zu schützen, denn die Wurten garantierten ja, dass die Dörfer bei „Land unter" Inseln im Meer waren; auf dem fruchtbaren Marschland konnten nach dem Deichbau Ackerbau und Viehzucht intensiviert werden. Mit dem Bau dieser ersten niedrigen Deiche begann man im hohen Mittelalter, also zur gleichen Zeit, als die kleineren Boote durch größere Schiffe ersetzt wurden und die Anlage der Häfen grundsätzlich verändert wurde; daher liegt es auf der Hand, den Wandel der Schifffahrt und den Beginn der Eindeichung im Zusammenhang zu sehen. Allerdings kann nicht mit Sicherheit entschieden werden, ob die treibende Kraft zum Deichbau eher von der Umstellung der Schifffahrt oder der Absicht ausging, neue Felder anzulegen.

Nachdem die relativ hoch gelegenen Kernsiedlungen mit ihren Fluren von Deichen umgeben waren, machte man sich an die Erschließung der bis dahin unbesiedelten Sietländer, der niedrig gelegenen Bereiche, die etwas weiter von der Küste entfernt waren. Sie waren zuvor nur selten von den Meeresfluten erreicht und daher nicht so stark überschlickt worden wie die Ländereien dichter am Meer. Die ersten Deiche, die aus Sietländern Polder machten, wurden nicht als Schutz gegen das Meerwasser gebaut; vielmehr sollten sie die Überflutung mit Süßwasser aus dem Hinterland verhindern, das sich dicht an der Grenze des Tideneinflussbereiches zuweilen staute. Schon im 12. Jahrhundert wurden Holländer in manchen niedrig liegenden Landschaften angesiedelt, die reihenförmige Marschhufensiedlungen gründeten. Jeder Siedler legte hinter seinem Anwesen Land trocken, und das trockengelegte Land wurde von zahlreichen Deichen umgeben. Einzelne Polder oder Köge – so nennt man von Deichen umgebene Ländereien – reihten sich bienenwabenartig aneinander.

Danach wurden zwischen einzelnen Siedlungen Verbindungsdeiche gebaut. Zunächst dienten sie wohl nicht als Bollwerke gegen die Fluten; auf den Dämmen verliefen Landverkehrswege, die besondere Bedeutung bekamen, weil man ja zugleich mit dem Bau von Verbindungsdeichen kleine Priele abdämmte, auf denen man zuvor mit einem Boot zu den Wurten gelangt war. Die Priele waren nun keine Verkehrswege mehr, aber sie verschwanden nicht: Über sie wurde das Land entwässert. Wenn der Meeresspiegel niedrig war, öffneten sich Tore im Deich:

Der Deich in der Mitte des Bildes grenzt das vom Meer erreichbare Gebiet (links) vom eingedeichten Areal (rechts) ab. Während das Meer im unbedeichten Land weiterhin Schlick absetzte, sackte das eingedeichte Gebiet in Folge von Austrocknung in sich zusammen; das eingedeichte Land liegt deshalb heute tiefer als das außerhalb des Deiches (bei Varel am Jadebusen).

Der Riepster Hammrich östlich von Emden ist das am niedrigsten gelegene Gebiet Deutschlands. Die Landoberfläche befindet sich hier nach Eindeichung und Boden-sackung unterhalb des Meeresspiegels. Kleine Kokerwindmühlen trieben früher die Pumpen an, mit denen das Wasser aus dem Hammrich ferngehalten wurde; heute erledigen elektrische Pumpwerke diese Aufgabe.

Wasser aus dem Polder konnte abfließen. Stand der Meeresspiegel hoch, wurden die Tore zugedrückt. Das Meerwasser drang nicht mehr über die Deichlinie ins Landesinnere vor. Das Wehr, das dies verhindert, nennt man an der Küste Siel. Es ist von entscheidender Bedeutung für die Entwässerung des Marschlandes, die stets mit der Eindeichung einhergehen muss.

Nach und nach wurden ganze Deichringe geschlossen, wozu sich alle Küstenbewohner gezwungen sahen, nachdem erste bedeichte Areale entstanden waren. Denn bei hoher Flut drang das Wasser, das von den Poldern ferngehalten wurde, in die unbedeichten Fluren der Nachbarorte ein. Und da es immer weniger unbedeichtes Marschland gab, in das sich hohe Fluten ergießen konnten, wurden dort die Überschwemmungen immer höher. Im 13. Jahrhundert war der „Goldene Ring" aus Deichen um Ostfriesland geschlossen, um Butjadingen, Dithmarschen und Nordfriesland; auch die Unterläufe der Flüsse waren mit Dämmen eingefasst.

Die Deiche markierten eine künstlich geschaffene Grenze zwischen Meer und Land, die auf natürliche Weise nie entstanden wäre. Das Salzwasser sollte nun von den Dorffluren verbannt sein, aber bei hohen Fluten konnte es sich ja nun nicht mehr überallhin ausbreiten, wohin es zuvor vielleicht nur zentimeter- oder dezimeterhoch vorgedrungen war. An die Deiche brandeten die Wogen nun meterhoch. Dieser Gewalt widerstanden viele der primitiven, aus Erde aufgeschütteten Dämme nicht; sie brachen, und das Wasser ergoss sich mit großer Energie dorthin, wohin es in den Jahrtausenden zuvor kaum vorgedrungen war: hinein in die Polder. Die Höhe des Meeresspiegels und die Sturmflutpegel waren dabei nur scheinbar angestiegen, und nur deshalb, weil die Wassermassen sich nicht mehr auf die gesamte Marsch verteilen konnten; nachweislich schwankten die Wasserstände der Weltmeere und die Höhen der Sturmfluten in den letzten Jahrtausenden nur um Dezimeter.

Deichbrüche wirkten sich verheerend aus, besonders auch durch die vorausgegangenen Kulturmaßnahmen in den Poldern. Das eingedeichte Land war nämlich durch Austrocknung in sich zusammengesackt, so dass seine Oberfläche bald unter Normalnull lag. Die sogenannten Hammriche in Ostfriesland sind die am niedrigsten gelegenen Areale Deutschlands (bis zu drei Meter unterhalb des normalen Meeresspiegels); diese Senkungen sind eine Folge der Einpolderung. Das eingedeichte Land wurde nun nicht mehr regelmäßig vom Meer überschlickt. Umso mehr Schlick lagerte sich im Vorland der Deiche ab, so dass sich dort bald neues Land bildete, das man ebenfalls einpoldern konnte. Dieser Prozess fand immer wieder statt: Man polderte ein, im Vorland schlickte das Meer Neuland auf, das von einem weiteren Deich umzogen wurde. Allmählich entstanden so die sogenannten Poldertreppen: Der Koog mit der niedrigsten Landoberfläche lag am weitesten landeinwärts. Jeder Polder, der sich zur Seeseite hin anschloss, hatte eine um Dezimeter höhere Oberfläche. Somit ist heute die junge Marsch seewärts liegender Polder das trockenste Land mit den Ackerflächen,

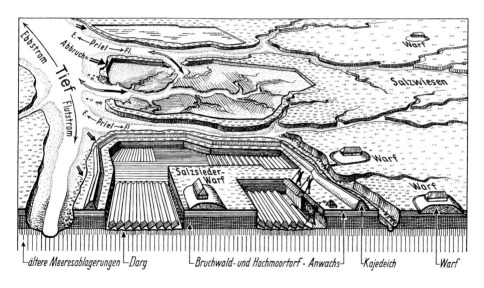

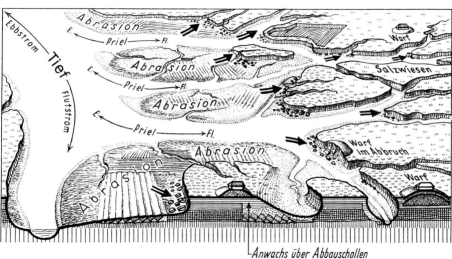

Im eingedeichten und gesackten Marschland wurde die Landoberfläche durch Salztorf-gewinnung weiter abgesenkt (oben), was schließlich zu katastrophalen Landverlusten führte (unten).

während die niedrigen Polder weiter landeinwärts als Viehweide genutzt und mit Pumpen entwässert werden müssen, die von Windmühlen oder Motoren angetrieben werden. Daher ist die Oberfläche des Landes wieder grundsätzlich ähnlich gestaltet wie vor dem Beginn des Deichbaus: Auch in der unbedeichten Marsch lagen die höchsten Gebiete nahe am Meer, die niedrigeren weiter davon entfernt. Aber natürlich hatte sich der Landschaftscharakter als Folge der Eindeichung gründlich gewandelt.

In den Sietländern baute man großflächig Torf ab. Er diente nicht nur als Brennstoff – was in der nahezu baumlosen Marsch sehr wichtig war –, sondern auch als Salzlieferant. Der sogenannte Salztorf, in den ja immer wieder salziges Meerwasser eingedrungen war, wurde verbrannt; die Rückstände löste man in Wasser auf und dampfte anschließend die Sole ein. Das Salz war zwar nicht sehr hochwertig, weil es Bitterstoffe enthielt, die sich nicht entfernen ließen, aber es war trotzdem ein wichtiges Handelsgut. Man exportierte es nach Jütland, wo man Hering und anderen Fisch damit konservierte. In Nordfriesland wurden über 40 000 Hektar Fläche zur Salztorfgewinnung abgebaut, was natürlich eine weitere, sehr gefährliche Absenkung der Landoberfläche weit und breit zur Folge hatte.

Als bei Sturmfluten die Deiche brachen, rutschten sie zunächst in die genau daneben liegenden Materialentnahmegruben ab, in die Pütten. Wo der Deich durchbrochen war, riss das tosende Wasser Kolke in den Marschboden, zum Teil über zehn Meter tiefe Löcher, die nie mehr aufgefüllt werden konnten; baute man den Deich wieder auf, musste er in weitem Bogen um den Kolk herumgeführt werden. Je weiter das Wasser landeinwärts vordrang, desto verheerender wirkte sich die Überflutung aus, denn im Landesinneren lag die Landoberfläche der Marschen niedriger, vor allem in den Gebieten, in denen Salztorf abgebaut worden war.

Als Folge von Deichbrüchen während schwerer Sturmfluten, vor allem der Julianenflut vom 1. Februar 1164 und der Marcellusflut vom 16. Januar 1362, entstand der Jadebusen. An seinem Umriss zeichnet sich die Topographie des Landes hervorragend ab: Von Anfang an hatte er seine charakteristische Flaschenform. Sein nördlicher Teil, wo das Meer in junges Polderland eingedrungen war, ist schmal und tief. Besonders viel bedeichtes Gebiet ging weiter landeinwärts verloren, im niedrig gelegenen Sietland. Das Wasser drang bis an den Rand der Geest vor, bis an die sandige Küste von Dangast bei Varel, bis wohin das Wasser unter natürlichen Umständen permanent keinesfalls reichen würde. Randbereiche des südlichen Jadebusens konnten später wieder eingedeicht werden, aber die komplette Abdämmung der als Folge menschlicher Tätigkeit entstandenen Bucht gelang nie mehr. Vielleicht hätte man dies in moderner Zeit erreichen können; man dachte aber nicht daran, weil das tiefe Wasser im Flaschenhals des Jadebusens sich als exzellente Fahrrinne für Hochseeschiffe nutzen ließ.

Neben den Deichen sieht man vielerorts kleine Teiche, wie hier bei Westerhever/Eider-stedt. Viele dieser Teiche sind sogenannte Pütten, ehemalige Gruben, aus denen man das Baumaterial für die Deiche entnahm. Andere dieser Teiche sind viele Meter tiefe Kolke, die sich an Deichbruchstellen bildeten und um die man neue Deiche in weitem Bogen herum legen musste, weil eine Auffüllung der Kolke nicht mehr möglich war.

Auch den Dollart, der sich auf ähnliche Weise wie der Jadebusen bildete, hat man später nicht mehr abgedämmt. Zu viel Wasser gelangte über die Ems von der Landseite in diese Meeresbucht, an der zudem der wichtige Hafen von Emden lag.

Gewaltig tobten sich die Marcellusflut und andere Sturmfluten, zum Beispiel die von 1634, an der nordfriesischen Küste aus. Dort wurden die gesamten Salz-torfgewinnungsareale überschwemmt. Durch das Ein- und Ausströmen der Tiden wurde weiteres Land überflutet, sogar Geest wurde weggerissen und mit Wasser bedeckt. Das sagenhafte Rungholt (es lag vor Nordstrand) und viele an-dere Siedlungen versanken in den Fluten. Wo man Salztorf gewonnen hatte, blie-ben nur einige kleine Flecken Land erhalten, auf denen zuvor die Häuser der Salzsieder gestanden hatten, weshalb man darunter den Torf nicht abgegraben hatte. Eine solche Fläche ist heute die Hallig Nordstrandischmoor. Im niederlän-dischen Moorgebiet De Wieden bei Zwolle wurde nur ein alter Straßenzug nicht überflutet, der durchs Moor führte; unter dem Straßenkörper hatte man keinen Salztorf gewonnen! Das Wasser erreichte auch in Nordfriesland das Geestkliff

Ein ehemaliges Abbaugebiet von Salztorf im niederländischen De Wieden bei Zwolle, das überflutet und nicht wieder trockengelegt wurde. Die kleinen Inseln im Hintergrund sind Teile einer früheren Straße, die quer durch das Gebiet führte. Unter dem Straßenkörper wurde kein Salztorf gestochen, daher blieben große Teile des Straßenkörpers als „Land" erhalten.

des festen Landes: bei Schobüll. Unter natürlichen Verhältnissen wäre es niemals möglich geworden, von der altehrwürdigen Schobüller Kirche aus weit über das Meer zu blicken.

Im Gebiet zwischen Ems und Jade gab es ebenfalls Deichbrüche. Dort wurden nicht ganz so große Flächen überschwemmt (vor allem kein Sietland), und es gelang, die Deiche wieder herzustellen, wenn auch zum Teil erst nach Jahrhunderten. Die Leybucht nördlich der Krummhörn wurde dem Meer weitgehend wieder abgerungen. Die Harlebucht östlich von Esens wurde erneut komplett eingedeicht. Ostfriesland profitierte in vielen Sturmfluten davon, dass dem Land die Inseln als Wellenbrecher vorgelagert waren. In Nordfriesland hatte man die Inseln durch Deiche verbunden, in West- und Ostfriesland verzichtete man darauf, vielleicht deshalb, um den Schifffahrtsweg zwischen Inseln und Land zu erhalten. Sicher hat dies großes Unheil vom Hinterland abgewendet, das nicht in den Fluten versank wie Rungholt; sicher wären die Auswirkungen der Sturmfluten in Ostfriesland sehr viel stärker gewesen, wenn man im Mittelalter die Inseln durch Deiche verbunden hätte.

Weniger unter den Sturmfluten zu leiden hatten die Gegenden rechts und links der Weser- und vor allem der Elbmündung. Dort lagerten die Flüsse so viel Schlamm ab, dass die Deiche gesichert waren und besonders in Dithmarschen weitere Köge entstehen konnten, auch weit vor den ehemaligen Strandwällen.

Wo Land verlorenging und wo nicht, war davon abhängig, wie der Mensch zuvor seine Deiche gezogen und das eingedeichte Land bewirtschaftet hatte. Eine amphibische Landschaft war entweder zu Land oder zu Wasser geworden; der Mensch hatte eine künstliche Küstenlinie als strikte Grenze zwischen Land und Meer gezogen.

In den folgenden Jahrhunderten wurden die Deiche erhöht und deren bauliche Struktur verbessert. Die Pütten mussten weit von ihrem Fuß entfernt gehalten werden. Schafe, die „Tiere mit den goldenen Hufen", sollten auf den Deichen weiden, damit die Grasnarbe kurz blieb, die Gräser sich ober- und unterirdisch weit verzweigten und die Deichoberfläche stabilisierten. Disteln und Wühlmäuse stellten Gefahren für die Deiche dar, denn Wurzelbahnen und Gänge konnten Deichbrüche bewirken. Also musste rigoros dagegen vorgegangen werden. Dies oblag zuerst der bäuerlichen Genossenschaft, die die Deiche gebaut hatte, dann den einzelnen Bauern, deren Land an ein bestimmtes Deichstück grenzte. Wer den Deich nicht pflegte, wurde zur Verantwortung gezogen: „Wer nicht will deichen, der muss weichen." Er musste sein Land hinter dem Deich zugunsten anderer räumen, damit eine Vernachlässigung des Deiches nicht das Land der gesamten bäuerlichen Gemeinschaft gefährdete.

Windflüchter-Bäume an der Ostseeküste bei Gelting/Angeln.

Dort warf bäuerliche Wirtschaft reichen Profit ab. Die Äcker und Viehweiden waren von Natur aus waldfrei; es kam nur dann Gehölz hoch, wenn es von den Bauern gepflanzt wurde. Es diente rings um die Höfe als Schutz gegen den starken Wind, so dass man die Häuser aus größerer Entfernung kaum sehen kann. Unter der Dauerbelastung der von der See her wehenden Winde entwickelten sich nur an der dem Land zugewandten Seite der Bäume größere Äste, so dass sie asymmetrisch sind und schiefgeweht zu sein scheinen. Auf den baumfreien Weiden wurde berühmtes Rindvieh gemästet. Die trockengefallenen Marschböden lieferten beste Kornerträge; es war aber nicht einfach, den schweren Boden zu pflügen.

Die Marschbauern waren und sind wohlhabend. Sie nahmen ihr Schicksal selbst in die Hand und entzogen sich immer wieder herrschaftlichem Zugriff, indem sie sich in Bauernschaften organisierten. Das Marschland ist wohl das Gebiet mit den wenigsten Städten in Deutschland, denn die Bauern beherrschten das Land, nicht die städtischen Bürger. Sie entwickelten eine reiche Kultur: In Rysum, einem Dorf der Krummhörn, steht eine der ältesten Orgeln der Welt, die man über Jahrhunderte mit viel Sinn für Tradition gepflegt hat. Weit bekannt war die Lateinschule von Esens, und erstaunlich umfangreich waren die Bibliotheken dithmarsischer Bauern schon vor Jahrhunderten. Die Marschbewohner sind etwas Besonderes (und fühlen sich so!), weil ihre Landschaft auf eigenartige Weise entstanden ist; die Marsch konnte nur dann dauerhaft bewohnt und bewirtschaftet werden, wenn man sie vor dem Meer schützte. Lange Zeit war dafür nicht herrschaftlicher Wille, sondern bäuerliche Selbstorganisation verantwortlich.

19. Die Kultivierung der letzten Wildnisse

Für die ständig wachsende Bevölkerung wurde der in Mitteleuropa zur Verfügung stehende Lebensraum immer enger. Um die Kontinuität der Versorgung nicht nur in günstigen Jahren sicherzustellen, brauchte man mehr landwirtschaftliche Nutzfläche. Die Erträge ließen sich durch die primitiven Formen von Düngung, die seit der vorrömischen Eisenzeit entwickelt worden waren, kaum noch steigern. Also mussten neue Agrarflächen erschlossen werden, wobei sich die Prozesse der abschließenden eisenzeitlichen Neulanderschließung und der herrschaftlich gesteuerten Kolonisierung überlagerten.

Ein Teil der Bauern, die alte Dörfer verließen, siedelte sich am Rand ihrer bisherigen Heimatorte neu an, in der „Wildnis", am Rand der Fluren oder auf neu eingerichteten Kämpen. Andere fanden erst weiter entfernt Neuland, das sich roden und in Kulturland umwandeln ließ. Sie besiedelten diejenigen Gebirge, die nach all dem, was wir wissen, bis zum Mittelalter noch von geschlossenen Wäldern bedeckt und im Wesentlichen unbewohnt waren: Schwarzwald, Harz, Erzgebirge, Bayerischer Wald. Die Schaffung von Agrarflächen in diesen Gebirgen wäre wohl technisch schon seit der vorrömischen Eisenzeit möglich gewesen – mit eisernen Pflugscharen. Aber die eisenzeitliche Kultivierung der Urgesteinsböden zog sich sehr lange hin; erst im hohen Mittelalter fand dieser Prozess seinen Abschluss.

Einen Anreiz, die Gebirge zu besiedeln, gaben die reichen Erzfunde: Im Urgestein findet sich eine große Vielfalt an Erzgängen mit Blei, Silber, Zinn, Kupfer und anderen Metallen. Manche Landschaften, zum Beispiel im Harz, wurden vom Adel erschlossen, so dass eine planmäßige Ausbeutung der Bodenschätze erfolgen konnte. Auch die Kirche trug zur Erschließung der Waldgebirge bei, indem in der Weltabgeschiedenheit Klöster gegründet wurden, von denen sich einige zu wirtschaftlichen Zentren entwickelten. Aber nicht nur in Mitteleuropa wurden neue Siedlungen gegründet. Auch die deutsche Ostkolonisation in weiten Gebieten zwischen dem Baltikum und Siebenbürgen setzte im Mittelalter ein, in Gegenden, in denen es zuvor noch kaum ortsfeste Siedlungen gegeben hatte.

Alle diese Vorgänge des mittelalterlichen Siedlungsausbaus und der Neukolonisierung sind nur scheinbar leicht zu fassen. Zwar gibt es historische Quellen über sie, aber oft lassen diese die tatsächlichen Besiedlungsvorgänge des Mittelalters nur schwer erkennen. Kolonisation ist ja nicht nur gleichzusetzen mit einer erstmaligen Besiedlung, sondern auch mit dem Übergang von der nicht ortsfesten zur ortsfesten Siedelweise in einer bestimmten Region. Sicher gibt es Bereiche, die im Mittelalter erstmals aufgesiedelt wurden, aber viele der urkundlichen

Nachrichten darüber unterscheiden sich nicht von solchen, die sich auf Siedlungen beziehen, die „nur" ortsfest geworden waren. Für die Landschaftsgeschichte wäre es aber wichtig zu wissen, welche Landschaften grundsätzlich neu kolonisiert wurden und in welchen Bereichen lediglich der Übergang von einer Siedelform zur anderen stattfand. Da dies von der historischen Forschung nicht genau genug beantwortet werden kann, müssten archäologische Untersuchungen in den Mittelgebirgslandschaften Klärung bringen; leider unterblieben sie bis auf wenige Ausnahmen. Ausbau ist ferner ein Phänomen, das nicht auf das Mittelalter beschränkt blieb. Seit dieser Zeit sind immer wieder neue Siedlungen angelegt worden, die sich von ihren Muttersiedlungen „abzweigten".

Viele Siedler rodeten und kultivierten neues Land in der Nähe ihrer Heimatorte. Dort war es ihnen „zu eng" geworden. Ländliche Siedlungen haben bestimmte Dimensionen nicht überschritten, wuchsen nie ins Unermessliche. Von einer gewissen Größe an wurden die Fluren zu klein, um die Lebensgrundlage für die ganze Dorfgemeinschaft bereitzustellen. Baute man neue Äcker am Rand der Flur aus, wurden die Wege zwischen Wirtschaftsbetrieb und Wirtschaftsfläche zu weit. Also siedelten sich die „Neubauern" am Rand der Flur an; oft legten sie Kämpe, also blockförmige Äcker, an, die sie mit einfachen Pflügen oder Hacken bewirtschafteten. Die Silbe „Kamp" ist in vielen Siedlungsnamen enthalten, die auf Ausbau zurückgehen. Mutter- und Ausbausiedlungen wurden oft durch die Vorsilben „Unter-" (meist das ältere Dorf) und „Ober-" unterschiedlich gekennzeichnet – oder durch „Alt-" und „Neu-". Auch hängte man Begriffe an den Namen der Muttersiedlung an: Rund um Sörup in Angeln entstanden die Siedlungen Sörupschauby, Sörupmühle und Sörupholz.

Im späten Mittelalter und in der frühen Neuzeit wurden neue Pflüge entwickelt, mit denen man auch Hänge beackern konnte. In Bayern nennt man sie Leitenpflüge; als Leiten bezeichnet man dort die Talhänge. Diese Pflüge waren besonders stabil, denn an den Hängen war der Boden flachgründig und steinig. Man konnte die Scharen der Leitenpflüge wenden, so dass man beim Hinundherpflügen die Schollen je nach Wunsch nach links oder rechts kippen konnte. Überzog man das Gelände mit hangparallelen Furchen, war es wichtig, die Schollen stets bergauf zu wenden, um der Bodenerosion entgegenzuwirken. Der Leitenpflug war ein weiterentwickelter Beetpflug, mit dem man die Schollen grundsätzlich nur in eine Richtung kippen konnte, und ein Vorläufer des modernen Wendepfluges. Die Äcker an den Hängen bekamen keine Wölbackerstruktur. Damit die Äcker so eben wie möglich lagen und der schädliche Einfluss der Erosion vermindert wurde, hat man das Gelände terrassiert. Zwischen den Äckern wurden Stufenraine angelegt, was sehr mühevoll war. Aber die weite Verbreitung von Ackerterrassen zeigt, dass es seit dem späten Mittelalter darauf ankam, jeden Flecken Landes zur Erzeugung von Kulturpflanzen auszunutzen. Auf den Felderterrassen entstanden Äcker mit ganz anderen Standortseigenschaften als auf herkömmlichen Feldern. Die Leitenäcker in terrassiertem Ge-

Terrassierte Leitenäcker bei Kollbach im Dachauer Hügelland/Oberbayern.

lände waren nicht nur flachgründiger als andere Felder, sie waren auch besonders stark der Sonne ausgesetzt. Die trockenen und warmen Äcker warfen nicht
die besten Erträge ab, wurden aber von wärmeliebenden Unkräutern aus dem
Mittelmeergebiet und aus Osteuropa bewachsen: Erst im Mittelalter und in der
frühen Neuzeit wurden so farbenprächtige Unkräuter wie Adonisröschen, Rittersporn und Nadelkerbel in Mitteleuropa heimisch.

   In den zuvor offenbar noch nicht kolonisierten Gebirgslandschaften wurden
mehrere verschiedene Besiedlungskräfte aktiv. Eine wichtige Rolle bei der Erschließung der letzten größeren Wildnisse in Mitteleuropa spielten wie schon erwähnt die Klöster. Im hohen Mittelalter entstanden Reformklöster der Benedik-
tiner und der Zisterzienser vor allem in der Weltabgeschiedenheit, mitten im
Wald, wo die Mönche begannen, einen wirtschaftlichen Mikrokosmos zu errichten. Zu einem wichtigen Zentrum der Reformbewegung wurde bald schon Hir-
sau (mitten im Schwarzwald gelegen). Andere Schwarzwaldklöster wurden
schnell ebenfalls mächtig: Sankt Blasien, Tennenbach, Allerheiligen, Alpirsbach.
Es gab auch kleine einsame Waldgebiete, in denen Klöster gegründet wurden; die
Zisterzienser bauten ganze Gebäudekomplexe, mehr oder weniger stark nach
dem Vorbild der Klosteranlage von Fontenay in Frankreich ausgerichtet: mitten
im kleinen Waldgebirge Schönbuch das Kloster Bebenhausen, im Waldland am
Fuße des Stromberges Kloster Maulbronn. Marienrode wurde im Hildesheimer
Wald errichtet, Altenberg inmitten des Bergischen Landes, Eldena hinter Greifs-

233

wald, Lehnin am Rande des waldreichen Fläming, Chorin in den ausgedehnten Wäldern der nordostbrandenburgischen Endmoränenhügel. Weiter im Osten wurden Zisterzienserklöster zu wichtigen Stützpunkten der Ostkolonisation.

Klöster waren nicht nur geistliche Zentren. Zu ihren Anlagen gehörten zahlreiche Handwerksbetriebe, die sich um den Klosterhof herum gruppierten – in Maulbronn ist dies noch heute zu sehen. Die Klöster mussten Gärten haben, in denen Pflanzen zur Selbstversorgung und Ziergewächse angebaut wurden. Im Weichbild des Klosters Bebenhausen gibt es heute noch große Obstgärten. Weil Mönche nach den Ordensregeln zu bestimmten Tagen und Wochen kein Fleisch essen durften, legten sie Fischteiche in der Nähe der Klöster an. Da eine ganze Reihe von Fischen zum Speisezettel der Mönche gehörte, die man nicht gemeinsam im gleichen Teich halten konnte (dort hätten die Hechte die Forellen gefressen!), brauchte man mehrere Fischteiche nebeneinander. Noch besser war es, auch noch separate Teiche für verschiedene Altersklassen von Fischen zu haben. Daher kann man, wenn man genau beobachtet, die Spuren von rund einem Dutzend Fischteichen, einer früheren Seentreppe, in der Umgebung von Maulbronn entdecken. Ein Teil dieser künstlich aufgestauten Gewässer ist nicht mehr vorhanden, die Dämme anderer haben die Jahrhunderte überdauert, so dass es immer noch Weiher beim Kloster gibt. Das Wasser für die Teiche wurde in der Umgebung des Klosters in einem System von Kanälen gesammelt. Von den Kanälen aus konnte man es aber auch in die Talwiesen leiten. Die Mönche schufen eines der ältesten Wiesenbewässerungssysteme; davon später mehr.

Zu den Klöstern gehörten große Agrarbetriebe, die von Laienbrüdern bewirtschaftet wurden, die Grangien. Ein solch großer Hof steht unmittelbar neben Kloster Marienrode. Als Grangie zum Kloster Maulbronn gehörte die heutige Staatsdomäne Elfinger Hof westlich der Klosteranlage.

Viele Klöster entwickelten sich zu dem, was ihre geistlichen Gründer nun gerade nicht im Auge gehabt hatten: zu wirtschaftlichen Zentren, zum Beispiel Walkenried am südlichen Harzrand und Sankt Blasien im Schwarzwald. Lehnin und Maulbronn wurden noch vor wenigen Jahrzehnten als wirtschaftlich derart bedeutend angesehen, dass man besondere Eisenbahnlinien hin zu ihnen errichtete.

Ehemals einsame Gebiete waren durch die Klostergründungen ebenso belebt geworden wie altbesiedelte Landschaften. Umtriebe hatte auch die erfolgreiche Erzprospektion zur Folge, an der sich Klöster beteiligten. Sehr bald ging es den Mönchen dabei nicht mehr allein um die Autarkie ihrer Klöster, sondern auch um den Gewinn weltlicher Macht. Reiche Blei- und Silberminen kamen zum Beispiel in den Besitz des Klosters Sankt Blasien; die repräsentativen Klosterbauten zeugen von dem Gewinn, der sich damit machen ließ. Nicht nur im Schwarzwald, auch im Odenwald, im Fichtelgebirge und im Bayerischen Wald, besonders erfolgreich aber im Erzgebirge und Harz wurde nach Erzen geschürft. Die Kunde von reichen Erzadern lockte viele Menschen ins Gebirge; wer edle

In der Mitte des Schönbuchs, eines kleinen Waldgebirges südlich von Stuttgart, gründeten Zisterzienser das Kloster Bebenhausen. Zur weiträumigen Klosteranlage gehören auch landwirtschaftliche Nutzflächen und Obstgärten.

Metalle besaß oder an seiner Gewinnung teilhatte, konnte hoffen, auf den immer mehr von der Geldwirtschaft beherrschten Märkten genügend Lebensmittel erwerben zu können, was in Krisenzeiten des Mittelalters nur unter Schwierigkeiten möglich war. Bis zur Entdeckung noch reicherer Vorkommen in Amerika gehörten die Silbererzvorkommen der deutschen Mittelgebirge zu den wichtigsten der Welt. Der Taler (aus Joachimstal im Erzgebirge) wurde in der frühen Neuzeit zum vorherrschenden Zahlungsmittel. Der Name seines Herkunftsortes stand noch Pate für den Dollar.

Für Bergleute und ihre Familien musste eine Infrastruktur geschaffen werden. Es war unmöglich, sie auf Dauer über einen Ferntransport mit genügend Lebensmitteln zu versorgen. Also mussten in der Nähe der Erzgruben Dörfer liegen. Wenn sie noch nicht in „wilder Kolonisation", also ohne herrschaftliche Lenkung, entstanden waren, mussten sie durch obrigkeitliche Weisung gegründet werden. In den Bergdörfern wurde damals nicht wie heute überwiegend Grünland- oder Viehwirtschaft betrieben, sondern wie in jeder anderen ländlichen Siedlung mussten auch im Bergland Ackerbau und Viehzucht etwa gleiche Bedeutung haben.

Auch im Gebirge entstanden viele Agrarbetriebe in Ökotopengrenzlage. In manchen engen Tälern war dies kaum möglich, aber gerade das Schwarzwaldhaus ist in besonderer Weise an eine Ökotopengrenzlage angepasst: Erntewagen kommen über die charakteristische „Ifahr" (Einfahrt) von oben her direkt ins Dach des Hofes, wo die Ernte verstaut wird. Im Untergeschoss des Bauernhofes steht das Vieh im Stall, von wo es nach unten auf die Weide gelassen werden kann; und die Gülle rieselt die Hänge unterhalb des Hauses hinab, wobei sie ohne weiteres Zutun des Bauern das Grünland düngt.

In einigen Gegenden dominierten einzeln stehende Höfe (zum Beispiel im mittleren Schwarzwald), anderswo entstanden Wald- oder Hagenhufendörfer (im Odenwald, Nordost-Schwarzwald, Weserbergland, Erzgebirge). Am Beispiel der Hagenhufensiedlungen lässt sich zeigen, wie kompliziert es ist, die Entstehung von Dörfern richtig zu beurteilen. Viele von ihnen entstanden nämlich nicht bei einer Neubesiedlung von Land, sondern durch Schaffung einer neuen Organisation von Siedlung und Wirtschaft in bereits besiedelter Gegend, so im östlichen Schaumburger Land und nördlich von Hannover. Nach dem Vorbild von Waldhufendörfern entwickelten sich Zinken als typische Ausbausiedlungen am Rand von schon bestehenden Dörfern im südlichen Schwarzwald. Wald- oder Hagenhufendörfer sind Siedlungen entlang einer Dorfstraße, in denen jeder Bauer die Hufe hinter seinem Haus zu roden und zu bewirtschaften hatte. Die Flur eines Hufendorfes ist daher aus schmalen, handtuchförmigen Streifen zusammengesetzt. Die Fluren der Waldhufendörfer wuchsen allmählich immer weiter in den Wald hinein. Insgesamt entstand dadurch das, was man eine Rodungsinsel im Wald nennt. Doch mit der Verwendung des Begriffs ist Vorsicht geboten. In Wirklichkeit entstanden viele heute erkennbare Offenlandinseln im Wald nicht durch Rodung, sondern durch spätere Aufforstungen von Außenbereichen der Flur: In den Wäldern des Schwarzwaldes wuchsen ursprünglich Buchen und Tannen, heute aber dominieren aufgeforstete Fichten in den die „Rodungsinseln" umgebenden Wäldern – und sie stehen auf den noch deutlich sichtbaren Spuren alter Wölbäcker und Ackerterrassen.

Im Gebirge wurden Kulturpflanzen angebaut, die kurze Entwicklungszeiten benötigten und unempfindlich gegenüber Kälte und Dauerregen waren: Gerste, Roggen, vielerorts ausschließlich Hafer. Hinzu kam in manchen Gegenden Buchweizen. Die Tiere mussten in schneereichen Wintern lange im Stall gehalten werden. Wenn der Boden im steilen Gelände nach Dauerregen aufgeweicht war, konnte man die Tiere nicht auf die Weide lassen: Sie hätten dort binnen kurzem die gesamten oberen Bodenschichten zertreten und sie zum Abrutschen gebracht. In den nadelholzreichen Wäldern gab es wenige Möglichkeiten, Laubheu zu gewinnen. Die Gebirgsbewohner waren also auf Wiesenbewirtschaftung angewiesen, um genügend Futter für ihre Tiere zu bekommen. Wiesen, gemähte Grasländer, waren bis zum Mittelalter noch wenig verbreitet. Ihre Anlage machte einige Mühe. Es durften nämlich keine Steine an ihrer Oberfläche liegen, die Sensen zerstört hätten. Die Steine mussten aus den Wiesen herausgelesen werden; man sammelte sie und legte Lesesteinhaufen an. Alles Gehölz musste ebenfalls entfernt werden, denn auch an Holz wären die mit Schwung bewegten Sensen zer-

Wiesenwässerungsanlage in Muchenland bei Blasiwald im Hochschwarzwald. Auf den unteren Teil des Hanges wird mittels Gräben Wasser geleitet. Der Wachstumsvorsprung der Pflanzen auf dem bewässerten Teil des Hanges ist an der intensiven Grünfärbung deutlich zu erkennen. Auf den bewässerten Wiesen kann erheblich früher mit der Heuernte begonnen werden als auf unbewässertem Grund.

Im Schwarzwald und am Alpenrand (hier: bei Benediktbeuern in Oberbayern) wurden inmitten des Grünlandes Heustadel errichtet, in denen das Heu nach der Ernte aufbewahrt wurde.

sprungen. Leicht ließ sich in den Tälern beobachten, dass Gräser und Kräuter dann besonders gut wuchsen, wenn deren Hänge von Wasser überrieselt wurden. Daher hat man Wässerwiesen angelegt, vielleicht nach dem Vorbild entsprechender Anlagen bei den Klöstern. Das Quellwasser wurde in Gräben gesammelt und mit geringem Gefälle an den Talrändern entlanggeführt. Die Kanäle, im Südschwarzwald Wuhre oder Wühre genannt, konnten kilometerlang sein. Von den Gräben aus überrieselte das Wasser die Wiesenhänge. Dies hatte viele Vorteile: Winterliche Bewässerung ließ den Schnee auf den Hängen bald tauen. Im Frühjahr waren die überrieselten Hänge schnell grün, denn die Pflanzen der Wässerwiesen begannen viel früher mit ihrem Wachstum als die Kräuter auf unberieselten Flächen. In Trockenperioden stellen Gräser und Kräuter ihr Wachstum ein – aber nicht auf bewässerten Wiesen. Mit der Bewässerung musste man rechtzeitig vor dem Wiesenschnitt aufhören. Nach dem Einbringen des Heus (im Schwarzwald bewahrte man es wie in den Alpen in Stadeln auf den Wiesen auf) wurde gleich wieder Wasser auf die Wiesen gelenkt – zur Befeuchtung der Hänge, zur Bekämpfung von Engerlingen und anderen Schädlingen sowie zur Düngung. Denn das Wasser brachte Mineralstoffe mit. Eine Bauernregel beschreibt dies:

> „Der rechte Bauer weiß es wohl,
> Dass man im November wässern soll.
> Denn im November Wässerung
> Ist der Wiesen Besserung."

Unter dem Einfluss des Menschen entstanden so die bunten Wirtschaftswiesen; dies sind Pflanzengemeinschaften, die sich nur bei reichlicher Feuchtigkeit im Boden, bei Düngung und häufigem Schnitt (auch in der frühen Neuzeit schon bis zu dreimal im Jahr) bildeten. Glatthafer, Goldhafer, Honiggras, Sumpfdotterblume, Wiesenknöterich und Storchschnabel waren vor der Entstehung erster bewässerter Wiesen seltene Gewächse in Mitteleuropa, die an ganz verschiedenen Stellen wuchsen, die einen an natürlicherweise überrieselten Schutthängen, die anderen an Bächen. Nun fanden sie sich zu einem Vegetationstyp zusammen, der noch vor einigen Jahrzehnten weithin verbreitet war, heute aber wegen Überdüngung und Abschaffung der Bewässerung allmählich verschwindet.

Die Wühren konnten mit Mühlkanälen verbunden sein; nicht das ganze Jahr über musste bewässert werden – zu Zeiten größerer Niederschläge musste auch entwässert werden –, und die Mühlen brauchten auch nicht das ganze Jahr über zu laufen. Mühlenbetriebszeiten und Bewässerungszeiten ließen sich aufeinander abstimmen, wenn es auch immer wieder Streit darüber zwischen Bauern und Müllern gab.

Wässerwiesen wurden auch in ebenem Gelände angelegt, zum Beispiel im Siegerland, im Weserbergland und in Nordwestdeutschland. Überall boten Wiesen

Hochweide am Feldberg im Hochschwarzwald: Bäume sind weitgehend zurückgedrängt, vor allem halten sich aber die Fichten, deren bitter schmeckende Nadeln vom Vieh verschmäht werden. Die Bergflanke ist von parallel verlaufenden Viehgangeln überzogen, die weidende Tiere austraten.

die Voraussetzung dafür, dass das Vieh im Stall hochwertiges Futter erhielt – und dies auch in Gegenden mit langen Wintern, Armut an Bäumen, die man schneiteln konnte, und mit kurzer Vegetationsperiode.

Im Sommer konnte Vieh auf die gehölzarmen Gipfel der Gebirge getrieben werden. Häufige Stürme und meterhoher Schnee hatten dort verhindert, dass sich ein geschlossener Wald bildete. Schnee- und Windbruch rissen die Bäume um. Besonders schädlich für Gehölze wirkt sich tauender Schnee aus: Während er zusammensackt, reißt er die Äste mit sich zu Boden und bricht sie ab. Daher befinden sich in Gipfellagen hoher Gebirge Mitteleuropas kleine waldfreie Areale, auf denen sich in einigen Fällen eine für jedes Gebirge charakteristische Flora halten konnte: im Harz, im Schwarzwald, in den Vogesen, im Riesengebirge. Seit dem Mittelalter wurde das Vieh hierher im Sommer auf die Hochweide gebracht. Die waldfreien Areale wurden durch Beweidung größer. Am Feldberg im Schwarzwald (auf seinen waldarmen Gipfel nimmt sein Name Bezug!) wurden zahlreiche Viehhütten errichtet, genauso in der Umgebung des Brocken im Harz. Hochweiden ließen sich auch im Nordschwarzwald (die sogenannten Grinden) und im Solling anlegen. Das Kloster Fulda betrieb schon seit der Zeit um 1000 n. Chr. Hochweiden auf der Wasserkuppe in der Hohen Rhön. Die Bauden des Erzgebirges und weiter östlich liegender Bergländer waren ursprünglich Viehhütten inmitten der Weideflächen. In der Umgebung der Hütten wurde der Boden eutrophiert, es bildete sich dort die sonst für den Alpenraum charakteristische Lägerflur mit dem großblättrigen Alpenampfer. Die Tiere beweideten die steilen Hänge in horizontaler Richtung. Dabei traten sie mit der Zeit die charakteristischen treppenförmigen Viehgangeln aus, die heute ganze Hänge überziehen.

In manchen Gegenden trieb man nur Ochsen und Jungvieh auf die Hochweiden, weil man auf den Höhen keine Milch verarbeiten konnte. Die Milchkühe blieben im Tal. Ließ man auch die Kühe auf die Hochweiden, musste man dort Käse herstellen. Die Namen vieler Käsesorten aus den Alpen verraten, dass auf den Almen bedeutende Käsereien betrieben wurden. Käse wurde auch in den Vogesen bereitet; noch heute kommt der echte Münsterkäse von den Chaumes im hohen Münstertal und seiner Umgebung. Der einzige charakteristische Käse aus einem deutschen Mittelgebirge ist der Harzer, woraus man folgern kann, dass im Hochharz ursprünglich auch Kühe auf den Hochweiden zu finden waren.

Unter enormem ökonomischem Druck hatten sich Landwirtschaft und ortsfestes Siedeln in peripheren Agrarlandschaften Mitteleuropas etabliert. Wo es nur immer ging, wurde der Boden bewirtschaftet, von der Marsch direkt hinter dem Deich bis in die Hochlagen der Gebirge. Am Ende des Mittelalters war es aus technischen Gründen lediglich noch nicht möglich, Kernbereiche von Mooren zu kultivieren. Ein paar Jahrhunderte später war man aber auch dazu imstande.

20. Nutzung und Übernutzung der Wälder

Veränderungen in der Siedelweise des Menschen waren jedes Mal von einschneidender Wirkung auf die Zusammensetzung der Wälder. Die vorgeschichtliche Siedelweise hatte die Ausbreitung der Buche gefördert. In der Umgebung ortsfester ländlicher Siedlungen wurde der Wald in kürzeren Umtriebszeiten genutzt. Die Buchen wurden zu oft geschlagen; viele von ihnen starben ab. Die Hainbuche hingegen kann noch gedeihen, wenn man ihre Stämme immer wieder kappt; neue Äste treiben aus den Stümpfen hervor. Deshalb wuchsen immer mehr Hainbuchen in den Wäldern anstelle von Buchen, deren Anteil in vielen Wäldern seit dem Beginn des Mittelalters abnahm. Die Zunahme der Siedeldichte und die Entstehung vieler Städte mit ihrem enormen Holzbedarf dezimierten aber bald alle Gehölze weit und breit. Vom Mittelalter bis zum 18. Jahrhundert sank der Waldanteil in den meisten deutschen Landschaften auf einen Tiefstand ab.

Der Wald wurde in verschiedener Weise genutzt und übernutzt. Manche Waldnutzungsformen ließen sich miteinander kombinieren, andere schlossen sich

Hudewald mit wenigen, weit ausladenden Bäumen. Große Teile des Waldes sind nach intensiver Beweidung frei von Gehölzen (Eichenhain bei Stuttgart).

Auf den beweideten Flächen breiteten sich Gewächse aus, die vom Weidevieh ver-schmäht werden: Die stacheligen Büsche von Wacholder, Heckenrose und Schlehe, Dis-teln und die bitter schmeckenden oder giftigen Enziane und Orchideen (Schafbuckel bei Ochsenwang/Schwäbische Alb).

gegenseitig aus. Unter dem Einfluss verschiedenartiger Nutzungen verschwan-den viele Wälder vollständig, andere sahen bald nicht mehr wie geschlossene Gehölze aus, sondern wie Kahlschläge, auf denen nur ein paar kärgliche Wald-reste stehengeblieben waren.

Zu Beginn des Mittelalters gab es nur in wenigen Landschaften gehölzfreie Weideflächen: oberhalb der Baumgrenze im Gebirge und in den Seemarschen. Anderswo beweideten Tiere mehr oder weniger dichte Wälder; durch Weidegang wurden diese immer weiter aufgelichtet. Diese Form der Nutzung von Wäldern wurde schon jahrtausendelang betrieben, und so gab es im Mittelalter ausge-dehnte Waldweiden, Hut-, Hude- oder Hütewälder. Dort kam es nur noch selten zu einer Baumverjüngung. Die kleinen Bäumchen mussten zunächst den dichten Filz aus kurzgefressenem Gras durchdringen. War ihnen das gelungen, knabber-ten Weidetiere die zarten Triebe ab. Die Schösslinge setzten immer wieder neue Blätter an – sie waren allerdings oft kleiner als das zuvor abgebissene Laub. Manche Gehölzpflanzen sind erstaunlich widerstandsfähig gegen Verbiss; immer wieder trieben die Pflänzchen neu aus, aber nur wenige überstanden das ständige Kahlrupfen ihrer Äste endgültig und wuchsen zu größeren Bäumen in die Höhe. Weil alte Bäume im Hudewald nach und nach abstarben, aber kaum junge nach-wuchsen, wurden beweidete Wälder immer lichter. Zwergsträucher, Gräser und

Die Tiere fressen nicht nur Gras und Kräuter, sondern auch das Laub von Büschen und Bäumen. Dadurch bildet sich eine „Fraßkante" (Pasenbach bei Dachau/Oberbayern).

Kräuter konnten sich im vollen Sonnenlicht besser entwickeln als im Schatten oder Halbschatten der Bäume. Rinder, Schafe, Ziegen und Pferde fraßen nicht alles gleich gerne, was da am Boden wuchs. Sie ließen Pflanzen stehen, die besonders zäh, dornig oder stachelig waren, bitter schmeckten oder giftige Substanzen enthielten. Auf den Weiden breiteten sich daher Heidekraut, Schlehe, Heckenrosen, Wacholder, Enziane und Orchideen aus. Schlehdorn vermehrt sich durch Wurzelbrut: Neue Zweige treiben aus den Wurzeln an die Bodenoberfläche. Mit der Zeit entstanden undurchdringliche Gebüschgruppen aus Schlehen mitten auf der Viehweide. In der Mitte eines Schlehengebüsches konnte auch eine andere Gehölzpflanze hochkommen, ohne vom Vieh angefressen zu werden. Hin und wieder gelang dies einem Baum auch ohne den schützenden Schlehenmantel. Diese Bäume trugen die Narben der Fraßspuren ein Leben lang. An den abgeknabberten Stellen bildeten sich Wucherungen, aus denen neue Zweige austrieben, manche von ihnen waren durch erneuten Verbiss verkrüppelt. Die Äste in der Mitte eines solchen „Kuhbusches" schafften es, unbehelligt in die Höhe zu wachsen. Seitliche Triebe wurden aber weiterhin vom Vieh abgerupft. Da die Kühe alles fraßen, das sie mit ihren Mäulern erreichen konnten, bildeten sich Fraßkehlen in dem aufwachsenden Busch. Die wenigen Bäume auf der Hutweide hatten viel Platz um sich herum. Es entwickelten sich aus den verkrüppelten

Kuhbüschen besonders weit ausladende Baumindividuen, die es in geschlossenen, nicht beweideten Wäldern niemals geben würde. An diesen Bäumen fraßen Kühe, Schafe und Ziegen weiterhin alles Laub ab, was sie erreichen konnten. Die nach oben völlig abgerundeten Kronen der Weidbuchen und Weideichen bekamen daher eine Fraßkante, die aus der Ferne betrachtet so aussieht, als wäre sie mit dem Lineal gezogen worden. Als Folge der Waldhude konnte man unter den Bäumen hindurchsehen, während bei Solitärbäumen auf einer nicht beweideten Fläche die Äste bis an den Boden reichen, so dass ihre Stämme verdeckt sind. Die Form eines weit ausladenden Baumes, von dessen knorrigem Stamm man ein Stück sehen kann, entwickelte sich nur auf beweideten Flächen. Fraßkanten bildeten sich auch bei einzeln stehenden Fichten, die, wenn sie seitlich viel Platz für ihre Entwicklung hatten und ihnen der ursprüngliche Wipfeltrieb fehlte, einen kandelaberartigen Wuchs annahmen.

Weidbuchen, Hudeeichen und Weidfichten sind besonders malerisch und tatsächlich oft auf Landschaftsbildern dargestellt worden, zum Beispiel von Caspar David Friedrich. Man hat sie – auch im Naturschutz – immer wieder als besonders urtümlich angesehen, sie deswegen unter Schutz gestellt; dabei entwickelten sich diese Baumformen nie unter natürlichen Bedingungen, sondern immer nur unter dem Einfluss des Menschen und seines Weideviehs.

Der Mensch hat aktiv „nachgeholfen", um das Wachstum solitär stehender Buchen und Eichen auf den Viehweiden zu fördern. Einige junge Bäumchen hat er eingezäunt oder durch eine Umfriedung mit Hecken vor dem Viehverbiss geschützt. Auf Weiden wurden sogar Buchen und Eichen gepflanzt. Man hat gleich mehrere Jungbäume nebeneinander in eine Pflanzgrube gesetzt, damit wenigstens einer durchkam. Wenn mehrere oder alle überlebten, wuchsen sie zu einem knorrigen Gebilde zusammen, nur scheinbar zu einem einzigen Baumstamm. Denn Buchen und Eichen sollten auf der Viehweide als Mastbäume stehen: Wenn Bucheckern und Eicheln reif waren, wurden die Schweine zur Mast in die Hudewälder getrieben. Die Hirten warfen Stangen in die Baumkronen, damit die nahrhaften Früchte herunterfielen. Auch Rinder brauchen einzeln stehende Bäume: Sie legen sich zum Wiederkäuen in deren Schatten.

War die Beweidung so intensiv, dass kein Baum hochkommen konnte, und förderte der Mensch die Baumverjüngung nicht, sondern sorgte sogar durch die Entnahme von Streu und Plaggen für eine Bodenverarmung, stand nach Jahrzehnten oder Jahrhunderten kein Baum mehr auf der Viehweide. Auf der Geest Norddeutschlands wuchsen in der frühen Neuzeit weit und breit nur noch Heidekraut, Wacholder und wenige andere Gewächse, die gegenüber Beweidung resistent waren und mit wenigen Bodennährstoffen auskamen. Diese Pflanzen waren dort vor der Beweidung auch schon vorgekommen, aber selten, und dann als Unterwuchs von Eichen, Birken und Buchen. Heidekraut und ein paar wenige andere Pflanzen waren die einzigen „Überbleibsel" eines ehemaligen Waldes, die sich unter dem Einfluss der Beweidung massenhaft vermehrten. Auf

In den nordwestdeutschen Heidelandschaften blieben als Folge intensiver Beweidung nur die zähen Gewächse, vor allem Heidekraut und Drahtschmiele, stehen (Pestruper Gräberfeld südlich von Oldenburg).

Charakteristisch für traditionelles Weideland ist der fehlende Waldrand. Das Vieh weidet mal unter den Bäumen, mal außerhalb der Gehölzfläche, was sich an den vom „Wald" ins „Offenland" durchlaufenden Viehgangeln gut erkennen lässt (Laerdal in West-Norwegen).

ebensolche Weise vermehrte sich das Heidegestrüpp in den Hochlagen der Silikatgebirge, im Schwarzwald, Harz und Erzgebirge.

Die Böden auf Kalkgestein verarmten nicht so stark und wurden daher nicht flächendeckend von Heidekraut bewachsen. Es breitete sich dort aber Wacholder aus, ebenso die Schlehe und eine große Fülle an Gräsern und bunten Kräutern. In den Alpen blieben von ehemaligen Wäldern vor allem Alpenrosen „übrig". Auch die Hochheiden der Gebirge und Pflanzengemeinschaften vom Typ der Wacholderheiden der Schwäbischen Alb sind kärgliche Reste ehemaliger Wälder.

Baumlose Bereiche der Heide konnten neben Hudewald liegen; scharfe Grenzen gab es weder zwischen Gehölz und Weide noch zwischen den einzelnen Weideflächen. Sie durften nicht nur von allen Dorfbewohnern in Anspruch genommen werden, sondern auch von mehreren Siedlungen aus, die sich zu sogenannten Markgenossenschaften zusammengeschlossen hatten, um gemeinsam eine Mark zu nutzen. Die Viehherden mussten von Hirten zusammengehalten und bewacht werden.

Die Bereiche des Waldes, in denen Holznutzung betrieben wurde, waren vom beweideten Areal nicht abgegrenzt. Die Hirten sollten verhindern, dass das Vieh dort weidete. Gelang ihnen das nicht, gab es Streit. Auch bei der Holznutzung standen sich verschiedene Interessen gegenüber. Die einen brauchten Bauholz, das sich nur aus hochgewachsenen Stämmen gewinnen ließ. Andere wollten Brennholz machen; dazu konnte man auch schon die jungen Stämmchen fällen. Bauholznutzung setzte lange Umtriebszeiten voraus, Brennholznutzung führte zu immer kürzerem Umtrieb. Jungholz wurde auch zu anderen Zwecken verwendet: Aus Eichenrinde gewann man Gerberlohe, dünne Stämmchen dienten zu Zäunen, Flechtwänden und Faschinen, und aus ihren Fasern wurden Stricke gedreht.

Kurze Umtriebszeiten in vielen Waldbereichen förderten die Ausbreitung von Niederwäldern oder niederwaldähnlichen Vegetationstypen. Hatten die Stämme einen gewissen Minimalumfang erreicht, schlug man sie; aus den Stümpfen ließen die Bäume neue Triebe in die Höhe wachsen. Solche Stockausschläge kommen besonders in den ersten Jahren nach dem Fällen rasch hoch. Wenn viele Stockausschläge nebeneinander aus einem Baumstumpf hervor wuchsen, ähnelte die Gehölzpflanze nach einiger Zeit eher einem Strauch als einem Baum. Ausgedehnte Niederwälder, in denen man diese Wuchsformen noch heute sehen kann, gibt es im Rheinischen Schiefergebirge und in der Oberrheinebene. In Norddeutschland nennt man sie Krattwälder oder Stühbüsche, in Bayern Lohwälder. In ihnen dominieren Gehölze, die auch bei Umtriebszeiten von nur wenigen Jahren noch überdauern können, wenn auch oft mit krüppeligem Wuchs: Eichen, Hainbuchen, Haselbüsche. Buchen überleben eine Niederwaldnutzung nur, wenn die Umtriebsdauer etwa dreißig Jahre nicht unterschreitet. Wo das Holz häufiger geschlagen wurde, verschwand die Buche, statt ihrer breitete sich

Im Mittelwald stehen ausgewachsene Bäume (meist Eichen) neben Gehölzen (vor allem Hainbuchen), die immer wieder wie im Niederwaldbetrieb auf den Stock gesetzt werden (bei Rottendorf östlich von Würzburg).

vielerorts die Hainbuche aus. Viele heutige Eichen-Hainbuchen-Wälder sind aus ehemaligen Niederwäldern hervorgegangen, entwickelten sich also anstelle von Buchenwäldern oder Buchen-Eichen-Wäldern.

Holz war der gebräuchlichste Werkstoff und fast das einzige Heizmaterial im Mittelalter und in der frühen Neuzeit. Daher gab es bald kaum noch Parzellen mit Hochwaldcharakter. In der Umgebung der Siedlungen standen keine Altholzstämme mehr, die man zum Hausbau brauchte. Als eine Form des Kompromisses zwischen den verschiedenen Holznutzern ließ sich eine Mittelwaldnutzung durchsetzen; einige Bäume, vor allem Eichen, schlug man zunächst nicht, sondern ließ sie inmitten vieler anderer Gehölze stehen, die immer wieder wie im Niederwaldbetrieb geschlagen wurden. Im Mittelwald wuchsen einige dicke Bäume inmitten vieler kleiner. Die groß werdenden Bäume gelangten zur Fruchtreife, so dass von ihnen eine Waldverjüngung ausgehen konnte; die niederwaldartig genutzten Bäume erreichten zwar auch ein hohes Alter, wurden aber immer schon gekappt, bevor sie Früchte und Samen hervorbringen konnten.

In bäuerlichen Wäldern wurde auch im Mittelalter noch Futterlaub gewonnen, aus dem Laubheu für die Stallfütterung bereitet wurde. Dafür wurden dünne, im vollen Laub stehende Zweige geschneitelt, entweder dicht am Boden, indem man die Gehölze immer wieder bis fast auf den Wurzelstock zurückschnitt, oder höher am Stamm, wenn man Kopfschneitelung betrieb – in ähnlicher Weise wie heute bei Kopfweiden. Daher sahen im Mittelalter auch Linden, Ulmen oder Eschen so aus wie geschneitelte Weidenbäume. In anderen Fällen hat man nur einzelne Äste an den Bäumen abgeschnitten oder einfach Laub von den Zweigen gerupft. Die so oder anders, oft in mehrfacher Weise zugleich malträtierten Gehölze nahmen eigenartige Wuchsformen an.

Die Ausbeutung der Wälder nahm auch dadurch zu, dass die Bauern je nach den vorhandenen Baumarten noch bestimmte Nebennutzungen betrieben. Diese wurden besonders wichtig, wenn nach einer Missernte auf den Feldern die Nahrung nicht ausreichte und die Landleute andere Waren auf den Märkten verkaufen mussten, um Geld zum Nahrungserwerb zu bekommen. Bauern durften übrigens in aller Regel nicht jagen; Ernährungslücken ließen sich also auf diese Weise nicht schließen. Die Jagd war herrschaftliches Privileg, bäuerliche Jagd galt als Wilderei und wurde mit schweren Strafen belegt.

Von der Gerberlohe, die sich verkaufen ließ, war schon die Rede. Gab es Kiefern in den Wäldern, konnte man Kienharz gewinnen, indem man die Stämme anritzte, das Harz hervortreten ließ und es in kleinen Behältern unterhalb der Einritzungen sammelte. In vielen Wäldern legte man Köhlergruben, später auch Kohlenmeiler an, um Holzkohle herzustellen. Sie wurde überall gebraucht, wo es galt, hohe Temperaturen zu erzeugen; die aufblühenden Gewerbebetriebe benötigten immer mehr Holzkohle. Einzelne Hölzer wurden selektiv aus den Wäldern entfernt, so zum Beispiel das der Eibe, aus dem sich Waffen – die Bögen – herstellen ließen. Ganze Armeen waren mit Bögen aus Eibenholz ausgestattet; der Baum wurde infolge starker Nutzung beinahe vollständig ausgerottet. Für die Haltung von Waldbienen höhlte man Baumstämme aus.

Eigentümliche Formen der Waldnutzung, die man besser allgemein Landschaftsnutzung nennen sollte, wurden in manchen Bergländern betrieben. Im Siegerland gab es Hauberge. Dort schlug man Holz, um es einerseits zum Hausbrand, andererseits zur Verhüttung von Erzen zu nutzen. Danach brannte man die Flächen ab. Dabei wurden Mineralstoffe freigesetzt, die den Boden düngten: In die Asche wurde Roggen eingesät. Nach nur einem oder wenigen weiteren Jahren gab man den Getreidebau wieder auf und ließ fortan Vieh auf den Flächen weiden, während aus den Baumstümpfen des Kahlhiebes schon die ersten Stockausschläge emporwuchsen. Um ihnen ungestörtes Wachstum zu ermöglichen, nahm man das Vieh nach einigen Jahren wieder aus den Flächen. Zwanzig Jahre später konnte die nächste „Holzernte" stattfinden, und damit begann der Nutzungszyklus des Hauberges von neuem.

Ganz ähnlich betrieb man die Schiffelwirtschaft in der Eifel (als Wechselwirtschaft zwischen Heide und Ackerland) und die Reutbergwirtschaft im Schwarzwald. Dort rodete man alle paar Jahrzehnte die steilen Rütten und brannte sie ab, indem man den Reutberg entweder unten anzündete und das Feuer nach oben vordringen ließ oder von oben her Feuerwalzen aus zusammengebundenem

Kopfschneitelung an einer Linde(Råshult/ Schweden).

Gestrüpp die Rütte abwärts rollen ließ. Diese Form der Brandrodungswirtschaft wurde wohl nur auf steilem Gelände betrieben, wo keine Ackerterrassen angelegt werden konnten. Auch durch die Reutbergwirtschaft wurden Baumarten gefördert, die Stockausschläge treiben, dazu Pflanzen, die Ausläufer bilden: Brombeeren und Adlerfarn. Gemeinsam ist der Hauberg-, Schiffel- und Reutbergwirtschaft, dass sie vom Kollektiv der Markgenossen betrieben wurden. Jedes Jahr rodete man eine andere Hangparzelle, einen anderen „Berg" in der Nähe der Siedlungen.

Durch vielfältige Nutzung wäre der Wald in vielen Gegenden wohl praktisch vollständig zurückgedrängt worden, wenn von Seiten des Adels nicht dagegen

Noch bis vor wenigen Jahren wurde an Kiefern in Brandenburg (hier: bei Götz zwischen Brandenburg und Potsdam) Kienharz gewonnen.

vorgegangen worden wäre. Denn um sich möglichst gute Jagdbedingungen zu schaffen, verboten adelige Herren ihren bäuerlichen Vasallen in bestimmten Waldpartien jegliche Holznutzung. Diese Bezirke wurden „Forsten" genannt und bestanden seit dem frühen Mittelalter. Die meisten Forsten lagen in der Nähe der Schlösser, Burgen und Städte, denn die Jagdreviere mussten vom herrschaftlichen Besitz aus gut erreichbar sein. Auf besondere Anordnung konnten Teile der Forsten gerodet werden – aber in der Regel nur dann, wenn der Jagdherr Holz brauchte. Viele Forsten wurden von Zäunen umgeben, um ein Eindringen von außen her zu erschweren und um das Wild am Verlassen der Forsten zu hindern. Eindeutig auf die Nutzung der herrschaftlichen Wälder verweisen die Namen „Tiergarten" oder „Wildpark", die Forsten vor den Toren von Berlin und Stuttgart erhielten. Anderswo gab es den Reichswald oder den Reichsforst, zum Beispiel bei Würzburg und Nürnberg, wo man das so benannte Waldstück seit dem ausgehenden 13. Jahrhundert hegte und pflegte. Auch im Hambacher Forst bei Köln, im Kottenforst bei Bonn, im Spessart, einem ausgedehnten königlichen Bannforst, und im Ebersberger Forst bei München war in erster Linie die herrschaftliche Jagd als Nutzung erlaubt. Erstaunlich früh wurden Waldschutzgesetze erlassen. Kaiser Karl V. erkannte zum Beispiel die Notwendigkeit, Eiben unter besonderen Schutz zu stellen, was vielleicht die komplette Ausrottung dieser Gehölzart verhindert hat.

Trotz allem schwanden die Waldflächen zusehends dahin, und in den Städten

Handtuchstreifenartiger Haubergsschlag und Eichen-Birken-Niederwald bei Mandeln/ Siegerland.

wurde es immer schwieriger, genügend Holz zu bekommen. Dort verschlang der Bau der riesigen Kathedralen immer größere Mengen an Bauholz. Zwar waren Münster und Dome Steinbauten, aber fundamentiert wurde mit Holz. Da viele Städte auf abschüssigem Gelände standen, brauchte man besonders gute, weit in den Untergrund reichende Gebäudefundamente. Auch für den Innenausbau der Türme und für Dachstühle sowie für Baugerüste benötigte man Holz, das von weither herantransportiert werden musste. Am Fluss liegende Städte erhielten Trift- und Floßholz. Tausende von Stämmen wurden zum Bau der Münchner Frauenkirche und des Wiener Stephansdoms gebraucht; die Bäume wurden an der oberen Isar gefällt und dann auf dem Wasser an ihre Bestimmungsorte transportiert. Zum Schiffsbau benötigte man ebenfalls die Stämme ganzer Wälder, die es in der Umgebung von Städten schon längst nicht mehr gab. 700 möglichst lange Eichenstämme wurden zum Bau eines Kriegsschiffes gebraucht – so viele Bäume wachsen auf zweieinhalb Hektar Grundfläche. Und dabei waren nicht nur gerade gewachsene Stämme begehrt, sondern auch verwachsene Astgabeln in allen Varianten, aus denen die Spanten wurden. Sie mussten genau den richtigen Verzweigungswinkel aufweisen; Schiffbauer suchten lange danach.

Nicht jedes Holz war in gleicher Weise begehrt, nicht jedes Holz ließ sich gleich gut flößen. Buchenstämme konnte man nur ein paar Meilen weit triften, dann gingen sie unter; auch Eichenstämme waren oft zum Schwimmen viel zu schwer. Besonders gut ließ sich Nadelholz flößen, das in den Gebirgen an den Oberläufen

251

Unter dem Wald erkennbarer Damm eines Schwellweihers südlich von St. Blasien im Hochschwarzwald.

der Flüsse vorkam. Im Schwarzwald und in den Vogesen wuchsen Tannen, die schon die Römer geschlagen und getriftet hatten. Besonders hohe Tannen heißen im Schwarzwald heute noch Holländertannen, was auf den Absatzmarkt für Langholz hinweist. Im Nordschwarzwald tat sich eine Genossenschaft zusammen, die den Murgschifferschaftswald bewirtschaftete. Die Murgschiffer fällten die Tannen und flößten sie auf Murg und Rhein bis an die Nordsee. Tannen wuchsen ebenfalls im Frankenwald, im Fichtelgebirge, im Bayerischen Wald und in den Alpen. In diesen Bergländern gab es auch Fichten, die sich ebenso gut flößen ließen. Im Hohen Harz schlug man Fichten. Wollte man Laubholz flößen, vor allem das der Eiche, musste man es zuvor lange trocknen. Am besten war es, wenn man Eichen- und Nadelholzstämme abwechselnd nebeneinander in die Flöße binden konnte. Die Nadelholzstämme entwickelten so viel Auftriebskraft, dass mit ihrer Hilfe die Eichenstämme auf dem Wasser transportiert werden konnten. Laubholzflöße gab es auch; sie kamen zum Beispiel aus dem Thüringer Wald, einem von Natur aus nadelholzarmen Mittelgebirge. Die Werra eignete sich zum Flößen besonders gut, denn es gab dort lange Triftstrecken. Anderswo mussten die Flöße an den zahlreichen Mühlwehren immer wieder angehalten werden. Die Müller schleusten die Stämme ins tiefer liegende Strombett und kassierten dafür Schleusengeld.

Die Wasserführung vieler Flüsse und Bäche änderte sich im Jahreslauf erheblich. Zu Zeiten waren sie besonders reißend, dann wieder wurden sie zu kleinen Rinnsalen. Für die Flößerei wurden viele Gewässer begradigt, zum Beispiel die Flüsschen Radau und Oker im Harz, und Steine wurden aus ihren Betten geräumt. Hinter Klausenschleusen staute man Schwemmteiche oder Schwellweiher auf; sie wurden sogar an den Oberläufen kleiner Bäche angelegt. Die zur Trift bestimmten Stämme wurden zunächst im Schwellweiher gesammelt. Wenn genug Wasser und Holz zusammengekommen waren, öffnete man die Klausenschleuse. Mit dem Wasserschwall sollte das Holz so weit wie möglich transportiert werden. Auf einigen Triftstrecken wurden mehrere Schwellweiher hintereinander angelegt, das Holz von Schwemmteich zu Schwemmteich gespült. Nur unter großen Mühen gelang es, das Holz in der Flutwelle zu halten, so dass es unversehrt am Ende der Triftstrecke ankam.

Obwohl die Flößerei ständig zunahm, erhielten vor allem niederdeutsche Städte nicht genügend Holz. Die notwendigen Stämme ließ man sich daher aus Skandinavien und dem Baltikum liefern.

Im Mittelalter und in der frühen Neuzeit war der Holzverbrauch größer als die nachwachsende Holzmenge. Im Murgschifferschaftswald und anderswo wurde bereits mit planmäßiger Aufforstung begonnen, wobei man Nadelholz bevorzugte, weil es sich besser flößen ließ, aber dennoch lebte man über seine Verhältnisse. So viel nachwachsenden Rohstoff, wie man brauchte, lieferten Mitteleuropas Wälder nicht. Die Energie- und Umweltkrise, die dies zur Folge hatte, konnte in unerwarteter Weise später gemeistert werden.

21. Ökologische Krisen, Wandel des Bauerntums

Schon in den letzten Kapiteln war immer wieder davon die Rede, dass die Geschichte von Bevölkerungswachstum und Lebensraumausweitung während des Mittelalters nur bedingt als eine Geschichte von Erfolgen betrachtet werden kann. Die Zunahme der Bevölkerung war mit krisenhaften Entwicklungen verbunden, weil zum Beispiel die Nahrungsmittelproduktion nicht mit dem Bevölkerungswachstum Schritt halten konnte. Aus sozialpolitischer Sicht gelangte der Engländer Thomas Robert Malthus in der Zeit um 1800 bereits zu der Einschätzung: Die Zahl der Menschen vermehre sich zunächst schneller als die Menge der Nahrung, was zwangsläufig zu Krisen führe. Diese zeichneten sich tatsächlich immer wieder im ausgehenden Mittelalter und in der frühen Neuzeit ab. Sie ähneln sich so stark, dass sie hier gemeinsam behandelt werden, auch wenn einige Aussagen dieses Kapitels zeitlich vorgreifen und nicht mehr mit Entwicklungen des Mittelalters in Verbindung stehen, sondern sich erst kurz vor der Epoche der Industrialisierung abspielten.

Bald schon nach dem Deichbau kam es an der Küste zu Katastrophen. Energiekrisen drohten durch den enormen Holzbedarf der sich entwickelnden Städte. Immer wieder entstanden Hungersnöte, wenn nach Schädlingsbefall – sogar Heuschreckenschwärme fielen in Mitteleuropa ein – die Äcker kahlgefressen waren oder Witterungseinflüsse wie Spätfrost, Hagelschlag oder Dauerregen die Ernte verdorben hatten. Auf den immer größeren Ackerflächen, besonders aber dort, wo die oberste Bodenschicht durch Plaggenhieb oder zu intensive Beweidung zerstört war, nahmen Erosionsschäden zu. Es bildeten sich umfangreiche Wehsandflächen und Wanderdünen. In einigen Gemarkungen am Hümmling im westlichen Niedersachsen hatten schließlich, im späten 18. und frühen 19. Jahrhundert, Dünen einen Flächenanteil von über 50 Prozent erreicht; insgesamt umfassten sie Tausende Hektar. In den Städten waren die hygienischen Verhältnisse katastrophal, weil Trinkwasser dort den Flüssen und Seen entnommen wurde, wo auch Abwasser eingeleitet worden war, und den Gewerbebetrieben (besonders verheerend: die Gerberei!) jegliche Form der Abwasserreinigung fremd war. Seit der Mitte des 14. Jahrhunderts überzogen mehrfach Pestepidemien Mitteleuropa; in Städten und Dörfern kamen Tausende von Menschen um. Als Folge dieser Krisen sank die Bevölkerungszahl. Die Größe der menschlichen Populationen näherte sich – wie nach ökologischem „Grundgesetz" nicht anders zu erwarten – stabileren Verhältnissen. Aus ökologischer Sicht regulieren auch Kriege die Populationsgrößen. Immer wieder kam es zur kurzfristigen Bevölkerungszunahme über die Grenze des Wachstums hinweg, dann wieder zur Abnahme der

Die Gewerbeviertel der Städte lagen dicht am Wasser, das z. B. durch die Gerberei stark verunreinigt wurde (Wismar).

Bevölkerung: durch die Seuchenzüge im 14. Jahrhundert, den Bauernkrieg, den Dreißigjährigen Krieg, den Siebenjährigen Krieg und viele andere kleinere und größere militärische Konflikte, erneute Epidemien mit allen ihren grauenvollen Geschehnissen.

Bevölkerungsschwankungen wirkten sich in vieler Hinsicht prägend auf die Landschaftsentwicklung aus. Zunächst muss über das Phänomen der Wüstung gesprochen werden, über Ortschaften und deren Fluren, die von ihren Bewohnern verlassen oder aufgegeben wurden. Immer wieder werden ökologische Krisen als Grund für den Wüstungsprozess gesehen, immer wieder wird selbstverständlich davon ausgegangen, Ortschaften seien entweder zur Zeit des „Schwarzen Todes", der Pestepidemie um 1350, oder im Dreißigjährigen Krieg verlassen worden, nachdem ihre Bewohner gestorben oder vertrieben worden waren. Dieser Schluss ist nicht immer richtig.

Man muss sich darüber im Klaren sein, dass nicht nur die Gründung, sondern

Wüstung Hattensen bei Bodenwerder im Weserbergland. Die mittelalterliche Kirche blieb stehen, die Häuser wurden aufgegeben.

auch die Aufgabe ländlicher Siedlungen und ihrer Fluren bis zum frühen Mittelalter ein normaler Vorgang im Siedlungsgeschehen war. Steckt hinter manchem Wüstungsprozess ein „Nachklingen" eines Siedelverhaltens, das in vorgeschichtlicher Zeit Prinzip gewesen war?

Spuren der Wüstungen hielten sich in vielen Fällen bis zum heutigen Tag, vor allem dann, wenn das abgegangene Dorf bereits eine Kirche hatte. Das Gotteshaus wurde oft auch dann gepflegt, wenn es nicht mehr von Häusern umgeben war; man sah sich verpflichtet, den Heiligen, dem es geweiht war, über den Bestand des Dorfes hinaus zu verehren. Oft wurden die Friedhöfe an den Kirchen weiterhin benutzt. Einsam gelegene Kirchen, zum Beispiel in Mallertshofen nördlich von München, Hattensen bei Hameln und Weinfeld oberhalb des Weinfelder Maares in der Eifel, waren einst die geistlichen Mittelpunkte ländlicher Siedlungen. In Swist bei Bonn blieb nur der romanische Kirchturm als Zeuge einer früheren Siedlung stehen; die benachbarte Siedlung Weilerswist gibt es noch heute, während das ältere Swist verlassen wurde. Auch so manche abgelegene Kapelle stand einst neben einem Bauernhof oder in einem Weiler. Neben den Kirchen liegt oft heute noch ein Wegekreuz, das anzeigt, wie die Siedlung einst in das Verkehrsnetz eingebunden war. Gelegentlich kann man die Grundmauern anderer Gebäude ausmachen. Waren die niedergelegten Bauten aus Holz errichtet, blieb kaum etwas von ihnen erhalten außer dem planierten Gelände, den Podesten,

256

auf denen sie errichtet worden waren. Reste von Trinkwasser- und Fischteichen, Brunnen, Gräben, dichtes Gestrüpp von Brennnesseln und Holunder, die sich auf eutrophiertem Grund ausbreiteten, findet man zuweilen auf Wüstungsgelände, ja sogar verwilderte Gartenpflanzen, zum Beispiel Schneeglöckchen, deren Zwiebeln immer noch austreiben, obwohl die Gärten, in die sie gesteckt wurden, längst nicht mehr gepflegt werden. Die Suche nach all diesen Spuren früherer Siedlungen ist stets spannend, und schnell entstanden und entstehen Sagen um ihre Bewohner.

Obwohl man in manchen Gegenden feststellen kann, dass vor allem Siedlungen in ungünstigen Lagen, also in großer Höhe, auf trockenem Areal oder unfruchtbaren Böden, aufgegeben wurden, müssen auch ganz andere Wüstungsursachen mit in Betracht gezogen werden.

Trotz der Seuchenzüge war das 14. Jahrhundert eine Blütezeit städtischer Kultur, in der viele Gemeinwesen an großen urbanen Bauten arbeiteten; Stadtkirchen und steinerne Häuser wurden errichtet. Die Städte zogen die Bevölkerung an, und es ist nicht zu übersehen, dass mit der Umsiedlung von Menschen in die Stadt ein Entsiedelungsprozess auf dem Land zusammenhing. Vor allem kleine Bauern zog es in die Städte. Auf dem Land blieben die reicheren Landleute, die Burgherren, die Adligen, die einst die Dörfer gegründet, also sich als erste Siedler dort niedergelassen hatten. Ihre Höfe lagen im Mittelalter in den Siedlungen, ihre Besitzer beteiligten sich an der Bewirtschaftung der Gewannflur. Wurden einzelne Hofstellen im Dorf aufgegeben, winkte den Adligen auf Burgen oder Herrenhöfen eine Möglichkeit der Expansion. Viele schlugen den von ihren Besitzern verlassenen Fluranteil ihrem Besitz zu; das Areal der großen Höfe vergrößerte sich beträchtlich, und zwar genauso im 14. Jahrhundert wie nach dem Dreißigjährigen Krieg. Viele Adlige verjagten einfache Bauern regelrecht aus ihrem Besitz, betrieben das sogenannte Bauernlegen. Den Landleuten blieben die Alternativen, in die Städte oder in die Leibeigenschaft zu gehen. Die Anzahl der Agrarbetriebe sank, aber ihre durchschnittliche Größe stieg; es entstanden Gutshöfe.

In einigen Fällen wurden die Gebäude dieser Höfe außerhalb der zuvor bestehenden Ortschaften errichtet. Der Pulverdinger Hof bei Vaihingen/Enz wurde etwas abgesetzt vom später wüst gefallenen Dorf Pulverdingen gebaut. Trenthorst bei Hamburg war im späten Mittelalter ein Dorf, danach berichteten die Urkunden nur von dem Gutshof, der an gleicher Stelle stand. Viele Gutshöfe gelangten bereits im Mittelalter in kirchlichen Besitz (so manche Grangie mag daraus hervorgegangen sein, wie es für den Elfinger Hof bei Maulbronn belegt ist), andere wurden von reichen Bürgern der Städte gekauft, die Landbesitz als gute Geldanlage ansahen. Einige von ihnen erwarben so viel Land, dass sie ihr Gut teilen mussten. Den einen Teil verwalteten sie selbst, für den anderen setzten sie einen Verwalter ein, einen Meier oder Villicus; er bewirtschaftete die Meierei oder den Meierhof, einen großen Hof von gutsähnlichem Gepräge, der in manchen Landstrichen auch Vorwerk genannt wurde.

Kleine Äcker der Gewannflur wurden aneinandergekoppelt. So entstanden Koppeln (in den Sieben Bergen bei Alfeld/Leine).

Manche Landesherren sorgten dafür, dass wüste Fluren nicht mehr bewirtschaftet wurden, um die Ausbreitung des Waldes zu fördern. Dies geschah zum Beispiel im Fläming südwestlich von Berlin, wo sehr viele Dörfer zu Wüstungen wurden, und in der Umgebung von Bamberg. Ob die Landesherren damals erkannten, dass der allgemeinen Holzverknappung begegnet werden müsste, ist allerdings zu bezweifeln; vor allem wird es ihnen um die Vergrößerung ihrer Jagdreviere gegangen sein. Auch in der Hohen Rhön, im Solling und in Oberhessen setzte nach Wüstungsphasen eine weiträumige Wiederbewaldung ein.

Wo die Adligen die landwirtschaftliche Nutzung beibehielten, machte sich alsbald eklatanter Arbeitskräftemangel bemerkbar, vor allem in der Erntezeit. Der Getreideanbau musste in einigen Teilen der Flur aufgegeben werden. Stattdessen vergrößerten die Gutsbauern die Viehbestände und setzten Hirten ein, die Rinder und Schafe über die ehemaligen Felder trieben. Mit Ochsen- und Milchviehhaltung ließ sich, wie sich bald herausstellte, besonders in Stadtnähe viel mehr Profit machen als mit Getreideanbau; das wohlhabende Stadtbürgertum verlangte immer mehr Fleisch.

Zu Zentren der Gutswirtschaft entwickelten sich Teile von Westfalen und die norddeutschen Jungmoränengebiete in Schleswig, Holstein, Mecklenburg und Vorpommern; all dies sind Gegenden mit schweren Böden. Die Gutsherren führten eine frühe Form der Flurbereinigung durch und legten Äcker ehemaliger Gewannfluren zusammen. Daraus wurden Koppeln, eingehegte Landstücke von eher quadratischer als länglicher Form; eine Koppel ist also eigentlich eine Blockflur, ähnelt dem Celtic field aus früherer Zeit oder dem Kamp, der typischen Ausbau-Flurform. Koppeln entstanden überall in der Flur: auf dem Areal früherer Fischteiche in Niederungen, in Grünlandbereichen der Allmenden, in Hudewaldarealen, auf Ackerland. Zunächst wurden sie mit Wällen und Bretterzäunen eingefasst, damit man auf ihnen Weidevieh auch ohne Hirten halten konnte. Weil die Anlage toter Zäune zu viel Holz verbrauchte und man sie ständig erneuern musste, ging man dazu über, Wallhecken mit lebenden Pflanzen anzulegen. Um die Koppeln in Schleswig und Holstein wurden die Knicks gezogen, typische Landschaftselemente im Osten des nördlichsten deutschen Bundeslandes. Knicks heißen sie, weil die auf sie gesetzten Gehölze (auf den besseren Böden dominieren Hainbuche, Hasel und Weißdorn, auf den ärmeren Eiche, Birke und Espe) eine Handbreit über dem Boden geknickt wurden, um das Wachstum in die Breite zu fördern; es sollte ja auf den Wällen ein „Verhau" aus kreuz und quer gewachsenem Buschwerk entstehen, damit der lebende Zaun dicht war. Ganz ähnlich entstanden die westfälischen Wallhecken; in Nordbayern und anderswo bildeten sich Hecken aber spontan, nachdem am Rand der Felder Lesesteinriegel aufgehäuft worden waren, damit der Boden des Wirtschaftslandes besser bearbeitet werden konnte. Zwischen den Lesesteinen wuchsen Haselbüsche, Schwarzer Holunder und Schlehdorn empor. In Schleswig-Holstein legte man den Verlauf der Wege zwischen Knicks fest. Diese Wege nennt man Redder (die Bezeichnung lebt in vielen Straßenbezeichnungen fort); das wilde Ziehen neuer Straßen- und Wegespuren neben ausgefahrenen Geleisen wurde damit unterbunden. Viele Redder sind in manchen Jahreszeiten unbefahrbar; es ergab sich bald die Notwendigkeit, sie mit einem „Kopfsteinpflaster" aus abgerundeten Steinen zu befestigen, die in den eiszeitlichen Moränen reichlich vorhanden waren. Man fand sie in großen Mengen beim Zusammenlegen und Einebnen von Ländereien.

Auf Koppeln – sie werden auch „Schläge" genannt – konnte eine intensive Grünlandwirtschaft betrieben werden. Dies kam vor allem für verkoppelte Niederungsbereiche in Frage, während man auf trockenem Boden Ackerkoppeln schuf. Das Vieh weidete aber auch auf ehemaligem Ackerland. Dort wurde eine Form der Wechselwirtschaft zwischen Getreidebau und Viehhaltung eingeführt, die man zwar auch Feld-Gras-Wirtschaft nennt, aber mit der alten Form, bei der innerhalb eines Grünlandbereiches einzelne Ackerparzellen mit wechselnder Lage umgebrochen werden, nichts gemein hat. Denn in der Koppelwirtschaft wurde der ganze Schlag in gleicher Weise bewirtschaftet; er war in einem Jahr Getreidefeld, im nächsten Viehweide. Später wurden dort auch Futterpflanzen angebaut (zum Beispiel Kleesaat), aber schon die Beweidung von brach liegenden Koppeln, die Intensivierung der Tierhaltung auf Dauergrünland in Senken, schließlich auch die viel bessere Entwicklung, die das Korn nahm, wenn es nicht – wie es auf der

Knick bei Futterkamp in Ostholstein. Einige Bäume wurden geschlagen; aus den Baumstümpfen treiben sie erneut mit zahlreichen Trieben aus, die ein dichtes Feldgehölz entstehen lassen.

früheren Gewannflur üblich gewesen war – bis zum späten Frühjahr vom weidenden Vieh angefressen und zertrampelt wurde, waren offensichtliche Erfolge der Verkoppelung. Die stärkere Trennung von Ackerbereich und Grünlandbereich führte sowohl in der Tier- wie auch in der Pflanzenproduktion zu höheren Erträgen. Besser gefütterte Ochsen ließen sich vor größere Pflüge spannen. Kleine Beetpflüge konnten auf den großen Schlägen nicht mehr verwendet werden. Sie wurden durch größere Geräte ersetzt, zum Beispiel durch den Hohenheimer Pflug. In

Mecklenburg entwickelte man den Haken weiter, das althergebrachte Boden-bearbeitungsgerät für Blockfluren. Hans Rantzau, einer der aufgeschlossensten Holsteiner Grundherren im 18. Jahrhundert, kaufte Pflüge in England und der Schweiz. Vielleicht kamen recht bald Vorläufer heutiger Wende- oder Kehrpflüge auf den großen Koppeln zum Einsatz.

In manchen Gebieten Norddeutschlands, wo noch Gewannfluren bewirtschaftet wurden, begannen die Kleinbauern ebenfalls mit der Verkoppelung. Denn Koppeln ließen sich an städtische Bürger mit Gewinn verkaufen. Die Bauern versetzte dies in die Lage, entweder ihre immer stärker drückenden Schulden zu begleichen oder mit dem Kapital aus dem Landverkauf anderswo eine neue Existenz zu begründen. Verkoppeln ließen sich aber zunächst nur Ländereien auf schweren Böden, denn auf sandigem Untergrund konnte man weder Wallhecken noch Viehtränken anlegen. Insgesamt dauerte die Verkoppelung Jahrhunderte; sie setzte spätestens im 16. Jahrhundert ein und ist im Grunde genommen bis heute nicht abgeschlossen, denn die moderne Flurbereinigung hat ein ganz ähnliches Ziel: die Zusammenlegung von ehemals auf den Gewannen zersplittertem Grundbesitz zu großen Feldstücken. Das Pflanzgut für Knicks stellten später große Gärtnereien bereit, die vor allem im Gebiet um Pinneberg und Halstenbek nordwestlich von Hamburg entstanden; noch in der Zeit um 1900 wurden dort vor allem Weißdornbüsche gezogen. In späterer Zeit verwendete man auch Stacheldraht zur Umzäunung der Koppeln. Wallhecken haben gegenüber Drahtzäunen aber Vorteile: Sie schützen vor Erosion, man kann an ihnen Brennholz gewinnen, und in ihnen entwickelten sich mannigfaltige Lebensräume für Tiere und Pflanzen.

Am Anfang des Verkoppelungsprozesses konnte man Schläge nur dann anlegen, wenn man zugleich Weidemöglichkeiten für das Vieh der Dorfgemeinschaft bereitstellte. Denn damals gab es Bauern ohne Privatland, die ihr Vieh auf der Allmende und den Zelgen weiden ließen. Schaffte man die Allmende ab und verbot Dorfgenossen den Zugang zu Feldern, entstand besitzloses Landarbeitertum, das sich seiner Lebensgrundlage beraubt sah. Als es diese Form des Bauerntums, den Bauern ohne Land, nicht mehr gab, stand der Verkoppelung nichts mehr im Wege. Es entstanden bessere Viehweiden; sie gehörten aber nur wenigen Großgrundbesitzern. Wegen der guten Qualität der Koppelweiden wurden allmählich die Reste der Allmende und die Hudewälder nicht mehr beweidet; damit war die Grundlage dafür geschaffen, zwischen Wald- und Weideland zu scheiden, den gemeinschaftlichen Besitz aufzuteilen. Davon soll in einem späteren Kapitel die Rede sein, in dem wieder der Wald im Mittelpunkt steht.

Auf der nicht mehr gebrauchten Allmende, dem Brink, konnten kleine Bauern angesiedelt werden, die Brinksitzer oder Anbauern. Manche Gemeinden verkauften den Grund ihrer Allmenden, um an Kapital zu kommen. In Grefrath am Niederrhein verwendete man den Erlös zum Bau der Kirche. Der Adel und das reiche Bürgertum verloren im 18. Jahrhundert das Interesse an manchen Gutshöfen, vielleicht, weil sich auf andere Weise besser Geld machen ließ. Einige Gutshöfe und Vorwerke wurden niedergelegt, das Land unter neu angesiedelten Anbauern verteilt. Sie errichteten einzeln stehende Gehöfte oder schlossen sich in neuen Dörfern zusammen, die man zu den Ausbausiedlungen rechnen muss. Deutlich wird hier, wie sehr sich Wüstungsprozesse und Landesausbau durchdringen, ohne dass es ökologische Gründe dafür gab und ohne dass sogar ein deutlicher Wandel der Bevölkerungszahlen zu verzeichnen war. Die jungen Ausbausiedlungen hatten – genauso wie ältere, die an Kämpen entstanden waren – Blockfluren, Koppeln, Schläge als Wirtschaftsland; die alte Gewannflur wurde nicht wieder eingeführt. Noch bestehende Gutshöfe und kleinere Anbauernstellen wurden führende Agrarbetriebe in Mitteleuropa. Noch heute ist massenhafte Tierhaltung in ehemaligen Gutsbezirken besonders verbreitet, in Westfalen genauso wie in den Jungmoränengebieten an der Ostsee.

Aus der Verkoppelung resultierten charakteristische Landschaftsbilder mit Wallhecken, Knicks, Viehkoppeln, die mit Stacheldraht abgeteilt sind, große Schläge, Herrenhäuser mit ihren Parks und Gärten. Nicht vergessen werden soll natürlich, dass die Zeiten, in denen diese Landschaftsstrukturen entstanden, von vielen Menschen als Krisenzeiten erfahren wurden, als Zeiten des Hungers, der Krankheit, des Krieges, der ständischen Auseinandersetzung. Begleitet von Krisen wandelte sich in einigen Teilen Mitteleuropas zwischen dem 14. und dem 18. Jahrhundert die Struktur der Agrarwirtschaft: Bäuerliche Wirtschaft war bis zum Mittelalter überall genossenschaftlich betrieben worden; es gab zwar privates Eigentum, aber auch den Flurzwang, der ein Zusammenwirken des Kollektivs verlangte. In der Neuzeit wurde die Eigenständigkeit der Bauern größer. Was sie anbauen wollten, bestimmten sie selbst, nicht die Gemeinschaft. Dennoch kam dörfliches Leben bis heute ohne Genossenschaften nicht aus.

22. Landhaus, Landschloss, neue Residenz –
Garten, Park und neue Stadt

Im späten Mittelalter und in der frühen Neuzeit veränderten sich viele Städte von Grund auf. Fürsten, die zuvor auf Burgen gelebt hatten, machten Städte zu Residenzen. Viele Landesherren besaßen nicht nur eine einzige Burg; jahrhundertelang waren sie als Reisefürsten zwischen ihren einzelnen Sitzen hin- und hergezogen. Könige und Kaiser besaßen Pfalzen als Stützpunkte. Im Lauf des Mittelalters bauten Herrscher entweder städtische Pfalzen aus, oder sie erwarben vornehme städtische Häuser mit einem repräsentativen Charakter. Vielerorts wurde das Anwesen oder das Grundstück des früheren Mühlenbesitzers zu dem Ort, an dem nun der Landesherr ansässig wurde: In München, Berlin, Dessau, Stuttgart und anderswo entstanden bald repräsentativere Schlösser neben den Wassermühlen. Die Namen der Dynastien verraten, woher die Regenten kamen: Die Herren von Württemberg, Habsburg, Calenberg, Schaumburg, Anhalt, Wettin, Mecklenburg oder Wittelsbach nannten sich nach Burgen, nicht nach ihren späteren Residenzstädten oder nach den Ländern, die sie beherrschten; eher nahmen die Länder die Namen der Herrscherhäuser an. Die Mühlen vor den Schlössern verschwanden allerdings mehr oder minder rasch: Rauschendes Wasser und klappernde Mühlen duldeten Regenten vor ihren Haustüren offensichtlich nicht.

Die Schlösser, in denen die Landesherren nun residierten, lagen in der Nähe von Flüssen und in Niederungen, wo Hochwasser drohte – und damit am Rand der Stadt. Die Herren über Stadt und Land blickten mindestens auf einer Seite ihrer Schlösser in freies, unbebautes Land. Dort, häufig dicht am Fluss oder Bach, legten sie Gärten an; anderweitig nutzen ließen sich diese Niederungsbereiche nicht. Jeder Garten ist ebenso wie jede Stadt ein nach außen abgeschlossener, geschützter Bereich. Das wird an der sprachlichen Verwandtschaft zwischen „Garten" und dem slawischen Wort „gorod" oder „-grad" (für Stadt) deutlich; mit dem deutschen Wort „Zaun", der den Garten umgibt, ist das englische Wort „town" (Stadt) ebenso verwandt wie das niederländische „tuin", das den Garten bezeichnet. Im Garten sollten Naturerscheinungen auf Dauer oder immer wieder in gleicher Weise zu sehen sein. Weil Natur sich aber stets verändert, war intensive Pflege notwendig, um das beständige Bild eines Gartens zu erhalten. Durch Beständigkeit sollte sich ein Garten von seiner Umgebung absetzen, in der gerade im späten Mittelalter und in der frühen Neuzeit die Folgen von Übernutzung nicht zu übersehen waren. Gärten wurden zu grünen oder auch blumenreichen Oasen im weithin verwüsteten Land.

Bei der Gartengestaltung griff man auf Erfahrungen zurück, die man bei der

Nach den Verwüstungen im Dreißigjährigen Krieg wurde Natur in Ordnung gebracht: Französischer Garten in Nordkirchen (Münsterland).

Nutzung von Pflanzen in der beherrschten Natur gemacht hatte. Man wusste, welche Gehölzpflanzen nach dem Schneiteln wieder ausschlugen und überlebten; diese Gewächse konnte man auch in eine ungewöhnliche Fasson schneiden, ohne dass sie eingingen: Hainbuche, Linde, Eibe und Buchsbaum wurden zu den wichtigsten Gehölzen in Gärten, die nach italienischen Vorbildern der Renaissance oder französischen des Barock angelegt wurden. Renaissance-Gärten mit regelmäßig angeordneten Wegen, Rabatten und bunten Blumenbeeten lagen neben den städtischen Residenzen in München, Stuttgart und Dresden. Einige Schlösser, die unmittelbar am Stadtrand lagen, wurden später prachtvoll neu gebaut und von großen Parks nach französischem Vorbild umgeben: in Münster, Bonn, Würzburg und Berlin.

Etliche reiche Mitglieder von Stadtadel und Bürgertum verließen dagegen die Städte. Im Zeitalter der Renaissance lasen sie Beschreibungen ländlichen Lebens aus der Antike, die *Bucolica* des Vergil und die Werke von Plinius und Columella. Reiche norditalienische Kaufleute hatten im Veneto Villen gebaut, um sich wenigstens zeitweilig aus der Enge und dem Trubel des Stadtlebens zurückziehen zu können. Das geschah andernorts ebenfalls. Eines der ältesten Landhäuser in Deutschland entstand noch im Mittelalter. Der Rothenburger Bürgermeister Toppler erbaute sich ein kleines Schloss im Taubergrund, das sogenannte Topplerschlösschen; sicher hatte es von Anfang an einen Garten. Das Gebäude ist eigentlich noch kein richtiges Landhaus, man sieht ihm an, wie unbeholfen der

Schloß Pillnitz an der Elbe bei Dresden: ostasiatisch anmutende Architektur und Französischer Garten.

Stadtbürger auf dem Land Fuß fasste. Obwohl er im Taubertal viel Platz zum Bauen gehabt hätte, errichtete er ein Stadthaus auf kleinem Grundriss mit überkragenden Stockwerken.

Dass man so auf dem Land nicht bauen musste, erkannten Bauherren, die das Landleben reizte, dann bald. Lübecker, Kölner, Nürnberger und Augsburger Kaufleute erwarben Land in den Dörfern der Umgebung ihrer Heimatstädte, dazu alte Burgen. Aber auch der bevorrechtigte Herrenhof, den es in jedem Dorf gab, war begehrt. Einige Bürger wurden reicher als Adlige. Es kam ihnen darauf an, dem Adel gleichgestellt zu werden, sie wollten einen Adelstitel erwerben. Burg und Herrenhof mussten umgebaut werden. Etliche mittelalterliche Burgen wurden zu Schlössern der Renaissance. Aus wehrhaften Wasserburgen im Münsterland wurden liebliche Wasserschlösser, von idyllischen Wassergräben umgeben, deren Wasser sich auch noch in die Gärten des „Hauses" leiten ließ. Neben dörflichen Herrenhöfen wurden Herrenhäuser gebaut, die nach Art von italienischen Villen nicht befestigt wurden, sondern dem Land gegenüber offen waren. Gärten und Parks gehörten dazu, sie bildeten mit Schloss oder Herrenhaus eine Einheit; die mittelalterliche Burg hatte die „Natur" dagegen wie die ummauerte Stadt ausgesperrt.

Nach dem Dreißigjährigen Krieg (1618–1648), also seit der zweiten Hälfte des 17. Jahrhunderts, legten zahlreiche Fürsten neue Residenzen außerhalb der Stadtkerne an. Manche von ihnen regierten zeitweise von ihren Stadtschlössern

Der Englische Garten in München entstand dort, wo zuvor Vieh von Münchner Bürgern geweidet hatte.

aus, zu anderen Zeiten befanden sie sich mit ihrem Hofstaat auf dem Land. Andere Fürsten verließen ihre Stadtresidenzen für immer und lenkten die Geschichte ihrer Staaten fortan von neuen Residenzen aus. Das Vorbild für ihre Anlagen hatte Ludwig XIV. errichtet, der Sonnenkönig: Seit 1661 entstand Versailles, ein riesiges Schloss vor den Toren von Paris mit einem weitläufigen Park, in dem das zentralistische Prinzip des Absolutismus der Natur aufgezwungen wurde. Der König blickte vom Schloss aus in schier endlose Schneisen, die seinen früheren Forst teilten; vor ihm lagen Beete und Rabatten mit kunstvoll beschnittenen Büschen und Bäumen, die in die Architektur einbezogen waren. Andere Fürsten personifizierten sich ebenso wie Louis XIV. mit dem Staat. Sie bauten ähnliche Anlagen wie die von Versailles: in Herrenhausen (vor Hannover), Nordkirchen im Münsterland und Oranienbaum bei Dessau. Sanssouci bei Potsdam entstand in gehöriger Entfernung zu Berlin, Wilhelmshöhe oberhalb von Kassel. Sanssouci, Wilhelmshöhe und die Solitude bei Stuttgart wurden an hervorragenden Aussichtspunkten errichtet. Unterhalb der Solitude zieht sich heute noch eine schnurgerade Straße nach Ludwigsburg hin, wo ein weiteres württembergisches Schloss mit prächtigem Park errichtet wurde. Die Straße von der Solitude nach Ludwigsburg wurde zur Basis der württembergischen Landesvermessung. Bau und Lage des Schlosses Solitude ahmte man übrigens zu Beginn des 20. Jahrhunderts nach, als die Schwaben ein Schloss für ihren Dichterfürsten bauten: das Schiller-Nationalmuseum in Marbach am Neckar.

In Ludwigsburg entstand neben dem Schloss eine Stadt auf dem Reißbrett,

Der ehemalige Schlosspark von Ludwigsruhe bei Langenburg in Hohenlohe ist heute verwildert; er wird von einer Mauer umzogen.

ebenso wie in Mannheim und Berlin (die Friedrichstadt). Um das Schloss und den Park von Schwetzingen zu errichten, musste ein Stück Forst geopfert werden. Dies taten auch die badischen Herren aus Durlach, um das noch heute überaus eindrucksvolle Schloss-, Stadt- und Parkensemble von Karlsruhe zu schaffen: Das Schloss wurde – wie in Versailles – am Schnittpunkt von zentrierter Natur und zentrierter Stadt errichtet: Nördlich dehnt sich der in Schneisen geteilte Wald, der in Schlossnähe zum Französischen Garten wurde, südlich die planmäßig aufgeführte Stadt, die neue badische Residenz.

So prachtvoll die Parkanlagen auch waren: Grundsätzlich verwendete man nur die wenigen Gehölze, die den ständig wiederholten Schnitt überdauerten. Manchenorts wurden Platanen zu schirmförmigem Wuchs gezogen, Maulbeerbäume erhielten völlig runde Kronen. Man schuf „lebende Lauben" und Spaliere aus heimischen Obstbäumen wie im Schlosspark zu Dachau. Und in Veitshöchheim, dem „Versailles" der Würzburger Bischöfe, pflanzte man Fichten. Das ist insofern interessant, als die Würzburger Bischöfe mit dem Verkauf von Fichten aus dem Fichtelgebirge das Geld verdient hatten, das sie brauchten, um ihre prachtvollen Schlösser und Gärten zu errichten. Erheblich vielfältiger war die Bepflanzung der Beete. Fleißige Gärtner sorgten dafür, dass nicht nur die Gehölze regelmäßig gestutzt, sondern auch immer wieder die gleichen Blumen gepflanzt wurden.

Die weitläufigen fürstlichen Parkanlagen wurden nicht nur in Niederungen angelegt. Auch sehr trockenes Gelände kam in Betracht. Dann aber musste Wasser zu den Parks geleitet werden. Das gilt für den Park von Oranienbaum bei Dessau ebenso wie für das Gelände des Nymphenburger und vor allem des Schleißheimer Schlosses sowie ihrer Gärten westlich und nördlich von München. Aus der Würm im Westen der Münchner Schotterebene floss (und fließt) Wasser in Kanälen zu den Parks, zu Teichen und Wasserkünsten. Ableitungsgräben ziehen von den Schlossgärten nach Osten, zur Isar.

Nach den politischen Umwälzungen, die der Siebenjährige Krieg (1756–1763) mit sich brachte, wandte man sich von den Ideen des französischen Absolutismus ab. Man begann, Schlösser und vor allem Parkanlagen nach anderen Vorbildern zu gestalten, die man in England entdeckt hatte. In Englischen Gärten sollte nicht demonstriert werden, wie sehr der Mensch die Natur beherrschte, es sollte sich vielmehr das, was man für Natur hielt, frei entfalten können. Einige Englische Gärten waren ehemals als Hudewälder genutzt worden, zum Beispiel das Gelände der Wörlitzer Anlagen in der Elbniederung bei Dessau. Als Folge der lange dauernden Weidenutzung waren nur einzelne knorrige Baumriesen mit weit ausladenden Ästen in dem Terrain stehengeblieben, das Grünland dazwischen war rasenartig kurzgehalten. Wenn man das Vieh aus den Parkanlagen verbannte, konnte man sich unter Bäumen, die vom Vieh eine Fraßkante erhalten hatten, zum Picknick versammeln – dies wurde immer wieder auf Gemälden des 18. Jahrhunderts dargestellt. Ausgehend von den Wörlitzer Anlagen schuf Fürst Leopold III. Friedrich Franz von Anhalt-Dessau ein von Zeitgenossen und Nachfahren viel gelobtes Gartenreich mit vielerorts verschönerter Natur.

Englische Gärtner gestalteten etliche berühmte Parks, zum Beispiel den Englischen Garten in München, nach dem Vorbild ihrer Heimat, die im Grunde genommen in weiten Teilen eine einzige, endlose Hudelandschaft ist. Die größte Parkanlage nach englischem Vorbild sollte in der Umgebung von Berlin und Potsdam entstehen, wurde aber nur in Teilen fertig, weil schließlich die Stadt schneller wuchs als ihre Gärten. Peter Joseph Lenné und andere berühmte Gärtner schufen die Englischen Gärten an den Havelseen. Dort war das lokale Klima so feucht und wintermild wie weit und breit nicht, so dass hier Englischer Rasen und Rhododendron gediehen. Hermann Fürst von Pückler-Muskau begab sich selbst nach England, um dort die Landschaft und deren zeitgemäße Gestaltung kennenzulernen. Nach diesem Muster formte er den Park von Muskau an den beiden Ufern der Neiße. Später legte der fanatische Gärtner den Park von Branitz bei Cottbus an.

Aber nicht nur mächtige Herrscher, auch kleine Duodez-Fürsten schufen sich Landsitze mit Englischen Gärten. Der Herr von Hohenlohe-Langenburg errichtete das Schlösschen Ludwigsruhe und einen Gutshof. Daneben liegt der Park, in dessen heutiger Wildnis man archäologische Methoden anwenden müsste, um seine einstige Gestaltung zu rekonstruieren. Englische Gärten und Landhäuser wurden seit dem 18. Jahrhundert ebenfalls von Stadtbürgern angelegt. Die Reichen von Hamburg siedelten sich am Alsterufer und an der Elbchaussee an, hoch

Schloss Wörlitz und das Küchengebäude, dahinter der Wörlitzer See, ein Altarm der Elbe, und die Wörlitzer Anlagen.

über der Elbe, wo Jahrtausende zuvor die Rentierjäger bereits die Sicht in die Weite geschätzt hatten. Das Jenischhaus mit seinem Park ist wohl das berühmteste dieser Ensembles.

In Englischen Gärten wurden – im Gegensatz zu den älteren Anlagen – sehr vielfältige Gehölze gepflanzt, auch exotische Pflanzen. Unter anderem Engländer hatten sie aus entlegenen Winkeln der Alten und Neuen Welt im alten Europa eingeführt. Viele der aus fernen Welten importierten Pflanzen wuchsen in Europa erstaunlich gut. Es war recht einfach, Rosskastanien, Robinien, Tulpenbäume, Ginkgos, Japanische Lärchen und Mammutbäume aufzuziehen, sich damit „die große Welt" in den Park zu pflanzen. Viele dieser Pflanzen waren vor den Eiszeiten, im Zeitalter des Tertiär, in Mitteleuropa vorgekommen. Der mehrfache Klimawechsel und die zu engen „Wanderwege" für Pflanzen hatten sie aus Mitteleuropa verschwinden lassen, während sie anderswo überlebten. Dass die heutigen klimatischen Verhältnisse für das Wachstum von Hemlocktanne, Thuja, Scheinzypresse und all die vielen anderen Gehölze aus den gemäßigten Breiten

269

Das Jenischhaus an der Hamburger Elbchaussee ist von einem weiträumigen Park im Stil eines Englischen Gartens umgeben.

anderer Kontinente geeignet sind, zeigt das „Experiment", sie hierzulande anzu-pflanzen; die Herren der Parks führten es unzählige Male erfolgreich durch.

Seefahrer und Forschungsreisende brachten auch krautige Gewächse für die Blumenbeete von ihren Reisen mit. Zu Ende des 16. Jahrhunderts brach in den Niederlanden das „Fieber" der Tulpenzüchterei aus. Anderswo befasste man sich mit Geranien, Kaiserkronen, Schachblumen und Fleißigen Lieschen, führte sie ein und veränderte durch Züchtung Größe, Form und Farbe ihrer Blüten. Auch aus heimischen Gewächsen wurden geachtete Gartenblumen: Rosen, Schwertlilien, Rittersporn und Stiefmütterchen. Sogar tropische Gewächse konnte man in den Gärten heranziehen, musste allerdings Samen von ihnen gewinnen, bevor es zum ersten Mal Frost gab und die kälteempfindlichen Kräuter abstarben. Dann konnte man sich auch im kommenden Sommer wieder an Kapuzinerkresse und Tomate, dem Paradiesapfel, delektieren; die Tomate war übrigens zuerst nur als Zier-pflanze bekannt, kurz nachdem sie Seefahrer aus dem fernen Amerika mitge-bracht hatten. Nürnberger Gärtner kannten sie schon in der Mitte des 16. Jahr-hunderts.

Ausdauernde Pflanzen warmer Gefilde mussten vor der Kälte nördlicher Brei-ten auf andere Weise geschützt werden. Im berühmten Weinberg von Sanssouci gibt es verschließbare Nischen für Feigenbäume, die offenstehen, wenn die pralle Sonne auf den Südhang des Berges scheint, und bei Kälte verschlossen werden. Andere empfindliche Gewächse aus den Tropen und Subtropen hielt man als Kübelpflanzen, die nur im Sommer im Park standen, im Winter in der beheizten Orangerie von Schönbrunn, Oranienbaum, Kassel oder Sanssouci. Nur an einem Ort in Mitteleuropa überstehen zahlreiche wärmeliebende Gewächse die Winterkälte auch ohne aufwendigen Schutz: auf der Insel Mainau im Bodensee, dessen Wasser die Temperatur stabilisiert. Der wochenlange Dauernebel im Winter verhindert Abstrahlung von Wärme. Der dortige Park ist wegen seiner Palmen berühmt.

Manche Parks wurden zu Botanischen Gärten umgewandelt; am Schloss Hohenheim vor den Toren Stuttgarts legte man ein reichhaltiges Arboretum an, eine gepflanzte Sammlung von Bäumen. Es reizte so manchen Schlossherrn, eine große Vielfalt von Pflanzen zu ziehen; sie wollten sehen, welche Formen und Farben sich daraus entwickelten, wie bestimmte Pflanzen mit dem Klima in Mitteleuropa zurechtkamen. Nicht zuletzt wurde damit getestet, welche Bäume man zur Aufforstung verwenden konnte. Man züchtete auch Gewächse, die später millionenfach im bürgerlichen Hausgarten zu finden waren: nicht nur bunte Blumen, sondern auch die von vielen Gartenbesitzern so geliebten Koniferen für Gebüsch und Gartenhecke.

23. Rohstoffe und Wasserkraft, Mühlen und frühe Industrie

Ebenso wie zu den Städten gehörten auch zu ländlichen Siedlungen Mühlen, die dort aber etwas abseits liegen konnten. Am meisten verbreitet waren Wassermühlen. Reichte das Gefälle der Bäche und Flüsse, die sie antrieben, nicht aus, hatte man Mühlteiche und Mühlkanäle angelegt. Auf Flüssen mit unregelmäßiger Wasserführung und unterschiedlich hohem Wasserstand war der Betrieb von Schiffsmühlen einfacher; da diese „Schiffe" immer in gleicher Höhe auf dem Wasser schwammen, lag ihr Mühlrad stets in der richtigen Position für einen optimalen Betrieb. Nur in einigen Gegenden errichtete man Windmühlen. Weil Bäche immer flossen, der Wind aber nicht immer wehte, hatten Wassermühlen in Mitteleuropa größere Bedeutung.

Seit dem Mittelalter entwickelten sich die Mühlenstandorte unterschiedlich. Mit der Zeit stellte sich heraus, welche Orte am besten zum Betrieb von Wasserrädern geeignet waren, wo die Wasserführung der Flüsse und Bäche am gleichmäßigsten war und wo sich ein besonders günstiger Mühlenstau hatte anlegen lassen. Gegenden mit solchen Mühlen und Städte, in deren Mitte oder an deren Rand prosperierende Mühlen standen, wurden seit dem späten Mittelalter und besonders in der frühen Neuzeit von einem wirtschaftlichen Aufschwung erfasst. Denn dort wurde in den Mühlen nicht nur das Korn zu Mehl gemahlen, sondern es ließen sich auch noch andere Werke von Wasserrädern antreiben.

Schon im frühen Mittelalter gab es Sägemühlen an der Mosel. Später errichtete man größere Sägen in Kirchheim am Fuß der Schwäbischen Alb und am Rand des Schwarzwaldes. Walkmühlen, in denen gegerbte Häute weich geklopft wurden, waren seit dem 11. Jahrhundert bekannt. Etwas später zerrieb man zum ersten Mal Eichenrinde in einer Gerbmühle. Erze wurden in der Poche zerkleinert, die Metalle seit dem Mittelalter in Eisenmühlen geschmiedet, unter dem Schlag der schweren Schwanzhämmer, die das Wasserrad über eine Nockenwelle antrieb. Man errichtete Ölmühlen, in denen Ölsaat gepresst wurde, wassergetriebene Blasebälge, Mühlen mit Haspeln zum Aufwickeln von Garnen oder sogar zum Abwickeln der Seidenfäden von den Kokons der Seidenspinner. Mitteleuropas erste Papiermühle wurde 1389 in Nürnberg errichtet. Dort nutzte man die Wasserkraft auch zum Reiben von Graphit, später von Blei; beides brauchte man zur Herstellung von Bleistiften. Selbst harter Quarz wurde in Mühlenbetrieben zermahlen; der feine Sand wurde für die Glasfabrikation benötigt, später dann auch zur Herstellung von Porzellan.

Am Rand einiger Städte und in den Mühlentälern (oft heißen sie sogar so oder ähnlich) nahm die Zahl der Betriebe seit dem Mittelalter deutlich zu. Die Gewässer wurden durch zahlreiche Wehre, Mühlteiche und Mühlkanäle reguliert; verbunden mit diesen künstlichen Ableitungen von Wasser waren häufig Wiesenbewässerungssysteme. Zwischen den Mühlenbesitzern gab es immer wieder Streit, weil der eine dem anderen das Wasser abgrub – ein Sachverhalt, der sprichwörtlich wurde. Viele Mühlenbetriebe wurden zu Keimzellen moderner Industrie, lange bevor die Industrielle Revolution Mitteleuropa erfasste. In einigen Gegenden war schon vor der Industrialisierung im 19. Jahrhundert eine Spezialisierung der Produktion zu erkennen. Da die Vielfalt der Bodenschätze und anderer Rohstoffe in Mitteleuropa besonders groß ist, konnten sich verschiedenartige Wirtschaftsregionen entwickeln.

Im Grundgebirge aus Granit und Gneis gab es zahlreiche Erze, Silber, Blei, Kupfer und andere, ferner kristallinen Quarz, den Bergkristall, und Quarz in verschiedenen Färbungen, zum Beispiel Amethyst und Rosenquarz. Die Erze und edlen Steine wurden am Rand der Gebirge verarbeitet, denn dort war die Wasserkraft zum Betrieb der Mühlen besonders groß. Edelsteine wurden in Pforzheim am Schwarzwaldrand und in Idar-Oberstein am Ostrand des Hunsrück geschliffen. In der Nähe der Glashütten wurde Quarz gemahlen. Glashütten lagen tiefer im Wald, weil sie vom Rohstoff Holz abhängig waren. Erze wurden in den Mühlen am Rand des Erzgebirges, in den Hütten der Täler im Siegerland und am Westrand des Schwarzwaldes verarbeitet.

In den Gebirgstälern arbeiteten die Sägemühlen. In diesen raffinierten Anlagen trieb das Wasser nicht nur die Sägen an, sondern es bewegte während des Sägevorganges auch den Stamm, der zersägt wurde.

In den Tälern von Bergländern, in denen viele Schafe gehalten wurden, trieb Wasser die Turbinen der Spinnereien an: am Rand von Erzgebirge, Vogtland und Thüringer Wald, in den Tälern unterhalb wasserreicher Quelltöpfe am nordwestlichen Steilhang der Schwäbischen Alb und am Rand der Eifel. In der Nähe von Spinnereien lagen Färbereien, die auf die von Mühlsteinen zerriebenen Farben angewiesen waren. Bei der Textilherstellung nutzte man nicht nur die Kraft des Wassers, sondern brauchte es auch zum Waschen und Bleichen.

Wo es nicht nur Schafe, sondern auch Rinder, Ziegen und Schweine in großer Zahl gab, siedelten sich Gerbereien an. Wasser wurde zur Herstellung von Gerberlohe gebraucht, aber auch zum Betrieb von Walk- und Lohmühlen. Lohmühlen konnten nur dort errichtet werden, wo genügend Eichenrinde zur Verarbeitung vorhanden war, wo es also ausgedehnte Niederwälder mit Eichen gab.

Wichtige Papiermühlen wurden ebenfalls am Gebirgsrand gegründet, in Thüringen (besonders früh in Erfurt) und Sachsen, Oberlenningen am Trauf der Schwäbischen Alb, in Zerkall in der Eifel, gleich unterhalb des Karst-Quelltopfes der Rhume im Eichsfeld und im Bergischen Land, vor allem im Umkreis von Bergisch Gladbach und Solingen, das von alters her auch ein Zentrum der Messerschmieden ist.

In manchen Städten entwickelten sich die Kornmühlen besonders gut. Dort

Im Neckarland bei Stuttgart entwickelte sich aus früheren Mühlenstandorten eines der wichtigsten deutschen Industriegebiete.

befinden sich noch heute große Mühlenbetriebe und wichtige Werke der Lebensmittelindustrie: in Mülheim an der Ruhr, Hameln, Braunschweig, Heilbronn und Ulm.

Besonders viele und vielfältige Mühlen drehten sich an Flüssen und Bächen, die zum Flusssystem des Rheines gehören. Dieser Fluss hat aufs Ganze gesehen das größte Gefälle in Mitteleuropa. Die Kraft des Wassers, das ihm von den Gebirgen her zueilt, ist besonders groß, und die Hochwasserspitzen zur Zeit der Schneeschmelze in den Alpen werden durch Mitteleuropas größtes Rückhaltebecken reguliert, den Bodensee. Am Rhein und seinen Nebenflüssen entwickelten sich in der frühen Neuzeit ganze Mühlendistrikte, die später zu wichtigen Industriegebieten wurden: das Schweizer Mittelland um Zürich und Winterthur, die Randgebiete des Schwarzwaldes, das Neckarland, das Rhein-Main-Gebiet, die Randbereiche der Schiefergebirge, von Hunsrück, Eifel, Bergischem Land, Siegerland und Sauerland. Ein gutes Gefälle ließ sich auch an der Weser und der Elbe sowie ihren Nebenflüssen ausnützen; viele Mühlen standen in der Umgebung des Weserberglandes, am Harz, in den Tälern des Thüringer Waldes, im Vogtland und im Erzgebirge. Im Einzugsbereich der Donau gab es weniger ideale Mühlenstandorte. Das Gefälle der Flüsse war geringer, die Wasserführung vieler Voralpenflüsse zu unregelmäßig für die Anlage von „Mühlen-Imperien". Sie entstanden aber in Ulm, wo man das Gefälle der Blau kurz vor ihrer Mündung in die Donau ausnützen konnte; in Augsburg ließ sich die Wasserkraft von Lech und Wertach auf Mühlräder und Turbinen leiten, in den späteren südlichen Vororten von München das Wasser der Isar.

Die Industrialisierung des 19. Jahrhunderts hatte dort besonders große Auswirkungen, wo es schon vorher viele Mühlen gegeben hatte, also im Rheinland, in Südwest- und Mitteldeutschland sowie in der Nähe der „Mühlenstädte" im Flusssystem der Donau. Wo die Wasserkraft nur für den Betrieb von Mühlen ausreichte, die Mehl zur Versorgung der Bevölkerung bereitstellten, führte kein Weg in die Industrialisierung. In Konstanz reichte das Gefälle des Seerheins zwischen Ober- und Untersee, den beiden Teilen des Bodensees, nicht zum Betrieb zahlreicher vorindustrieller Mühlen aus. Ganz von der weiteren Entwicklung wurden Städte abgekoppelt, die hoch über den Tälern lagen. Sie waren zwar im Mittelalter gut zu befestigen, die Mühlen lagen aber entfernt von ihnen in den Tälern, und die waren oft auch noch eng: Rothenburg ob der Tauber, Langenburg in Hohenlohe, Breckerfeld im Bergischen Land, ein ehemals wichtiger Handelsplatz, dessen Bedeutung in der Neuzeit von Ennepetal und Gevelsberg, in der Nachbarschaft im Tal gelegen, in den Schatten gestellt wurde.

Nördlich der Mittelgebirge hatten sich viele Mühlenbetriebe vor allem dort angesiedelt, wo es einen guten Mühlenstau gab. In den Elbarmen, an Alster und Bille, im Weichbild von Hamburg, entstanden zahlreiche Mühlenbetriebe. Ein ganzes Mühlenimperium bildete sich am Mühlendamm zwischen Berlin und Cölln, an der Keimzelle der Großstadt. Der Damm staute eine Wasserfläche von 30 bis 40 Quadratkilometern auf. Im Mittelalter wurde dort noch ausschließlich Korn gemahlen. Seit dem 16. Jahrhundert kamen weitere Betriebe hinzu, und zwar eine Säge-, eine Walk- und eine Lohmühle. In der Mitte des 18. Jahrhunderts bestanden insgesamt 14 Mühlenbetriebe mit 29 Wasserrädern und 53 Gängen. In Berlin und im benachbarten Spandau gab es in der frühen Neuzeit unter anderem auch Schleif- und Poliermühlen, Hammerwerke, Tabaksmühlen, Kupfermühlen, Zwirnmühlen, Papiermühlen, Pulvermühlen; Schmiede- und Bohrwerke wurden von Wasserrädern angetrieben, ebenso eine Münzprägungsstätte. Ergänzt wurde diese Mühlenagglomeration durch Windmühlen, zu Dutzenden auf den Berliner Stadthügeln errichtet. In Hamburg, Berlin und anderen Orten mit einem guten Mühlenstau war damit der Nährboden für die Industrialisierung des 19. Jahrhunderts gelegt. Auch hier galt: Wo in der frühen Neuzeit viele Wassermühlen lagen, entstand im 19. Jahrhundert Industrie.

In den vorindustriellen Gewerbezentren, an Handelsplätzen und in den florierenden Bergwerken wurden die Arbeitskräfte knapp. Im 17. Jahrhundert erkannten absolutistische Fürsten, dass sie Geld und Menschen zur Gewinnung von Macht brauchten, ein Prinzip des Merkantilismus. Manufakturen sollten angelegt werden, damit im Lande für die Ausfuhr produziert und die Einfuhr beschränkt werden konnte. Auswanderung wurde verboten, Einwanderer waren dagegen willkommen. Man begann, gezielt Glaubensflüchtlinge und andere Bürger anzusiedeln, die es vom Land in die Städte zog. Für sie wurden ganze Stadtteile in den Orten gebaut, wo man Bergbau intensivierte und Manufakturen gründete, zum Beispiel in Berlin und Mülheim an der Ruhr. In Hamburg und

Zum Bau eines Gradierwerkes in der Nähe von Salzquellen brauchte man zunächst einmal viel Holz. Dann aber konnte man mit einer solchen Anlage Holz einsparen, denn die Salzlake wurde auf ein Gewirr von Weißdorn- und Schwarzdorn- oder Schlehen- zweigen geleitet, die an den Fundamentpfosten des Gradierwerkes befestigt wurden. Salz setzte sich an den Zweigen ab, und nur noch geringe Mengen Holz waren not- wendig, um die Sole weiter einzudicken (Bad Kösen an der Saale).

dem später eingemeindeten Altona erinnern heute noch Straßennamen an französische Einwanderer (Esplanade, Palmaille). Es wurden sogar ganze neue Städte auf dem Reißbrett konzipiert und gebaut. Die neuen Städte bekamen entweder werbewirksame Namen oder diejenigen ihrer Gründer: Friedrichstadt an der Eidermündung und Glückstadt an der Unterelbe sollten als Hafenstädte den alten Handelsplätzen Konkurrenz machen. Karlshafen sollte der hessische Weserhafen werden. In Johanngeorgenstadt im Erzgebirge und Freudenstadt im Schwarzwald fanden Bergleute Wohnung. Weniger spektakulär verlief die Ansiedlung von Häuslern auf den Dörfern, die dort im Wesentlichen einer nichtagrarischen Tätigkeit nachgingen. Sie bewohnten kleine Ausbausiedlungen, im Schwarzwald zum Beispiel die schon erwähnten Zinken; in Sachsen nennt man die kleinen Straßensiedlungen der Weber am Ortsrand Viebig oder Zippel.

Staatliche Lenkung, die sich am Vorbild Frankreichs orientierte, machte vor allem das frühere Mühlenimperium Berlin zu einem Zentrum der Manufakturen. Bald, nachdem 1710 die erste deutsche Porzellanmanufaktur in Meißen entstanden war, wurde auch die Berliner Porzellanmanufaktur gegründet. Ähnliche Betriebe befanden sich wenig später in Ludwigsburg und Nymphenburg. Schon im 18. Jahrhundert bildeten sich in Berlin Vorformen der Metallindustrie heraus.

Manufakturen und manufakturähnliche Betriebe entwickelten sich auch aus Glashütten, Salinen, Ziegelgruben, Kalkbrüchen und Töpfereien, die sich in der frühen Neuzeit beträchtlich vergrößerten. Bei einigen Salinen baute man damals Gradierwerke, weil das Holz in der Umgebung knapp wurde. Zunächst aber wurde beim Bau eines Gradierwerkes viel Holz verbraucht, denn es wurde eine Art von Lattenrost aus Baumstämmen errichtet. Daran wurden Schwarzdornzweige aufgehängt. Die Salzlake wurde dann auf das Gradierwerk geleitet. Sie lief langsam an den Zweigen herunter; Wasser verdunstete, und Salz blieb am Holz hängen. Gradierwerke baute man unter anderem in Bad Rothenfelde bei Osnabrück, Bad Salzuflen, Bad Kösen, Bad Sulza und Bad Dürrenberg an der Saale, Bad Salzelmen an der Elbe, Bad Soden-Allendorf, Bad Nauheim, Bad Reichenhall und Bad Sülze südöstlich von Rostock. Die Salzlake, die an den Hölzern der Gradierwerke hängenblieb, war schon so stark eingedickt, dass kaum noch Holz zur weiteren Verdampfung von Wasser erforderlich war. Die Großinvestition des Gradierwerk-Baus lohnte sich also: Zuerst brauchte man zwar viel Holz zum Bau, dann aber nicht mehr viel zum Beheizen der Sudpfannen.

In Ziegeleien wurden immer tiefere Löcher in den Boden gegraben, um Ton abzubauen. Es bildeten sich große Ziegeleiteiche. Seen blieben auch dort zurück, wo man Töpferton aus dem Boden geholt hatte. Ziegeleien und Töpfereien entstanden, weil sie ähnliches Rohmaterial benötigten, oft in der Nachbarschaft zueinander: in Kandern im Markgräflerland, bei Landshut und Ergoldsbach in Niederbayern, in Gaimersheim bei Ingolstadt, in Weida, Bürgel und Kahla in Thüringen, im Kannenbäckerland um Höhr-Grenzhausen im Westerwald, bei

Langerwehe am Eifelnordrand, bei Lauenburg, Varel und vielen anderen Orten der norddeutschen Tiefebene.

Vor allem die Vielfalt der Bodenschätze und anderer Rohstoffe sowie die unterschiedliche Qualität der Mühlen verstärkten wirtschaftliche Gegensätze in Mitteleuropa. Als Folge davon musste der Austausch durch Handel zwischen den einzelnen Teilen Deutschlands verstärkt werden. Weil in manchen Gegenden vorindustrielle Gewerbebetriebe und Manufakturen aufkamen, wuchsen einige Städte über den bisher begrenzenden Mauerring hinaus, zum Beispiel Berlin. In anderen Fällen siedelten sich Gewerbebetriebe und Manufakturen in der Nähe schon bestehender Städte an, so in Stuttgart und München. Weil viele Menschen, die in den weiterentwickelten Mühlen arbeiteten, in der Stadt wohnen wollten, mussten auch dort vor den Toren neue Wohngebiete erschlossen werden.

Fast alle Rohstoffe, die man in der Zeit der Industrialisierung brauchte, wurden auch schon im 18. Jahrhundert verarbeitet: Sand, Ton, Eisen, Kaolin, Kalk. Und es entstanden damals schon die Vorläufer großer Abraumhalden unterhalb von Bergwerken, kleine Tagebaue, Steinbrüche, Sand- und Tongruben, die man manchenorts Ziegeleiteiche nennt, wenn sie sich mit Wasser füllten. Auch viele Mühlteiche mit ihren Dämmen, die heute gelegentlich als Trassen für Straßen genutzt werden, bezeugen das ehemalige Vorhandensein früher Industriebetriebe. Oft sind die Dämme und Teiche verschwunden; an die einstigen Anlagen erinnern dann aber die Standorte von Schleusen (wo das Wasser einst gestaut wurde, musste auch geschleust werden, und das ist bis heute so geblieben am Mühlendamm von Berlin) oder die heutige Großindustrie, die sich als Nachfolgerin eines einstigen Mühlenbetriebes inzwischen enorm vergrößert hat.

Vegetation und Landschaft änderten sich durch die reichhaltige gewerbliche Tätigkeit in vieler Hinsicht. Auf schwermetallhaltigen Halden fanden Schwermetallpflanzen neue Wuchsorte. Trockenheit ertragende Gewächse siedelten sich an steilen Böschungen der Tongruben und auf felsenähnlichen Gesimsen der Steinbrüche an. Auf künstlich entstandenen Teichen machten sich Wasserpflanzen breit, zum Beispiel Seerosen. An Teichufern entwickelten sich Röhrichte und Weidengebüsche; manchmal fällt es heute schwer, nach dem Aussehen der Vegetation zu entscheiden, ob ein Tümpel auf natürliche Weise oder erst vor einigen Jahrhunderten durch den Eingriff des Menschen entstanden ist.

24. Die Moorkultivierungen

In Mooren war jahrtausendelang abgestorbene pflanzliche Substanz von Wasser bedeckt worden. Unter Luftabschluss wurde sie nicht zersetzt. Deshalb wuchs die Oberfläche der Moore allmählich in die Höhe. Die nasse Mooroberfläche konnte man meistens nicht betreten. Es war nicht nur schaurig, übers Moor zu gehen, wie Annette von Droste-Hülshoff dichtete, sondern sogar lebensgefährlich. Noch im 19. Jahrhundert sind Menschen in unkultivierten Mooren zu Tode gekommen, weil sie sich verlaufen hatten und im grundlosen Torf versanken.

An Moorrändern hatten sich aber schon seit Jahrtausenden Menschen angesiedelt; dicht am Rand der Moore waren seit der Jungsteinzeit Dörfer in Ökotopengrenzlage entstanden. Die trockenen Böden oberhalb der Dörfer eigneten sich zur Bodenbestellung, am Moorrand weidete das Vieh. Die ersten richtigen Moordörfer waren im Mittelalter gegründet worden, als man feuchte Senken durch Deiche abgedämmt hatte. In der Nähe von Bremen waren Holländer in Marschhufensiedlungen angesiedelt worden. Zunächst bekamen die Moorkolonisten ganze Hufen als Wirtschaftsraum zugewiesen, später, in der frühen Neuzeit, maß man nur noch die Breite der Wirtschaftsflächen ab. Von ihren Siedlerstellen konnten sich Kolonisten so weit wie möglich kultivierend ins Moor vorarbeiten. Es entstanden daraus breite, streifenförmige Fluren, die man in bildlicher Ausdrucksweise Aufstreckfluren nennt.

Die Kerngebiete der Moore blieben menschenleer bis in die Zeit des Merkantilismus. Damals erkannten die Landesherren, dass Moore sich profitabel nutzen ließen und dass man in ihnen Menschen ansiedeln könne. Durch die sogenannte Peuplierungspolitik konnten absolutistisch regierende Fürsten die Zahl ihrer Untertanen vermehren und damit Macht gewinnen.

Dabei griff man vor allem auf langjährige Erfahrungen der Niederländer zurück, die schon im Mittelalter große Moorgebiete trockengelegt hatten. Sie lebten in einem waldarmen, schon damals dichtbesiedelten Gebiet; Torf war vielerorts der einzige verfügbare Brennstoff. Mehr und mehr drangen niederländische Torfhändler nach Osten vor, um Brennstoff für ihre Heimatstädte aufzukaufen. Mit den als typisch holländisch geltenden Kachelöfen sparte man Brennstoff; man konnte sie auch mit Torf beschicken.

Gruppen von Händlern taten sich zusammen, um im 17. Jahrhundert erste große Moorkolonien in Ostfriesland zu gründen, die Fehnsiedlungen. 1633/34 begann der Bau von Großefehn, etwa gleichzeitig der von Papenburg. In einer Fehnkultur wurde zuerst der Fehnkanal gegraben, der zum einen das Moor entwässerte, zum anderen als Verkehrs- und Erschließungsweg diente. Beides war

Lange Marschhufe bei Bleckede an der Elbe.

Fehnsiedlung Großefehn/Ostfriesland.

Die Marschen werden durch Siele, Tore im Deich, entwässert. An den Sielen entstanden Sielhäfen, z. B. Neuharlingersiel in Ostfriesland.

wichtig; man muss bedenken, dass die Fehnkultur von Anfang an darauf ausgerichtet war, entfernt liegende Absatzgebiete mit Torf zu versorgen. Daher musste die Verkehrsanbindung von Anfang an funktionieren. Bis heute sind die Kanäle die zentralen Wege der Fehnsiedlungen. Klappbrücken, wie man sie aus Holland kennt, führen über sie hinweg. Rechts und links der Kanäle torfte man ein Stück Land ab, um die Häuser der Fehnkolonisten auf Mineralboden zu errichten. Hinter ihren Häusern durften die Fehntjer ihr Agrarland weit ins moorige Hinterland ausdehnen – nach Art und Weise einer Aufstreckflur. Auf Fehnkanälen entwickelte sich reger Verkehr. Bald wurden dort nicht nur Torfziegel in die Städte transportiert. Auch Getreide verfrachtete man per Schiff, das sich vor allem auf den erst kürzlich bedeichten Flächen Ostfrieslands mit hohen Erträgen anbauen ließ. Die dortigen Bauern wurden zu reichen „Polderfürsten". Sie bauten sich steinerne Gulfhäuser, die heute für Ostfriesland typisch sind. Dafür brauchten sie Backsteine aus den Ziegeleien der Geest. Diese mussten per Boot zum Beispiel aus der Umgebung von Varel herbeigeschafft werden. Viele ostfriesische Gulfhäuser bekamen einen Kachelofen niederländischer Bauart, der mit Delfter Kacheln verziert war. Als Heizmaterial wurde Torf verwendet. Torf aus den Moorgebieten wurde ein immer begehrterer Rohstoff. Eine Fehnkolonie nach der anderen entstand.

Das Kanalnetz war eine komplexe und komplizierte Anlage, musste es doch nicht nur Verkehrsfunktionen erfüllen, sondern auch der Entwässerung dienen. Es war besonders schwierig, die Kreuzungen von Deichen und Kanälen zu bauen. Deiche mussten Durchlässe für Boote erhalten, durch die aber bei hohen Fluten kein Wasser in den Polder oder Koog, das eingedeichte Land, gelangen durfte. Seit dem 17. Jahrhundert baute man große Siele mit schweren Toren, genial einfache Anlagen: Die Sieltore werden vom Ebbstrom automatisch geöffnet und von der Flut zugedrückt. Bei niedrigem Wasserstand ist auch eine Handbedienung der Tore möglich, so dass dann Boote die Siele passieren können. An den Sielen entstanden Küstenhäfen und Siedlungen; der „Sielort" ist ein weiterer charakteristischer Siedlungstyp Ostfrieslands. Das hier aus einem umfangreichen Hinterland ausfließende Wasser formte nämlich eine Fahrrinne in das flache Wattenmeer, so dass Boote die Häfen erreichen konnten. In den Sielhäfen, in Greetsiel, Bensersiel, Neßmersiel, Horumersiel, Carolinensiel, Fedderwardersiel, wurden ehemals Torf, Ziegel und Getreide umgeschlagen. Heute sind hier Fischerboote und Yachten stationiert, und von einigen Sielhäfen sticht man per Fähre zu den Ostfriesischen Inseln in See.

Viele Bewohner der Fehnsiedlungen konnten vom Torfverkauf und der Landwirtschaft auf ehemaligem Moorgelände allein nicht leben, denn viele Fehnfluren waren sehr klein, maßen nur zwei bis vier Hektar; die Fehntjer mussten sich durch Handwerk und Schifffahrt Geld hinzuverdienen. Vor allem Papenburg wurde zu einer bedeutenden Handwerkersiedlung, in der heute noch Schiffe und Boote im Familienbetrieb gebaut werden.

In der Mitte des 17. Jahrhunderts beauftragte Graf Ernst Wilhelm von Bentheim den niederländischen Arzt Piccard, also einen sicher finanzkräftigen Mann, der aber nicht „vom Fach" war, mit der Kultivierung eines Moores nördlich von Nordhorn. Es wurde zuerst die Alte, dann die Neue Piccardie gegründet; die Kolonie Neue Piccardie wurde später in Georgsdorf umbenannt. Die Moorkultivierung im Emsland blieb aber zunächst Stückwerk, ebenso wie in der Sorgeniederung bei Friedrichstadt in Schleswig-Holstein, wo im 17. Jahrhundert Niederländer angesiedelt worden waren, und in der Wilstermarsch an der Unterelbe. Vor allem die dauerhafte Entwässerung der Moore erwies sich als problematisch. Legte man sie trocken, begann sofort die Zersetzung von Torf an der Luft, so dass die Moore zu „sacken" begannen. Das heißt, die Mooroberfläche senkte sich, bis sie wieder im Grundwasser lag und die Zersetzung von Torf aufhörte. Dann aber waren die Flächen wieder zu feucht zum Ackerbau. Man musste immer mehr von Windrädern angetriebene Schöpfwerke bauen: große Windmühlen, aber auch kleine Koker und Tjasker, die früher in Ostfriesland und an der Niederelbe weit verbreitet waren.

In Brandenburg begann die großflächige Moorkultivierung im Havelländischen Luch zwischen Nauen und Friesack. Dort wurden von 1718 bis 1724 Entwässerungsgräben mit einer Gesamtlänge von 550 Kilometern gezogen, wodurch 15 000 Hektar Land kultiviert wurden. Die Bedingungen der Trockenlegung von

Feuchtgebieten waren hier grundsätzlich anders als in Nordwestdeutschland. Während im regenreichen ozeanischen Klima Ostfrieslands Hochmoore kolonisiert werden mussten, waren es im klimatisch trockeneren Brandenburg vor allem Niedermoore, in denen sich das Wasser staute, weil die Sohlen der breiten Urstromtäler aus der Eiszeit nur relativ wenig über dem Meeresspiegel, aber weit davon entfernt lagen. Ermöglichte man den Wasserabfluss, staute das Wasser aber in den Mühlteichen, ließ sich auf dem mineralreichen Niedermoortorf viel besser Ackerbau betreiben als auf den mineralarmen Hochmoortorfen des Nordwestens.

Daher waren die großflächigen Moorkultivierungen in Brandenburg-Preußen besonders erfolgreich. Friedrich der Große ließ sie in großem Umfang betreiben. Sein größtes Moorkultivierungs-Unternehmen war die Oderbrucherschließung der Jahre 1747 bis 1753, wo 56 000 Hektar trockengelegt wurden. Der Preußenkönig war's zufrieden und sprach den für sein Ansinnen bezeichnenden, vielzitierten Satz: „Hier habe ich im Frieden eine Provinz erobert, ohne einen Mann zu verlieren."

Weitere große Kultivierungsprojekte unter Friedrich II. betrafen das Warthebruch, das Rhinluch bei Rhinow, die Dosseniederung nördlich davon und den Fiener bei Genthin. Hugenotten, Holländer, Böhmen, Salzburger und Vogtländer wurden dort angesiedelt, teils Leute, die die Moorkultivierung verstanden, teils Flüchtlinge, die zunächst einmal nur das nahezu menschenleere Gebiet bevölkern sollten. Das wachsende Berlin bekam ein beträchtlich erweitertes Hinterland in Form von 142 000 Hektar kultiviertem Niedermoor. Ob Friedrich der Große absehen konnte, dass so der für die Metropole des 19. Jahrhunderts lebensnotwendige „Speckgürtel" komplettiert wurde?

Friedrichs Werk machte innerhalb weniger Jahre Schule bei anderen Fürsten. 1751 begann die kurhannoversche Kultivierung des Teufelsmoores bei Worpswede nordöstlich von Bremen, 1752 die Erschließung des Toten Moores bei Neustadt am Rübenberge. Zur etwa gleichen Zeit gründeten die Freisinger Fürstbischöfe drei Ökonomiegüter im Erdinger Moos nordöstlich von München.

In den Niederungen von Hamme und Oste, zwischen Bremen und Bremervörde, befasste sich besonders der von der hannoverschen Regierung eingesetzte Moorkommissar Jürgen Christian Findorff mit der Erschließung von Neuland. Nach und nach entstanden dort große Torfabbaugebiete. Der Torf wurde mit Torfkähnen nach Bremen gebracht, und zwar über ein System schmaler und seichter Kanäle. Der Wasserstand wurde durch sogenannte Klappstaue reguliert, kleine Wehre, über die flache Torfkähne hinweg glitten.

Die Siedlungen im Teufelsmoor waren also genauso wie die ostfriesischen Fehnsiedlungen Moorkolonien mit Verkehrsanschluss über Kanäle. Im Detail unterschieden sich aber die Anlagen der Moorkolonien westlich und östlich von Bremen. Während die Fehnsiedlungen längs von Kanälen angelegt worden waren, die nach der Abtorfung entstanden waren, erreichte man die Kolonisten

Für Grünlandnutzung kultiviertes Niedermoor bei Lübbenau im Spreewald/Branden-burg. Das Heu wird in Schobern aufbewahrt, die direkt am Fließ, einem der zahlreichen Arme der Spree, liegen; das Heu wird bei Bedarf mit dem Boot in die Ställe der Sied-lungen gebracht.

im Teufelsmoor zunächst nur auf dem Landweg. Wege und Häuser hatten Torf, nicht Mineralboden zum Untergrund. Die Kanäle des Teufelsmoores wurden erst gebaut, als die Häuser schon standen und Landwege zwischen ihnen angelegt waren. Kanäle wurden nicht zum Rückgrat der Siedlungen. Dieser Unterschied ist noch heute zu erkennen, denn die Kanäle im Teufelsmoor verlaufen hinter den Häusern.

Bis zum Beginn des 19. Jahrhunderts wurden weitere größere Moorgebiete trockengelegt. Im Jahre 1788 drehten sich in der Wilstermarsch 33 Windmühlen, deren Pumpen das tief liegende Land lenzten. In Oberschwaben senkte man 1787/88 den Seespiegel des Federsees künstlich ab, verkleinerte ihn dadurch und vergrößerte die landwirtschaftliche Nutzfläche in seiner Umgebung. In Bayern wurden Moorkolonien am Kochelsee, Abtsdorfer See und im Donaumoos gegründet. Einen Höhepunkt erreichte die bayerische Moorkolonisierung in der Zeit um 1802. Kurz zuvor war Napoleon mit seinen Truppen in die bis dahin bayerische linksrheinische Pfalz einmarschiert. Es galt nun, Flüchtlinge unterzubringen, die weiterhin unter bayerischer Herrschaft leben wollten: in Groß- und Kleinkarolinenfeld im Moor zwischen Rosenheim und Bad Aibling, in Augustenfeld, Karlsfeld und Ludwigsfeld im Dachauer Moos.

Politische Gründe trieben auch die Kolonisierung des Bourtanger Moores im Emsland voran. Dort war der Grenzverlauf zwischen den Niederlanden und dem Fürstbistum Münster bis ins 18. Jahrhundert hinein unklar. Nach 1785 siedelte das Fürstbistum Kolonisten direkt an der Grenze an, um den Verlauf der Demarkationslinie zu fixieren. Die großen Moore im Emsland blieben aber noch lange Zeit auf weite Strecken unbeackert. Nur kleinflächig herrschte dort wie in manchen ostfriesischen Mooren, die nicht von Fehnkolonisten erschlossen worden waren, die kleinbäuerliche Moorbrandwirtschaft vor. In diesen Regionen wurden keine Kanäle gebaut, weil das zu teuer war. Es kam daher kein Torfhandel auf, das Existenzminimum für die Kolonisten war nicht gesichert. Die trockene Oberfläche der Moore wurde abgebrannt. Das bisschen Asche, das bei der Verbrennung von Hochmoortorf (er besteht ja fast ausschließlich aus Kohlenstoff und Kohlenwasserstoffen, weil kein nährstoffreiches Grundwasser in ihn eindrang) übrigblieb, versorgte den Boden für ein paar Jahre mit Nährstoffen, so dass man Buchweizen anbauen konnte. Schon bald aber war der Boden erschöpft, so dass erneut gebrannt werden musste.

Diese Bewirtschaftungsform ließ sich so lange durchführen, bis die tiefer liegenden Schwarztorfschichten erreicht waren. Sie konnte man nicht beackern; die Moore blieben als Ödland liegen bis zur Einführung von „Deutscher Hochmoorkultur" und Mineraldünger. Unter den Kolonisten herrschte bald bittere Armut.

Im 19. und 20. Jahrhundert wurde die Moorkultivierung teils mit ähnlichen Methoden wie in den Jahrhunderten zuvor, teils mit neuen Techniken fortgesetzt. Zum Beispiel „erfand" der Rittergutsbesitzer von Rimpau auf Kunrau im Drömling bei Oebisfelde 1862 die Rimpausche Moordammkultur, wobei Sand auf die Moorflächen aufgetragen wurde. Im Drömling und im Fiener Bruch bei Genthin legte man großflächige Moordammkulturen an, die man einige Zeit lang beackern konnte. Dann musste der Feldbau wieder aufgegeben werden, weil die Äcker vernässt waren.

1877 wurde die Moorversuchsstation in Bremen gegründet. Dort entwickelte man die Deutsche Hochmoorkultur, bei der unterirdische Drainagerohre in die Moore gelegt wurden. Die erste Anlage dieser Art entstand 1892 im Marcardsmoor in Oldenburg. Wenig später erwies sie sich auch im Emsland als erfolgreich. Das Wasser wurde per Kanal in die Niederlande abgeleitet. Die Holländer waren froh darüber, denn sie klagten über chronischen Wassermangel in ihrem ausgedehnten Kanalnetz. Etwa zur gleichen Zeit kamen schwere Pflüge auf, die zwischen zwei dampfgetriebenen, am Moorrand stehenden Lokomobilen hin und her gezogen wurden und dabei ihre schweren Scharen metertief in den Torf gruben. Dabei zerbrach die wasserstauende Ortsteinschicht unter dem Moor; ihre Mineralstoffe wurden mit humosem Torf vermengt. Endlich ließ sich die Wildnis der Moore zähmen, profitabler Ackerbau wurde möglich. Weite Flächen der Emslandmoore wurden schließlich erst im 20. Jahrhundert zu Wirtschaftsland; die Kultivierung einiger dieser Moore erlangte traurige Berühmtheit, weil daran auch Häftlinge der Konzentrationslager von Esterwegen und anderen Orten beteiligt waren.

Die Moorkultivierung führte nicht nur zum Verschwinden der großen Moore Mitteleuropas, die Reisende von außerhalb seit Tacitus immer wieder als charakteristisch beschrieben hatten, und es entstanden nicht nur neue Siedlungen und Äcker. In den Niederungsgebieten wandelte sich die Vegetation grundsätzlich. Aus Landschaftsbeschreibungen des 18. und 19. Jahrhunderts ist zu entnehmen, dass durch Entwässerungen von Mooren aus unbegehbaren Flächen vor allem Wiesen und Weiden wurden. Die Sauergräser von Riedgebieten verschwanden, und Süßgräser machten sich breit, begehrte Futterpflanzen, an die wir heute zuerst denken, wenn von Grünland die Rede ist. Dabei vergisst man, dass viele Gräser bis zur frühen Neuzeit selten waren, bis zur Entstehung der Wiesen durch Öffnung des Waldes, wovon schon die Rede war, und durch die Kultivierung der Feuchtgebiete. Im Fiener Bruch sind dort, wo man im 19. Jahrhundert die Moordammkulturen anlegte, heute Glatthaferwiesen anzutreffen. Wo man die Flächen nur trockenlegte, aber keinen Sand auftrug, findet man heute Pfeifengraswiesen. In den weiten Flussniederungen mit ihren früheren Röhrichten, Seggenriedern, Weiden- und Erlenbrüchern gibt es heute ausgedehnte Rohrglanzgraswiesen. Zu Zeiten der Schneeschmelze werden sie immer wieder überflutet, wobei wegen der Eutrophierung der Fließgewässer eine Menge an Mineralstoffen auf den Wiesen abgelagert wird. Das Rohrglanzgras wächst daher gut. Seine Blätter haben ober- und unterseits leicht divergierende Grüntöne, wodurch ein Schimmer oder „Glanz" entsteht, wenn der Wind über die Wiese streicht. Im Sommer, bei niedrigem Wasserstand, ist die Rohrglanzgraswiese trocken. Dann rascheln die Blätter in charakteristischer Weise, wenn man über die Wiese geht. Zwischen den Gräsern blühen spät im Jahr sogenannte Stromtalpflanzen, die auf den im Winter überschwemmten und gedüngten, im Sommer trockenen und warmen Wiesen gedeihen: Kantenlauch, Färberscharte, Blauweiderich und Alant. Nur in den Gräben steht dann noch Wasser, dicht unterhalb der Bodenoberfläche. Dort leben Frösche, von denen sich, wie jedermann weiß, der Weißstorch ernährt. Dieser Vogel, ein Symbol von sogenannter „intakter Natur", würde von Natur aus in Mitteleuropa kaum adäquaten Lebensraum finden. Er braucht weite Bruchlandschaften in ehemaligen Moorgebieten, die Gräben der Rohrglanzgraswiesen, und so ist es kein Wunder, dass er sich aus osteuropäischen Stromtälern, wo die Gegensätze zwischen Überschwemmungsperioden im Winter und Sommertrockenheit auch von Natur aus sehr groß sind, nach Westen ausbreitete, als diese ehemals spezifisch kontinentalen Verhältnisse auf die Niederungsgebiete in Mittel- und Westeuropa ausgedehnt wurden. Aus den Aufzeichnungen eines Pfarrers in einem Dorf am Federsee geht hervor, dass in der Zeit um 1800 die ersten Störche am Federsee brüteten, also nur wenige Jahre nach der „Seefällung", der Absenkung des Seespiegels, wodurch der Sumpf zur Wiese wurde, auf der Störche Nahrung fanden. Der Storch ist ein typischer Kulturfolger, was sich nicht nur daran zeigt, dass er in den meisten Fällen innerhalb menschlicher Siedlungen nistet, auf den Dächern der Storchendörfer Bergenhusen bei Friedrichstadt, Parey an der Havel, Rühstädt an der Elbe; sein ganzer Lebensraum wurde vom Menschen gestaltet. Wie in so vielen anderen Gegenden wurde die natürliche Einförmigkeit der Landschaft beseitigt; besonders in Hochmooren gibt es nur wenige Tier- und Pflanzenarten. Die Artenvielfalt auf den kultivierten Flächen ist erheblich größer, aber nur dann, wenn die Agrarwirtschaft nicht allzu stark intensiviert wird.

25. Neue Kulturpflanzen

Jahrtausendelang hatte die Landwirtschaft in Mitteleuropa wie in anderen in sich abgeschlossenen Agrarregionen der Welt nur wenige Kulturpflanzen und Haustiere gekannt. Ökonomische Instabilität war die Folge, denn wenn nur zwei Getreidearten angebaut wurden, war der Ausfall einer Körnerfrucht durch ungünstige Witterungsbedingungen oder Schädlingsbefall eine Katastrophe. Im Lauf der Jahrtausende waren weitere Kulturpflanzen bekanntgeworden, aber bis zum Mittelalter war ihre Zahl noch nicht wesentlich gestiegen. Der Umfang der Kulturpflanzeninventare nahm in der Neuzeit besonders stark zu; dabei spielte zum Teil eine Rolle, dass man Gewächse, die in mehreren Gen-Zentren der Erde zu Kulturpflanzen geworden waren, zwischen den Erdteilen austauschte. Anders war es bei den Haustieren: Während alle anderen Erdteile Haustiere der Alten Welt erhielten, hat diese von anderswo keine neuen Tierrassen erhalten, wohl deshalb, weil die Domestikation von Tieren in Vorderasien und Europa so weit fortgeschritten war wie nirgends sonst auf der Welt. Spezialisierungen in der Tierhaltung zogen bedeutende Züchtungserfolge nach sich.

Bis zum Mittelalter hatten sich ländliche Siedlungen selbst mit Nahrungsmitteln versorgt. Überall mussten alle Zweige der Landwirtschaft betrieben werden, um überall das Überleben der Menschen zu sichern. Dieses Prinzip wurde seit dem ausgehenden Mittelalter allmählich aufgegeben. Nach und nach bildeten sich unterschiedlich spezialisierte Agrarregionen heraus. Im Zeitalter des Merkantilismus wurde diese Entwicklung durch Monopolbildung unterstützt. Man wollte Überschüsse an Naturalien erzeugen, um damit handeln zu können.

Zwei Tendenzen wurden in der spätmittelalterlichen und frühneuzeitlichen Landwirtschaft besonders deutlich: einerseits Gewinnung von mehr Stabilität durch Globalisierung, andererseits Monopolbildung durch Spezialisierung.

Im ausgehenden Mittelalter wurden die Lagerungsmöglichkeiten für Getreide erheblich verbessert. In den Städten baute man große Lagerhäuser oder Kornspeicher. In Hamburg und Stade standen diese Speicherbauten direkt an den Häfen, weil das Korn überwiegend per Schiff in die Städte gebracht wurde. Das Kaufhaus in Konstanz war sowohl auf dem Land- als auch auf dem Wasserweg zu erreichen. Das Kornhaus in Schwäbisch Hall und der Fruchtkasten in Stuttgart wurden mitten in den Städten gebaut; zu ihnen führten keine Wasserwege. Die besseren Lagerungsmöglichkeiten führten dazu, dass man nun auch empfindlichere Getreidearten und -sorten anbauen und lagern konnte. In vielen Gegenden nahm daher zwischen dem 16. und dem 18. Jahrhundert die Bedeutung

Im wasserreichen Spreewald (im Bild: Lehde), finden sich ideale Voraussetzungen für den Anbau der Gurke, einer Liane, die sehr viel Wasser braucht. Gurken und anderes Gemüse wurden früher vom Spreewald aus auf dem Fluss nach Berlin gebracht.

von Weizen deutlich zu, vor allem im Westen Deutschlands und in Lößgebieten mit ihren fruchtbaren Böden.

Durch wirtschaftliche Einflüsse aus dem Osten drangen während des Mittelalters neue Kulturpflanzen nach Westen vor, die zum Teil erst während der frühen Neuzeit zu größerer Bedeutung gelangten. Der Buchweizen, der nicht mit Getreide, sondern mit Knöterich und Ampfer verwandt ist, wurde besonders in Gebieten mit kurzer Vegetationsperiode angebaut. Man säte ihn auf Felder in Gebirgsgegenden, wo es noch viel Wald gab. Daher bekam die Pflanze ihren Namen: Sie war der Weizen des Waldes. Aber auch in den gerade kultivierten Moorgebieten kam Buchweizenanbau auf. Durch Moorbrandwirtschaft hergerichtete Äcker wurden erst spät im Jahr trocken; danach musste die ausgebrachte Kulturpflanze rasch wachsen und reifen, damit man sie vor dem Beginn herbstlicher Regenfälle ernten konnte.

Gurke und Meerrettich wurden zu Spezialitäten von Gegenden im östlichen Mitteleuropa, die nicht nur von deutscher, sondern auch slawischer Bevölkerung bewohnt waren. Das bekannteste deutsche Gurkenanbaugebiet war und ist der Spreewald, wo sich bis heute eine sorbische Bevölkerungsminderheit, also slawische Bevölkerung, gehalten hat. Im Spreewald gibt es reichlich Wasser, was essentiell für eine raschwüchsige Liane wie die Gurke ist. Zum anderen waren hier schon vor dem Bau der Eisenbahnen die Probleme von Transport und Absatz leicht lösbar. Gurken wurden auf dem Wasserweg spreeabwärts nach Berlin transportiert, wo sie auf den Märkten verkauft wurden.

Meerrettich wurde zu einer weiteren Spezialität des Spreewaldes. Außerdem baute man ihn in der Gegend um Nürnberg und Fürth an, genauso wie zeitweise den Knoblauch, dem das Gemüseanbaugebiet Mittelfrankens den Namen „Knoblauchland" verdankt. Während der Anbau von Knoblauch dort heute aus der Mode gekommen ist, werden Meerrettich und andere Gemüsearten noch in großer Vielfalt angebaut: auf kleinen, beetartigen Feldern, die nicht von Hecken eingefasst und von Bäumen beschattet sind; die Gemüsekulturen sollen von der Sonne voll beschienen und nicht vom Unkraut überwuchert werden, das aus den Hecken in die Beete eindringt.

In der frühen Neuzeit kam der Spargelanbau auf. Spargelanbau setzt einerseits lockeren, sandigen Boden, andererseits die reichliche Verfügbarkeit von Wasser voraus. Beste Voraussetzungen für seine Kultur ergaben sich in der weiten Flussniederung der Paar und am Rand des Donaumooses bei Schrobenhausen, am südbadischen Tuniberg, im Dünengebiet bei Schwetzingen in der nördlichen Oberrheinebene, auf ehemaligen Dünen an der Weser bei Nienburg, in der Mark Brandenburg, der „Streusandbüchse" mit ihren vielen Seen.

Intensiviert wurde in der frühen Neuzeit der Hopfenanbau, der schon im Mittelalter als Spezialkultur entstanden war. Die typischen Hopfenanbaugebiete der Holledau zwischen Ingolstadt und Landshut, der Umgebung von Tettnang und bei Spalt verstärkten ihre Monopolstellung.

Spargelbeet bei Sandizell in der Nähe von Schrobenhausen in Oberbayern.

Der Weinbau wurde allmählich auf einige Kerngebiete eingeengt, dort aber ausgeweitet. Weinkulturen sehen in den einzelnen Landschaften unterschiedlich aus. In der Rheinpfalz überziehen die Weingärten Ebenen und Hügelland, andernorts wird der Weinbau an Hängen betrieben. Entweder konnte man die Rebstöcke auf relativ stabile Hänge pflanzen, zum Beispiel am Mittelrhein, oder man musste den Weinberg durch besonders zahlreiche Trockenmauern befestigen. Die Bauweise dieser Weinbergmauern übernahm man aus dem Mittelmeergebiet. In der Stuttgarter Umgebung verlaufen die Mauern auf steilen Muschelkalkhängen hangparallel. Wo im Untergrund Keuper zu finden ist, sind die Hänge etwas weniger stark geneigt; dort baute man zickzackartig verlaufende Mauern. Seit der frühen Neuzeit gehören Steintreppen zu den Anlagen von Rebhängen, über die man die Kulturen betritt und über die langsam, von Stufe zu Stufe das Wasser nach einem Regenguss abfließt; die Wasserableitung von einem Weinberg ist besonders kompliziert, weil dabei kein kostbarer Humus abgeschwemmt werden darf. In späterer Zeit gab es neben den Treppen kleine Seilbahnen für den Materialtransport. Mitten in den Rebkulturen stehen Weinberghäuschen, in denen manchenorts nur Gerät aufbewahrt wird, anderswo auch der

Traditionelle kleine Weinberge am Kaiserstuhl bei Schelingen.

Von Schafen beweidete Streuobstwiese bei Niedereggenen im Markgräflerland/Südbaden.

Flurschütz die reifenden Trauben bewacht. In manchen Weinberghäusern kann man sogar wohnen; Annette von Droste-Hülshoff lebte in Meersburg zeitweilig in einem besonders bekannten Gebäude dieser Art. Vor allem in Weinbergen an der Elbe bei Dresden und Coswig, an Saale und Unstrut stehen sogar villenartige Gebäude, die ursprünglich Sommerhäuser, später dauerhafte Wohnsitze waren. Der Weinbau erforderte den Bau von Keltern, eigentümlichen Gebäuden, die anderen ländlichen Bauten kaum ähneln. Ein berühmtes Ensemble von sieben Keltern aus dem 16. und 17. Jahrhundert steht auf einem Platz in Metzingen bei Reutlingen, am Rand der Schwäbischen Alb, wo Weinbau heute kaum noch betrieben wird.

Die sehr warmen, von der prallen Sonne beschienenen Weinberge wurden zu geeigneten Wuchsorten für wärmeliebende Pflanzen aus dem Mittelmeergebiet. Zwiebelgewächse wurden durch die intensive Bodenbearbeitung nicht zerstört; im Gegenteil, durch häufiges Hacken verbreiteten sich die Tochterzwiebeln. Weinbergs-Traubenhyacinthen, Gelbstern, Milchstern und Weinbergslauch gehören daher zu den typischen „Rebunkräutern". Wo Rebhänge mit Gartenabfällen gedüngt wurden, breiteten sich Schwertlilien, Tulpen und Feuerlilien aus. Mauerfarne und Zimbelkraut überzogen die Weinbergmauern; auch die wechselwarmen Eidechsen, Sandlaufkäfer und Gottesanbeterinnen fanden an sonnigen Mauern einen ihnen zusagenden neuen Lebensraum.

Manche Weinbaugebiete wurden auch zu typischen Obstbaulandschaften; in anderen Obstbaurevieren spezialisierte man sich gerade deswegen auf die Kultur von Äpfeln, Birnen, Kirschen, Pflaumen oder Zwetschgen, weil das Klima für guten Wein nicht geeignet war.

Obstbäume waren während des Mittelalters in der Umgebung fast aller Siedlungen gepflanzt worden, sobald diese ihre Ortsfestigkeit erreicht hatten. Größere Bedeutung bekam der Obstbau erst in der frühen Neuzeit. Man hat Zusammenhänge zwischen dem Dreißigjährigen Krieg und der Obstbauförderung gesehen. Viele Weinberge wurden damals zerstört. Die verarmte Bevölkerung soll sich mit Obstwein, „Äppelwoi" oder Most beholfen haben. Anderswo sollen die Soldaten bei der Landbevölkerung mehr Getränk verlangt haben. Deshalb habe die Obstweinbereitung und damit der Obstbau eine Steigerung erfahren. Aber so unmittelbar kann Obstbau auf Bedarfsschwankungen nicht reagieren; immerhin dauert es Jahre oder gar Jahrzehnte, bis ein neu gepflanzter und veredelter Obstbaum gute Erträge bringt. Die Zunahme des Obstbaus wurde also sicher eher durch langfristige Entwicklungen gefördert. Im Lauf der Zeit wurde es nämlich immer notwendiger, mehr haltbare und wohlschmeckende Getränke für breite Bevölkerungsschichten bereitzustellen, weil das zunehmende Gewerbe das Wasser mehr und mehr verunreinigte, so dass man es nicht mehr trinken konnte, ohne Gefahr zu laufen, an Seuchen zu erkranken. Gab es genügend Alternativen zur Entnahme von Trinkwasser aus verunreinigten Gewässern, konnten Seuchen wirksam bekämpft werden. Weil man alkoholfreie Getränke nicht konservieren konnte, die Vergärung sie aber haltbar machte, stieg der Bedarf an Bier, Wein und Most erheblich. Weniger als Frischobst wurden auch Mus und Dörrobst in die Städte geliefert.

Die Entstehung der Obstbauregionen wurde im 18. Jahrhundert herrschaftlich gefördert. In verschiedenen Gegenden, so in Brandenburg und Württemberg, gab es Edikte, Obstbäume längs der Straßen zu pflanzen. Für die durch Realteilung sehr klein gewordenen Agrarbetriebe Südwestdeutschlands erwies sich der Obstbau, zum Teil verbunden mit Mostkelterei oder Schnapsbrennerei, als lukrativ. Deutschlands größte Obstbaugebiete sind weitgehend Realteilungsregionen: das Gebiet um Frankfurt mit der Wetterau und dem Taunusvorland, ein Teil des Frankenlandes, fast das gesamte badische und schwäbische Land mit fruchtbaren Lößböden und an Gebirgsrändern sowie die Umgebung des Bodensees. Auch an der Donau, in der Pfalz, an der Mosel, in der Goldenen Aue in Thüringen, in der Zauche und im südlichen Havelland sowie im Alten Land bei Hamburg spezialisierte man sich auf Obstbau. In Baumgärten und Baumschulen wurden die Edelreiser für Obstbäume gezogen, zum Teil unter staatlicher Lenkung. Die zu Ende des 18. Jahrhunderts unter Leitung von Johann Caspar Schiller, dem Vater des Dichters, stehende herzoglich-württembergische Baumschule setzte 100 000 Obstbaumsetzlinge pro Jahr ab.

Andere Baumgärten, die jedoch zur Förderung der Nahrungsvielfalt nur indirekt beitrugen, indem sie Rohstoff für Transportgefäße lieferten, waren Korbweidenkulturen. Korbweiden und andere Weidenbäume mit biegsamen Zweigen

Ehemalige Korbweidenkultur bei Gülpe an der Havel/Brandenburg.

standen eigentlich überall in den Talniederungen. Ebenso wie Obst- und Weinbau wurde in der Neuzeit auch der Korbweidenanbau in bestimmten Regionen konzentriert. Dort bildeten sich Korbmacherzünfte, siedelten sich Korbmacher oder Bandreißer an, die aus Weidenzweigen Fassreifen herstellten. Große Korbweidenkulturen wurden im letzten Drittel des 18. Jahrhunderts in der Talniederung des Mains zwischen Burgkunstadt und Lichtenfels angelegt, wo die Seitenflüsse Rodach und Steinach bei Hochwasser des Mains zu weiträumigen Seen angestaut werden, bei Schney, Michelau und Hochstadt. Ein anderes bedeutendes Korbweidengebiet liegt an den niederrheinischen Flüssen Rur und Wurm, in der Gegend um Jülich, Geilenkirchen und Heinsberg, also westlich von Mönchengladbach. Auch im Tal der Freiberger Mulde in Sachsen, bei Leipzig, an der Oder, im Spreewald, in der Havelniederung und in den Elbeniederungen bei Hamburg lagen (und liegen zum Teil heute noch) ausgedehnte Weidenkulturen, von denen die Korbflechtereien, die sich in der Nähe der Anbaugebiete angesiedelt hatten, ihren Rohstoff bezogen.

In der Haseldorfer Marsch an der Niederelbe unterhalb Hamburgs pflanzte man im 18. Jahrhundert die Weiden zunächst, um Deiche zu befestigen. Dann siedelten sich dort Bandreißer an, die alle paar Jahre Weidenzweige schnitten und sie in ihren Werkstätten der Länge nach teilten. Aus halbierten Weidenruten wurden Fassreifen für die Böttcher in Altona und Hamburg.

Flachs oder Lein wurde vor allem in Gegenden mit hohen Niederschlagsmengen und großer Nebelhäufigkeit angebaut, also im regenreichen Gebirge. Lein wuchs auch noch dort, wo andere Pflanzen kümmerten. Den Feuchtigkeitsreichtum nutzte man zur Aufbereitung der Pflanze, zur sogenannten Tauröste. Leinstängel wurden nach der Ernte ins taufeuchte Gras gelegt. Nach einiger Zeit setzte ein Gärungsprozess ein, in dessen Verlauf sich die langen Faserzellen, aus denen das Leinengarn werden sollte, von den kurzen Zellen des Stängels lösten. Die Tauröste war einfach durchzuführen, vorausgesetzt, dass es genügend feuchtes Grasland gab, wo man die Stängel ausbreiten konnte. Es musste also vorher das Gras geschnitten worden sein, und Vieh durfte auf den Flächen der Tauröste niemals weiden, denn Kotreste hätten den Lein verdorben. Flachsbau mit Tauröste wurde zum Beispiel im sächsischen Erzgebirge durchgeführt, im Bayerischen Wald, im gesamten Alpenvorland, in der Umgebung von Laichingen auf der Schwäbischen Alb, in der hessischen Hohen Rhön, in Teilen der Eifel, im Hunsrück und im Teutoburger Wald. In Gebieten mit weiten vernässten Niederungen wurde Flachs in Gruben geröstet, zum Beispiel im Ravensberger Land um Bielefeld, im Münsterland um Coesfeld, im Tal der Wupper bei Elberfeld und Barmen und in der Gegend um Viersen und Heinsberg am Niederrhein. Als Flachsrösten dienten etwa fünf auf drei Meter große wassergefüllte Gruben. Die Stängel wurden etwa zwei Wochen ins Wasser gelegt, wodurch sich ebenfalls die langen von den kurzen Fasern lösten; auch flache Seeufer eigneten sich dazu. Die Durchführung der Flachsröste in kleinen Teichen hatte große Vorteile. Es war

Geernteter Flachs wurde zur Tauröste ausgelegt (Freilichtmuseum Ballenberg bei Brienz/Schweiz).

sehr schwierig, den richtigen Zeitpunkt zu erkennen, zu dem man die Stängel aus dem Wasser nehmen musste, um ein „Überrösten" zu verhindern, bei dem die Faserzellen angegriffen worden wären. Man musste sehr rasch einen ganzen Teich leeren, den Flachs aus dem Wasser ziehen, was bei kleineren Gewässern natürlich einfacher war als bei großen. Die Flachsrösten wurden in Gruppen nebeneinander angelegt. Oft erkennt man die Überreste dieser Gruben heute noch: Bei Waldniel, westlich von Mönchengladbach, kann man noch heute 256 dieser dicht nebeneinanderliegenden Teiche im Gelände ausmachen. In großer Zahl sind sie auch bei Viersen, Rheindahlen, Erkelenz, Süchteln und Dülken erhalten geblieben. Bei der Anlage von Flachsrösten mussten einige Grundsätze beachtet werden: Sie durften nicht zu nah an den Siedlungen liegen, weil im Verlauf des Gärungsprozesses unangenehme Gerüche entstanden. Gelangte Wasser aus Flachsrösten in Fischgewässer, wurde Fischsterben ausgelöst. Die Gruben hatten daher keinen Anschluss an das natürliche Gewässernetz. Ferner durften keine Erlen neben den Teichen stehen, weil Erlenlaub die Farbe der Leinfasern verdarb.

Flachs wurde teils in Heimarbeit verarbeitet, teils in kleineren manufakturähnlichen Betrieben, die sich in Flachsanbaugebieten ansiedelten: am Rand der Gebirge, wo es Mühlen gab, aber auch zum Beispiel mitten im „Flachsland" um Viersen. Leinwand war ein wichtiges Handelserzeugnis. Schon im Mittelalter waren Bodenseeleinwand und Flämisches Leinen gesuchte Handelsprodukte gewesen. Konstanzer, Ulmer und Augsburger Kaufleute kamen durch den Handel damit zu Reichtum. In Sachsen lebten die Weber später in besonderen Ausbausiedlungen, im Zippel oder Viebig, wovon schon oben gesprochen wurde. Friedrich der Große gründete Weberkolonien in Nowawes bei Potsdam und in Zinna in der südlichen Mark Brandenburg.

In manchen Gegenden, in denen Lein verarbeitet wurde, befasste man sich auch mit Hanf, einem weiteren Gewächs, das aus dem Osten nach Mitteleuropa vordrang. Hanffasern waren im Allgemeinen gröber als Leinen. Fasern von Flachs und Hanf ließen sich auch mischen. In Konstanz hatte die Bedeutung von Hanf während des ganzen Mittelalters zugenommen. In der frühen Neuzeit kehrte man zur Herstellung von reinem Leinen zurück. Hanffasern brauchte man vor allem in den Küstenländern. Die raschwüchsige Pflanze wurde auf nährstoffreichem Niedermoor angebaut. Ihre langen Fasern verarbeiteten die Seilereien auf ihren Reeperbahnen; es wurden Netze, Taue und Segel aus Hanf hergestellt. Kurze Fasern, mit Teer getränkt, dichteten als sogenanntes Werg die Fugen der Schiffskörper und Fässer ab.

In der Umgebung von Erfurt, außerdem bei Gotha, Tennstedt, Arnstadt und Langensalza spielte der Anbau von Färberwaid eine große Rolle. Diese Pflanze wurde auch anderswo auf kalkhaltigem Boden gezogen, aber besonders in der Umgebung der Thüringer „Waidstädte". Aus Waid wurde Indigo gewonnen, ein blauer Farbstoff. Später kam echter Indigo aus Indien nach Deutschland, wodurch der Waidanbau zum Erliegen kam. Aber die Waidpflanze war fortan in vielen Gegenden Mitteleuropas heimisch, besonders in den Terrassengärten nicht mehr bearbeiteter Weinberge.

Bei Erfurt kultivierte man auch besonders viel Brunnenkresse (Erfurter „Dreibrunnen-Kresse"). Diese Stadt blieb bis heute ein Ort der Gärtner und des Gartenbaus.

Es gibt noch weitere Gewächse, die nur lokal angebaut wurden. In manchen Fällen gelten sie auch heute noch als landschaftstypisch, andernorts erinnern an sie nur noch Flurnamen oder ihre Verwendung in lokalen Speisen. In der Frankfurter Umgebung und an der Bergstraße gewann die Mandelkultur große Bedeutung. Sie gibt es heute noch wie die in Frankfurts Umland stark betriebene Schnittlauchkultur; für die charakteristische „Grüne Soße" braucht man dieses Gewächs. Vom 15. bis zum 18. Jahrhundert zog man bei Bamberg Süßholz für die Herstellung von Lakritzen. An einstige Nutzungen von Gewürzen erinnern die Flurbezeichnungen Lavendelberg bei Bingen und Safranberg bei Ulm.

Abgesehen von diesen Spezialitäten einzelner Landschaften hat man in der frühen Neuzeit an vielen Stellen mit dem Anbau von Gemüse und Salat begonnen. Städtische Bürger und Dorfbewohner legten Gärten an, vor allem außerhalb der Siedlungen. Weil etliche Gemüse- und Salatarten viel Wasser zum Wachstum brauchen, war der beste Platz für einen „Krautgarten" im relativ feuchten Milieu gegeben, unterhalb der Siedlungen. Die schon vorher durchgeführten Regulierungen der Bäche und Flüsse mögen den Nebeneffekt gehabt haben, dass die Regionen der Krautgärten an den Talflanken nicht mehr regelmäßig überschwemmt wurden. Oder man hat sogar in Kauf genommen, dass das winterliche Hochwasser gelegentlich bis zum Krautgarten reichte und dort Mineralstoffe ablagerte. Dann konnte man guten Kohl, Rettich, Radieschen, Spinat, Möhren, Sellerie und Kopfsalat ziehen. Alle diese Gewächse sind erst in der frühen Neuzeit zu größerer Bedeutung gekommen. Zu ihnen gesellten sich weitere Gewächse aus der Neuen Welt: Grüne Bohne, Tomate, Kürbis und Sonnenblume.

Eine weitere Kulturpflanze aus Amerika, die Kartoffel, veränderte seit dem 18. Jahrhundert die Struktur der Agrarlandschaft und der Ernährung von Grund auf. Die Kartoffel erhielt ihre große Bedeutung dank staatlicher Unterstützung, denn ihr Anbau passte gewissermaßen in das schon in den letzten Kapiteln beschriebene Konzept merkantilistischer Fürsten; Friedrich der Große setzte sich für den großräumigen Kartoffelanbau ein. Die ertragreiche Pflanze mit ihren nahrhaften Knollen war, so erkannten Friedrich II. und andere, ein neues Massennahrungsmittel. Kartoffelanbau war aber im Rahmen einer herkömmlichen Dreifelderwirtschaft nicht möglich. Man konnte die Kartoffeln ins Brachland legen und so auf die Brachphase in der Fruchtfolge verzichten. Das hatte im Allgemeinen große Ertragssteigerungen zur Folge. Doch zunächst regte sich bäuerlicher Widerstand; denn die Brachen waren althergebrachte Viehweiden. Allmählich verschwanden die Brachländer, die Tiere kamen nur noch auf Viehkoppeln oder wurden im Stall gefüttert. Mit Kartoffeln konnte die wachsende Stadtbevölkerung nicht nur im Zeitalter der Manufakturen versorgt werden, sondern auch später noch; im 19. Jahrhundert hätte das sich während der Industrialisierung stark vermehrende Stadtproletariat ohne Kartoffeln kaum ausreichende Nahrung erhalten können.

Zu Spezialisierungen kam es in der frühen Neuzeit nicht nur beim Pflanzenbau, sondern auch in der Viehwirtschaft. Deutliche Spuren hinterließ dies im Allgäu, wo die gesamte landschaftliche Struktur verändert wurde, und zwar im Verlauf der sogenannten Vereinödung. Damit verbunden waren Flurbereinigung, Auflösung von Dorfgemeinschaften und Gründung von Einzelhöfen und Weilern inmitten des Wirtschaftslandes. Neben den einsamen Einödhöfen wurden Kapellen errichtet, denn auch die in der Einöde lebenden Landleute mussten der Christenpflicht des täglichen Gebetes in der Kirche nachkommen. In den arrondierten Höfen wurden Rinder gehalten; man produzierte Milch und Käse. Die Vereinödung setzte am Beginn der Neuzeit ein und erreichte ihren Höhepunkt in der Zeit um 1770. Zu etwa der gleichen Zeit wurden auch in anderen Landschaften

Einzeln gelegene Einödhöfe im Ostallgäu unterhalb vom Auerberg.

reine Viehhöfe gegründet, die Schwaigen oder Schwaighöfe in Bayern zumeist auf ehemaligem Moorland, das man zum Ackerbau nicht nutzen konnte. Im Norden Deutschlands hießen die Viehhöfe Holländereien oder Meiereien; einige von ihnen waren Vorwerke großer Gutshöfe, auf denen – nach der Verkoppelung oder der Trockenlegung von Sumpfland – unter anderem holländische Flüchtlinge die ihnen aus ihrer Heimat vertraute Milchviehwirtschaft betrieben.

Andere Viehhöfe waren die Gestüte. Einige von ihnen entwickelten sich aus Gutshöfen der frühen Neuzeit, so das 1553 gegründete Gestüt von Marbach an der Lauter auf der Schwäbischen Alb. Zu diesem Gestüt kamen die Vorwerke von Sankt Johann, Offenhausen und Güterstein hinzu. Besonders günstig gelegen ist das Vorwerk Güterstein: Unterhalb der Uracher und Gütersteiner Wasserfälle begünstigte das reichliche Wasser die Einrichtung weiter Weidegründe. Die Pferdezucht gewann aus militärischen Gründen große Bedeutung, aber auch, weil man Pferde vor Postkutschen, Frachtwagen und Pflüge spannen wollte. Das brandenburgische Landesgestüt von Neustadt an der Dosse blühte nach der Trockenlegung der Dosseniederung im 18. Jahrhundert auf. Zur gleichen Zeit wurde das Gestüt von Celle gegründet, später erst, zu Beginn des 19. Jahrhunderts, begann man mit der Pferdezucht in Esslingen-Weil im Neckartal und in Warendorf im östlichen Münsterland.

In der langen Reihe der Spezialisierungen von Nahrungserzeugung in der frühen Neuzeit muss schließlich noch auf die Fischteichwirtschaft eingegangen werden. Sie war in klösterlicher Regie im Mittelalter begonnen worden. Bis zur Säkularisation, der Auflösung vieler Klöster zu Beginn des 19. Jahrhunderts, nahm sie an Bedeutung zu. Zahlreiche Fischteiche prägen noch heute das Landschaftsbild im Waldviertel, bei Moritzburg in Sachsen, im Stiftsland um Wiesau und Tirschenreuth in der Oberpfalz, bei Höchstadt an der Aisch, in Oberschwaben und bei Celle.

Alle Spezialisierungen der landwirtschaftlichen Produktion führten zur Bildung lokaler Überschüsse, was aus merkantilistischer Sicht erwünscht war. Handel entwickelte sich, der in Mitteleuropa während des 18. Jahrhunderts noch mit großen Schwierigkeiten zu kämpfen hatte. Zum einen behinderten zahlreiche Zollschranken den Warenaustausch. Zum anderen waren die meisten Straßen und Wege noch nicht ausgebaut; Massentransportmittel gab es nicht. Allenfalls konnte man Wasserwege nutzen, um Milch, Butter, Käse, Kartoffeln und Gemüse in die Städte zu bringen, was in Hamburg und Berlin große Bedeutung bekam. Anderswo wurden die Landesprodukte auf Wagen und Karren transportiert oder von Lasttieren, sogar von Menschen getragen. Ihre schwere Last setzten die Marktfrauen aus den Dörfern auf Ruhebänken entlang ihres Weges ab. Die Straßen in die Städte nahmen den kürzesten Weg; zum Teil waren sie sehr steil, so dass man sie mit Wagen kaum befahren konnte, was darauf verweist, dass Landleute ihre Waren in der Kiepe oder unter dem Joch selbst in die Stadt trugen, um sie dort auf den Märkten feilzubieten. Manche Hausierer nahmen weite Wege auf sich, um ihre Waren in der Fremde zu verkaufen. Reste dieser Handelsform hielten sich bis heute: In Süddeutschland waren vor kurzem noch Kräuterweiber aus dem Fränkischen unterwegs, fahrende Korbwarenhändler kommen aus der Umgebung von Mönchengladbach. Und man müsste einmal untersuchen, inwieweit sich der Versandhandel von heute aus alten Hausierersystemen entwickelt hat. In Fürth, am Rand eines ehemals weitbekannten Gemüse- und Kräuteranbaugebietes, war lange Zeit Deutschlands größtes Versandhandelsunternehmen ansässig, ein weiterer ähnlicher Großbetrieb trägt den Namen Burgkunstadts (im fränkischen Korbmacherland, von wo aus ehedem Korbhändler ausschwärmten) in alle Lande.

26. Die Industrialisierung

Die „Industrielle Revolution" des 19. Jahrhunderts – richtiger wäre es eigentlich, von „Evolution" zu sprechen, weil sie sich im Verlauf von Jahrzehnten vollzog – hat neben ihren vielfältigen technischen, wirtschaftlichen und sozialen Aspekten auch deutliche Spuren in der Geschichte der Landschaft hinterlassen. Ihr Verlauf ist von früheren Entwicklungen der Landschaftsgeschichte beeinflusst worden. Mehrere Erfindungen lösten sie in der zweiten Hälfte des 18. und zu Beginn des 19. Jahrhunderts aus. Zu Symbolen der Industrialisierung wurden Dampfmaschine und mechanischer Webstuhl. Hinzu kam die Turbine, mit der die Wasserkraft wesentlich effizienter genutzt werden konnte als durch herkömmliche Mühlräder.

Die Industrialisierung Europas ging von England aus, das im Zeitalter Napoleons wirtschaftlich weitgehend isoliert worden war. Nach den Befreiungskriegen und dem Wiener Kongress von 1815 waren die wirtschaftlichen Kontakte zwischen England und dem Kontinent wiederhergestellt. Die technischen Neuerungen der englischen Industrie wurden im Verlauf der folgenden Jahrzehnte überall in Deutschland bekannt. Hier existierte für die Industrialisierung ein besonders günstiger Nährboden. Es war eine große Vielfalt von Rohstoffen vorhanden. Fast alle Bodenschätze waren leicht verfügbar, besonders wenn man Maschinenkraft einsetzte. Ebenso groß war das Sortiment landwirtschaftlicher Produkte, auf denen die Textil- und Nahrungsmittelindustrie basieren konnte. Das Klima Mitteleuropas ist regenreich, das Relief der Landschaft bewegt und reich gegliedert, so dass an vielen Stellen die Wasserkraft als Energiequelle nutzbar ist. Das System der Mühlenstau-Anlagen aus dem Mittelalter und der frühen Neuzeit hatte die Wasserkraft auch in den ebenen Landschaften Mitteleuropas verfügbar gemacht. Problematisch für die Industrialisierung waren die schon im letzten Kapitel erwähnten Zollschranken und die an ihrem Beginn noch fehlenden Massenverkehrsmittel. Aber im Verlauf der Industrialisierung fielen zuerst die Zollschranken, dann die Grenzen zwischen den deutschen Kleinstaaten, und es entstand eines der effektivsten Verkehrsnetze der Welt.

Zu den ältesten Fabriken, in denen im Unterschied zur Manufaktur nicht nur Werkzeuge, sondern Maschinen stehen, wurden die verlassenen Gebäude von säkularisierten Klöstern und ehemaligen Burgen. So wurde zum Beispiel in den ersten Jahren des 19. Jahrhunderts aus dem Minoritenkloster von Lennep (heute Stadtteil von Remscheid) eine Tuchfabrik.

Dann zogen Maschinen in die schon vorher bestehenden Manufakturen ein, in Mühlen und Handwerksbetriebe, die sich alsbald enorm vergrößerten. Die

Fördertürme und Industrieanlagen im Ruhrgebiet.

Spezialisierungen dieser Betriebe blieben oft die gleichen wie in der frühen Neuzeit. Aus Papiermühlen wurden Papierfabriken, aus Pochen mit ihren Schwanzhämmern Betriebe der metallverarbeitenden Industrie: Eisenwerke, Maschinenfabriken, feinmechanische Werke, Uhrenfabriken. Die Metallindustrie bekam in Mitteleuropa besondere Bedeutung wegen der reichlichen Verfügbarkeit von Bodenschätzen und Wasserkraft. Zentren der Metallverarbeitung entstanden vor allem am Rhein und an seinen Nebenflüssen, an den Nordrändern der sächsischen und thüringischen Gebirge und an einigen günstigen früheren Mühlenstandorten des Donau-Einzugsgebietes. In Sachsen ging die Industrialisierung einerseits von großen Städten wie Chemnitz und Zwickau aus, aber auch von Kleinstädten, wobei man unter anderem an Crimmitschau, Döbeln, Schwarzenberg und Zschopau denken muss. Metallverarbeitende Industrie entwickelte sich in Eisenach, Suhl und Ilmenau in Thüringen, im Siegerland und bei Dillenburg, in der Oberpfalz, Augsburg, München und Ulm. Sie entstand im Saarland und in besonderer Vielfalt am Rand der Schwäbischen Alb und des Schwarz-

Unter anderem in der Nähe von Cottbus entstehen noch immer neue Tagebauanlagen, in denen mit Maschinenkraft Braunkohle abgebaut wird.

walds, im Mittleren Neckarland, in Stuttgart, Göppingen, Geislingen, Schramberg, Schwenningen und anderswo.

Textilfabriken, in denen Webmaschinen von Wasserturbinen oder Dampfmaschinen angetrieben wurden, siedelten sich in den alten Imperien der Textilherstellung an, auch wenn sie importierte Baumwolle verarbeiteten oder später synthetische Fasern: am Rand vom Erzgebirge, zum Beispiel bei Zwickau, in Plauen/Vogtland, am Rand der Schwäbischen Alb (Reutlingen, Ebingen), am Nordrand der Eifel und am Niederrhein (Krefeld, Aachen, Viersen), im Tal der Wupper und bei Bielefeld.

Der riesige Energiebedarf der Dampfmaschinen hätte dazu führen können, dass alles vorhandene Holz verfeuert und den Wäldern vollends der Garaus gemacht worden wäre; ohnehin war der Baumbestand Mitteleuropas im ausgehenden 18. Jahrhundert auf ein Minimum zurückgegangen. Holz war seitdem aber nicht mehr der wichtigste Lieferant von Verbrennungsenergie; diese Rolle übernahm die Kohle. Mit Dampfkraft und Maschinen konnten nämlich die Aufzüge der Fördertürme von Bergwerken betrieben werden, deren Schächte Hunderte von Metern in den Untergrund reichten. Dadurch wurde es möglich, die sehr reichen Steinkohlevorkommen Mitteleuropas viel stärker zu nutzen als bisher: in der Region zwischen Duisburg und Dortmund, der sogenannten Hellwegzone des Ruhrgebietes, das bald zu einem der wichtigsten Industriegebiete der Welt wurde, in der Umgebung von Aachen, im Saarland, bei Ibbenbüren und in Oberschlesien. Auch die Nutzung der Braunkohle wurde intensiviert, wobei man mit

303

Kalisalz-Abraumhalde bei Buggingen in der südlichen Oberrheinebene.

dampfgetriebenen Baggern gewaltige Tagebaue anlegen konnte: in der Ville und westlich davon, also im Gebiet zwischen Köln und Aachen, im ausgedehnten mitteldeutschen Revier zwischen Helmstedt und der Leipziger Tieflandsbucht, in der Niederlausitz um Cottbus, Lübbenau und Senftenberg, aber auch in enger umgrenzten Regionen um Borken in Nordhessen, Wölfersheim in der Wetterau, Schwandorf und Burglengenfeld in der Oberpfalz. Am Alpenrand gewann man Pechkohle, in Peiting, Penzberg und Peißenberg.

Mit dampfgetriebenen Förderanlagen ließen sich die reichen Steinsalzvorkommen von Bad Friedrichshall bei Heilbronn erschließen. Salz konnte man in derartigen Bergwerken nun zum Teil billiger gewinnen als an Solequellen, so dass einige der alten Gradierwerke stillgelegt wurden.

Besonders große Bedeutung für die Landschaftsgeschichte bekam der Bergbau auf Kalisalze, der an verschiedenen Stellen Deutschlands möglich wurde: Das wichtigste Abbaugebiet war und ist das Werrarevier um Heringen, Philippsthal und Vacha. Weitere Kalibergwerke entstanden im Umland des Harzes, bei Bischofferode und Nordhausen, in Bad Salzdetfurth, bei Hildesheim, Salzgitter und Hannover, ferner in Zielitz nördlich von Magdeburg, Neuhof bei Fulda und Buggingen in der südlichen Oberrheinebene. Kalisalz wurde zu Düngemitteln verarbeitet, die die Agrarlandschaft nachhaltig veränderten.

Der Bergbau bekam damit im 19. Jahrhundert eine neue Dimension, und es wandelten sich seine Ziele. Während im Mittelalter und in der frühen Neuzeit mitteleuropäischer Bergbau vor allem den Abbau von Erzen zum Ziel hatte, rückten nun Kohle und Salz in den Mittelpunkt bergmännischer Tätigkeit.

In der Nähe der Kohlegruben siedelte sich weitere Industrie an, und zwar nach einem Muster, das längst bekannt war. Vorgeschichtliche Rennfeueröfen, in denen Metall gewonnen wurde, waren im Wald angelegt worden, also dort, wo der Energieträger Holz vorhanden war; nun verarbeitete man Erz in der Nähe von Kohlegruben. Denn es ist wesentlich einfacher, Erz zur Kohle zu transportieren als Kohle zum Erz; in Erzhütten braucht man viel mehr Kohle als metallhaltiges Gestein. Also wurde Erz aus dem Siegerland ins Ruhrgebiet gebracht, aus Auerbach bei Pegnitz zur Maxhütte bei Burglengenfeld. Recht kurz war auch die Transportdistanz für die lothringische Minette zu den Hüttenwerken des Saarlandes. Aber zwischen dem lothringischen Erzrevier und dem saarländischen Kohlen-Abbaugebiet bestand während des 19. und 20. Jahrhunderts die zuweilen als unüberwindlich geltende Staatsgrenze zwischen Frankreich und Deutschland.

Die industrielle Entwicklung machte nicht halt, als die Stahlwerke neben den Kohlebergwerken errichtet waren. Im Ruhrgebiet siedelten sich weitere metallverarbeitende Industriebetriebe an; die alten Metallwerke der Umgebung, die schon früher die Wasserkraft von Ruhr, Wupper, Sieg, Rhein und anderen Flüssen genutzt hatten, vergrößerten sich; manche von ihnen zogen aus den engen Tälern auf die Hochflächen um, wo bessere Expansionsmöglichkeiten bestanden.

Kohle wird nicht nur zur Gewinnung von Brennstoff und für die Stahlerzeugung gewonnen. In der chemischen Industrie wird sie „veredelt". Gelsenkirchen, Marl, Bochum, Krefeld-Uerdingen, Wesseling und Leverkusen wurden in der Nähe der Ruhrbergwerke zu wichtigen Standorten der chemischen Industrie. Wolfen, Bitterfeld, Halle (später die Leunawerke), Schkopau und Böhlen wurden bedeutende Chemiestandorte im mitteldeutschen Braunkohlerevier. Andere Chemiewerke wurden im 19. Jahrhundert in der Nähe von Flüssen gegründet, auf denen Kohle und andere Rohstoffe zu ihnen gebracht und ihre Erzeugnisse gut verschifft werden konnten; diese Werke brauchten Wasser auch als Rohstoff, und es war „einfach", Abwässer einzuleiten. Aus allen diesen Gründen entstanden chemische Industriebetriebe in Ludwigshafen am Rhein, in Frankfurt-Höchst am Main, in Hamburg an der Elbe.

Die neuen Industriestandorte hatten einen enormen Arbeitskräftebedarf. Vor allem das Ruhrgebiet zog von weither Arbeitskräfte an, zum Beispiel aus Polen und dem Böhmerwald. Die neuen Maschinen machten altmodischeren Handwerksbetrieben Konkurrenz, vor allem in der Textilbranche. Sehr viele Menschen verloren – wie in Gerhart Hauptmanns Drama „Die Weber" beschrieben – ihre bisherige Lebensgrundlage. Sie wurden zur Umsiedlung gezwungen, wenn sie nicht verhungern wollten. Wohin sie umzogen, hing von den Erwerbsmöglichkeiten ab. Expandierte die mitteleuropäische Großindustrie, brauchte sie Arbeiter. In Zeiten wirtschaftlicher Probleme wie um 1880 wurden aber Arbeitskräfte entlassen. Dann gab es nur ein Ventil für die wachsende Bevölkerung: die Auswanderung, vor allem nach Amerika.

Die Städte wuchsen im 19. Jahrhundert sehr schnell über ihre mittelalterlichen Mauern hinaus, die als Schutz überflüssig geworden waren, in den meisten Fällen abgetragen wurden und Verkehrs- oder Grünanlagen wichen. Manche Fabrikbesitzer bauten Siedlungen für ihre Arbeiter. Eine der ältesten Arbeitersiedlungen Mitteleuropas wurde schon um 1770 bei St. Ingbert im Saarland errichtet. Größere Anlagen entstanden im 19. Jahrhundert zum Beispiel in Duisburg-Ruhrort und Essen. Anderswo wurde der Wohnungsbau von privater oder kommunaler Hand betrieben. Große Vorstädte wuchsen weit in die Umgebung hinein, überrollten förmlich die früheren Agrarlandschaften, Äcker, Wiesen und Dörfer. Dies geschah im Ruhrgebiet in besonders krasser Weise. Die Vorstädte wurden schachbrettartig angelegt, wobei man sich nur zum Teil an den Verlauf älterer Verkehrswege hielt. Die jahrtausendealten Grundzüge des Siedlungsbaus beachtete man nicht mehr; ohne Berücksichtigung der Ökotopengrenzlage wucherten die Neustädte über Täler und Hügel hinweg. Manche dieser neuen Wohnquartiere nannte man zwar „Westend", „Ostend" oder ähnlich, vielleicht weil man dachte, nun seien die Städte genug gewachsen, oder weil die alten Gemarkungsgrenzen erreicht waren. Aber auch das brachte die Wachstumslokomotive nicht zum Stehen. Die Städte des Ruhrgebietes expandierten aufeinander zu, sowohl die Industriebetriebe als auch die Wohnviertel, bildeten schließlich eine Megalopolis, die von Duisburg im Westen bis nach Dortmund im Osten reicht. Sie umfasst alte Städte wie Recklinghausen, Bochum, Essen und Mülheim, von denen zu Beginn des 19. Jahrhunderts keine mehr als 20 000 Einwohner hatte. Die Einwohnerzahl ehemaliger kleiner Bauerndörfer vermehrte sich innerhalb weniger Jahre noch viel stärker, in Gelsenkirchen, Schalke, Wanne, Suderwich, Herne, Langendreer, Marl, Herten, Eickel und Hamborn. Zum Teil wurden daraus Städte, andere Siedlungen schlossen sich zu Städten zusammen (Wanne-Eickel), zum Teil wurden diese Orte in die Städte der Umgebung eingemeindet. Eingemeindungen gab es überall in der Nähe von Großstädten, auch noch im 20. Jahrhundert, in Berlin, Leipzig, Hamburg, Nürnberg, Stuttgart.

Trotz aller planerischer Absicht wuchsen die Städte im Grunde genommen ohne Beachtung landschaftlicher Strukturen ungehemmt in die Umgebung hinaus. Die Bauindustrie bekam Hochkonjunktur. Die schon früher betriebenen Ziegelgruben wurden vergrößert; für die Anlage von Ziegeleien und Steinbrüchen riss man große Löcher in die Landschaft. Gipswerke wurden unter anderem im niedersächsischen Stadtoldendorf und unterhalb der Keuperstufe der süddeutschen Schichtstufenlandschaft angelegt, wo Gips aus dem Unteren Keuper abgebaut werden konnte, zum Beispiel in Iphofen bei Kitzingen. In Zementwerken wurde später Kalkstein verarbeitet, der in vier verschiedenen geologischen Horizonten gewonnen wird. Jurakalke verarbeiten die Zementwerke von Dotternhausen, Blaubeuren und bei Kelheim. Muschelkalk wird für die Zementherstellung in Heidelberg, Karlstadt/Main, Salzderhelden und Hardegsen abgebaut. Aus Kalksteinen in Tertiär-Gesteinen stellen die Werke bei Mainz und Wiesbaden Zement her. Schließlich begann man, Kreidegestein zu verarbeiten, zum Beispiel in den Zementfabriken von Beckum, Ennigerloh und Geseke im östlichen Westfalen, bei Misburg (östlich von Hannover), in Hemmoor an der Oste, Lägerdorf bei Itzehoe und Rüdersdorf südöstlich von Berlin.

Ein Abbaugebiet für Bimsstein entwickelte sich in der Nähe der alten Eifelvulkane, im Neuwieder Becken, ein weitbekannter Baustein aus Kalk wurde und wird in Solnhofen gebrochen. Basalt- und Granitbrüche wurden vielerorts vergrößert; hier waren es vor allem die unzähligen Klein- und Mittelbetriebe, die das Baumaterial für die wachsenden Industriebetriebe und Städte bereitstellten.

Die Städte waren unbedingt auf ausreichende Nahrungsversorgung angewiesen. Durch Einführung neuer Kulturpflanzen, vor allem der Kartoffel, und durch Mineraldüngung wuchs die agrarische Produktion gewaltig. Ihr Wachstum ging mit der industriellen Expansion Hand in Hand. Landwirtschaftliche Produktion und die Zahl der Verbraucher bedingten sich gegenseitig und expandierten in ähnlicher Geschwindigkeit, was uns heute beinahe wie ein Wunder vorkommt. Dennoch gehörten Armut, Hunger und Mangelernährung zeitweise zum Alltag der Industriearbeiter, vor allem in Zeiten nachlassender Industriekonjunktur. Nur wer Geld besaß, konnte Nahrungsmittel erwerben; sie waren immer auf den Märkten vorhanden. Im Großen und Ganzen „funktionierte" das Wachstum. Baustoffe und Nahrungsmittel wurden in Massen in die Städte gebracht, Industrieerzeugnisse und Kohle aufs Land; zugleich mussten die Produkte zwischen den einzelnen Produktionsgebieten ausgetauscht werden.

Wenig Gedanken machte man sich im 19. Jahrhundert um Umweltzerstörungen, um Landschaftsverbrauch, Schadstoffdeponierung, Abwasser und Abgase. In der Nähe der Bergwerke blieben Kippen und Abraumhalden liegen, weiße neben Kaligruben, schwarze in Kohlerevieren. In der Umgebung von Hüttenwerken starb die Vegetation durch schwefelhaltige Rauchgase ab. Dass Abgaswolken aus dem Ruhrgebiet und vornehmlich aus Mitteldeutschland, wo die Braunkohle besonders hohe Schwefelgehalte aufweist, den Schwefelgehalt der Atmosphäre erhöhten, was zur Bildung des „Sauren Regens" führte, hat man erst im 20. Jahrhundert wahrgenommen, als schwedische Seen versauerten, Wälder in der „Nebelzone" der Gebirge abstarben, im Erzgebirge, Schwarzwald und am Alpenrand, weil ihre Zweige mit schwefelsäurehaltigen Wassertröpfchen in Berührung kamen. Ruhr, Emscher, Rhein, Pleiße, Mulde, Saale und Elbe wurden allmählich zu stinkenden Kloaken, in die man ungeklärte Abwässer einleitete, in denen aber immer noch gebadet und geangelt wurde. Abwässer aus dem Kalisalzbergbau gelangten vor allem in den Oberrhein und in die Werra. Salzliebende Pflanzen und Tiere breiteten sich aus; Lebewesen, die Salz nicht ertragen, starben entlang dieser Gewässer.

All dies trug dazu bei, dass der Gegensatz zwischen landschaftszerstörender

Durch Borkenkäferbefall abgestorbene Fichten am Feldberg/Hochschwarzwald, die zuvor durch den Sauren Regen geschwächt worden waren. Der Saure Regen wirkt sich besonders auf die Hangwälder der Gebirge aus, die Niederschlagswolken in besonderer Weise ausgesetzt sind.

Industrie und „heiler Natur" stark hervortrat, die nach Ansicht von Naturschützer noch im frühen 20. Jahrhundert in der bäuerlichen Kulturlandschaft bewahrt war. Aber auch die Gestaltung der Agrarlandschaft war Menschenwerk gewesen, was immer wieder vergessen wurde und wird. Ferner gab es auch in der Zeit der Industrialisierung eine klare Beziehung zwischen städtischem und ländlichem Wandel.

27. Chausseen, Kanäle und Eisenbahnen

Die Industrielle Revolution war mit dem Ausbau flächendeckender Verkehrsnetze eng verknüpft. Aber schon vorher war man bestrebt, die Wege zwischen den Wirtschaftsregionen zu verbessern. Denn Handel erforderte Verkehrswege. Zugleich war es das Ziel absolutistisch regierender Fürsten, möglichst jeden Winkel des Landes mit der Hauptstadt bestmöglich zu verbinden. Im Verkehrsnetz Englands und Frankreichs ist dieses Prinzip noch heute verwirklicht. Wie schon in der Antike alle Wege nach Rom führten, sind dort London und Paris die Zentren aller Routen. In Mitteleuropa gibt es kein so stark ausgeprägtes Verkehrszentrum, weil es dort im 18. und 19. Jahrhundert infolge der Kleinstaaterei viele Residenzen gab. Als das Zweite Deutsche Kaiserreich entstand, existierten schon viele Straßen, Kanäle und Eisenbahnlinien. Deutschlands Verkehrsnetze sind daher polyzentrisch, sie verbinden alle wirtschaftlichen Zentren miteinander und nicht nur die Hauptstadt mit ihrem Umland. Dies ist bis heute ein großer Vorzug des deutschen Verkehrssystems. Ähnliches gilt für die Schweiz und Österreich: In der Schweiz gab es keine Residenzen; daher sind dort die Verkehrsnetze ebenfalls nicht auf einen einzigen Ort ausgerichtet. In Österreich bestand zwar das Herrschaftszentrum Wien, aber auch Städte wie Linz oder Salzburg wurden zu wichtigen Verkehrsknotenpunkten.

Überregionale und lokale Wege hatten auch schon in vorgeschichtlicher, römischer und mittelalterlicher Zeit bestanden. Viele von ihnen wurden nur selten benutzt, aber gelegentlich von großen Menschenmengen, etwa bei Truppenbewegungen, und von großen Viehherden. Die Wege waren daher breit. Wagenräder durchfurchten bei Nässe den unbefestigten Boden. Andere Wagen blieben im Morast stecken. Die Fuhrleute suchten sich neue Fahrspuren neben der verschlammten, unpassierbaren Strecke. Straßen bestanden daher bis in die Zeit um 1800, oft auch noch in der Zeit danach, aus mehreren ungeregelten, nebeneinander herlaufenden Wegespuren. Oft waren die Routen unpassierbar; auf den schlechten Straßen stürzten Wagen um, oder Wagenräder zerbrachen, wovon Reisende des 18. Jahrhunderts immer wieder zu berichten hatten.

Aus militärischen und ökonomischen Gründen musste dieser Missstand behoben werden; endlich war auch der gewaltige Flurschaden einzudämmen, den das wilde Anlegen von Fahrspuren in Feldern und Wiesen verursachte. Einer der ersten Fürsten, der das Verkehrswesen durch bessere Straßen optimieren wollte, war August der Starke von Sachsen. Er ließ Straßen vermessen, sie erhielten durch Meilen- und Viertelmeilensteine einen besser fixierten Verlauf. In den Ortschaften verkündeten Postmeilensäulen die Distanzen zu anderen Orten des Lan-

Allee bei Sellin auf Rügen; der mit Kopfsteinpflaster befestigte Straßenkörper ist leicht gewölbt, so dass Regenwasser abfließen kann.

des. Einige Straßenstücke wurden bereits befestigt, so die „Steinstraßen" am Stadtrand von Leipzig.

Eine entscheidende Verbesserung des Verkehrs über Land ging vom Bau der Chausseen aus. Sie entstanden nach französischen Vorbildern seit etwa 1800 in vielen Bereichen Mitteleuropas. Chausseen erhielten einen festen Straßenkörper mit einem Packlager und einer Schotterdecke darüber. Zwischen den kleinen Steinen rann Regenwasser in den Untergrund. Noch besser war es, ein Kopfsteinpflaster zu legen, wobei man darauf zu achten hatte, dass die Straßenoberfläche gewölbt war, damit das Regenwasser seitlich abfloss und sich bei Kälte keine durchgehenden Eisflächen auf Pfützen bildeten. Zur Schonung der Pferde legte man neben einem gepflasterten Straßenteil in vielen Fällen einen nur leicht befestigten sandigen Sommerweg an, der bei trockener Witterung benutzt werden konnte. Den Chausseebauern kam es besonders darauf an, das seitliche Ausscheren der Fuhrwerke ins Ackerland zu verhindern. Also wurden beidseits der Chaussee tiefe Gräben gezogen. Zwischen Straße und Graben wurden Bäume gepflanzt. Die Gehölze wirken ebenfalls als strikte seitliche Begrenzungen der Straße, sie sind Wegweiser, wenn der Weg verschneit ist – wie heute vielerorts die

Schneestangen. Zugleich beeinflussen Bäume das lokale Klima der Alleen, was zu Beginn des 19. Jahrhunderts klar erkannt wurde. Bei Sonne geben sie der Straße und den Reisenden Schatten; weil die Hitze geringer ist, bildet sich weniger Staub. Bei Regen ziehen die Baumwurzeln das Wasser an. Wo Schneeverwehungen auftraten, verdichtete man die Bepflanzung zur Hecke; auf diese Weise hatte man einen lebenden Schneezaun.

In Abhängigkeit von den Bodenverhältnissen wählte man die Baumarten für die Bepflanzung aus. Führte die Chaussee durch fruchtbare Landstriche, etwa die Lößbörden Mitteldeutschlands, das mecklenburgische Jungmoränengebiet oder das süddeutsche Gäu, pflanzte man Obstbäume, wobei man, um Früchtediebstahl zu verhindern, Sorten bevorzugte, bei denen die Früchte am Baum nicht ganz reif wurden, sondern erst während der Lagerung nach der Ernte. Man setzte ferner Eiche, Buche, Ulme, Ahorn, Linde oder Rosskastanie.

Linden und Rosskastanien kamen auch für eine Bepflanzung in weniger fruchtbaren Landschaften in Frage. In den norddeutschen Heidegegenden wählte man Birken und Vogelbeeren. In trockenen, sandigen Landschaften Brandenburgs findet man Robinienalleen. Führte die Straße durch feuchte Senken, musste darauf geachtet werden, dass die verwendeten Baumarten das Wasser gewissermaßen aufsogen. Obstbäume leisteten das nicht, aber Weiden, Erlen und Schwarzpappeln; besonders gut drainierten Pyramidenpappeln aus der Lombardei den Boden.

Gräben, Alleebäume und Hecken mussten regelmäßig gepflegt werden. Die unteren Äste der Bäume wurden entfernt, um auch die Passage höherer Fahrzeuge zu ermöglichen. Daher erhielten die Straßenbäume eine besondere Wuchsform. Der untere Teil ihrer Stämme ist vielfach vernarbt und verwuchert, nachdem die Äste abgesägt oder abgeschlagen worden waren. Oberhalb davon konnten sich die Bäume, da sie ja frei standen, fast ebenso reich verzweigen wie auf einer Hutweide. Über den Straßen wuchsen die Äste der Alleebäume zu einem torförmigen Profil zusammen.

In Feuchtgebieten verliefen die Straßen vorzugsweise auf Dämmen, damit sie während der winterlichen Überschwemmungsperioden zu passieren waren. Im Winter bekamen die Chausseen besondere Bedeutung, weil der Schiffsverkehr auf zugefrorenen Gewässern ruhen musste. Sonst auf dem Wasserweg transportierte Güter mussten dann den Weg über Land nehmen.

Wo man keine Bäume pflanzen konnte, stellte man Steine zur seitlichen Begrenzung an die Straßen, legte Hecken an oder baute Zäune. Die Lage der Straßen war auf jeden Fall fortan fixiert, was eine wichtige Basis für die Entstehung modernen Reiseverkehrs und Gütertransportes war. Zu den ältesten Chausseen in Preußen zählten Wege, die man aus militärischen Gründen befestigte, zum Beispiel die Chaussee von Berlin über Potsdam nach Brandenburg, aber auch stark befahrene Handelswege wie Verbindungen zwischen Erz- und Kohlerevieren, zwischen Sieg und Ruhr.

Durch Buhnen, die von den Seiten her in die Flussbetten aufgeschüttet wurden, vertiefte man das Profil der Fahrrinnen der Flüsse (Weser bei Fürstenberg).

In Gebirgsgegenden erwiesen sich viele Steigen als zu steil für den Wagenladungs- und Postverkehr. So legte man neue Steigen an, die sich mit geringerem Gefälle, aber längerer Wegstrecke um die alten Wege zickzackförmig von Haarnadelkurve zu Haarnadelkurve herum ranken, was man heute noch an vielen Stellen sehen kann. In Stuttgart verlor die Alte Weinsteige ihre Bedeutung zugunsten der Neuen Weinsteige, heute eine der schönsten Panoramastraßen weit und breit.

Im 18. und frühen 19. Jahrhundert waren Gewässer weitere wichtige Verkehrswege. Auf Flüssen brauchte man zur Talfahrt geschickte Steuermänner, die ihre Boote an den zahlreichen Untiefen, Sandbänken oder gefährlichen Riffen wie im Binger Loch vorbeilenkten. Entlang des Mittelrheins und des nördlichen Oberrheins sowie entlang der Elbe gab es Treidelpfade. Pferde zogen die Lastkähne flussaufwärts, oft aber auch Männer, die man an der Elbe Bomätscher nannte. Oberhalb von Karlsruhe war der Rhein in so zahlreiche Seitenarme aufgespalten, dass die Anlage von durchgehenden Treidelpfaden unmöglich war. Ab hier konnten nur Männer – oft im Wasser, die Flussarme entlang – die Boote flussaufwärts schleppen; das Wasser reichte ihnen allenfalls bis zum Gürtel, weil der Tieflandfluss sehr flach war.

Kurz nach dem Wiener Kongress, im Jahre 1816, fuhr das erste englische Dampfschiff bis Köln. Wenige Jahre später erreichten flache Dampfboote Basel. Oft wurden jedoch die Schiffe im nur einige Dezimeter tiefen Wasser beschädigt.

Deshalb wurden im 19. Jahrhundert große Flussregulierungen durchgeführt, von denen die Tullasche Rheinkorrektur am bekanntesten ist. Zahlreiche Mäander der Tieflandflüsse wurden abgeschnitten, so dass sich die Flussstrecke erheblich verkürzte und die Fließgeschwindigkeit zunahm. Durch dammartige Buhnen, die von den Ufern her gegen die Flussmitte vorangetrieben wurden, wurde das Flussbett eingeengt und die Wassertiefe erhöht, so dass Schiffe mit größerem Tiefgang die Fahrwasser nutzen konnten. Dieses Prinzip wurde nicht nur am Rhein, sondern auch zum Beispiel an Weser, Elbe und Oder erfolgreich angewandt. Die Gebirgsflussstrecken mussten anders reguliert werden. Dort gab es ein tiefes, aber schmales Fahrwasser. Es galt, dies nach den Seiten zu erweitern, was viel schwieriger war als die Korrektion der Tieflandflussstrecken. Rund zweihundert Jahre brauchte man zur Entschärfung des berüchtigten Binger Loches am Übergang vom Ober- zum Mittelrhein.

Der Schiffsverkehr auf den Flüssen nahm zunächst einmal gewaltig zu, dann stagnierte er, als die Eisenbahn den Dampfschiffen Konkurrenz machte. Schließlich expandierte der Wasserverkehr erneut, als Schleppzüge und später Schubschiffverbände den Massenguttransport stark verbilligten. Der Rhein blieb stets die wichtigste Wasserstraße Mitteleuropas; der Hafen von Duisburg-Ruhrort, wo Erz für die Hochöfen des Ruhrgebietes gelöscht und die Kähne mit Kohle beladen wurden, entwickelte sich zum größten Binnenhafen Europas. Kohle aus dem Ruhrgebiet wurde zu den anderen großen Rheinhäfen transportiert, zum Beispiel nach Mannheim und Basel; dort brauchte man sie zum Hausbrand und zum Befeuern der Dampfmaschinen, die auch in Südwestdeutschland mehr und mehr die Wasserturbinen ersetzten und ergänzten.

Die Elbe wurde von 1869 bis 1874 für eine besondere Form des Dampfschiffsverkehrs ausgebaut: für die Kettenschifffahrt. Von Aussig in Böhmen bis Hamburg wurde eine 668 Kilometer lange Kette gelegt, an der entlang die Dampfschlepper mit ihren Schuten flussaufwärts vorankamen.

Wo man Tieflandflüsse begradigt und die Fahrwasser durch Buhnen verengt und vertieft hatte, vergrößerte sich nicht nur die Fließgeschwindigkeit, sondern auch die Erosionskraft des Wassers. Die Flüsse schnitten sich tiefer in den Untergrund ein. Die Tullasche Rheinkorrektur führte zur Absenkung des Grundwasserspiegels um mehrere Meter. Die Gefahr von Überflutungen seitlich des Flusses sank dadurch; zusätzlich wurden Deiche aufgeworfen, die verhindern sollten, dass der Strom ausuferte. Auf weite Strecken verdursteten Bäume in den ehemals ausgedehnten Auenwäldern. Sie starben ab, weil ihre Wurzeln nicht mehr ins Grundwasser hinunterreichten. Vielerorts breitete sich stattdessen die Robinie aus, ein Fremdling aus Amerika. Auch der Wasserspiegel der unteren Havel senkte sich: Dort liefen flache Seen aus, wogegen man durch den Einbau von Nadelwehren vorgehen musste. Fortan war auch der Wasserstand dieser Seen genau regulierbar.

Die Unterläufe von Elbe und Weser mussten vertieft werden, denn wegen der

An der unteren Havel wird der Wasserstand durch Nadelwehre exakt reguliert.
Das Wehr besteht aus zahlreichen nebeneinanderstehenden Bohlen, die je nach Bedarf
hochgezogen oder heruntergelassen werden können.

stark steigenden Handelskapazitäten im Interkontinentalverkehr mussten immer
größere Hochseeschiffe gebaut werden. Im 19. und 20. Jahrhundert wurden die
Fahrrinnen immer wieder ausgebaggert. Zugleich vervollkommnete man die
durchgehende Signal-Befeuerung mit Feuerschiffen und Leuchttürmen, so dass
die Hochseehäfen auch während der Nacht erreicht werden konnten. Die Bre-
mer errichteten einen „Ableger" für ihren Hafen weserabwärts in Bremerhaven.
Der Hafen wurde 1831 in Betrieb genommen.

Die Häfen von Hamburg und Bremen standen nicht unter preußischer Hoheit.
Dieser Staat, der in Deutschland immer mehr Bedeutung erhielt, wollte sich eine
Kriegsschiff-Flotte zulegen. Oldenburg trat am Jadebusen ein Areal an Preußen
ab, auf dem 1869 Stadt und Hafen Wilhelmshaven gegründet wurden. Die durch
Sturmfluten des Mittelalters entstandene tiefe Fahrrinne im „Flaschenhals" des
Jadebusens war ein erstklassiges Fahrwasser für große Kriegsschiffe, die Deutsch-
lands ersten und wichtigsten Kriegshafen leicht erreichen und verlassen konnten.
Dieser Hafen ließ sich andererseits hervorragend gegen Angreifer sichern, wenn
man die engste Stelle an der Außenjade sperrte.

Im 18. Jahrhundert wurden alte Pläne wiederaufgenommen, Flüsse und Meere
durch ein Netz von Kanälen zu verknüpfen. Größere Kanalnetze hatte es zuvor
in Deutschland nur in Ostfriesland und in Brandenburg gegeben. Im 18. Jahr-

hundert baute oder vergrößerte man den Stecknitzkanal zwischen Lauenburg an der Elbe und Lübeck, den Ludwigskanal zwischen Main und Donau, den Eiderkanal zwischen Eider und Ostsee sowie den Max-Clemens-Kanal von Münster nach Maxhafen südwestlich von Rheine. Alle diese Bauten erforderten die Anlage von Kammerschleusen, einer Innovation aus Italien; die Kanäle verliefen über höher gelegene Landrücken und Wasserscheiden hinweg. Kleine Kanäle wurden später bedeutungslos, fielen trocken oder blieben als stille Wassergräben erhalten. Der Verlauf des Eiderkanals ging später teilweise im Nord-Ostsee-Kanal auf, der Main-Donau-Kanal nutzt zum Teil die alte Trasse des Ludwigskanals. Die ehemaligen Kammerschleusen und Klappbrücken verfielen.

Der Kanalbau wurde am Ende des 19. Jahrhunderts beschleunigt. Damals entstanden der Lippe-Seitenkanal und der Rhein-Herne-Kanal im Ruhrgebiet. 1899 wurde der Dortmund-Ems-Kanal eröffnet. Emden wurde damit zu einem Verknüpfungspunkt der See- und Flussschifffahrt für das Ruhrgebiet, die Bedeutung seines Hafens stieg gewaltig an. Zum Dortmund-Ems-Kanal gehört das Schiffshebewerk von Henrichenburg, das einen größeren Höhenunterschied überwinden kann als eine Schleuse. Anschließend baute man den Mittellandkanal, der vom Dortmund-Ems-Kanal bei Bevergern östlich von Rheine abzweigt und von dort nach Magdeburg verläuft. Dieser Kanal wurde durch relativ ebenes Gelände nördlich der Mittelgebirgsschwelle trassiert. Sein Ostteil und seine Verbindungen mit dem Odertal liegen in ehemaligen Urstromtälern der Eiszeit, in denen kaum Gefälle herrscht. Mit der Weser wurde der Mittellandkanal über eine Schachtschleuse verbunden. Der Kanal verläuft auf höherem Niveau als der Fluss; er kreuzt die Weser über eine Brücke. Am östlichen Ende des Mittellandkanales liegt das Schiffshebewerk von Magdeburg-Rothensee. Eine weitere derartige Anlage verbindet bei Niederfinow die Niveaus von Oder-Havel-Kanal und Oder.

In den Jahren 1887 bis 1895 wurde der Kaiser-Wilhelm-Kanal, der spätere Nord-Ostsee-Kanal, zwischen Brunsbüttel an der Elbmündung und Kiel gegraben, eine der weltweit bedeutendsten künstlichen Wasserstraßen für Hochseeschiffe. Gewaltige Kammerschleusen an den Kanalenden hoben die Schiffe auf das Niveau des schleswig-holsteinischen Mittelrückens. Spektakuläre Brücken mit kilometerlangen Auffahrtsrampen mussten für die Eisenbahnlinien gebaut werden, die den Kanal kreuzen: bei Hochdonn, Albersdorf, Rendsburg und Kiel.

Zum erfolgreichsten Verkehrsmittel des 19. und frühen 20. Jahrhunderts wurde die Eisenbahn. Beim Rad-Schiene-System entstehen besonders geringe Reibungsverluste, so dass mit relativ geringem Energieaufwand große Menschen- und Gütermengen transportiert werden können. Spurgeführter Verkehr hat aber auch Nachteile. Er ist an feste Trassen gebunden. Schienenwege dürfen nur geringe Steigungen aufweisen (sonst drehen die Räder durch), und Kurvenradien dürfen nicht zu eng sein, was bei der Trassierung von Eisenbahnlinien beachtet werden musste. Relativ einfach war der Bahnbau in ebenem Gelände.

Der Mittellandkanal wird auf einer Brücke über die Weser bei Minden geführt.

Immer wieder wählte man Terrassenkanten großer Flüsse, Urstromtäler oder Sanderflächen als Trassen. Dort waren auch schon die Römerstraßen verlaufen, zum Beispiel an Lech, Donau und Oberrhein. Ähnlichkeiten zwischen der Trassenführung von römischen Straßen und Eisenbahnlinien fallen immer wieder auf. Beim Brückenbau ahmte man römische Bauformen nach: Ähnlich wie beim Bau eines Aquäduktes, einer römischen Wasserleitung, bestand nun wieder die technische Herausforderung, ein ganzes Tal zu überbrücken; man nannte die neuen Talbrücken bezeichnenderweise „Viadukte". Die Göltzschtalbrücke bei Plauen sieht dem Pont du Gard ähnlich, das Vorbild für die alte Muldebrücke bei Wurzen und die Elbbrücke bei Meißen war eine römische Donaubrücke, die auf der Trajanssäule abgebildet ist. Römische Stilmerkmale tragen auch viele Bahnhofsgebäude, zum Beispiel die der Römerstädte Augsburg und Regensburg. Aber auch der Bahnhof der kleinen Residenzstadt Bückeburg sieht wie eine römische Villa aus.

Gute Eisenbahntrassen waren die Durchbruchstäler der Flüsse durchs Gebirge; Bahnen wurden am Mittelrhein, an der Elbe oberhalb von Dresden und an der Leine gebaut. Probleme gab es mit zu engen, kurvigen Tälern. Dann mussten entweder zahlreiche Tunnels gegraben werden wie an der Pegnitz zwischen Hersbruck und Neuhaus, an Mosel und Lenne, oder man führte die Strecke über die Hochflächen, zum Beispiel zwischen Stuttgart und Bietigheim. Die von dieser

Strecke abzweigenden Linien mussten bei Stuttgart-Münster, Marbach und Bietigheim die tief eingeschnittenen Täler von Neckar und Enz auf hohen Viadukten queren. Eine spektakuläre Eisenbahnbrücke errichtete man an der Strecke von Remscheid nach Solingen, weil man die Linie nicht ins stark gewundene Tal der Wupper legen konnte: Die Müngstener Brücke ist eine der ältesten Stahlbauskelettbrücken der Welt und in ähnlicher Bauweise wie der Eiffelturm errichtet worden.

Tunnels müssen die Wasserscheiden unterqueren, damit keine „verlorenen Steigungen" auftreten, zum Beispiel am Landrücken zwischen Flieden und Schlüchtern oder durch den Cornberger Tunnel zwischen den Einzugsgebieten von Fulda und Werra.

Durch unzählige Dammbauten und Bahndurchstiche erreichte man eine möglichst ebene Streckenführung in welligem Gelände. Die Dämme zerschnitten Täler und führten sogar durch den Bodensee nach Lindau und später durchs Meer nach Sylt und Rügen. Die steilen Böschungen neben den Gleisen wurden von wärmeliebenden Tieren und Pflanzen als Lebensort angenommen. Die Umgebungen der Bahnlinien werden auch besonders reichlich mit Nährstoffen versorgt – man denke nur an die Wirkung vieler früher gebräuchlicher Zugtoiletten …

An Bahnlinien entstanden nährstoffreiche und warme Wuchsorte für zahlreiche Pflanzenarten (Rositz bei Altenburg im Thüringer Osterland, 1994).

317

Unter den Bahndämmen führten Straßen, Wege, Bäche, ja sogar Viehdurch-
lässe hindurch – so einen Kuhtunnel gibt es an der Strecke Leipzig – Dresden
beim ehemaligen Rittergut Merzdorf. Straßen und Wege wurden über Durchsti-
che hinweg geleitet, oder man plante die Anlage niveaugleicher Bahnübergänge.
Schienenstränge zerschneiden die Landschaft in besonders krasser Weise. Während viele Straßen sich ursprünglich mit scharfen Kurven um Feldgrenzen herum
legten, zerteilt die Bahntrasse viele Feldfluren – gerade oder schräg. Mehr Rücksicht nahm man auf adligen Besitz: Bei Unterweilbach nördlich von Dachau
musste man die Bahn in einem weiten Bogen um den Wildpark des Schlossbesit-
zers herumführen.

Deutschlands Eisenbahnnetz war zwar von Anfang an von dem Nationalöko-
nomen Friedrich List und anderen weitsichtig geplant worden, im Detail musste
dann aber doch auf kleinstaatliche Interessen Rücksicht genommen werden. Die
badische Schwarzwaldbahn wurde als ingenieurtechnische Glanzleistung von
Robert Gerwig über die äußerst schwierige Trasse bei Triberg geführt und nicht
über Schramberg, was einfacher gewesen wäre, aber württembergisches Terrain
berührt hätte. Auch die Bayern umgingen beim Bau der Linie von München und
Augsburg nach Lindau württembergisches Staatsgebiet: Noch heute hat die längere Gebirgsbahn über Kempten größere Bedeutung als die Strecke über Memmingen, die die schwäbischen Städte Leutkirch und Wangen durchfährt. Hannover und Braunschweig stritten um die Anbindung an die Nordsüdbahn, die
schließlich in der Mitte zwischen beiden Residenzen über Lehrte geleitet wurde.
Die Fürsten von Schaumburg-Lippe pochten darauf, dass die Bahn von Hannover zum Rhein ihre Residenzstadt Bückeburg zu berühren habe; also musste die
Bahntrasse in einem großen Bogen an das Städtchen herangeführt werden. Alle
diese „Sünden" haben deutliche Spuren im Bahnnetz und in der Landschaft hinterlassen; je aufwendiger nämlich die Trassierung einer Strecke war, desto mehr
prägte sie die Landschaft. Das war bei Gebirgsbahnen nicht zu umgehen (etwa
im Fall der Geislinger Steige am Albaufstieg der Linie Stuttgart – Ulm oder der
Höllentalbahn zwischen Freiburg und Titisee, besonders aber bei Bahnen über
die Alpen, am Gotthard oder am Semmering).

Einige bisher eher unscheinbare Orte wurden zu Bahnknotenpunkten. Sie
wuchsen in der Folgezeit besonders stark um die Bahnanlagen herum: Elm,
Bebra, Nordstemmen, Kreiensen, Buchloe, Großkorbetha, Plattling, Immendin-
gen, Altenbeken. In der Umgebung dieser Bahnknotenpunkte wurde die gesamte
Landschaft stark von den sich kreuzenden Linien, Verschiebe- und Güterbahnhöfen, Lokschuppen und Wassertürmen beherrscht.

In den Städten waren beim Bahnbau weitere Gesichtspunkte zu beachten. Die
Linien mussten dicht an die Stadtkerne herangeführt werden. In vielen Fällen bot
sich eine Linienführung in der Trasse alter Befestigungsanlagen an, zum Beispiel
in Nürnberg, Hamburg, Berlin und Köln. Manchenorts hemmten die zu dicht
am Stadtzentrum liegenden Bahnhöfe bald das weitere Wachstum der Städte.

Unter anderem verlegte man daher die Bahnhöfe von Stuttgart und Karlsruhe weiter stadtauswärts und vergrößerte sie dabei.

Als besonders hinderlich erwies sich, dass man die Bahnlinien in den Städten zunächst aufs gleiche Niveau wie die innerstädtischen Straßen gelegt hatte. Die Trassen zerschnitten die Städte, was zum Beispiel in Bonn noch heute gut zu sehen ist. Deshalb mussten die gesamten Bahnanlagen entweder über das städtische Straßenniveau angehoben oder darunter gelegt werden. Die Überführung wurde zunächst in Hannover realisiert, sonst auch in vielen anderen Städten, zum Beispiel in München, Dresden, Leipzig und Dortmund. Seltener sind die innerstädtischen Bahneinschnitte, die in Düsseldorf und im Bereich des Hamburger Hauptbahnhofes angelegt wurden. In Berlin gibt es beide Trassierungen. Die Stadtbahn, für die von 1875 bis 1882 eine Bresche durch bebautes Gelände geschlagen wurde, damit wenigstens einige der zahlreichen Bahnhöfe eine Verbindung untereinander erhielten, wurde über den Straßen der Stadt gebaut, die kurz zuvor trassierte Ringbahn bekam eine Tieflage, und beide Strecken kreuzten sich am Westkreuz unweit des späteren Funkturmes.

An kleine Orte wurde die Bahn oft nicht so dicht heran gelegt. Einige Bahnhöfe entstanden auf der grünen Wiese wie zum Beispiel in Trossingen. Dort verbindet eine Kleinbahn den Bahnhof mit der Stadt. An den Bahnhöfen entstanden Kristallisationspunkte für neue Siedlungen und Industriebetriebe. Von den Ortskernen vieler Dörfer und Städte führen gerade Straßen zum außerhalb liegenden Bahnhof, so in Rommelshausen bei Waiblingen, Puchheim bei Fürstenfeldbruck und in Bückeburg. Diese Straßen wurden zum Rückgrat von Neubaugebieten; die alten Siedlungen erweiterten sich vor allem auf ihre neuen Bahnhöfe zu.

Wegen der besonderen Trassierungsvorschriften, die beim Bahnbau zu beachten waren, gleichen die Bahnstrecken Geländewellen aus und verlaufen weniger stark gekrümmt als Flüsse und Straßen. Das Netz der Bahnlinien wurde daher zu einer Art von Gitter, durch das sich dem Betrachter einer Landkarte die grobe räumliche Struktur einer Landschaft besonders leicht erschließt.

Für den Bahnbau musste viel Aushub- und Auffüllmaterial bewegt werden. Für den Unterbau brauchte man Schotter und Splitt, der unzähligen Steinbrüchen und Kiesgruben entnommen wurde. Den Stahl für die Schienen lieferten die Hochofenwerke, die Dampflokomotiven wurden mit Kohle aus den Bergwerken betrieben. Ohne Industrialisierung hätte es keinen Bahnbau gegeben. Auf der anderen Seite machte die Bahn die Entstehung von Manufakturen und Fabriken erst sinnvoll, denn über dieses Verkehrsmittel gelangten Rohstoffe und Industrieprodukte endlich überallhin; nun konnte allerorts ein annähernd gleicher Lebensstandard verwirklicht werden. Die Eisenbahn ersetzte ältere Formen des Transportes, die die Landschaft geprägt hatten. Vor allem kam die Flößerei auf Mitteleuropas Strömen zum Erliegen, weil das Holz nun auf Langholzwagen verladen wurde. Die alten Schwellweiher und Triftstrecken verlandeten und verfielen.

Industrialisierung und Bahnbau lösten eine große Euphorie aus. Man legte Gleise auf Zehntausende von Kilometern Länge. Die Euphorie setzte sich fort, als man mit der Elektrifizierung begann. Dabei wurden zunächst andere Verkehrsmittel als Eisenbahnen mit elektrischen Motoren versehen: die Schwebefähre über die Oste bei Osten, die Wuppertaler Schwebebahn über der Wupper, Standseilbahnen (unter anderem in Dresden und Stuttgart). Auf dem Teltowkanal südlich von Berlin verkehrten Schleppschiffe mit elektrischem Antrieb. Man baute elektrische Straßenbahnen, Hoch- und Untergrundbahnen, O-Buslinien. Dann erst wurden die Eisenbahnlinien mit einer elektrischen Oberleitung versehen. Manche dieser Entwicklungen setzten sich durch, andere nicht; die Elektrifizierung hatte erneut große Auswirkungen auf das Landschaftsbild.

Der Bau von Kanälen und vor allem Eisenbahnen, die Anlage von großen Häfen und Bahnhöfen hatte aber noch einen ganz anderen Aspekt, der für die Landschaftsgeschichte bedeutsam ist. Die neuen Trassen wurden zu Wanderbahnen für Pflanzen; sie breiteten sich entlang der Kanäle und Bahnlinien zum Teil sehr rasch aus. Besonders zahlreiche neue Pflanzenarten, sogenannte Neophyten, kamen dadurch nach Mitteleuropa, dass sie am Ladegut gehaftet hatten, das in Häfen und Güterbahnhöfen umgeschlagen wurde. Dort gibt es ein besonders buntes Mosaik von Pflanzenstandorten; viele dieser Anlagen sind für ihren Reichtum an Pflanzenarten bekannt. Zahlreiche Disteln, Brennnesseln, Kanadische Goldrute, Rainfarn und Großes Springkraut wachsen auf nährstoffreichen Plätzen, Gräser sprießen zwischen den Gleisen hervor, wo ein steppenähnliches Lokalklima herrscht. Viele dieser Pflanzen waren zuvor in Mitteleuropa nicht oder nur selten vorgekommen. An Mauern wuchsen nun Mauerpfeffer, Farne und Moose. Fetthenne und Mauerpfeffer überzogen die steinigen Standorte weiter Schotterflächen: Ganze Bahnhofsflächen strahlen daher auch heute noch zur Blütezeit dieser Gewächse in prächtigem Gelb. Charakteristisch für die Wuchsorte an Bahngleisen ist, dass gelegentlich das „Unkraut" beseitigt wird, ein Flächenstück abbrennt oder von Unrat bedeckt wird. Nach kurzer Zeit sprießen erneut Pflanzen daraus empor, und vielleicht kommt dabei schon wieder ein neuer, bisher nie gesehener Neophyt zum Vorschein.

28. Die großen Aufforstungen

Eine Beschreibung der Landschaftsgeschichte Englands oder Frankreichs bis zum 18. Jahrhundert wäre ähnlich ausgefallen wie das hier Dargestellte. Sicherlich wäre man auf andere landschaftliche Voraussetzungen eingegangen; einzelne Wandlungen der Landschaft setzten in den Nachbarländern zu anderen Zeiten ein, und freilich hätte man andere Beispiele für landschaftliche Entwicklungen finden müssen. Nun aber soll ein spezifisch mitteleuropäischer Zug der neueren Landschaftsgeschichte beschrieben werden. In Deutschland und in einigen seiner heutigen Nachbarländer, die im 18. und 19. Jahrhundert zum gleichen kulturellen Einzugsbereich gehörten, entwickelte man ein besonderes Verhältnis zum Wald. Der Wald wurde zuerst als materieller, dann als ideeller Wert erkannt.

Im 18. Jahrhundert war der Anteil des Waldes in der Kulturlandschaft auf ein Minimum zurückgegangen. Wie viel Gehölzfläche es noch gab, ist nicht festzustellen. Es bestanden zwar einige herrschaftliche Forsten, in denen nicht jeder Holz entnehmen, sein Vieh weiden lassen und Streu sammeln durfte, wie er wollte. Von vielen Wäldern war aber nur noch der Name geblieben: Übermäßige Holznutzung und Überweidung hatten aus norddeutschen Eichen- und Buchenwäldern Heiden werden lassen, in denen die ursprünglichen Waldbodenpflanzen Heidekraut und Drahtschmiele allein die Vegetation prägten. In früheren Buchenwäldern auf Kalk hatten Wacholder, Gräser und viele Kräuter, zum Beispiel Orchideen, die Vorherrschaft übernommen.

Im 18. Jahrhundert und auch schon davor wurde die Waldverwüstung immer wieder angeprangert, drohte doch die totale Energie- und Rohstoffkrise, wenn es kein Holz mehr gab. Manche Fürsten und Staatsbeamte wussten, dass an solchen Krisen die antiken Mittelmeerkulturen zerbrochen waren. Mit staatlicher Energie wurde immer wieder der Waldvernichtung entgegengesteuert, aber das Übel ließ sich nicht packen. Man brauchte immer mehr Holz zum Heizen und als Baumaterial.

Schließlich konnte mit großer Kraftanstrengung die völlige Entwaldung Mitteleuropas verhindert werden. Damit gelang es auch, den Abwechslungsreichtum der Landschaft zu erhalten, der ja ein Garant für den Erfolg der Landwirtschaft war. Allerdings war der Landschaftswandel gewaltig, den diese staatliche Steuerung auslöste.

Die Fürsten sahen den Wald in der zweiten Hälfte des 18. Jahrhunderts vor allem als wirtschaftlichen Wert, den es zu bewahren galt. Man erkannte, dass man zu seinem Erhalt Fachleute brauchte; unter staatlichem Einfluss entwickelte sich die Lehrdisziplin der Forstwissenschaft. Angehende Forstbeamte mussten

Mit Fichten aufgeforstete Flächen am Brocken im Harz. Wege trennen die einzelnen Waldparzellen voneinander.

sowohl eine ökonomische als auch – in Preußen seit 1770 – eine immer umfangreichere botanische Ausbildung durchlaufen. Zu Beginn des 19. Jahrhunderts wurden forstliche Lehranstalten und Forsthochschulen (Eberswalde, Tharandt) gegründet, später forstwissenschaftliche Fakultäten an den Universitäten. Dort wurde das Prinzip der Nachhaltigkeit der Bewirtschaftung von Wäldern gelehrt. Das heißt: Man durfte nie mehr Holz entnehmen als nachwuchs.

Um dieses Prinzip in der Praxis durchzusetzen, musste zunächst die Nutzung des Waldes insgesamt überwacht werden. Die zahlreichen Nebennutzungen der Gehölze mussten unterbunden werden. Verboten wurde vor allem die Waldweide. Gesetze untersagten fortan, ohne Erlaubnis Holz zu schlagen, Streu zu sammeln oder Plaggen zu stechen, Kienharz oder Gerberlohe zu gewinnen, Schweine zur Eichelmast in den Wald zu führen. Das Auge des Gesetzes ruhte nun auf den Wäldern. Sie waren nicht mehr Teil der Allmende, das heißt, sie waren nicht mehr Besitz eines einzelnen Dorfes oder einer Markgenossenschaft, also einer Gruppe von Siedlungen, sondern Staatsbesitz oder das Eigentum einzelner privater Waldbesitzer. Nur in Ausnahmefällen blieben Waldnutzungsgenossenschaften erhalten, zum Beispiel im fränkischen Iphofen. Und nur in wenigen Gebieten kann man heute noch Hudewälder finden. Waldweide gibt es in größerem Umfang nur noch im Alpenvorland und in einigen Hochlagen der Mittelgebirge.

Man legte fest, welche Flächen von nun an reine Viehweide, welche unbeweideter Wald waren. Diese Nutzungsraumtrennung zwischen Land- und Forstwirtschaft stand in vielen Gegenden im Zusammenhang mit den Gemeinheitsteilungen, also der Überführung gemeinschaftlichen Besitzes in privates Eigentum einzelner Bauern, und der Verkoppelung, bei der eingefriedete Intensivweiden entstanden, auf denen Viehzucht viel effektiver betrieben werden konnte.

Ein Teil der Fläche, die vor der Einführung der Forstwirtschaft Wald genannt worden war, wurde dem Weideland zugeschlagen, ein anderer in forstliche Regie genommen. Über die Forstflächen legte man ein Rasternetz aus sich möglichst rechtwinklig kreuzenden Waldwegen. Wie die Chausseen wurden auch sie befestigt (allerdings weniger aufwendig), und sie erhielten seitliche Gräben, damit ihre Lage fortan fixiert war. Die Geviere zwischen den Wegen waren die einzelnen Bereiche des Forstes. Der Wald war seither streng aufgeteilt in Distrikte, Jagen, Schläge, Hauungen, Blöcke. Diese Planungen hätten nicht so radikal sein können, wenn die einzuteilenden Areale mit dichtem Gehölz bestanden gewesen wären, als man sie auswies. Es ist anzunehmen, dass dort tatsächlich nur wenige Bäume standen; das zu bewirtschaftende Gebiet hieß zur Zeit der ersten Forsteinrichtung nur noch Wald oder Forst, war aber kaum von Gehölz bewachsen.

Die Jagen wurden anschließend aufgeforstet, eines nach dem anderen, wobei man entweder Baumsaat ausbrachte oder Bäumchen pflanzte. Damit hatte man schon zuvor gute Erfahrungen gemacht. Bereits 1368 hatte der Nürnberger Unternehmer Peter Stromer Kiefern im dortigen Reichswald gesät, im 16. Jahrhundert war Baumsaat auf der Heide östlich von Rostock ausgebracht worden; man überführte sie damit in einen Kiefernwald. Fichtensaat verwendete man später im Harz. Im 19. Jahrhundert verboten Gesetze, Waldparzellen öde zu belassen, wie es im badischen Waldgesetz von 1833 hieß. Der Gesetzestext bestätigt, dass es zu dieser Zeit öden Wald gab, also Wald ohne Bäume. Hier war nun aufzuforsten. Fichtenaufforstungen begannen im 18. Jahrhundert im Sachsenwald östlich von Hamburg, etwas später im Reinhauser Wald bei Göttingen und in der Oberlausitz. Im 19. Jahrhundert wurden unter anderem ehemalige Schafweiden der Schwäbischen Alb mit Fichten bepflanzt. Kiefernwälder begründete man auf ärmeren Böden. Seit etwa 1850 wurden ehemalige Heiden Niedersachsens und Teile des schleswig-holsteinischen Mittelrückens mit Kiefernsaat bestellt. Später brachte man Kiefernsaat in den nach der Tullaschen Rheinkorrektur vertrockneten Auenwäldern der südlichen Oberrheinebene aus.

Auf Nadelholz griff man bei der Aufforstung vor allem zurück, weil es schnell die höchsten Erträge versprach. Bald zeigte sich, dass die nachhaltige Bewirtschaftung der Wälder zu finanziellen Überschüssen führte. Nicht nur Kiefern und Fichten wurden angebaut, sondern auch exotische Gehölze, vor allem Douglasie, Japanische Lärche und Schwarzkiefer, aber auch Weymouthskiefer, Sitkafichte und Hemlocktanne, Gewächse, deren gutes Fortkommen in Mitteleuropa sich in den herrschaftlichen Baumgärten und Parks zuvor erwiesen hatte.

In vielen Wäldern ist es kaum möglich, Laubbäume und Tannen anzupflanzen, weil der Verbiss durch Wild sehr stark ist. Nur Fichten- und Kiefernnadeln werden vom Wild verschmäht (Hirschgehege im Schönbuch südlich von Stuttgart).

Die Nadelholzaufforstungen sind oft kritisiert worden, und schon zu ihrem Beginn waren sich die Forstwissenschaftler darüber im Klaren, dass die Anlage von reinen Nadelholzkulturen nicht ideal war. Sieht man von den vor allem kurzfristigen finanziellen Erfolgen der Nadelholzbewirtschaftung einmal ab, gab es aber in vielen Fällen gar keine Alternative dazu. Der durch Plaggenhieb und Streunutzung verarmte Boden ließ nur eine Bepflanzung mit anspruchslosem Gehölz zu. Vor allem aber machte und macht den Förstern der Wildverbiss zu schaffen. Mit den alten großen Waldökosystemen waren auch Raubtiere wie Bär, Wolf und Luchs verschwunden. Anderes Wild, zum Beispiel das Reh, hatte sich stark vermehrt, weil natürliche Feinde fehlten. Rehe sind eigentlich keine reinen Waldtiere, sondern Bewohner einer Mischlandschaft aus Wald und Offenland. In der vom Menschen überformten Landschaft erhielten sie hervorragende Lebensmöglichkeiten, weil sie sich zeitweise im Wald aufhalten konnten, dann wieder auf frisch bestellten Äckern ästen. Rehe und andere Tiere benagen junges Gehölz, aber nicht von allen Holzarten. Buche, Ahorn und Tanne enthalten in ihren frischen Trieben nur wenig Harz, sind für die Tiere besonders schmackhaft. Der Harzgehalt von Fichte und Kiefer ist viel höher, so dass ihre jungen Nadeln und Zweige eher verschmäht werden. Weil vor allem der Rehbestand in den jungen Forsten viel zu hoch war (was sich bis heute nicht geändert hat), konnten und können Buchen und Eichen nur in umhegten Waldflächen gezogen werden. Die Förster wollten diese Gehölzarten nicht vernachlässigen und legten

Nach dem Windbruch von 1990 blieben in diesem Wald bei Kollbach im Dachauer Land (Oberbayern) nur wenige Bäume stehen.

schon um 1800 umzäunte Kämpe zur Nachzucht von Eichen an. Da aber groß-flächig aufzuforsten war, konnten nur verbissresistente Baumarten verwendet werden, also Nadelhölzer.

Man wusste aber auch, dass sich in Monokulturen Schädlinge vermehrten, die den Bestand der Wälder gefährdeten oder ihn sogar völlig vernichten konnten. In den Jahren 1889 bis 1891 zerstörten Nonnenraupen den Ebersberger Forst bei München weitgehend. Waldbrände wüteten immer wieder in den leicht ent-zündlichen Kiefernreinbeständen. Zu großen Katastrophen wurden diese Feuer erst, als die Kiefern hoch gewachsen und gealtert waren, im 20. Jahrhundert. So brannten 1976 weite Teile der Kiefernwälder der Südheide in Niedersachsen, im Trockenjahr 1992 tobten zahlreiche ausgedehnte Feuer in Kiefernwäldern Bran-denburgs. Fichten haben flache Wurzelteller. Schwanken die Stämme im Wind, stampfen die Wurzelteller den Untergrund platt. Dabei löst sich der Halt für die Wurzeln im Boden. Bei Stürmen kam es daher immer wieder zu verheerendem Windbruch, der stets die Fichten, weniger andere Baumarten betraf: im Februar 1894 im Sachsenwald bei Hamburg, im Sommer 1894 im Ebersberger Forst, 1920 bei Memmingen, im November 1972 in weiten Teilen Norddeutschlands, in Süddeutschland bei gewaltigen Stürmen im Frühjahr 1990 und mehrfach in den folgenden Jahren. Einzelne fallende Fichtenstämme rissen Nachbarbäume mit sich zu Boden, so dass ganze Fichtenbestände zerstört wurden.

Bei allen ökologischen Problemen, die Nadelholzreinbestände aufwerfen, darf man nicht die positiven Aspekte der Aufforstungen des 19. Jahrhunderts ver-gessen. Sie sind die Ursachen dafür, dass es heute überhaupt noch oder wieder große Wälder in Mitteleuropa gibt. Eine Mischlandschaft aus Wald und Offen-land konnte bewahrt werden, wenn auch in stark veränderter Form: Aus allmäh-lichen Übergängen zwischen dicht und weniger dicht mit Bäumen bestandenen

Arealen waren strikte Trennungen zwischen Wald, Wiese und Feld geworden; zwischen ihnen waren Grenzlinien entstanden, die sich auf Landkarten einzeichnen ließen. Erhalten blieb die mäßigende Wirkung des Waldes auf Extreme des Klimas. Der Wald stabilisierte weiterhin die ökologischen Gegebenheiten im gesamten Land, wenn auch in stark veränderter Form.

Es wird den Leser vielleicht wundern, warum das Kapitel über die Aufforstungen hinter die Abschnitte über Industrialisierung und Verkehrswege gerückt ist, wo doch der Waldschutz bereits in der zweiten Hälfte des 18. Jahrhunderts als klares Ziel vor Augen stand, also vor der Industrialisierung. Es dauerte aber Jahrzehnte, bis die damals gefassten Pläne in die Tat umgesetzt und die neu begründeten Wälder emporgewachsen waren. Für den Charakter der Landschaft wirkten sich die Aufforstungen erst im 19., vielfach sogar erst im 20. Jahrhundert voll aus. Und das im 18. Jahrhundert begonnene Werk hätte niemals gelingen können, hätte es nicht die Industrielle Revolution gegeben.

Die Industrialisierung führte zwar dazu, dass großer Bedarf an Grubenholz, Eisenbahnschwellen, Bau- und Möbelholz entstand. Das Holz dafür konnten die jungen Forstverwaltungen bald gewinnbringend verkaufen. Aber nun war nicht mehr Holz der Brennstoff Nummer eins, sondern die Kohle. Es kamen neue Baustoffe auf, so dass nicht mehr nur in der Stadt, sondern auch auf dem Land steinerne Häuser gebaut wurden. Ziegelsteine, Eisen und Stahl, später Beton und Kunststoffe übernahmen viele Funktionen, für die man zuvor ausschließlich Holz verwendet hatte. Der Druck auf den Holzmarkt ließ erheblich nach, so dass die Forstverwaltungen die Chance erhielten, Wälder nach Plan aufzubauen.

Im Gefolge der Industriellen Revolution wurde Baumwolle importiert. Die Preise für heimische Schafwolle gingen zurück, so dass sich in vielen Fällen die Schafhaltung nicht mehr lohnte. Die Anzahl der Schafe und Schafweiden sank beträchtlich. Daher wurden nicht nur die Flächen, die um 1800 Wälder genannt wurden, aufgeforstet, sondern auch viele Heiden und Magerweiden. Durch die Einführung der Mineraldüngung stiegen die Ackererträge um ein Mehrfaches. Flachgründige Äcker, Felder in Steilhanglagen und solche am Rand der Fluren brauchte man nicht mehr zu bestellen. Dort forstete man ebenfalls auf. Unter vielen Fichtenbeständen sieht man die Konturen alten Ackerlandes: Wölbäcker, Felderterrassen mit Stufenrainen, Lesesteinhaufen. Die Fluren wurden auf einen Kernbereich beschränkt, dessen Beackerung ausreichte, um unter Einsatz von Mineraldünger viel mehr Getreide und Kartoffeln zu produzieren als auf der ehemals größeren Flur. Viele Fluren bekamen einen annähernd runden Zuschnitt, was sie wie Rodungsinseln erscheinen lässt, also wie Offenlandinseln, die in den Wald geschlagen wurden, um eine Siedlung mit ihrem Wirtschaftsraum zu begründen. Immer wieder hielt man zum Beispiel die Siedlungen um Hohenbrunn auf der Münchner Schotterebene für Rodungsdörfer mit runder Flur. Es stellte sich aber inzwischen heraus, dass die Wälder rings um die Flur aufgeforstet worden waren; unter den Bäumen finden sich die Spuren alter Wölb- oder Hoch-

Auf den Flächen, die nach einem Holzeinschlag plötzlich der Sonne ausgesetzt sind, entwickelt sich eine üppige Schlagflur-Vegetation mit Weidenröschen (nördlich von Dachau).

äcker. Nicht die Rodung bestimmte also die Form der Flur, sondern Flurreduktion und Aufforstung.

Das Thema Wald beschäftigte im 19. Jahrhundert nicht nur Forstwissenschaftler und -praktiker. Die Öffentlichkeit nahm großen Anteil daran. Dies fand auch in der deutschen Dichtung des 19. Jahrhunderts Niederschlag. Der Wald spielte eine zentrale Rolle in den Kinder- und Hausmärchen der Brüder Grimm, dem seit dem 19. Jahrhundert am meisten verkauften Buch des Abendlandes, sieht man von der Bibel ab. Die Grimms und viele andere sahen Wälder als „Urgründe". Sie beriefen sich darauf, dass der Römer Tacitus Wälder für ein besonderes Charakteristikum des Landes Germania gehalten hatte. Man vermutete, die Germanen seien dank des Waldreichtums ihres Landes nicht von den Römern unterworfen worden, und zog Parallelen zwischen Römern und den napoleonischen Truppen; man meinte, auch die Franzosen seien nicht imstande, sich in den großen deutschen Wäldern zu orientieren. Friedrich Ludwig Jahn, damals einer der führenden Freiheitskämpfer gegen die Franzosen und heute vor allem als „Turnvater" bekannt, forderte daher, man solle an der Grenze zu Frankreich einen undurchdringlichen Wald pflanzen.

Ohne ausführliche Waldschilderungen sind große Dichtungen wie Joseph von Eichendorffs Novelle „Aus dem Leben eines Taugenichts" und der Roman

„Witiko" von Adalbert Stifter nicht denkbar. Romantische Dichter setzten sich für die Wiederherstellung von Wald ein. Dieser Gedanke beeinflusste das biedermeierliche deutsche Bürgertum stark und drang in weite Bereiche von Wissenschaft und Naturkunde ein. Bürger wollten Möbel kaufen, die aus Holz, „deutscher Eiche", gefertigt waren. Importiertes Holz spielte in Deutschland keine Rolle. Im Gegensatz dazu bezog man in England aus den Kolonien Tropenholz für den Möbelbau – man denke nur an die berühmten englischen Mahagoni-Möbel des 19. Jahrhunderts.

In den neu entstehenden Wäldern entwickelten sich spezifische Landschaftsstrukturen. Außer den schon erwähnten Forstwegen gab es Holzwege, die nur in den Wald hineinführten und dort endeten. Auf diesen kurzen Wegen sollte das Holz nach dem Einschlag abtransportiert werden. Oft schlug man in ganzen Waldgevierten das Holz zur gleichen Zeit, betrieb also Kahlschlagwirtschaft. Auf manchen Kahlschlägen ließ man einzelne „Überhälter" als Samenbäume stehen. Auf Kahlschlagflächen wurden junge Bäume gepflanzt, oder man brachte Saatgut aus. Nach Kahlschlägen entwickelte sich zeitweise eine spezifische Vegetation aus Pflanzen, die im Wald nur selten vorkommen, deren Samen aber im Waldboden „versteckt" sind und nur darauf „warten", zu keimen, wenn der Wald geschlagen ist. Auf diesen sogenannten Schlagfluren gedeihen zum Beispiel Walderdbeere, Fingerhut, Reitgras, Weidenröschen und Himbeere. Ihre Üppigkeit hält nur für ein paar Jahre, dann werden sie von den hochwachsenden Bäume beschattet: Die Schlagflur verschwindet.

Einige Lichtungen hielt man ständig baumfrei, um dort Holz lagern zu können, oder man legte dort Wildfütterungsplätze an, nicht nur die allbekannten Futterraufen, sondern kleine Ackerstreifen, auf denen Futterpflanzen für Wild angebaut werden. Dort finden sich übrigens heute noch alte Arten oder Landsorten von Kulturpflanzen, die man gemeinhin nicht mehr anbaut, zum Beispiel Sommerroggen und Buchweizen. In der Nähe von Wildfütterungsstellen errichtete man Hochsitze, von denen aus Förster und Jäger Wild beobachten und erlegen konnten. Für die Wildbeobachtung und Jagd wurden auch Schneisen im Wald angelegt.

Schon seit dem 17. Jahrhundert pflanzte man Bäume und Sträucher als „Kulisse" für die Jagd, zunächst besonders für den Fang von Wildgeflügel. Diese Anlagen, Entenfang oder Vogelkoje genannt, waren von Gehölz umstandene Teiche. Von weitem sahen die Vogelkojen wie Waldstücke aus, von oben her entdeckten die Vögel eine offene Wasserfläche. Vom Teich aus wurden die Tiere in Netze gelockt, gefangen und getötet. Auch im 19. Jahrhundert legte man noch Vogelkojen an und intensivierte den Fang an den alten Anlagen. Man kennt sie in vielen Bereichen Mitteleuropas, auf den Nordfriesischen Inseln, bei Celle, Dessau, Duisburg und Karlsruhe-Durlach.

Im Wald umzäunte man Schonungen und Baumschulen, wo Setzlinge für die Waldbepflanzung heranwuchsen. Hochsitze am Rand der Schonungen und am

Eine durch üppiges Grün getarnte Vogelkoje bei Zwolle/Niederlande. Enten und andere Vögel werden von Lockvögeln in die Vogelkoje gelockt; die Tiere werden am Ende der Vogelkoje (vorne links) gefangen.

Waldrand dienten ebenfalls zur Wildbeobachtung. Am Waldrand standen die meisten Forsthäuser und Waldarbeiterhütten, an der künstlich gezogenen Ökotopengrenze zwischen Wald und Offenland. Seltener wurden die forstlichen Betriebsgebäude mitten im Wald errichtet.

Scharfe Waldränder, wie wir sie heute kennen, gibt es erst seit dem 19. Jahrhundert, seit der Zeit also, als man eine Grenzlinie zwischen Wald und Offenland, zwischen die Nutzungsräume von Forst- und Landwirtschaft legte. Oft führen Wege am Waldrand entlang. Viele von ihnen sind älter als der Forst; sie dienten einmal als Begrenzung, bis zu der man aufforstete. In einem ganz schmalen Streifen am Waldrand siedelten sich Sträucher an, die ehemals verteilt über die Feld- und Weideflur zu finden waren und nun zu Bestandteilen der heute typischen Waldrandvegetation wurden.

Seit dem 19. Jahrhundert sind Rodung und Abholzung von Wald zu Reizwörtern geworden. Der Schock saß tief, als man wahrnahm, dass in der Zeit des „Dritten Reiches", im Zweiten Weltkrieg und in der Nachkriegszeit das Prinzip der Nachhaltigkeit im Waldbau aufgegeben worden war, zuerst aus Autarkiebestreben, dann in der Notzeit und durch Reparationsforderungen, die auch Holzlieferungen umfassten. Die Waldfläche ging von 1934 bis in die späten vierziger Jahre zurück. Danach wurde energisch wieder aufgeforstet, und bis heute werden immer wieder neue Waldflächen eingerichtet. Gegen umfangreiche Waldrodungen regte sich Widerstand, man denke nur an die spektakulären Aktionen vor der Erweiterung der Startbahn West am Frankfurter Flughafen.

Die Anlage von Forsten, die Aufforstung und die Protestaktionen gegen das Entfernen von Wäldern und das Waldsterben empfindet man in Frankreich oder England als typisch deutsch, in Ländern also, in denen es keine oder nur unwesentliche Aufforstungen gab. Diese Länder sind daher ausgesprochen arm an Wäldern. Dort wurden aber auch nicht die Spuren älterer Nutzungen des Landes mit Gehölz bedeckt, so dass man sie noch heute viel besser erkennen kann. Luftaufnahmen aus England, die alte Straßen, Umfriedungen von Viehweiden, Wölbäcker und Blockfluren zeigen, sind berühmt und eindrucksvoll. In Deutschland sind alle diese Spuren genauso vorhanden, aber viel schwerer zu finden, weil kaum ein Landstrich öde oder in extensiver Nutzung blieb.

29. Die fortschrittliche „gute alte Zeit"

Im 19. und zu Beginn des 20. Jahrhunderts vergrößerte sich für den Beobachter der Gegensatz zwischen den „verunstalteten" Industriezonen und der „heilen Welt" auf dem Land. Dort blieb aber nur scheinbar alles beim Alten, während die Städte und Industrie-Imperien wuchsen. Seit dem Beginn des 19. Jahrhunderts wurde auch auf dem Land eine neue Zeit eingeläutet.

Am Beginn dieses Umbruchs standen die Einführung der Kartoffel als neue wichtige Feldfrucht, das damit verbundene Aufgeben der Brache innerhalb von Fruchtwechselzyklen und die großen Bauernreformen, die zu Beginn des 19. Jahrhunderts Freiherr vom Stein einleitete. Diese Reformen führten zur Abschaffung alter Lehensverhältnisse auf dem Land. Die gegenseitige Abhängigkeit zwischen Gutsherren und Bauern wurde abgeschafft. Die Vormacht der Gutsherren sollte damit beendet werden, und die Bauern sollten fortan unabhängig von ihnen wirtschaften können. Das Reformwerk hatte zahlreiche Aspekte. Wichtig für die Landschaftsgeschichte wurde die Steigerung der landwirtschaftlichen Produktion durch die Privatisierung des ländlichen Besitzes.

Gegen die Reformen regte sich erheblicher Widerstand, einerseits von Seiten des Adels, dessen Macht erheblich geschwächt wurde, andererseits von Seiten derjenigen Landbewohner, die bei der Aufteilung der Allmenden kein Land erhielten und sich fortan als Landarbeiter verdingen mussten. Die armen Landbewohner hatten zuvor einen kleinen Viehbestand besessen, der auf der Allmende zur Weide geführt wurde. Weil Allmenden im Zuge der letzten Gemeinheitsteilungen verschwanden, die mit den Agrarreformen durchgeführt wurden, hatten sie im Zeitalter der privatisierten Landwirtschaft keine Lebensgrundlage mehr. Sie sagten, die Reform habe die Bauern zu Edelleuten und sie zu Bettlern gemacht. Bei dem neu entstehenden Agrarproletariat herrschte bittere Not. Einige Landarbeiter fanden Beschäftigung in der Industrie, andere wanderten aus.

Die Bauernbefreiungen waren zwar per Gesetz zu Anfang des 19. Jahrhunderts verfügt, nahmen aber lange Zeit in Anspruch, obwohl die Reformen gleich zu Anfang „Schützenhilfe" aus politischen Ereignissen bekamen. Nachdem Preußen die Schlacht von Jena und Auerstedt gegen Napoleons Truppen verloren hatte, verhängte der französische Kaiser 1806 die Kontinentalsperre gegenüber England. Dies traf das unterlegene Preußen empfindlich, denn fortan entfielen die lukrativen Exportmöglichkeiten von Getreide aus Mitteleuropa nach England. Die Getreidepreise gaben erheblich nach. Dies erleichterte möglicherweise manchem Gutsbesitzer den Rückzug aus agrarischer Tätigkeit. Viele Adlige zogen in der Folgezeit in die Städte um und übernahmen Aufgaben als hohe Staatsbeamte.

*Die Schützen der Wiesen-
bewässerungsanlage im Wiesenttal
zwischen Ebermannstadt und
Forchheim lassen sich durch
Heraufziehen und Herunterlassen
eines Brettes einstellen. Durch die
Schützen wird das Wasser für jede
Grünlandparzelle genau rationiert.*

In diesen Jahren unterhielt Albrecht Daniel Thaer auf Gut Möglin bei Wriezen (östlich von Berlin) ein landwirtschaftliches Lehr- und Forschungsinstitut. Er wurde Professor an der Berliner Universität und gilt als der Begründer der Wissenschaft von der Landwirtschaft. Diese wissenschaftliche Disziplin entwickelte sich zur gleichen Zeit wie die Forstwissenschaft. Auch anderswo wurden landwirtschaftliche Fakultäten gegründet. Weltberühmt wurde die 1818 entstandene Landwirtschaftliche Hochschule von Hohenheim bei Stuttgart.

Der Forschungsbedarf für die junge Wissenschaftsdisziplin war erheblich. Zunächst einmal war das zentrale Problem zu lösen, wie man Viehhaltung weiter ermöglichen oder gar intensivieren könne, wo gerade zwei angestammte Weideareale weggefallen waren: Brachen und Waldweideflächen. Woher sollte nun das Viehfutter kommen? Man setzte Verkoppelungen fort, baute Klee und Luzerne als Futterpflanzen an, später führte man Grasmischungen ein, mit denen man Wiesen besäte. In vielen Gegenden wurde permanente Stallhaltung propagiert. Neu gezüchtete Rinderrassen waren zu schwer für manche flachgründige Böden; sie hätten bei Dauerbeweidung die Grasnarbe binnen kurzem zertreten.

In den Tälern wurden die Wiesenbewässerungsanlagen ausgebaut. Im Siegerland errichtete man auf den Wiesen flache Hügelrücken. In deren Mitte floss Wasser durch Kanäle, von dort aus seitlich die Hügelrücken hinunter. Weitverzweigte ähnliche Bewässerungssysteme entstanden im Huntetal, zwischen Hoya und Bremen sowie in der Lüneburger Heide. Zu den Wiesenbewässerungsanlagen im fränkischen Wiesenttal gehörten Schöpfräder, mit denen das Wasser auf ein erhöhtes Niveau gehoben wurde; eines davon kann man in Ebermannstadt noch heute sehen. Im Rinschbachtal bei Osterburken errichtete man 1834 einen steinernen Kandel, einen kleinen Aquädukt, über den Wasser ins Grünland geleitet wurde. Zu den Bewässerungsanlagen gehörten Stauwehre, Kanäle, die durch Stellfallen oder Schützen gesperrt werden konnten, um dem Lauf des Wassers eine bestimmte Richtung zu geben. Die Wassergaben für jeden Teil des Grünlandes ließen sich genau dosieren. Rechtzeitig vor der Ernte wurde die Bewässerung eingestellt, so dass die Wiese zum Zeitpunkt der Mahd trocken war. Durch Wiesenbewässerung, die es zum Beispiel auch am Oberrhein, in der Pfalz und in Sachsen gab, konnte der Grünlandertrag verdoppelt werden.

Wässerwiesen wurden nicht beweidet. Das Vieh blieb über weite Teile des Jahres oder ausschließlich im Stall. Der Mist wurde zuerst im Stall und auf dem Misthaufen gesammelt, damit er später auf den Wiesen zur weiteren Steigerung der Erträge ausgebracht werden konnte.

In anderen Landschaften schickte man das Vieh weiterhin auf die Weide, die nun stets eine Koppel war. Man brauchte keine Viehhirten mehr. In vielen Gegenden war dies eine Voraussetzung dafür, die allgemeine Schulpflicht durchzusetzen: Kinder mussten nun nicht mehr das Vieh hüten und konnten die Schule besuchen. Viehkoppeln entstanden vor allem in weiten moorigen Senken, zum Beispiel nach vorheriger Abtorfung des Geländes und Drainage. Heugewinnung kam für diese Flächen nicht in Frage, weil man das Erntegut nicht hätte trocknen können. In der Zeit um 1900 kam der Stacheldraht auf den Markt; fortan war es besonders einfach, Koppeln zu umzäunen. Man nahm Holzpflöcke, vor allem die krummen, die zu nichts anderem zu gebrauchen waren, spannte Draht zwischen ihnen; solche Zäune sind heute für weite Landstriche Norddeutschlands charakteristisch.

Der Ackerbau profitierte von neuen Landbaugeräten, vor allem den Pflügen. Es wurden moderne Wendepflüge konstruiert, die die Scholle je nach Wahl nach links oder rechts werfen konnten. Mit diesen Geräten ließen sich die nach der Verkoppelung entstandenen großen Schläge effektiv bearbeiten. Der Einsatz dampfgetriebener Lokomobilen erlaubte die Verwendung schwerer, tiefreichender Pflüge an Stelle kleinerer Geräte, die Pferde oder Ochsen über den Acker zogen.

Den im Stall gewonnenen Mist arbeitete man in die Felder als Dünger ein. Die Mergelung wurde intensiviert. Hinzu kam die Gründüngung durch Futterpflanzen aus der Pflanzenfamilie der Schmetterlingsblütler. An den Wurzeln von Klee und Luzerne sitzen Knöllchenbakterien, die Stickstoff aus der Luft fixieren können. Der Anbau dieser Futterpflanzen führt zur Ansammlung von Stickstoff im Boden, der nach einem Fruchtwechsel im darauffolgenden Jahr das Wachstum von Getreide begünstigt. Die Luzerne lockert ferner mit ihren meterlangen Wur zeln den Boden bis in große Tiefen. Mit verbesserten Fruchtfolgen ließen sich also einerseits Futterpflanzen gewinnen, andererseits die Kornerträge erhöhen.

In landwirtschaftlichen Forschungsinstituten wurden neue Kulturpflanzensorten gezüchtet, die ertragreicher waren oder höhere Resistenz gegenüber Schädlingsbefall aufwiesen. Das Saatgut wurde im Trieur gereinigt. Diese Maschine trennte Unkrautsamen von Getreidekörnern.

In feuchte Parzellen legte man – ähnlich wie bei der Deutschen Moorkultur – Drainageröhren, die es erlaubten, aus einzelnen Grünlandparzellen Ackerland zu machen. Das Getreide wurde dank der immer leistungsfähiger werdenden Welthandelsnetze aber in zunehmendem Umfang aus dem Ausland importiert, zum Beispiel aus der Ukraine und Nordamerika, so dass zu Ende des 19. Jahrhunderts eher ein Trend zur Überführung von Ackerland in Grünland bestand. Diese Entwicklung wurde durch die auch auf dem Land verbesserten Transportmöglichkeiten begünstigt.

In den Jahren unmittelbar nach der Reichsgründung von 1871 wurden besonders viele Eisenbahnlinien neu gebaut. Viele Menschen in Deutschland bemerkten gerade daran einen enormen Entwicklungsfortschritt und brachten ihn mit der Gründung des Zweiten Deutschen Kaiserreichs in Verbindung. Daher entwickelte sich in den letzten Jahrzehnten des 19. Jahrhunderts nicht nur die Wirtschaft, sondern auch ein starker Patriotismus. In den folgenden Jahren wurden immer mehr abgelegene Gegenden ebenfalls an das Eisenbahnnetz angeschlossen, so dass ein flächendeckendes Eisenbahnnetz entstand. Für den Bau der Nebenbahnen betrieb man nicht soviel Aufwand wie für Hauptstrecken. Der Unterbau war einfacher, die Kurvenradien wurden enger gezogen. Der Streckenbau vereinfachte sich vor allem dann, wenn man sich entschloss, eine Schmalspurbahn zu errichten. Natürlich konnten diese Strecken nur mit geringer Geschwindigkeit befahren werden. Darüber hinaus musste man an den Bahnknotenpunkten die Waren von den Normalspur- auf die Schmalspurwagen umladen oder die Normalspurwagen auf Schmalspurrollböcke stellen. Trotz dieses umständlichen Verfahrens ermöglichte der Nebenbahn-Verkehr auch auf dem Land einen Massenguttransport und schuf eine Verbindung neuer Qualität zwischen Stadt und Land sowie zwischen verschiedenen Agrarregionen. Wo sich Getreidebau nicht rentierte, gab man ihn auf, vor allem in der Region der Einödhöfe im Alpenvorland. Korn konnte leicht von anderen Anbaugebieten bezogen werden.

An den Bahnhöfen der Dörfer und Kleinstädte entstanden Lagerhäuser, die im Allgemeinen genossenschaftlich betrieben wurden. Für die Gründung landwirtschaftlicher Genossenschaften hatte sich seit der Mitte des 19. Jahrhunderts zum Beispiel Friedrich Wilhelm Raiffeisen eingesetzt. Mit Hilfe dieses Vertriebssystems kamen neu entwickelte Ackergeräte von den Fabriken aufs Land, ferner Kohle und Kalidünger. Durch mineralische Düngung, die sich seit der zweiten Hälfte des 19. Jahrhunderts allgemein durchsetzte, wurde die Agrarproduktion erheblich gesteigert. Allmählich artete sie zur „Erzeugungsschlacht" aus. Mit

Stickstoff, Phosphat und Kali (Nitrophoska- oder NPK-Dünger) gelang die Kultivierung trockenen, flachgründigen Ödlandes. Arme Heideböden der Münchner Schotterebene, der schleswig-holsteinischen Geest und der Lüneburger Heide wurden zu ertragreichen Ackerstandorten, die gewissermaßen am „Tropf" der Düngung hingen.

Getreide und Kartoffeln gelangten per Eisenbahn viel effektiver und schneller vom Land in die Stadt. Als sich der Getreideanbau nicht mehr überall lohnte, stieg man auf die Kultur anderer Gewächse um. Auch dies wäre ohne die Eisenbahnen nicht möglich gewesen.

Schon zu Ende des 18. Jahrhunderts wusste man, dass sich aus Rüben Zucker gewinnen lässt. Durch Züchtungen konnte man den Zuckergehalt erhöhen; immer wieder, vor allem zur Zeit der Kontinentalsperre, als kein westindischer Rohrzucker importiert werden durfte, propagierte man die Zuckerfabrikation aus Rüben. Sie etablierte sich jedoch erst, als Bahnlinien den Transport von Zuckerrüben zu den Fabriken ermöglichten und zudem genügend Dünger auf dem Land verfügbar war, denn der Rübenanbau erfordert große Düngergaben. Die Rüben wurden an ländlichen Bahnhöfen in Güterwagen verladen. Später baute man dort spezielle Verladeanlagen. Die Zuckerfabriken mussten in der Nähe von Bahnhöfen stehen oder über einen eigenen Bahnanschluss verfügen.

In den wichtigen Anbaugebieten für Zuckerrüben veränderte sich das Landschaftsbild, in Schlesien, der Magdeburger Börde, der Goldenen Aue in Thüringen und im Rheinland. Hinzu kamen die Oberrheinebene, die Gäulandschaften Württembergs und Frankens, Niederbayern, Teile Niedersachsens und die östliche Altmark. Jede Region bekam „ihre" Zuckerfabriken: Dormagen, Düren, Euskirchen, Heilbronn, Ochsenfurt, Northeim, Uelzen, Zeitz.

Abwasser aus der Zuckerfabrik konnte man zur Düngung auf Wiesen leiten. Auf den Talwiesen unterhalb der Zuckerfabrik von Elsdorf im Rheinland stieg der Heuertrag auf das Sechsfache. Noch größer war die Düngewirkung, die von der Deponierung der Feststoffe aus der Raffinerie ausging. Mit getrockneten Rückständen aus Absetzteichen der Zuckerfabriken ließen sich Ödländer in Kulturland verwandeln.

Von den rheinischen Zuckerfabriken war der Bahntransportweg nicht weit zum Schokoladenwerk in Aachen, dem größten Europas. Es benötigte als weiteren Rohstoff Milch. Milch wurde seit der zweiten Hälfte des 19. Jahrhunderts genossenschaftlich gesammelt und vermarktet, und zwar in Molkereien oder Meiereien. Der Begriff „Meierei" hatte einen Bedeutungswandel erfahren; ehemals wurde damit das Vorwerk eines Gutshofes bezeichnet, in vielen Fällen ein Viehhof. Nun benannte man so eine Anlage mit Dampfmaschine und Zentrifuge zur Butterherstellung. Später wurde in der Meierei auch eine Kühlanlage installiert. Von hier aus wurden Milch- und Milchprodukte – vor allem per Bahn – in die Städte und Fabriken transportiert. Einige Molkereien entwickelten sich allmählich zu Großbetrieben, vor allem solche, die in Bahnhofsnähe einen Standortsvorteil ausnutzen konnten: in Neustadt/Holstein, Flensburg, Berlin-Weißensee, Dresden, Stuttgart, Rottweil, Ravensburg, Wasserburg, Grönenbach und Lindenberg im Allgäu.

In einigen klimatisch besonders begünstigten Gegenden, vor allem am Oberrhein und im Kraichgau, konnte Tabak angebaut werden. Für die Trocknung und Lagerung dieser aus Amerika stammenden Kulturpflanze errichtete man charakteristische Speicher mit Lüftungsklappen in den Dächern, die an amerikanische Farmen erinnern. Von hier aus kam der Tabak zum Versand in Zigarren- und Zigarettenfabriken, zum Beispiel nach Lahr und Waldorf bei Heidelberg.

In Wolnzach, Mainburg, Tettnang und Spalt wurde Hopfen in Güterwagen verladen. Auch Gerste wurde mit der Bahn an die Brauereien in den Städten geliefert, aber auch in ländliche Brauereibetriebe, die nicht weit vom nächsten Bahnhof standen: Alpirsbach und Rothaus im Schwarzwald, Raboldshausen in Hohenlohe, Altomünster bei Dachau und Radeberg bei Dresden. In Flensburg, Haselünne und Nordhausen zum Beispiel wurde Getreide zu Schnäpsen gebrannt; zu den Schnapsfabriken führten ebenfalls Bahngleise. Kartoffeln wurden in Stärkefabriken zu Futtermitteln verarbeitet (zum Beispiel in Brandenburg), anderswo zu Püree (München, Heilbronn). Voraussetzung für die Entwicklung der Nahrungs- und Futtermittelindustrie war die Installierung eines Massenguttransportes vom Land in die Fabrik. Das Transportwesen und die Nahrungsmittelfabriken garantierten die Verbesserung der städtischen Nahrungsmittelversorgung.

In den Regionen rings um die Städte wurde der Obst- und Gemüseanbau intensiviert. Frisches Obst und Gemüse wurden auf Wochenmärkten direkt verkauft, vor allem aber an die in Berlin, Hamburg, München oder Stuttgart neu entstehenden Großmärkte geliefert. Im Gebiet um Werder westlich von Berlin dehnte sich die mit Obstbäumen bestandene Fläche zwischen der Mitte des 19. und der Mitte des 20. Jahrhunderts um mehr als das Zehnfache aus. In derselben Gegend baute man – die das örtliche Klima stabilisierende Wirkung der Havelseen nutzend – fortan auch viel Gemüse an. Gleiche Entwicklungen zeigten sich im Alten Land und in den Vierlanden bei Hamburg, am Rand des Vorgebirges zwischen Köln und Bonn, bei Nürnberg, vor allem aber in Südwestdeutschland.

In dieser vom Klima begünstigten Gegend Deutschlands waren die einzelnen Agrarbetriebe durch Realteilungen oftmals so klein geworden, dass sie nur noch wenige „Handtuchfelder" umfassten, weiträumige Verarmung der Bevölkerung drohte und kaum ein Betrieb noch lebensfähig war. Viele von ihnen wurden durch gezielte Industrieansiedlung zu Nebenerwerbsbetrieben. Die Bauern gingen außerhalb ihrer Betriebe einer Erwerbstätigkeit nach (vor allem in den zahlreichen Textilfabriken) und bestellten ihr Land nach Feierabend. Der Obstbau machte nur zeitweise im Jahr viel Arbeit; wenn man den Betrieb auf Obstbau umstellte, ließ sich zudem noch Profit daraus erzielen. Die Bahn machte es mög-

In der Nähe der Großstädte, wie hier im Neckartal zwischen Esslingen und Stuttgart, wurde im 19. und 20. Jahrhundert der Gemüseanbau auf kleinen Parzellen erheblich intensiviert.

lich, badisches, schwäbisches und Bodenseeobst rasch auch in solche Städte zu bringen, in deren Umgebung sich kein großflächiger Obstbau installieren ließ (München, Ruhrgebiet). Man kann heute noch erkennen, dass viele Obstbäume auf ehemalige Ackerterrassen oder auf die „Mittelrücken" der Wölbäcker gepflanzt wurden, deren Profil erhalten geblieben ist. Einige der mit Bäumen bestandenen Äcker hat man zur Drainage wie einen Wölbacker gepflügt, damit die Baumwurzeln nicht beschädigt wurden. Unter den Obstbäumen ließen viele Nebenerwerbslandwirte ein paar Schafe, Ziegen oder Kühe weiden. Die für weite Teile des Südwestens charakteristischen Streuobstwiesen bekamen ihre endgültige Form und Ausdehnung also erst im Zeitalter der Industrialisierung.

Wer einen Kleinbetrieb weiterhin im Vollerwerb nutzen wollte, musste auf Gemüseanbau umsteigen. In vielen Gegenden entstanden Gärtnereien, in denen Schnittblumen, Stauden und Rosen gezüchtet wurden. Bad Köstritz bei Gera, Dresden, Bad Nauheim und Pinneberg wurden zu Schwerpunkten der Rosenzüchterei. Bei Pinneberg und Halstenbek zog man Sträucher, die in neu entstehende Knicks gepflanzt werden sollten – nach Transport mit der Eisenbahn. Später kamen neue Kunden für Gärtnereien und Baumschulen: bürgerliche Hausbesitzer, die ihre Gärten mit Rosen und Koniferen bepflanzten.

Zunächst war bei all diesen Entwicklungen zu erkennen, dass sich der Landbau in Abhängigkeit von den Entfernungen zu den Verbraucherzentren in den Städten entwickelte; in Stadtnähe wuchs vor allem Leichtverderbliches heran, Haltbareres in abgelegenen Gebieten. Es entstanden die nach einer Lehre von Johann Heinrich von Thünen benannten „Thünenschen Kreise". Diese konzentrischen Ringe entwickelten sich unter dem Einfluss der Eisenbahn weiter und verwischten sich. Denn die Entfernung zwischen Anbaugebiet und Verbraucherzentrum spielte immer weniger eine Rolle, je schneller und je leistungsfähiger die Transportsysteme wurden.

Die wirtschaftlichen Zentren brauchten das Land und seine vielfältiger werdenden Erzeugnisse. Seit der zweiten Hälfte des 19. Jahrhunderts kam es zu einem beträchtlichen Kapitalfluss aus den Städten aufs Land. Viele Bauern errichteten neue Betriebsgebäude, Häuser, Scheunen. In vielen Gegenden baute man erstmals steinerne Bauernhäuser. Viele uns heute vertraute Bauernhaustypen erhielten erst im 19. und frühen 20. Jahrhundert ihre Form. In Ackerbaugebieten wurden aus Betrieben mit mehreren hölzernen Gebäuden imposante Drei- und Vierseithöfe mit größeren Lagerkapazitäten, die an gestiegene Erträge angepasst wurden. In Grünlandregionen errichtete man ebenfalls viele neue Bauernhäuser. Dabei konnte man zwar auf Getreidespeicher ganz oder weitgehend verzichten, musste aber für den vergrößerten Viehstapel Platz schaffen und in vielen Gegenden die ganzjährige Stallfütterung ermöglichen, die erheblich größere Lagerkapazität für Heu und andere Futtermittel voraussetzte, zum Beispiel auf dem Dachboden des Schwarzwaldhauses. Hinzu kamen weitere Betriebsanlagen wie Geräteschuppen, Mistlege und Jauchepumpe. Die Einführung der permanenten Aufstallung und die steigende Bedeutung der Mist- und Jauchedüngung führten zur Vergrößerung, oft auch erst zum Bau der Lagerplätze für tierische Fäkalien. An ihren Rändern entstanden mehr Wuchsorte für Brennnesseln, Guter Heinrich und Beinwell. Die Bauern konnten, wenn sie Geld zum Hofausbau brauchten, Darlehen von landwirtschaftlichen Banken erhalten, die auf Initiative Raiffeisens gegründet worden waren.

Zu Beginn des 20. Jahrhunderts wurden immer noch Gutshöfe aufgelöst. Ihre Ländereien wurden Landbaugesellschaften übergeben, die sich um die Gründung weiterer bäuerlicher Betriebe bemühten. Auch auf kultiviertem Ödland war die Anlage neuer Bauernstellen möglich.

In den Dörfern entstanden nicht nur neue Bauernhöfe, sondern auch Gebäude für die Dorfgemeinschaft. Im 19. Jahrhundert wurden viele Kirchen neu gebaut, andere erweitert. Viele Pfarrhäuser, Rathäuser, Schulgebäude und Bauten der Freiwilligen Feuerwehr mit ihren Türmen, in denen Schläuche getrocknet werden, stammen aus dem 19. und frühen 20. Jahrhundert, ferner der Kolonialwarenladen, der – mit bezeichnendem Namen – all das zum Kauf anbot, was es in der Umgebung von Dorf oder Kleinstadt nicht gab. Besonders nach dem Krieg von 1870/71 baute man Kriegerdenkmale in der Mitte der Ortschaften. Daneben wurden Dorflinden oder Eichen gepflanzt, die heute respektable Höhen erreicht

Bauerngarten im Freilichtmuseum
Glentleiten/Oberbayern.

haben. Im Dorf bildeten sich neben den gewerblich orientierten Verbänden Krie-
ger-, Gesang- und Heimatvereine, die die „Tradition" pflegten.

Zugleich mit der Agrarreform, als sich das Dorfleben neu entwickelte, hatte
die Verstädterung der Dörfer begonnen. Hinzu kam, dass immer mehr „Stu-
dierte" aus der Stadt aufs Land kamen. Einige von ihnen weilten eher zu Besuch
auf dem Dorf und brachten zu Papier, was ihnen auffiel oder erzählt wurde, zum
Beispiel Theodor Fontane in Brandenburg und Levin Schücking in Westfalen.
Lehrer, Pfarrer und andere Akademiker ließen sich in den Dörfern auf Dauer nieder; sie brachten städtische Lebensweisen mit aufs Land. Lehrer und Pfarrer be-
schäftigten sich viel mit ihren Gärten, pflanzten besondere Stauden, Rosen und
Büsche an, okulierten und pfropften Obstbäume. Die Bauern erwarben diese Gewächse ebenfalls, weil sie sie im Lehrersgarten gesehen hatten. Der immer wieder
für so traditionell gehaltene Bauerngarten erhielt durch die Verschmelzung früherer ländlicher Elemente (Gemüse, Gewürze) und städtischer Einflüsse (die
meisten Zierpflanzen) seine „Vollendung".

Lehrer und Wissenschaftler, die das „Land" untersuchten – schon wegen des
Kontrastes zu den wachsenden Industrieakkumulationen –, hielten Inventur: Sie

339

beschrieben ländliche Sitten und Gebräuche, Ackerbaumethoden, notierten die Pflanzen und Tiere, die sie auf ihren Wegen fanden. Bekannte regionale Florenwerke entstanden in der Zeit zwischen dem ausgehenden 18. und dem beginnenden 20. Jahrhundert, so in Württemberg und Baden, Bayern und Brandenburg. Mit diesen vielfach ersten wissenschaftlichen Beschreibungen des „Landes" wurde aber kein Dauerzustand der „guten alten Zeit" erfasst, was man immer wieder unterschwellig konstatieren mag, weil vieles in diesen Büchern zum ersten Mal dargestellt wurde. Beschrieben wurde tatsächlich eine Phase des Überganges. Man kannte im 19. Jahrhundert noch traditionelle Lebens- und Arbeitsweisen, dazu aber auch neue Methoden. Die Vielfalt von Flora und Fauna war besonders groß, weil es intensiv und extensiv genutzte Flächen gab, auf denen zahlreiche landwirtschaftliche Nutzungsformen nebeneinander betrieben wurden. Jede Nutzungsweise hatte die Ausbreitung anderer Tier- und Pflanzenarten begünstigt.

Die Naturkundigen dokumentierten zwar in Ausnahmefällen auch die Ausbreitung neuer Tier- und Pflanzenarten, so zum Beispiel die Zunahme der Störche nach der Schaffung von Grünland und Gräben oder neue Wuchsorte des Franzosenkrautes, das man wohl so genannt hatte, weil es nach den Kriegen zu Anfang des 19. Jahrhunderts vielerorts heimisch wurde – in Wirklichkeit stammte es aus Südamerika. Viel häufiger wurde bei den seit dem Ende des 19. Jahrhunderts immer wieder durchgeführten Inventuren der Pflanzen- und Tierarten ein Rückgang von Arten konstatiert, die man für traditionell einheimisch hielt. Denn nach der Phase des Überganges von der Extensiv- zur Intensivkultur wurden viele Formen extensiver Bewirtschaftung aufgegeben. Zu flachgründige, arme Böden beackerte man nicht mehr und forstete sie auf oder überführte sie durch Mineraldüngergaben in Intensivackerland. In der Zeit um 1900 konnte man das Verschwinden alter Hudewälder deutlich wahrnehmen. Frühe Fotografien hielten das Aussehen alt gewordener Weidbuchen und Hudeeichen fest, die nach und nach in sich zusammenbrachen und nicht mehr durch nachwachsende ähnliche Baumindividuen ersetzt wurden, weil die Waldweide nicht mehr betrieben wurde. Magerrasen und Heiden verschwanden, wurden melioriert oder als agrarische Nutzungsbereiche aufgegeben; die letzten großen Moore wurden trockengelegt.

Mit der Aufgabe alter bäuerlicher Nutzungsformen verschwanden auch Gewächse, die erst durch den Menschen und seine Wirtschaftsweise in Mitteleuropa heimisch geworden waren, so die Getreideunkräuter flachgründiger, der Sonne ausgesetzter Äcker und die Orchideen der Magerrasen. Dennoch stellte man gerade diese Pflanzen unter „Naturschutz", lernte aber erst allmählich, dass sie in einen kulturellen Funktionszusammenhang gehören, also nur die Fortsetzung althergebrachter Bewirtschaftung ihnen eine weitere Existenz in Mitteleuropa sichern würde. Der Rückgang an Arten, Pflanzengemeinschaften, Lebensräumen, der ländlichen Vielfalt insgesamt wurde zu einem der Hauptprobleme des Natur-, Landschafts- und Denkmalschutzes. Mit der ländlichen Landschaftsvielfalt gingen auch andere Strukturen zugrunde. Viele Eisenbahnlinien, Molkereien, Schulen und Rathäuser sind schon längst wieder entbehrlich geworden. Die aus unterschiedlicher Sicht – der Wissenschaft wie der „Blut-und-Boden"-Romantik – glorifizierte Blütephase des ländlichen Lebens, die „gute alte Zeit", war nichts mehr als eine Episode der Landschaftsgeschichte.

30. Ins Grüne!

Seitdem es Städte und einen Gegensatz zwischen Stadt und Land gibt, hat es Phasen der Landflucht und der Stadtflucht gegeben – aus unterschiedlichen Gründen. Immer wieder hatte die Not die Landbevölkerung in die Städte getrieben, in der Zeit des Bauernlegens genauso wie in der Zeit der Verkoppelung, als besitzlose Landbewohner ihre Lebensgrundlage verloren hatten. Die wirtschaftliche Kraft der Städte lockte, und es winkten dort bessere Rechte. Andererseits hatten es die Begüterten in der frühen Neuzeit als Privileg aufgefasst, aufs Land zu gehen. Durch Landbesitz hofften sie, den Adligen gleichgestellt zu werden. Viele Anlagen von Gutshöfen und Landschlössern zeugen davon, dass die Stadtflucht der Begüterten in der frühen Neuzeit ein profitables „Unternehmen" gewesen sein muss. In der Zeit der Industrialisierung fanden sich nun Arme wie Reiche in der Stadt zusammen, aber nicht im gleichen Stadtviertel. In den größer werdenden Städten entwickelten sich vornehme und weniger vornehme Quartiere.

Die in den Städten erstarkenden unteren sozialen Schichten wandten sich seit dem 19. Jahrhundert dagegen, dass Grün zu einem Privileg der oberen Zehntausend wurde. Grün bedeutete Lebensqualität; alle sollten daran teilhaben dürfen. Als Gegenpol zur wachsenden ungesunden Industrie musste zunächst öffentliches Grün dienen; im 19. Jahrhundert wurde eine Fülle von Erholungsmöglichkeiten für jedermann geschaffen.

In Residenzstädten waren die Schlossgärten zugleich Stadtgärten, in denen die Stadtbevölkerung spazieren gehen konnte. In Hansestädten und ehemaligen Freien Reichsstädten, wo es keine Schlösser und herrschaftlichen Parks gab, legte man im 19. Jahrhundert Volksparks an. Solche Anlagen entstanden entweder auf der grünen Wiese (wie in Hamburg) oder – ganz in der Nähe der Innenstädte – an der Stelle ehemaliger Befestigungsanlagen. Besonders umfassende Grünanlagen konnte man auf den alten Bastionen der Städte schaffen, die in der frühen Neuzeit zu Festungen ausgebaut worden waren, zum Beispiel in Regensburg und Ulm. Auch die alte Stadtmauer von Soest erhielt eine Baumbepflanzung. In vielen Städten wurden die entbehrlich gewordenen Festungsanlagen völlig abgetragen. An Stelle alter Mauern entstand in Hamburg der alte Botanische Garten „Planten un Blomen", in Frankfurt die Taunusanlage. Auch in Bremen, Göttingen, Duderstadt und Würzburg legte man Grüngürtel an, die nun statt wehrhafter Mauern die Innenstädte umschlossen, das Stadtklima stabilisierten und zum Spazierengehen einluden. Man pflanzte zum Teil heimische Baumarten, zum Beispiel Linden und Eichen. Sehr beliebt waren die ursprünglich fremdländischen

Rosskastanien, die zu einem Charakterbaum städtischer Grünanlagen wurden. Sie „müssen" auch in den berühmten Münchner Biergärten stehen, von denen viele in der Zeit um 1900 entstanden. Diese Bäume geben im April und Mai, wenn der vom nahen Gebirge wehende warme Föhnwind für kurze Zeit den Aufenthalt im Freien ermöglicht, noch wenig Schatten. Später, im Hochsommer, bleibt auch bei hohen Temperaturen das Bier unter dem dichten Laub kühl, und für den Besuch der Biergärten am Abend hält sich die Wärme unter dem dichten Laub der Rosskastanien.

Zu Ende des 19. und im frühen 20. Jahrhundert wurden viele weitere Parks angelegt. Unter den Zoologischen Gärten ist Hagenbecks Tierpark in Hamburg-Stellingen insofern besonders bemerkenswert, weil er der älteste Park seiner Art ist, in dem Tiere nicht in Käfigen, sondern in exotisch anmutenden Freigehegen zu betrachten sind. Die Gehege wurden nach wissenschaftlichen Erkenntnissen über das Leben der zur Schau gestellten Tiere als künstliche Landschaften gestaltet; besonders wichtig war es, die Sprungweiten und -höhen der Zootiere (vor allem der Großkatzen!) zu kennen, damit die Grabenanlagen um die Gehege breit genug gezogen wurden. Das Prinzip der Zoofreigehege, das in Hamburg entwickelt worden war, wurde in anderen Zoos vielfach nachgeahmt.

Die Anlage des Höhenparks Killesberg oberhalb von Stuttgart in den 1930er Jahren war zugleich eine Rekultivierungsmaßnahme für einen ehemaligen Steinbruch. Man demonstrierte damit auf einer Gartenschau, dass sich „ausgebeutete Natur" in „Natur aus zweiter Hand" und in eine Erholungslandschaft verwandeln ließ. Seither hat man dieses Prinzip der Landschaftsgestaltung immer wieder angewandt, zum Beispiel, als man entlang der Ruhr eine der ausgedehntesten künstlichen Erholungslandschaften Mitteleuropas schuf. Nachdem die Schwerpunkte der Kohleförderung in den Norden des Ruhrgebietes verlagert worden waren, wurde die Emscher zum Abwasserkanal des Industriegebietes, während die Ruhr das Trinkwasser lieferte. Ihr Wasser wurde mit Talsperren gestaut, die man in großzügige Parkanlagen einbezog.

Am Rand der Städte entstanden große Friedhofsanlagen, von denen einige auch wichtige Funktionen städtischen Grüns erfüllen. Genannt werden soll hier der ausgedehnte Ohlsdorfer Friedhof in Hamburg, weil er der größte Rhododendrenpark des europäischen Kontinents ist.

In manche städtische Parks integrierte man Sportanlagen, so das „Volksparkstadion" in Hamburg und die Westfalenhalle in Dortmund. Anderswo boten sich unbebaute Flussniederungen zur Aufnahme von Sportstätten an. Dank weiterer Flusskanalisierungen waren diese Bereiche sicherer vor Überflutungen geworden, so dass man dort die Stadien von Stuttgart, Freiburg, Jena und Hannover anlegen konnte. In Duisburg („Wedau"-Stadion) und Bremen (Sportverein „Werder") nehmen die Namen des Stadions oder des Sportvereins Bezug auf die Niederungs- beziehungsweise Insellage der Sportanlagen. Die Sportplätze vieler kleinerer Gemeinden liegen ebenfalls in den Fluss- und Bachniederungen, zum

Prädestiniert für die Anlage von Gärten sind die stadtnahen Gebiete mit einem großen Reichtum an Bodennährstoffen, die aus der Zersetzung von Abfällen hervorgingen (Duderstadt).

Teil dort, wo Allmenden lange erhalten geblieben und in Gemeindebesitz waren. Schon ihrer Lage wegen sind viele dieser Sportplätze nach Dauerregen unbespielbar, und hin und wieder werden sie bei Hochwasser auch überflutet.

In den Vorstadtsiedlungen der schier unaufhaltsam wachsenden Metropolen wurden seit der Zeit um 1900 neuartige architektonische Konzepte umgesetzt, bei denen man sich vor allem von englischen Vorbildern inspirieren ließ. Gärten gehörten zu vielen dieser Siedlungen. Für ihre Anlage bestand in der Nähe der alten Kernstädte die beste Voraussetzung, denn im Areal vor der Stadt waren seit dem Mittelalter immer wieder Abfälle deponiert worden. Im Lauf der Jahrhunderte hatten sich besonders fruchtbare Gartenböden, sogenannte Hortisole, entwickelt.

Landhaussiedlungen mit ihren weiträumigen Gärten wurden angelegt, die man in vielen Fällen eher kleine Parks nennen sollte, in den Berliner Vororten Dahlem, Schlachtensee und Nicolassee, in Hamburg-Hochkamp, Dresden-Klotzsche, am Rand von Bremen, Kronberg im Taunus und am Starnberger See.

Die Gartenstadtbewegung verfolgte die Ziele, ein Wohnen im Grünen für die minderbemittelte Bevölkerung zu ermöglichen und reformorientierte Lebensweisen zu praktizieren. Frühe Gartenstädte sind Reihenhaussiedlungen; zu jedem kleinen Haus gehört ein kleiner Garten. 1911 wurden die Gartenstädte von Dresden-Hellerau und Karlsruhe-Rüppurr gegründet, 1913 Berlin-Falkenberg, 1914 die Gartenstadt „Reform" in Magdeburg. Im Lauf der folgenden Jahre

344

und Jahrzehnte entstanden am Rand aller großen und auch vieler kleinerer Städte entsprechende Siedlungen, so in Mannheim, Hamburg-Wandsbek, Stuttgart-Luginsland und Donaueschingen. In Dessau, Reutlingen und Friedrichshafen bauten Industrielle für ihre Mitarbeiter Wohnsiedlungen aus Häusern, die von Gärten eingefasst waren. Große Ausdehnung erhielten die Einfamilienhaussiedlungen, die das zu Wohlstand gelangte Bürgertum in den 1920er und 1930er Jahren, dann wieder seit den 1950er Jahren baute, zunächst im Weichbild der Städte, dann bei den Stadtrandgemeinden, schließlich auch neben den Dörfern weit draußen auf dem Land. Für diese Siedlungen war eine abgewandelte Ökotopengrenzlage entscheidend. Ein Einfamilienhaus gilt als besonders wertvoll, wenn es eine „unverbaubare Aussichtslage" bietet. Daher entstanden besonders viele dieser Einfamilienhäuser am halben Hang, grundsätzlich also in der gleichen landschaftlichen Situation wie eine jungsteinzeitliche Bauernsiedlung. Es ist daher kein Wunder, dass man beim Bau dieser neuen Siedlungen besonders häufig auf die Spuren jahrtausendealter Dörfer traf.

Die Ökotopengrenzlage war immer wieder aus anderen Gründen aufgesucht worden. Ursprünglich wurden die Siedlungen dort angelegt, wo der Boden oberhalb der Talgründe steinfrei war und sich zur Beackerung eignete. Dann sah man dort die Trennungslinie zwischen Acker- und Grünlandbereich. Schließlich baute man hier sein Haus des freien Blickes auf die Landschaft wegen. Immer wieder stellten die Bauherren ihre Häuser in eine ähnliche landschaftliche Lage; Ursache dafür könnte eine Prägung des Menschen auf einen bestimmten Lebens- und Wohnraum sein, der sich immer wieder unter geänderten Bedingungen der Außenwelt bewährt hat.

Seit dem Beginn des 20. Jahrhunderts gibt es Gartenbaubetriebe, die bürgerliche Hausgärten gestalten, Plattenwege und Trockenmauern anlegen, aber auch die Bepflanzungen mit Hecken und Gebüsch, Obstbäumen und anderen Bäumen vornehmen. Aus der Beobachtung vieler Gewächse in älteren Schlossgärten und städtischen Parks ließ sich ersehen, dass nicht nur einheimische, sondern auch zahlreiche exotische Gehölze für eine Bepflanzung in Frage kamen. Mit der Zeit immer weiter ausladende, mächtige Mammutbäume, Douglasien und Tulpenbäume prägten die „Landschaft" der Landhaussiedlungen im Westen Berlins und in den Hamburger Elbvororten. Im bürgerlichen und kleinbürgerlichen Garten pflanzte man eher Obstbäume; man zog sie auch im Spalier. Der Garten hatte hier eine Versorgungsfunktion zu erfüllen; bis in die zweite Hälfte des 20. Jahrhunderts hinein waren – vor allem im Osten Deutschlands – frisches Obst und Gemüse nicht zu jeder Jahreszeit im Laden erhältlich. Viele Obst- und Gemüsearten konnten nur dann zur Ernährung beitragen, wenn man sie im Hausgarten wachsen ließ. In bürgerlichen Gärten setzte man außerdem ein paar Zwergkoniferen, vielleicht als einen „Ersatz" für größere Gewächse in „herrschaftlichen" Grünanlagen.

In den Gärten entwickelte sich eine spezifische und neuartige Pflanzengemein-

Aus ehemaligen Baggerseen wurden Badeseen mit „natürlich" wirkenden Ufern (Kranzberger See bei Freising/Oberbayern).

schaft auf den Rasenflächen. Diese wurden viel begangen und häufig mit dem Rasenmäher geschnitten. Nur Gewächse mit einer sehr raschen Entwicklung von der Keimung bis zur Samenbildung sowie mit Erneuerungsknospen und Blättern, die dem Boden dicht anliegen, konnten hier überleben. Alteingesessene Pflanzen wie Gänseblümchen und Rispengras taten sich mit Exoten zusammen: Persischer Ehrenpreis breitete sich seit dem 19. Jahrhundert in Mitteleuropa aus und ist inzwischen zu einem der häufigsten Gewächse geworden – auf einem der inzwischen am weitesten verbreiteten Pflanzenstandorte. Einen Rasen gibt es an fast jedem Haus.

Vor allem Arbeiter, die in den tristen Mietskasernen der Städte wohnen blieben, legten Laubenkolonien, Klein- oder Schrebergärten an. Diese entstanden entweder neben den Gartenstädten und Einfamilienhaussiedlungen, unmittelbar neben oder sogar zwischen Bahn- und Industrieanlagen auf Flächen, die sich auf andere Weise nicht nutzen ließen und daher billig waren. In vielen Fällen lehnten sich die neuen Kleingartenanlagen an bereits bestehende Krautgärten am Rand der Flussniederungen an. Wegen ihrer niedrigen Lage wurden und werden

346

bei Hochwasser zahlreiche Kleingärten überflutet – auf den Elbinseln südlich von Hamburg wie im Saaletal. Auch in Kleingärten sollte ein Anteil zur Selbstversorgung ihrer Besitzer oder Pächter geleistet werden. Sie bauten Obst und Gemüse an, pflanzten kleine Obstbäume, zogen Spaliere entlang der Lauben und pfropften sogar mehrere verschiedene Edelreiser auf dieselbe Unterlage, um verschiedene Apfelsorten ernten zu können. Laubenkolonien dienten der Volksgesundheit; bezeichnenderweise setzte sich vor allem der Leipziger Orthopäde Daniel Gottlob Moritz Schreber für ihre Gründung ein, nach dem diese Kleingärten ja auch Schrebergärten heißen. Sie wurden zu belebenden, bunten Landschaftselementen in ansonsten tristen Industrieregionen. Im Ruhrgebiet wurden sie häufig zunächst von Bergleuten bebaut, die ländlicher Abstammung waren. Sie pflanzten nicht nur Obstbäume, sondern hielten dort auch – wie kleine Bauern – ihre „Bergmannskühe", die Ziegen, außerdem Hasen, Hühner und Brieftauben. 1927 gab es in Berlin 137000 Kleingärten! Das Kleingartenwesen ist zunächst von sozialistischen Organisationen (auch von den Nationalsozialisten!) und später in der DDR stark propagiert worden, wo sogar Produktionswettbewerbe unter den Kleingärtnern stattfanden. Kleingärten wurden besonders bunt, zum Teil mehrschichtig mit Obstbäumen, Büschen, Gemüse und Salat bepflanzt. Zur Zierde dienten lediglich Forsythien, einige Zwiebelpflanzen und vielleicht ein Ministeingarten aus Tuffstein mit ein paar Gartenzwergen darauf.

Seit den letzten Jahren des 19. Jahrhunderts werden von breiten Massen der Bevölkerung Naherholungsgebiete aufgesucht, zum Beispiel die Seen um Berlin und München, der Strand an der Elbe westlich von Hamburg. Es entstanden dort befestigte Wanderwege, Strandbäder und Gartencafés. Die Hamburger entdeckten die Lüneburger Heide, deren zentraler Bereich um Wilsede zu Beginn des 20. Jahrhunderts zum Naturschutzpark erklärt wurde; Wilsede und einige andere kleinere Orte kann man nur mit dem Kutschwagen erreichen, weil die Zufahrtswege für den Autoverkehr gesperrt wurden. Vor allem seit der Mitte des 20. Jahrhunderts werden aufgelassene Kiesgruben zu Badeseen umgestaltet; dank umfangreicher Rekultivierungen gibt es seitdem zu solchen künstlichen Seen einen umfangrcichen Ausflugsverkehr. In den umgestalteten Seen siedelten sich zahlreiche Tier- und Pflanzenarten neu an. Viele dieser Seen haben inzwischen natürlich aussehende Uferzonen mit See- und Teichrosen, Schilf, Seggen, Weiden und Erlen, in denen zahlreiche Vogelarten brüten.

Deutschlands vielgestaltige Landschaft bietet mannigfaltige Möglichkeiten zum Ferienmachen. Bis zum Bau der ersten Eisenbahnen blieb die Vergnügungs-Fernreise ein Privileg weniger Begüterter, also des Adels und des reichen Bürgertums. Im 19. Jahrhundert suchte die Hautevolee berühmte Badeorte wie Baden-Baden, Bad Ems, Wiesbaden, Bad Nauheim, Bad Homburg, Bad Pyrmont, Bad Kissingen und Baden bei Wien auf. Diese Kurorte, an heilkräftigen Quellen gelegen, hatten Weltruhm und wurden daher von zahlungskräftigen Gästen aus ganz Europa besucht. Rund um die Quellen und Badeanlagen entstanden Kurhäuser

Im Zentrum von Putbus, dem ältesten Seebad auf Rügen, liegt der „Circus" mit klassizistischen Gebäuden.

und Herbergen, Hotels und Kurparks, deren Einfluss auf das Landschaftsbild aber gering blieb. Die Silhouetten der großen Kurkliniken, die viel später für den Massentourismus gebaut wurden, bestimmten das Landschaftsbild viel stärker.

Die ersten Seebäder an der Küste waren bis zum späten 19. Jahrhundert noch sehr klein. Man konnte und wollte sie nicht überall anlegen, weil es nicht überall einen Sandstrand gab und gibt. Natürliche Sandstrände bildeten sich entweder an sanft ansteigenden Geestküsten oder an Strandwällen und Nehrungen der Ausgleichsküsten. An Marschenküsten wird Schlick abgelagert; daher sind die Strände dort bei Badegästen unbeliebt, genauso wie die steinigen Ufer unterhalb von Steilküsten. Die Geest und die Nordsee kommen sich nur an drei Stellen auf dem deutschen Festland nahe. Zwei dieser Stellen, Dangast am Jadebusen und Cuxhaven an der Elbmündung, gehören zu Deutschlands ältesten Seebädern. Noch älter sind die Seebäder an Stränden der Ausgleichsküste der Ostsee und der Nordseeinseln. Heiligendamm bei Bad Doberan westlich von Rostock gilt als das älteste deutsche Seebad; die ersten Badegäste kamen 1793. Wenige Jahre später (1797) wurde die ostfriesische Insel Norderney zum Badeort. Bis etwa 1880 kamen nur wenige Gäste mit Kutsche und Schiff dorthin, außerdem nach Travemünde, Haffkrug und Niendorf. Nach Sylt, Fehmarn und Rügen gelangte man nur mit dem Schiff. Auf Sylt und Amrum brachte der zu Ende des 19. Jahrhundert eingerichtete Seebäderverkehr mit Dampfern erheblichen Aufschwung.

Die Seebrücke von Sellin/Rügen.

Hörnum auf Sylt und Wittdün auf Amrum wurden als Badeorte gegründet. Westerland auf Sylt bekam 1903 sein erstes Großhotel, das „Miramar", nach einem Vorbild in Triest erbaut. Dieses Hotel steht auf Sand; bereits seit 1907 war ein aufwendiger Küstenschutz notwendig, um das Gebäude zu sichern. Auf dem Festland entwickelte sich vor allem Bad Sankt Peter-Ording zu einem wichtigen Seebad.

In der Zeit nach 1871 kamen mit der Eisenbahn erheblich mehr Badegäste in die holsteinischen Ostseebäder. Timmendorfer Strand wurde als Badeort auf einer Nehrungsdüne gegründet. Etwa zur gleichen Zeit setzte die stürmische Entwicklung der Kur- und Badeorte auf Rügen ein, in Putbus, Sellin, Binz und Göhren; auf Usedom blühte das Seebad Ahlbeck auf. Gebaut wurden nicht nur ausgedehnte Siedlungen mit Kurhäusern, Hotels und Gästehäusern, sondern auch Seebrücken, die weit ins Meer reichten und an denen Seebäderschiffe festmachen konnten (zum Beispiel in Sellin und Ahlbeck).

Der Boom der Seebäder auf den Inseln setzte erst nach dem Bau landfester Verbindungen ein. 1927 fuhren die ersten Eisenbahnzüge über den Hindenburgdamm nach Sylt, 1936 wurde der Rügendamm zwischen Stralsund und Bergen eröffnet. 1963 wurde die Fehmarnsundbrücke eingeweiht.

Unmittelbar vor und besonders nach dem Zweiten Weltkrieg entstanden die großen Ferienzentren für den Massentourismus. Das Vorhaben der National-

Ferienzentrum Lübeck-Travemünde.

sozialisten, bei Binz und Prora auf Rügen ein gigantisches Seebad aus dem Boden zu stampfen, blieb unvollendet, aber als Torso in der Landschaft stehen. Zum großen Seebad wurde damals Bad Kühlungsborn ausgebaut. In der zweiten Hälfte des 20. Jahrhunderts folgten die großen Seebadanlagen von Westerland, Heiligenhafen, Burg auf Fehmarn, Schilksee, Travemünde und schließlich das auf der grünen Wiese entstandene Damp 2000 bei Eckernförde in Schleswig-Holstein. Auch in der früheren DDR, in Mecklenburg-Vorpommern, entstanden große Ferienzentren, zum Beispiel in Heringsdorf auf Usedom und in Rostock-Warnemünde. Wenn zu allen diesen Anlagen nur die Hotels gehören würden, wäre der Eingriff in die Landschaft noch als verhältnismäßig gering zu betrachten. Aber es wurden auch Straßen, Parkplätze, Grünanlagen und neue Häfen angelegt, deren Einfahrten die Küstenlinie durchbrachen (zum Beispiel in Damp); in Büsum wurde ein künstlicher Sandstrand aufgespült, weil man an der Westküste Dithmarschens sonst nur an einer Schlickküste oder vom grünen Deich aus im Wattenmeer baden kann; auch vor die Steilküste von Sierksdorf spülte man einen Streifen feinen Sandstrandes. Die Nordseebäder auf den Ostfriesischen Inseln und auf Sylt müssen durch aufwendige Küstenschutzanlagen gesichert werden. An Wanderwegen und Pfaden durch die empfindlichen Dünen wird die Bodenerosion verstärkt – zum Beispiel auf Amrum und Sylt ist das ein großes Problem.

Ehemals zusammenhängende Wälder sind durch Trassen von Skiliften und Skipisten zerteilt; Blick vom Feldberg zum Herzogenhorn im Hochschwarzwald.

Erst nach der Entdeckung des Meeres als Erholungsgebiet kamen Feriengäste auch ins Gebirge. Die in der Schweiz so genannte „Belle-Epoque-Phase" vor dem Ersten Weltkrieg mit dem Bau großer Hotels und zahlreicher Bergbahnen bis in höchste Lagen hinauf spielte in den deutschen Alpen keine große Rolle. Einzelne Ferienorte hier, zum Beispiel Berchtesgaden, Mittenwald und Oberstdorf, ferner Sankt Blasien, Titisee und Freudenstadt im Schwarzwald sowie Braunlage und Sankt Andreasberg im Harz, wurden aber bereits besucht. Vor dem Ersten Weltkrieg entstand die Zahnradbahn auf den Wendelstein in den Bayerischen Alpen. Mehr Touristen kamen in der Zeit des „Dritten Reiches", zum Beispiel in den 1935 vereinigten Doppelort Garmisch-Partenkirchen, in dem ein Jahr später die Olympischen Winterspiele stattfanden. Von dort aus erreichte man seit 1931 Deutschlands höchsten Berg, die Zugspitze, per Zahnradbahn.

Zunächst reisten die Gäste vor allem im Sommer an, dann ebenso im Winter. Nach dem Zweiten Weltkrieg entstanden auch im Gebirge große Ferienhotels, in Oberhof im Thüringer Wald, in Oberwiesenthal im Erzgebirge, Bodenmais im Bayerischen Wald, Schonach, Schluchsee und Höchenschwand im Schwarzwald und in den schon oben genannten Orten der Alpen. Die Kurorte im Gebirge erhielten eine völlig neue Struktur. Früher lebte man dort mehr schlecht als recht von bescheidener Landwirtschaft; das Tourismusgewerbe wurde zum Wirtschaftsfaktor Nummer eins.

Während die Eingriffe durch den Sommertourismus verhältnismäßig gering geblieben sind (Bodenerosion auf viel begangenen Wanderwegen), sind die Folgen des Wintersports größer. Zur Anlage von Skipisten wurden breite Schneisen in die Wälder geschlagen, die seitdem die Lagen oberhalb der Waldgrenze mit den Tallagen als „Ski-Autobahnen" verbinden. In weiteren Schneisen verlaufen Skilifte. Pistenwalzen und Loipenspurgeräte verdichten nicht nur den Schnee, sondern auch den Boden darunter; der zusammengepresste Firn taut erst später auf als der Lockerschnee neben den Loipen. Zahlreiche weitere Sportanlagen entstanden, die Sprungschanzen wie die Eisstadien, die allesamt große Flächen benötigen.

Immer mehr Urlauber wurden zu Dauergästen der Ferienorte. Sie erwarben Wochenend- und Ferienwohnungen, bauten Wohnhäuser als Ruhesitze. Viele Ferienorte bekamen dadurch nicht nur die berüchtigten „Rolladen-Siedlungen", sondern auch Neubaugebiete an ihrem Rand, in denen sich Rentner und Großstadtmüde eingefunden haben. Sie alle wollen „in der Natur" leben, die in Wirklichkeit gestaltete Landschaft ist. Der so verlockenden Illusion von Naturnähe in der Landschaft sind aber auch schon berühmte Großstadtflüchtlinge zu Anfang des 20. Jahrhunderts erlegen, die in Worpswede östlich von Bremen und in Dachau nördlich von München Künstlerkolonien gründeten. Diese Kolonien lagen in Mooren, die etwas mehr als ein Jahrhundert zuvor vom Menschen zu Kulturland gemacht worden waren. Nach dem Zweiten Weltkrieg wurde eine der ältesten deutschen Ferienhaussiedlungen in einem ehemaligen Weidewald bei Grafenhausen im Hochschwarzwald angelegt. Auch hier bestand der ausgeprägte Wunsch nach „Natur", der zur Bebauung einer ehemaligen Agrarlandschaft führte.

Ferienorte sind zu Stellen geworden, an denen die Menschen auch heute Natur suchen; die Kurorte und ihre Verwaltungen sollten diesem Wunsch auch weiterhin gerecht werden.

31. Erdöl, Beton, Strom und zwei Weltkriege

Kriegsvorbereitungen, zwei mörderische Kriege und ihre Folgen, Zerstörung und Wiederaufbau, zugleich aber auch neue Rohstoffe und ihre Verarbeitung prägten die Landschaftsgeschichte Mitteleuropas im 20. Jahrhundert. Die beiden Kriege beeinflussten und beschleunigten die weitere industrielle Entwicklung; Zerstörungen warfen sie zurück und ermöglichten einen Neuanfang.

Vor dem Zweiten Weltkrieg wurden an Stelle älterer militärischer Exerzierplätze große Truppenübungsplätze angelegt, auf denen der Krieg mit technischem Gerät großflächig „geübt" werden konnte. Für die Einrichtung eines Truppenübungsplatzes kamen vor allem Gegenden mit unfruchtbaren Böden in Frage, also ehemalige Heiden (zum Beispiel in der Umgebung von Berlin, in der Lüneburger Heide und am nördlichen Stadtrand von München), Dünengebiete (Sennelager, bei Heidelberg und Darmstadt) oder Gebirgslandschaften, die noch wenig oder überhaupt nicht melioriert worden waren (Wildflecken in der Rhön, Münsingen auf der Schwäbischen Alb). In diesen viele Quadratkilometer umfassenden Großgebieten unterblieb fortan so gut wie jede andersartige Nutzung; sie wurden zu Sperrgebieten erklärt. Auf den Truppenübungsplätzen wurden zwar tiefe Fahrspuren von Panzern in den leichten Boden gedrückt und große Mengen an Munition verschossen, die Landschaftselemente zerstörte; von Blindgängern geht auch heute noch Lebensgefahr aus, und Benzin, Altöl und andere Schadstoffe verschmutzten den Boden. Aber es blieben auch überraschend viele Elemente der Landschaft des 19. Jahrhunderts erhalten: eine große Vielfalt an Tier- und Pflanzenarten, Reste kleinflächiger Ackerparzellen und alter Waldhudelandschaften (wie auf der Döberitzer Heide westlich von Berlin).

Vor dem Zweiten Weltkrieg wurden an vielen Stellen Munitionsfabriken gebaut, und zwar möglichst weit entfernt von den großen Städten. Durch Aufforstung wurden sie vor der feindlichen Flugaufklärung getarnt. Die Nationalsozialisten strebten die Rohstoff-Autarkie Deutschlands an, ein gerade in einer Phase sich entwickelnden Welthandels widersinniges Vorhaben. Aber mit enormem technischem Aufwand konnten tatsächlich die meisten Rohstoffe aus Deutschlands vielfältigen geologischen Formationen gewonnen werden. So ging man daran, den alten Erzbergbau zu reaktivieren, zum Beispiel im Erzgebirge und im Bayerischen Wald. In Neubulach im Schwarzwald begann man mit dem Bau einer Kupferverhüttungsanlage, die allerdings bei Kriegsende noch nicht fertiggestellt war und daher nie in Betrieb genommen wurde. Neue Industriegebiete und neue Städte entstanden auf dem Reißbrett. In Wolfsburg wurde das Volkswagenwerk direkt am Mittellandkanal errichtet; hinzu kam eine großzügig angelegte

Wohnstadt für die Mitarbeiter des Werkes. Auch die neu gegründete Stadt Salzgitter mit ihrer vielfältigen Industrie entstand in der Nähe dieses Kanals.

Erdöl spielte im 20. Jahrhundert eine immer größere Rolle als Energieträger. Die Versuche, Öl aus dem Ölschiefer im Vorland der Schwäbischen Alb zu gewinnen, blieben erfolglos. An einigen Stellen stieß man jedoch auf Erdöl, das sich mit Bohrtürmen fördern ließ, und zwar in der Norddeutschen Tiefebene (bei Lingen im Emsland, Ahlhorn südlich von Oldenburg, Hemmingstedt an der schleswig-holsteinischen Westküste, Salzwedel und Celle), im Alpenvorland und am Oberrhein. Der steigende Bedarf an Erdöl konnte damit allerdings bei weitem nicht gedeckt werden. So baute man, um auf Importe verzichten zu können, große Industrieanlagen, in denen Benzin aus Kohle hergestellt wurde, von denen die Leunawerke zwischen Halle und Merseburg die größten Ausmaße annahmen.

Auf der anderen Seite setzte man auf Elektrifizierung, die zum Teil schon vor, verstärkt aber nach dem Ersten Weltkrieg betrieben wurde. Elektrischer Strom wurde einerseits in Kohlekraftwerken gewonnen, die neben Kohlegruben gebaut wurden (im Ruhrgebiet, in Mitteldeutschland), andererseits in Wasserkraftwerken. Es gibt mehrere Formen von Wasserkraftwerken. Laufwasserkraftwerke nützen die Strömung der Flüsse aus. Das älteste große Werk dieser Art in Europa steht in Rheinfelden am Hochrhein, bereits zu Ende des 19. Jahrhunderts gebaut. Später wurden aus Beton die mächtigen Staumauern der Talsperren errichtet, an die man ebenfalls Kraftwerke anschloss. Der Regenreichtum und das starke Gefälle in den Tälern mitteleuropäischer Gebirge ließ sich – wie schon so lange – auch jetzt wieder vorzüglich nutzen. Talsperren stauen den Rurstausee in der Eifel, den Edersee westlich von Kassel, den Möhnesee zwischen Soest und Arnsberg, die Oker im Harz und die obere Saale im Thüringer Wald auf. Einige Talsperren wurden in das System der Speicherkraftwerke einbezogen. Weil von Anfang an klar war, dass Strom zu gewissen Zeiten reichlich, dann wieder weniger gebraucht, aber gleichmäßig erzeugt wird, nutzte man die Energie in Zeiten geringen Verbrauchs zum Pumpen von Wasser in hochgelegene Speicherseen, die ebenfalls von Talsperren gestaut werden. Ein wichtiges Speicherkraftwerk ist das Schluchseekraftwerk im Schwarzwald. Bevor man den aufgestauten Schluchsee flutete, führte man eine an sich spektakuläre, aber wenig bekannte Naturschutzmaßnahme durch. Auf dem kleinen natürlichen Schluchsee wuchs die in Mitteleuropa überaus seltene Kleine Teichrose. Diese Pflanze wäre vom Aussterben bedroht gewesen, wenn sie vom aufgestauten Wasser überdeckt worden wäre. Daher hat man die Teichrosen in den nahegelegenen Schlüchtsee umgesiedelt, einen schon früher künstlich aufgestauten Weiher, der auf diese Weise zu einem der wenigen Wuchsorte einer außerordentlich seltenen Pflanze wurde.

Das Walchenseekraftwerk zwischen Walchen- und Kochelsee nutzt das natürliche Gefälle zur Energiegewinnung aus; in Zeiten schwachen Strombedarfs wird

Wasser aus dem niedriger liegenden Kochelsee in den Walchensee hinauf gepumpt. Auch zum Füllen des Speichersees nordöstlich von München nutzt man überschüssigen Strom. Dieser künstliche See wurde bereits nach wenigen Jahren ein wichtiger Aufenthalts- und Rastplatz für zahlreiche Vögel.

Auf den Höhen in der Nähe der Stauseen wurde die Aufforstung besonders stark vorangetrieben, denn Wald verhindert Bodenerosion; aus bewaldeten Hängen wird nur wenig Bodenmaterial in die Stauseen geschwemmt. Durch Aufforstung in der Umgebung der Seen konnte die Verschlammung der Staubecken weitgehend verhindert werden, wodurch auch die Leistung der Wasserkraftwerke erhalten blieb.

Elektrischer Strom floss durch Überlandfernleitungen in Städte und Industriegebiete. Die großen Gittermasten sind aus vielen Landschaften Mitteleuropas heute nicht mehr wegzudenken. Vor ihrem Bau mussten in die Wälder Schneisen geschlagen werden, in denen aus Sicherheitsgründen keine Bäume mehr hochwachsen dürfen.

Während das 19. Jahrhundert ein Zeitalter der Eisenbahn war, wurde das folgende das Jahrhundert des Automobils. Seine Entwicklung brachte eine gewaltige Zunahme des Individualverkehrs. Dies führte in den 1920er Jahren zur Planung eines Netzes von Autobahnen, das beispielhaft für die ganze Welt werden sollte. Wegen ihres militärischen Wertes wurde der Bau dieser Straßen in den 1930er Jahren forciert. Autobahnen umgingen als zweibahnige Straßen die meisten Städte und verbanden die größten Metropolen auf möglichst kurzer Distanz; auf ihren Betonfahrbahnen sollten möglichst hohe Geschwindigkeiten gefahren werden können. Die ersten Autobahnen bekamen daher in ebenem Gelände einen nahezu schnurgeraden Verlauf, zum Beispiel auf der Münchner Schotterebene und auf der Strecke zwischen Frankfurt und Darmstadt. Im Berg- und Hügelland mussten aber, weil es noch keine Spannbetonbrücken gab, zahlreiche Steigungen und Kurven trassiert werden, zum Beispiel zwischen Ulm und München und südlich von Kassel.

Kraftwerke, neue Städte, Autobahnen, neue Kanäle, Bergwerke, Flughäfen und vieles andere waren noch im Bau, als der Zweite Weltkrieg begann. Die Zerstörungen während dieses Krieges in fast jeder größeren Stadt in Deutschland und an sehr vielen Industrie- und Verkehrsanlagen wirkten auch auf die Geschichte der Landschaft in vieler Hinsicht ein.

Zunächst machte sich auf ausgedehnten Trümmerfeldern mit ihren Gesteinsbrocken, mit für Pflanzen „nährstoffreichem" Staub, feinem Kalk und Mörtel eine spezielle Trümmervegetation breit. Es wuchsen dort verschiedene Gräser, Huflattich, Kanadische Goldrute, Beifuß, Rainfarn und Weidenröschen, die „Trümmerblume". Es folgten Weiden und Birken, die „Trümmerbäume". Rasch begann man aber, die ungeheuren Trümmermassen beiseite zu räumen. Sie wurden zu künstlichen Landschaften zusammengehäuft; in Berlin, Stuttgart (Birkenkopf) und Pforzheim wurden kegelförmige Berge daraus, in München gestaltete man mit dem Trümmerschutt die Parks, zwischen denen das Gelände für die Olympischen Spiele von 1972 entstand.

Sehr bald setzte der Wiederaufbau der zerstörten Städte und Industriebetriebe ein. Deutschland war nun geteilt; der Wiederaufbau wurde jedoch nur zum Teil nach unterschiedlichen Prinzipien durchgeführt. Zudem mussten Millionen von Flüchtlingen eine neue Heimat finden. Beim Wiederaufbau wurden zwar gewaltige „Bausünden" begangen, es gelang aber auch, neue Konzepte der Stadtgestaltung zu verwirklichen und nach den Zerstörungen alter Industrieanlagen modernere zu errichten.

In vielen Städten verzichtete man auf eine Wiederherstellung der mittelalterlich geprägten engen Zentrumsbebauung. Vielerorts wurden breite Schneisen für Straßen mitten durch die Städte gelegt, zum Beispiel in Hamburg (Ost-West-Straße) und Dresden (Prager Straße). Die Stadtlandschaften wurden ansonsten vor allem durch eine Architektur geprägt, in der Ideen des Bauhauses weiterentwickelt worden waren. In der DDR hat man dies bis zum Exzess getrieben, indem man „republikweit" Neubausiedlungen aus immer den gleichen Fertigteilen erstellte, die Plattenbausiedlungen, die zwischen Ostsee und Erzgebirge überall fast identisch aussehen. Mit ihnen bebaute man zerstörte Innenstadtquartiere wie in Berlin und Dresden; am Rand der alten Städte wurden aus ihnen aber auch Trabantenstädte hochgezogen, weil es billiger war, diese „Neubauten" zu errichten, als alte Bausubstanz aufwendig wiederherzustellen oder zu restaurieren, zum Beispiel in Halle-Neustadt, Jena-Neulobeda und in Berlin-Marzahn. Trabantenstädte mit großem Landschaftsverbrauch entstanden auch im Westen Deutschlands, wo der Bedarf an neuen Wohnungen allerdings auch andere Ursachen hatte: Hier war Wohnraum für ungleich mehr Flüchtlinge (unter anderem aus der DDR) zu schaffen, bald auch für Gastarbeiter, die seit der zweiten Hälfte der 1950er Jahre in der boomenden Industrie Westdeutschlands Beschäftigung fanden. Trabantenstädte des Westens sind mit mehr architektonischer Phantasie und in erheblich besserer Qualität gebaut worden als die Plattenbausiedlungen des Ostens; von der Bauhausarchitektur wurden aber auch sie beeinflusst: Osdorfer Born und Mümmelmannsberg bei Hamburg, Neue Vahr bei Bremen, das Märkische Viertel in Berlin, Mannheim-Vogelstang, Fasanenhof und Freiberg bei Stuttgart, Nürnberg-Langwasser, Hasenbergl und Neuperlach am Stadtrand von München. Was die Trabantenstädte in Ost und West ferner unterschied: Im Westen hat man in der Umgebung der „Betonburgen" von Anfang an Bäume und Büsche gepflanzt und Grünanlagen geschaffen. Dies unterblieb häufig in der DDR. Für die Flüchtlinge entstanden bald nach dem Krieg im Westen auch spezielle Siedlungen, und zwar auf dem Gelände ehemaliger Truppenübungsplätze und Munitionsfabriken. Die ursprünglich der Tarnung dienende Aufforstung um diese Werke, die nach Kriegsende beseitigt wurden, führte dazu, dass die neuen Siedlungen von viel Grün umgeben waren: Trappenkamp in Schleswig-Holstein, Espelkamp bei Minden, Sennestadt bei Bielefeld, Neugablonz bei Kaufbeuren, Geretsried bei Wolfratshausen. Auch am Rand zahlreicher kleinerer und größerer Orte wurden Siedlungen für Flüchtlinge gebaut, zum Teil in Eigenleistung von den Vertriebenen. Die Einwohnerzahl vieler Siedlungen stieg dadurch erheblich; Dörfer und Städte breiteten sich immer weiter in ihre Umgebungen aus, eine Entwicklung, die auch dadurch gefördert wurde, dass es in der Bundesrepublik Deutschland zu großem wirtschaftlichen Aufschwung, dem „Wirtschaftswunder", und zum Wunsch nach immer luxuriöserem und größerem Wohnraum kam.

In Westdeutschland entstanden neue, hochmoderne Industriebetriebe an Stelle älterer, zerstörter Anlagen. Neue Stahlwerke verarbeiten vor allem importiertes Erz, zum Beispiel aus Nordschweden. Es lohnt sich aber weiterhin, wenn auch bei fallender Nachfrage für Stahl in kleinerem Umfang als bisher, das Erz in die Nähe der Kohlebergwerke des Ruhrgebietes, des Saarlandes und der Region Peine/Salzgitter zu bringen, um es dort zu verhütten.

Ein neuer großer Industriezweig, der viel Land in Anspruch nahm, wurde die Erdöl verarbeitende Industrie. Deutschland muss fast alles Erdöl aus dem Ausland einführen. Für Supertanker, die Öl über die Weltmeere nach Mitteleuropa transportieren, entstanden neue Hafenanlagen. Am einfachsten war dies in Wilhelmshaven; dort gab es die besonders tiefe Fahrrinne im „Flaschenhals" des Jadebusens, die durch die mittelalterlichen Sturmfluten entstanden war. Ein Pier wurde vom Ufer bis an den Rand des tiefen Fahrwassers gebaut; dort können große Tankschiffe gelöscht werden. In der Emsmündung bei Emden, in der Unterweser und in der Niederelbe waren dagegen umfangreiche Ausbaggerungen erforderlich, um großen Schiffen die Einfahrt in die Häfen zu ermöglichen. Dort entstanden Raffinerien (Wilhelmshaven und Hamburg-Waltershof). Vom Europoort in Rotterdam aus fahren kleinere Tankschiffe rheinaufwärts zu den Raffinerien im Ruhrgebiet und bei Karlsruhe. Zu den Raffinerien verlegte man auch Pipelines (zum Beispiel zwischen Emden und dem Ruhrgebiet). So gelangt Öl in Raffinerien, die in strukturschwachen abgelegenen Regionen angesiedelt wurden. Dadurch ließ sich ein „Industrialisierungs-Defizit" im Gebiet um Ingolstadt, Vohburg und Neustadt/Donau sowie im bayerischen „Chemiedreieck" um Burghausen kompensieren; Rohrleitungen wurden von den norditalienischen Häfen dorthin gelegt.

Während in der „alten" Bundesrepublik eine große Vielfalt an Rohstoffen vorhanden war und genügend Kapital, fehlende Rohstoffe zu erwerben, liegt einer der wesentlichen Gründe für das Scheitern der DDR darin, dass in Mitteldeutschland viele Rohstoffe, die ehemals aus dem Westen kamen, nun fehlten; dieser Mangel konnte nur für eine gewisse Zeit durch Verwendung anderer Ausgangsprodukte kompensiert werden. Statt hochwertiger Steinkohle steht in Mitteldeutschland nur Braunkohle zum Abbau an. Die Gewinnung von Braunkohle wurde erheblich forciert, was gewaltige Umweltschäden verursachte. Zum einen fehlte meist das Kapital zur Rekultivierung ausgebeuteter Tagebaue; viel folgen-

Ölraffinerie in Köln-Godorf.

Kippe eines Braunkohletagebaues bei Cottbus in der Niederlausitz.

reicher wurde aber noch, dass man sich gezwungen sah, immer minderwertigere Kohle mit hohem Schwefelgehalt zu gewinnen. Während in der alten Bundesrepublik Rauchgasentschwefelungsanlagen (zum Beispiel im Kraftwerk Buschhaus bei Helmstedt) zum Einsatz kamen, wurden die Schwefelmengen in den Großkraftwerken der DDR ungefiltert in die Atmosphäre abgegeben. Die DDR wurde eine der Regionen der Erde mit den größten Umweltschäden; die aggressiven Schwefelsäuregehalte von Luft und Regenwasser zerstörten die Fassaden der Häuser, die Vegetation weit und breit; sie sind eine der Hauptursachen für das Waldsterben, besonders im Erzgebirge. Ein Weiterbestand der DDR über 1990 hinaus, einer Region, die in Autarkie nicht hätte überleben können, hätte einen noch viel größeren ökologischen Kollaps zur Folge gehabt. In Kraftwerken wurde nicht nur Strom produziert wie in Vetschau bei Cottbus, Vockerode bei Dessau und Espenhain bei Leipzig. Überall baute man Fernheizwerke für Plattenbausiedlungen. In Eisenhüttenstadt, einer neu gegründeten „sozialistischen Stadt", wurde Erz mit Braunkohle der Niederlausitz verhüttet.

Weitere gewaltige Umweltschäden verursachte die Gewinnung des „Exportschlagers" der DDR für den Ostblock, der uranhaltigen sogenannten Wismuterze im Erzgebirge (bei Aue und Schneeberg) sowie bei Ronneburg im Osten Thüringens. Ohne Rücksicht auf die Bevölkerung in der Umgebung und der gesamten Umwelt wurde uranhaltiger Abraum auf gigantischen Halden deponiert, die zu weithin sichtbaren Landmarken wurden.

Die DDR legte eine aufwendig gesicherte Westgrenze an, Berliner Mauer und Eisernen Vorhang. Die breite Schneise des Grenzverlaufs wird noch für lange Zeit sichtbar bleiben. Als Folgen der deutschen Teilung blieben ferner die ausgedehnten Grenzanlagen erhalten – als gewaltige Brachflächen. Sie wurden zu „Oasen" für seltene Pflanzen und Tiere.

In der Bundesrepublik konnte man dank florierender wirtschaftlicher Rahmenbedingungen vorzügliche Konzepte zur Eindämmung von Umweltschäden entwickeln. Industriebrachen wurden in vielen Fällen rekultiviert; es wurden sehr viele effektive Kläranlagen gebaut. Die Abwasserreinigung ermöglichte es, auch große Gewässer, die man schon dem Untergang nahe glaubte, wieder sauber werden zu lassen. In der Zeit um 1970 drohte das „Umkippen", der biologische Tod, des Bodensees. Der Bau von Kläranlagen führte dazu, dass nur etwas mehr als zehn Jahre später Deutschlands größter See wieder Trinkwasserqualität aufwies und man mitten im Stadtgebiet von Konstanz baden gehen kann.

Größere Belastungen als in der DDR gingen im Westen Deutschlands von der starken Zunahme des Individualverkehrs aus. Der Bau der Autobahnen wurde mit Vehemenz fortgesetzt. Die neuen Straßen wurden etwas anders gestaltet als die alten aus den 1930er Jahren. Inzwischen konnte man Spannbetonbrücken großer Höhe und Weite bauen. Die neueren Autobahnen überbrücken daher mehr Täler als die älteren. Man hatte ferner bemerkt, dass man auf zu „langwei-

Der Verlauf der ehemaligen Grenze der DDR zu West-Berlin bei Sacrow (1991).

lige" Trassierungen verzichten sollte, weil diese zur Übermüdung der Autofahrer und zur Erhöhung der Unfallhäufigkeit führten. Die Autobahnen bekamen daher seit den 1960er Jahren einen leicht kurvigen Verlauf, der sich so gut wie möglich in die Landschaft einschmiegen sollte. Als beispielhaft für diese neue Form der Straßentrassierung gilt die Spessartautobahn zwischen Frankfurt und Würzburg. Die neuen Trassen erforderten tiefere Geländeeinschnitte und höhere Dämme, die künstlich begrünt und bepflanzt wurden. Bundes- und Landstraßen wurden begradigt; allzu scharfe Kurven, die Unfallschwerpunkte, wurden entschärft. Immer mehr Straßen durchschnitten nun alte Feldfluren, anstatt sich um ihre Grenzen zu legen. Weil man die Straßen vielerorts verbreiterte, verschwanden die alten Alleen. Pfosten begrenzten fortan den Verlauf der Straßen. Um viele Städte und Dörfer herum wurden Umgehungsstraßen gebaut, wobei man sich hin und wieder interessanterweise an den Verlauf alter Hoch- und Fernstraßen aus dem Mittelalter hielt, die – wie die Umgehungsstraßen – ja an den Ortschaften vorbeiführten. Beim Bau neuer Straßen kam es immer mehr auf abwechslungsreiche Trassierungen, einen „Erlebniswert" für den Autofahrer an, zum Beispiel beim Bau der Bundesstraße zwischen Kiel und Schwarzenbek in Ostholstein und der Schwarzwaldhochstraße zwischen Freudenstadt und Baden-Baden. Einige neue Straßen wurden auf die Trassen ehemaliger Eisenbahnlinien gelegt, so die Nordstraße zwischen Flensburg und Kappeln/Schlei in Angeln.

An vielen Straßenrändern entwickelte sich eine eigentümliche Vegetation nicht nur aus Pflanzen, die auf Rohböden wachsen, sondern auch mit salzliebenden Gewächsen. Die Salzstreuung gegen Glatteis hatte aus Straßenrändern Standorte der Salzvegetation gemacht. Man kann sogar feststellen, dass sich Salzpflanzen, zum Beispiel der Salzschwaden, vor allem in den höheren Lagen angesiedelt haben, wo Schnee und Glatteis häufiger mit Streusalz bekämpft wurden und werden als in wärmeren Regionen der Niederungen.

Flugplätze, schon in der ersten Jahrhunderthälfte angelegt, wurden in der Nachkriegszeit erweitert. In der kleingekammerten und dichtbesiedelten Landschaft Mitteleuropas war der Bau von Flughäfen nicht unproblematisch. Es war nicht einfach, in der Nähe mancher Großstädte ein ausgedehntes, ebenes Terrain zu finden, auf dem sich eine kilometerlange Landebahn für Großflugzeuge anlegen ließ. Das Vorhandensein von dünnbesiedeltem, unfruchtbarem Land im Norden der Oberrheinebene, dicht bei der Großstadt, war eine wesentliche Voraussetzung dafür, dass sich der Frankfurter Flughafen zu einer der größten Luftverkehrs-Drehscheiben der Welt entwickeln konnte. Sandige oder kiesige Ebenen aus Schmelzwasserablagerungen der Eiszeiten nahmen die Flughäfen von Hamburg und München auf, der Stuttgarter Flugplatz wurde auf einer Lößebene gebaut, was weniger günstig ist, denn deshalb wurde wertvoller Ackerboden aus der Nutzung genommen.

Am Rand der Städte, an Umgehungsstraßen und Autobahnen, entstanden besonders im Westen Deutschlands seit den 1960er Jahren neue Industriegebiete und Einkaufszentren. Sie wirkten sich nicht nur wegen ihres Flächenbedarfs auf die Landschaft aus, sondern auch durch das veränderte Einkaufs- und Konsumverhalten, das sie bei ihren Kunden auslösten. Verpackungen wurden im Zeitalter der expandierenden Supermärkte immer aufwendiger und vergrößerten die Müll-Lawine. Mit Müll wurden ehemalige Steinbrüche, Lehmgruben und Ziegeleiteiche zugefüllt. Über die Abfälle breitete man Bauaushub, der bepflanzt wurde, so dass nach kurzer Zeit sowohl das frühere Loch in der Landschaft als auch der Müll nicht mehr zu sehen waren. Dann hat man, was bedenklicher war, ganze Täler in der gleichen Art und Weise aufgefüllt, schließlich die Müllverbrennung eingeführt. Doch die Müll-Lawine vergrößerte sich zusehends. Man musste dazu übergehen, Berge von Müll, Bauschutt und Bauaushub am Rand der Städte aufzuhäufen. Auch wenn man – wie am östlichen Stadtrand von Hamburg – beim Auffüllen eiszeitliche Geländeformen nachahmte, die in die Landschaft „passten", oder – wie nordwestlich von Stuttgart – ein Gebilde aus Schutt modellierte, das wie ein Zeugenberg vor dem Keuperbergland aussieht, wirken Müllberge wie Fremdkörper. Kilometerweit sichtbar sind die Müll- und Bauschuttberge am Autobahnkreuz München-Nord (mitten in der Münchner Schotterebene) und zwischen den sich verzweigenden Bahnlinien nördlich von Bruchsal.

Der Bedarf an elektrischem Strom wuchs immer mehr. Weite Flussstrecken wurden durch aneinandergereihte Laufwasserkraftwerke in Seenketten verwan-

Müllberge am Autobahnkreuz München-Nord.

Schiffshebewerk Scharnebeck am Elbe-Seitenkanal.

delt, die heute den Lauf von Hoch- und Oberrhein, die Täler von Donau, Inn, Isar und Lech weithin prägen. Die Staustufen ähneln im Prinzip den Mühlwehren des Mittelalters; an Stelle eines früheren Mühlenstaus gibt es heute einen „Kraftwerksstau".

Seit den 1970er Jahren wurde die Energieversorgung durch Atomkraftwerke ergänzt, vor allem im Westen Deutschlands. Alle diese Kraftwerke baute man an Flüssen, weil zu ihrem Betrieb große Kühlwassermengen erforderlich sind, also in Biblis und Mülheim-Kärlich am Rhein, Grohnde an der Weser, Obrigheim und Neckarwestheim am Neckar, Grafenrheinfeld am Main, Gundremmingen an der Donau, Ohu an der Isar, Stade, Brokdorf und Brunsbüttel an der Unterelbe. Der Bau der Kernkraftwerke führte in breiten Schichten der Bevölkerung zu einer intensiven Auseinandersetzung mit Fragen der Umweltzerstörung und des Umweltschutzes, weil viele Menschen das Risiko, das von Atomreaktoren ausgeht, für zu groß halten.

In der gleichen Zeit wurde mit dem Bau großer Verkehrsanlagen begonnen, der ebenfalls zum Teil von Protesten begleitet war. Heftiger Widerspruch regte sich gegen den Main-Donau-Kanal; durch seinen Bau verwandelte man einen großen Teil des Altmühltales in eine Kunstlandschaft. Auch die Schaffung der Mittelfränkischen Seenplatte zwischen Treuchtlingen und Ansbach war damit verbunden. Den ausgedehnten flachen Seen sieht man ihre junge Geschichte kaum an; sie wurden sehr rasch als Ausflugsziele bekannt – und zum neuen Lebensraum für zahlreiche Tier- und Pflanzenarten.

Ein weiterer, schon etwas früher fertiggestellter neuer Kanal ist der Elbe-Seitenkanal zwischen Lauenburg und dem Mittellandkanal bei Braunschweig. In seinem Verlauf entstand bei Scharnebeck, am Südrand des Elbe-Urstromtales, ein gigantisches Schiffshebewerk.

Seit den achtziger Jahren hat der Bau von Schnellbahnen einen besonders hohen Stellenwert. Eine ebene Streckenführung mit ganz wenigen Kurven wird durch überaus zahlreiche Brücken, Dämme, Geländeeinschnitte und Tunnels erreicht, die die Mittelgebirgslandschaften zwischen Hannover und Würzburg, zwischen Köln und Frankfurt sowie zwischen Nürnberg und Ingolstadt ebenso zerschneiden wie die Gäulandschaften zwischen Mannheim und Stuttgart. Die neuen Strecken führen im Gegensatz zu älteren weder in den Tälern entlang noch über Hochflächen, sondern auf halber Höhe der Bergländer. Für den Bau der Trassen benötigte man neue Formen von Brücken. Durch begleitende Landschaftsbaumaßnahmen war man bei allen diesen Großprojekten bemüht, die Verkehrswege dennoch so harmonisch wie möglich in die Landschaft einzupassen.

Nach der deutschen Wiedervereinigung überrollte die Verkehrs- und Konsumwelle auch den Osten Deutschlands. Neue Verkehrswege werden geplant; schon unmittelbar nach der Wiedervereinigung kam es zu Neuansiedlungen von Supermärkten und Industrie – vor allem in der Nähe von Autobahnausfahrten, wäh-

*Lupine an einer Straßenböschung
bei Buggenried/Südschwarzwald.*

rend alte Industrieanlagen brachfielen oder zur Überwindung immenser Umweltschäden aufwendig saniert werden mussten.

In der Umgebung von Industrie- und Verkehrsanlagen entstanden und verschwanden neue Lebensräume für Tiere und Pflanzen. Immer mehr ging man dazu über, die Umgebung von neuen Bauten nach Plan zu bepflanzen: Auf die Böschungen kamen ausgewählte Grasmischungen, die das Abrutschen der Hänge am ehesten verhinderten. In wintermilden Gebieten pflanzte man Ginster – in Gegenden mit zu starken Winterfrösten gab es allerdings Misserfolge: Der Ginster erfror. Lupinen festigen Böschungen besonders gut, was man sich immer wieder zunutze machte. Vor allem aber war und ist man bemüht, Müll zu verringern, Abwässer besser zu klären und Abgase besser zu filtern. Eine für ökologische Angelegenheiten immer stärker sensibilisierte Öffentlichkeit wacht über diese Dinge mit großer Aufmerksamkeit.

32. Von der „Erzeugungsschlacht" zur Überproduktion

Durch steigende Mineraldüngergaben und fortschreitende Motorisierung der Landwirtschaft kurbelte das nationalsozialistische Regime die Agrarproduktion erheblich an; die „Erzeugungsschlacht" sollte Deutschland auch auf dem Gebiet der Nahrungsversorgung autark machen. In den letzten großen Moorgebieten und in neuen großen Kögen an der Nordsee wurde Neuland für das „Volk ohne Raum" geschaffen. Das Ziel der Nahrungsmittelautarkie wurde allerdings vor dem Zweiten Weltkrieg nicht erreicht.

Danach fiel der Zwang weg, Autarkie anzustreben. Doch die landwirtschaftlichen Erträge stiegen weiter. Zunächst mussten Versorgungsengpässe der Nachkriegszeit überwunden werden. In allen Besatzungszonen und später in beiden deutschen Staaten gab es Kalibergwerke, so dass der Bedarf an Mineraldünger überall gedeckt und der Absatz verstärkt werden konnte. In der Landwirtschaft mussten zahlreiche Heimatvertriebene und Flüchtlinge integriert werden. Die westlichen Siegermächte unterstützten die deutsche Landwirtschaft. Zeitweise spielten sogar Überlegungen (Morgenthau-Plan) eine Rolle, die deutsche Industrie völlig zu zerschlagen und Deutschland zu einem reinen Agrarstaat zu machen.

In der Sowjetischen Besatzungszone wurden alle Großgrundbesitzer zwangsenteignet. Einen großen Teil des Gutslandes überließ man zunächst Heimatvertriebenen, den sogenannten Neubauern, zur Bewirtschaftung.

Besonders viele Flüchtlinge, die aus der Landwirtschaft stammten, hatte es in den Norden Deutschlands verschlagen. In Schleswig-Holstein bestanden wie in Mecklenburg am Ende des Zweiten Weltkrieges noch zahlreiche große Gutshöfe. Viele Gutsbesitzer in Schleswig-Holstein gaben Land ab, auf dem neue Bauernstellen geschaffen werden konnten. Es entstanden neue Gruppensiedlungen von Bauernhöfen.

In der Nachkriegszeit nahm die umfassende Motorisierung und Mechanisierung der Landwirtschaft erheblich zu. Das wichtigste Arbeitsgerät wurde der Traktor. Mehr und mehr war er nicht nur reine Zugmaschine; über die Zapfwelle, eine verlängerte Kardanwelle, trieb er verschiedene Geräte an: Mähwerke, Sämaschinen, Güllewagen, Ladewagen, Heuwender, Düngerstreuer, Miststreuer, Strohballenpressen, Kartoffel-Vollernter. Auch der Mähdrescher wurde zunächst über die Zapfwelle betrieben, doch setzten sich bald die leistungsfähigeren selbstfahrenden Mähdrescher durch. Zum Antreiben der Geräte wurden immer kräftigere Motoren notwendig; auch die Traktoren wurden größer und schwerer. Immer stärker verdichteten sie den Boden.

Durch Bodenreform entstandener, überdimensional großer Ackerschlag im mecklen-
burgischen Jungmoränengebiet bei Wismar. Der Ackerboden ist der Bodenerosion
ausgesetzt, wie im Hintergrund deutlich wird: Die Staubfahne entstand durch einen
Traktor, mit dem das Feld bearbeitet wird.

Mit dem Traktor als Vielzweckgerät konnte der Bedarf an Arbeitskräften in
der Landwirtschaft ganz erheblich gesenkt werden. Hatte man früher bei der
Heu- und Getreideernte mit der Sense noch ganze „Heere" von Erntehelfern be-
schäftigt, sind diese Arbeiten heute vielfach im Einmannbetrieb zu leisten, auch
bei vergrößerter Nutzfläche. Traktoren und andere Maschinen ließen sich auf
großen Feldern und Wiesen rentabler einsetzen als auf kleinen. In der Landwirtschaft löste die Mechanisierung eine Entwicklung hin zu großen Feldern und
Großbetrieben aus.

Durch Bodenreformen wurden in der DDR kollektiv bewirtschaftete Großbetriebe, die Landwirtschaftlichen Produktionsgenossenschaften, eingerichtet.
Noch vorhandene Restflächen der Gutshöfe, Felder und Wiesen der Dorfbauern
und gerade erst verteilte Flächen der Neubauernstellen wurden den Produktionsgenossenschaften zugeschlagen. Aus mehreren Feldern wurden riesige Schläge
zusammengelegt, die oftmals die Gesamtflächen früherer Gutshöfe überstiegen.
Die Felder zogen sich über Täler und Hügel hinweg, über Hänge und ebene Flächen. Feldgehölze und Hecken wurden beseitigt, sogar die alten Grenzsteine, die
privates Landeigentum abgeteilt hatten. Größere Maschinen kamen zum Einsatz, die Erträge stiegen. Auf kahlen Ackerschlägen stieg aber auch die Wind-

erosion; besonders in Hanglagen wurde fruchtbarer Humus abgeschwemmt. Zwar erkannte man bald die Notwendigkeit von Windschutzstreifen, aber nur selten wurden solche Schutzgehölze wirklich gepflanzt, weil sich im sozialistischen Staat kaum einer dafür verantwortlich fühlte.

Aber auch im Westen Deutschlands wurden kleine Felder zu größeren zusammengelegt, wurden Feldgehölze, Hecken und Knicks in großer Zahl beseitigt, und zwar im Zuge von Flurbereinigungen. In vielen Gegenden Deutschlands, vor allem im Süden, waren in der Mitte des 20. Jahrhunderts noch beträchtlich viele Felder nicht verkoppelt. Sie hatten immer noch ihre althergebrachte Langstreifenform, und der Besitz einzelner Höfe war über die gesamte Flur eines Dorfes versprengt. Die Flurbereinigungen des 20. Jahrhunderts glichen im Prinzip den Verkoppelungen der frühen Neuzeit; auch jetzt wieder wurden mehrere Feldstreifen aneinandergekoppelt. Doch wurden die neuen Felder größer als die Koppeln des 18. Jahrhunderts; auch in früher verkoppelten Bereichen schuf man größere Felder durch weitere Zusammenlegung von Flächen. Dabei verschwanden auch im Westen zahlreiche Feldgehölze, die dem Windschutz gedient hatten, aber nicht so radikal wie im Osten. Auch wurden die Felder der privat bewirtschafteten Betriebe im Westen nicht so groß wie die im Osten. Aus der Größe der Felder resultiert ein wesentlicher Unterschied der Landschaftsgestaltung in Ost und West; vom Flugzeug aus kann man diesen genau erkennen – und das wird auch noch lange so bleiben.

In der alten Bundesrepublik gehörten namentlich in jüngerer Zeit zu Flurbereinigungsmaßnahmen auch Pflanzungen von Feldgehölzen. Aber grundsätzlich bestanden auf den vergrößerten Flächen die gleichen Erosionsprobleme: In Niederbayern tritt auf vielen Äckern nach kompletter Abschwemmung des humosen Oberbodens der gelbe Löß zutage.

Flurbereinigungen wurden in den Gegenden mit dominierender Nebenerwerbslandwirtschaft nicht oder nur eingeschränkt durchgeführt. Daher kann man gerade in der Nähe der Industriezentren Südwestdeutschlands heute noch Langstreifenfluren, Wölbäcker und bewirtschaftete Ackerterrassen finden, die anderswo verschwunden sind.

Vielfach wurde mit den Flurbereinigungen die Aussiedlung von Bauernhöfen verbunden. Die alten Betriebsgebäude in den Dörfern waren zu klein geworden. Neue, moderne Betriebe entstanden in der Feldflur; dort lagen die Aussiedlerhöfe arrondiert in ihrer landwirtschaftlichen Nutzfläche. Die Wege, die der Bauer mit dem Traktor vom Hof zu den Feldern zurücklegen muss, sind erheblich kürzer geworden: Die Bewirtschaftung im Einmannbetrieb wurde erleichtert. Im Grunde genommen ist die Anlage eines Aussiedlerhofes einer römischen Villa rustica vergleichbar – und auch beim Bau der Aussiedlerhöfe war man bestrebt, den Hof an den Abhang einer Talflanke zu legen, also ungefähr in die Ökotopengrenzlage. Sie spielte aber in ihrer ursprünglichen Bedeutung für den Hof des 20. Jahrhunderts kaum noch eine Rolle.

Auf großen Feldern, die ja Monokulturen waren, stieg die Gefahr des Schädlingsbefalls erheblich an. Weil in den Pflanzenbeständen der Felder eine einzige Pflanzenart, die Kulturpflanze, in viel größerer Zahl vorhanden war als früher, konnten sich auch ihre spezifischen Schädlinge stärker vermehren. Daraus resultierte die Notwendigkeit einer verstärkten Schädlingsbekämpfung. Immer neue Insektizide, mit denen sich Insekten bekämpfen ließen, und Herbizide zur Bekämpfung von Unkraut kamen auf den Markt. Jedes Feld muss mehrfach im Jahr mit Pestiziden behandelt werden, außerdem muss immer wieder und genau nach Plan Dünger auf den Äckern ausgebracht werden. Um nicht zu viele Pflanzen bei den einzelnen Bearbeitungsschritten zu zerstören, legen die Bauern Fahrspuren in den Feldern an, die sie immer wieder benutzen. Je nach Arbeitsbreite der Pestizidspritzen haben diese Spuren einen Abstand von etwa acht bis zehn Metern. Interessanterweise entspricht dies der Breite von Parzellen einer alten Langstreifenflur, also der Fläche, die sich von einem Bauern nach den Seiten zu gut überblicken lässt. In der DDR ging man bei der Ausbringung von Pestiziden noch einen Schritt weiter, indem man vielfach Flugzeuge zur Spritzung einsetzte. Dabei ließ sich die versprühte Giftmenge aber nicht so gut dosieren wie vom Traktor aus. Dünger und Pflanzenschutzmittel sollen in möglichst exakten Mengen ausgebracht werden. Dennoch gelangte stets viel mehr davon auf das Feld, als dort verwertet wurde. Zahlreiche die Umwelt belastende Stoffe wurden als

Naturnaher Wuchsort der Schwanenblume in einer zeitweise überfluteten Niederung bei Parey im Havelland.

Folgen landwirtschaftlicher Tätigkeit nicht nur in die mittlerweile überdüngten Seen und Flüsse gespült, sondern bedrohten auch die Ökosysteme von Nord- und Ostsee.

Durch Düngung wurden auch die Erträge des Grünlandes erheblich gesteigert. Auf den Wiesen konnte sehr früh im Jahr das Heu zum ersten Mal geschnitten werden. Das führte dazu, dass nur noch wenige Pflanzen überleben, nämlich solche, die den Dünger gut ausnützen, sehr rasch wachsen, blühen und Früchte oder Samen hervorbringen, und zwar bereits vor der sehr frühen Ernte des Grünlandes. Das Vorverlegen des Wiesenschnittes und die Überdüngung sind wesentliche Gründe dafür, dass aus ehemals bunten Wiesen heute reine Gräser- und Löwenzahnbestände geworden sind. Im Mai, wenn heute Wiesen zum ersten Mal geschnitten werden, regnet es besonders viel; Mainächte sind taufeucht. Daher kann man geerntetes Gras dann nicht auf der Wiese trocknen. Man lässt es nur etwas welken und macht dann Silage daraus. Man baute große Silos zur Silagebereitung; später ging man dazu über, direkt auf der Wiese Silageballen zu pressen, die mit Folie umwickelt wurden. Feste Aufbewahrungsorte für Heu und Silage wurden entbehrlich; Silageballen kann man neben dem Bauernhof oder auch auf dem freien Feld lagern. Die wegen ihrer Abhängigkeit vom Wetter riskante Bereitung von Heu, die in der Regel nur im Hochsommer möglich ist, spielt dagegen kaum noch eine Rolle. Anders vor wenigen Jahrzehnten: Noch in

Ersatz-Wuchsort der Schwanenblume in überflutetem Wassergraben bei Gülpe/ Havelland.

den 1960er und 1970er Jahren stellte man, wenn Regen drohte, Heureuter auf, um das Gras dort weiter trocknen zu lassen.

In den meisten Gegenden ist die reine Stallfütterung von Vieh inzwischen am lukrativsten geworden. Denn eine Kuh nimmt mehr Nahrung auf, wenn sie das Mähgut „maulgerecht" vorgesetzt bekommt. Außerdem frisst das Vieh jedes Gewächs im Futter, während es auf der Viehweide „Leckerbissen" heraussucht. Der Bauer stellt aus frischem Grünfutter und Silage täglich den „Speisezettel" zusammen. Der Viehbestand konnte bei reiner Stallhaltung erhöht werden. In immer mehr Ställe wurde eine Schwemm-Entmistungsanlage eingebaut. Sie vereinfacht die Reinigung des Stalles, die ja vielfach auch im Einmannbetrieb zu geschehen hat. Die Gülletanks unter den Ställen und Hofplätzen werden aber schnell voll; und sehr bald muss der Dünger ausgebracht werden, vielfach dann, wenn er noch längst nicht fertig „abgelagert" ist.

Da Dünger nun reichlich zur Verfügung stand, wurden die alten Wiesenbewässerungssysteme der Niederungen entbehrlich. Das Freihalten der Gräben, das Einstellen der Schützen und das damit verbundene genaue Dosieren der Wasser- und Düngermengen waren zu arbeitsintensiv. Die generelle Entwässerung der Wiesen wurde wichtiger als die zeitweilige Bewässerung. In zahllosen kleineren und größeren „Aktionen" wurden Gräben auf den Wiesen vertieft und Drainagerohre gelegt, die den Maschineneinsatz im Unterschied zu Gräben nicht behinderten. Viele Bäche wurden begradigt; sie wandelten sich zu sogenannten „Vorflutern", in denen ein möglichst rascher Abfluss des Wassers gewährleistet werden soll. Elektrische und von Windrädern getriebene Pump- und Schöpfwerke unterstützen das Werk der Vorfluter. In vielen Gegenden wurde der Grundwasserspiegel um Dezimeter oder gar Meter abgesenkt.

Auf den Wiesen veränderten sich die Pflanzengemeinschaften. Die Gewächse der Wässerwiesen, Storchschnabel, Trollblume und Margerite, wurden seltener. Durch Stickstoffdüngung geförderte Arten, außer Löwenzahn und Gräsern auch Scharfer Hahnenfuß, Wiesenkerbel und Bärenklau, nahmen an Bedeutung zu. In den Stromtälern und Niedermoorgebieten versanken Pflanzen wechselfeuchten Grünlandes buchstäblich in den Gräben. Wo noch zeitweilig im Jahr ganze Wiesen überflutet werden, gedeihen Igelkolben und Schwanenblume. Wo nur noch im Graben zeitweilig Überschwemmung herrscht, werden diese Gewächse auf die tiefer liegenden Spezialstandorte der Grabensohlen zurückgedrängt. Trocknen auch die Gräben aus, verschwinden Igelkolben und Schwanenblume. Auch die Tiere reagieren auf Veränderungen des Grundwasserstandes. Verschiedene Arten von Fröschen leben in und an ständig überfluteten Gräben. Wo diese austrocknen, haben Frösche keine Lebensbasis mehr, und auch Störche, die sich unter anderem von ihnen ernähren und einmal als Kulturfolger in Landschaften gekommen waren, in denen Wiesen und Gräben vorgeherrscht hatten, ziehen sich aus Wiesengelände zurück, in dem der Grundwasserspiegel abgesenkt wurde.

Bei der Schneeschmelze und nach ausgiebigem Regen fließt Wasser durch Vorfluter heute rasch ab. Weiter unterhalb in Bach- und Flusstälern sammelt sich zeitweise besonders viel Wasser an. Die Überschwemmungshöhen steigen; jede Vergrößerung der Vorflut in den Grünlandgebieten trägt ein Quäntchen zur Erhöhung der Hochwasserspitzen bei. Um dem entgegenzuwirken, baute man Hochwasserrückhaltebecken, führte höhere Hochwasserdämme an den Flüssen auf. Doch die Hochwasserspitzen haben weiterhin eine steigende Tendenz. Jeder neu gebaute Hochwasserdamm begünstigt diesen Teufelskreis. Denn wenn Wasser immer mehr in eine fixierte Bahn gepresst wird, erhöhen sich auch die absoluten Hochwasserstände: Sie nahmen an Mosel, Rhein, Neckar, Donau und Saale beispielsweise im Winter 1993/94 bedrohliche Höhen an. Es folgten Hochwasserkatastrophen an der Oder (1997) und der Elbe (2002), die durch sommerlichen Starkregen ausgelöst wurden.

Ähnliche Entwicklungen sind beim Hochwasser an der Küste zu beobachten. Während des 20. Jahrhunderts wurden immer höhere und perfektere Deiche gebaut und neue Köge geschaffen. Durch jede Anlage eines neuen Kooges wird die Wattfläche verkleinert, auf der sich eine hohe Flutwelle ausbreiten kann. Große Sperrwerke wie an der Oste und der Eider versperren den Sturmfluten das Eindringen ins Hinterland. Die Sturmfluten drängen daher mit geballter Kraft und erhöhter Flutwelle in die kleinen, noch unbedeichten Gebiete: Dies wurde weiten Teilen Hamburgs im Februar 1962 zum Verhängnis.

Weil man inzwischen weiß, dass man die Vorflut zu stark erhöht hat, werden Gewässer renaturiert. Aus den Vorflutern werden wieder mäandrierende Bäche geformt mit geringerer Abflussleistung. Wirklich natürliche Verhältnisse stellen sich dadurch freilich nicht ein, denn erstens entstanden viele Mäander erst nach der Ablagerung von Auenlehm seit der Einführung der Landwirtschaft, zweitens bedeutet „Natur" Dynamik, aber nicht einen Abfluss in einem festen Flussbett, sei es auch noch so „naturnah" in Form von Mäandern geformt.

Das Grundwasser wird in den Talsenken wohl nie wieder auf die ursprüngliche Höhe angehoben werden. Denn die Trockenlegung der Flächen führte dazu, dass man ehemalige Grünlandparzellen pflügen und in Äcker verwandeln konnte. Für den Anbau der herkömmlichen Getreidearten ist dieses Gelände meistens immer noch zu feucht. Aber seit der Mitte des 20. Jahrhunderts wurde das Kulturpflanzeninventar Mitteleuropas um ein weiteres Gewächs bereichert, das sich auch in feuchten Niederungen kultivieren lässt: Mais. Mais stammt aus Amerika und ist eigentlich eine Kulturpflanze warmer Klimabereiche. Die Entwicklung des großen Gewächses nimmt längere Zeit in Anspruch; die Vegetationsperiode muss daher für die Kultur von Mais eigentlich recht lang sein. Nach dem Zweiten Weltkrieg gelang es aber, kälteresistentere Maissorten zu züchten, die man auch in kühleren Breiten kultivieren kann, fast überall in Mitteleuropa.

Die Einführung dieser neuen Maissorten war in mehrerer Hinsicht revolutionär. Die jahrtausendealte Trennung von Acker- und Grünland wurde durch

Bodenerosion auf Maisacker im Dachauer Hügelland (Oberbayern) nach einem Unwetter im Mai 1993.

Maisanbau verwischt, denn diese Pflanze lässt sich sowohl auf herkömmlichen Ackerflächen wie im bisherigen Grünlandbereich hochziehen, vorausgesetzt, man sorgt für reichliche Düngung. Die alte Ökotopengrenzlage der Dörfer, die alte Grenzlinie zwischen Acker- und Grünlandbereich ist seit der Einführung des Maisanbaus an vielen Stellen nicht mehr klar zu erkennen.

Die Maispflanzen beginnen erst spät im Jahr mit ihrer Entwicklung. Ihre Hauptwachstumszeit liegt im Juli und August. Vorher, im Mai und oft bis weit in den Juni hinein, bedecken die Maisblätter den Boden noch nicht. Da in dieser Zeit in Mitteleuropa die meisten Niederschläge fallen, kann von Maisäckern besonders viel Humus abgeschwemmt werden. Die Erosion wird noch dadurch begünstigt, dass Maisäcker besonders tiefreichend gepflügt und gelockert werden. Unterhalb von Maisäckern, die sich in Hanglage befinden, verstopft abgeschwemmtes Erdreich die Straßengräben oder überzieht Straßen als dicke Kruste.

Mais wurde zunächst vor allem als Viehfutter angebaut. Seine Einführung führte zu einer erheblichen Erhöhung der verfügbaren Menge an Futterpflanzen. Damit konnte mehr Vieh ernährt werden. Maisanbau wurde damit zu einer Voraussetzung für die Massentierhaltung von Rindern, Schweinen und Hühnern. Große Schweineställe mussten wegen der Geruchsbelästigung und Seuchengefahr aus den Dörfern ausgegliedert werden; sie entstanden mitten auf der

Obstbaumplantage mit Kurzstämmen bei Staufen südlich von Freiburg.

grünen Wiese. Die vermehrte Viehhaltung hatte zur Folge, dass die Preise für Fleisch, Eier und Milch nur geringfügig anstiegen. Also nahm der Verbrauch dieser Nahrungsmittel zu. Die Massentierhaltung ist die Ursache dafür, dass wir heute nicht mehr nur das „täglich Brot" zu unserer Nahrung rechnen, sondern auch das „täglich Fleisch", eine nicht nur viele Ernährungswissenschaftler und Ärzte bedenklich stimmende Entwicklung.

In den Großställen fällt viel mehr Mist und Gülle an als in kleineren Betrieben. Immer mehr Ackerflächen werden überdüngt, weil die Bauern nicht mehr wissen, wo Mist und Gülle deponiert werden können. Grünlandparzellen erhielten als „Gülleverrieselungsflächen" neue Bedeutung.

Nicht nur beim Mais, sondern auch bei anderen Pflanzen gab es große Züchtungserfolge. Viele Getreidearten wurden resistenter gegen Witterung und Schädlinge. Die Halmlänge wurde durch Züchtungen verkürzt, weil man im „strohlosen" Stall mit Schwemmentmistung keine Verwendung mehr dafür hat. Die ganze Kraft der Pflanze sollte in den Körnerertrag fließen; er stieg bei Weizen, Roggen, Gerste und Hafer seit 1950 stark an. Besondere Züchtungserfolge gelangen beim Raps. Seine Samen lieferten zwar auch schon ursprünglich ein technisch gut verwertbares Öl; es enthielt aber zu viel ernährungsphysiologisch wertlose und bittere Erucasäure, so dass man es nicht als Speiseöl und Zusatz zu Viehfutter verwenden konnte. 1963 gelang die Selektion einzelner Rapspflanzen, deren Samen keine Erucasäure enthielten. Es entstand eine neue erucasäurefreie Rapssorte, die seit 1974 in Norddeutschland, später auch in Süddeutschland weit verbreitet angebaut wurde, um einen wichtigen Rohstoff für die Margarine-Industrie zu gewinnen. Raps wurde auch zum wichtigen Futtermittellieferanten. Zur Ölgewinnung baut man ferner mehr und mehr Sonnenblumen an.

Die Erträge wurden auch beim Obstbau gesteigert. An Stelle des Anbaus vielfältiger Sorten auf Streuobstwiesen konzentrierte man sich auf ein kleines Sorteninventar, das reichlich mit Insektiziden behandelt werden muss. Auf neuen Obstplantagen pflanzte man Kurzstämme; die kleinen Bäumchen ließen sich besser abernten als die alten höheren. Große Flurbereinigungen gab es im Weinbau. Alte Rebterrassen verschwanden; neue Rebterrassen mit größeren Weingartenflächen entstanden stattdessen, zum Beispiel am Kaiserstuhl. Die alte Landschaftsstruktur wurde zerstört; der Protest der Bevölkerung gegen die Reblandumlegung wurde schließlich so stark, dass diese Form der Flurbereinigung aufgegeben wurde.

Die Gärtnereien legten sich Gewächshäuser zu, in denen das ganze Jahr über nicht nur Schnitt- und Topfpflanzen, sondern auch Tomaten und Gurken gezogen werden können. Erdbeeren, Spargel und andere Pflanzen werden immer häufiger unter Folie gezogen, damit man sie im Frühjahr früher auf den Markt bringen kann.

Mit der Steigerung der Erträge boomte die Nahrungsmittelindustrie. In ländlichen Regionen wurden immer größere Silos und Lagerhäuser gebaut, von denen aus die Agrargüter vermarktet werden. Lagerhäuser mit ihren Silos sind vielerorts weithin sichtbare Landmarken, die die Silhouetten der alten Städte und Dörfer überragen, zum Beispiel in Grimma, Petershausen in Oberbayern, Uffenheim und Ratzeburg.

Immer mehr Menschen wenden sich gegen die Massenproduktion von Agrargütern und suchen nach alternativen Landbaumethoden, die sich weiter ausbreiten, aber noch nicht strukturbestimmend in der Landschaft geworden sind.

Über die agrarische Massenproduktion kann man denken, wie man will; zunächst einmal muss festgehalten werden, dass durch sie erstmals seit Jahrhunderten eine Nahrungsmittelversorgung der Städte und der Industriegesellschaft ohne Engpässe sichergestellt wurde. Hungersnöte, die man noch in der ersten Hälfte des 20. Jahrhunderts fürchtete, scheinen heute von Mitteleuropa und anderen hochentwickelten Industrieregionen der Welt ferngerückt zu sein.

Aber man ist mit der immer weiter reichenden Intensivierung der agrarischen Produktion über das Ziel der Vollversorgung hinausgeschossen. Immer mehr Agrarerzeugnisse werden nicht nur in Deutschland, sondern im gesamten Gebiet der Europäischen Union in zu großer Menge produziert. Butter-, Fleisch- und Getreideberge, unverkäufliches Obst, Milch- und Weinseen schaffen neue, in der gesamten Geschichte der Landwirtschaft und der Hochkultur des Menschen ungekannte Probleme. Zwar gibt es durchaus Gegenden auf der Welt, wo die

Brachacker bei Rhinow/Brandenburg; im Jahr davor wurde hier noch Roggen angebaut, nun hat der Sauerampfer die Vorherrschaft übernommen.

Agrarüberschüsse Mitteleuropas dringend gebraucht würden, aber dennoch werden große Mengen an Agrarerzeugnissen vernichtet.

Seit den 1970er Jahren sieht man immer mehr Sozialbrachen. Diese Flächen gehören meist Nebenerwerbslandwirten, die inzwischen so viel Geld in der Industrie verdienen, dass sie ihre Agrarflächen nicht mehr bewirtschaften. Einige Sozialbrachen sind Bauerwartungsland, das sich zu guten Konditionen verkaufen lässt. Brach liegengelassen wurden natürlich zunächst diejenigen Parzellen, die die geringsten Erträge abwerfen, also einzeln liegende Egärten im Gebirge und schmale Ackerparzellen auf Terrassen. Dadurch verschwindet ein ganzer Acker-Standorttyp. Flachgründige, der Sonne stark exponierte Äcker werden kaum noch bestellt, so dass die für skelettreiche Kalkäcker charakteristischen Unkräuter in Mitteleuropa sehr selten geworden sind, zum Beispiel Adonisröschen und Rittersporn.

Die Landwirtschaft befindet sich wegen der Überproduktion und bei sinkenden Preisen in einer schwierigen Situation. Kleinbetriebe, die sich nicht auf Spezialkulturen umstellen können, sind kaum überlebensfähig. Kleine Bauern geben auf und verpachten ihr Land an wenige Großbetriebe, die sich noch rentieren, und zwar umso besser, je größer sie sind. Nur große Betriebe können die immer stärker spezialisierten und teuren Traktoren und andere Ackerbaumaschinen erwerben.

Nach dem Ende der DDR und mit der deutschen Wiedervereinigung ist aus diesem Grund die Tendenz zur Reprivatisierung und „Gemeinheitsteilung" der früheren Landwirtschaftlichen Produktionsgenossenschaften gering. Die meisten Betriebe wurden von Agrarunternehmern gekauft, oder sie wirtschaften auf der Basis einer Gesellschaft weiter, also als Großbetriebe mit zahlreichen Eigentümern. Nur wenige Landwirte aus der früheren DDR haben den Schritt in die Selbständigkeit gemacht, weil die Investitionen für die Etablierung eines rentablen Betriebes einfach zu hoch sind.

Immer weniger Dorfbewohner leben von der Landwirtschaft. Viele Dörfer wandelten sich von agrarisch orientierten Siedlungen zu Handwerker- und Dienstleistungszentren. In ihnen leben immer mehr Pendler, die außerhalb der Gemeinde einer Beschäftigung nachgehen. Viele Dörfer nahmen städtische Charakteristika an. Genauso wie in den Städten wurden Straßen geteert und Bürgersteige angelegt, die bis zu den Zäunen der Grundstücke reichen. Es blieb kein Platz mehr für Unkräuter, die bis zur Mitte des 20. Jahrhunderts typisch für Agrarregionen gewesen waren: Beinwell, Katzenminze, Guter Heinrich. Wettbewerbe wie „Unser Dorf soll schöner werden" haben vielfach sogar dafür gesorgt, dass Charakteristika des Dorfes verlorengingen; Unkraut und Misthaufen wurden beseitigt, die alten Bauernhäuser umgebaut und frisch verputzt. Ihre Fenster und Balkons schmücken Pelargonien, die sogenannten Geranien, Importe der Neuzeit aus Südafrika und heute ein Verkaufsschlager der Großgärtnereien: Über 70 Millionen Blumentöpfe mit diesen Gewächsen werden heute pro Jahr in Deutschland verkauft.

33. Urbane Zentren, auch abseits der Städte, verlassenes Land, auch in der Stadt

Im ausgehenden 20. und im beginnenden 21. Jahrhundert wurden Erfolge des Wirkens von Umweltschutzgruppen, Umweltpolitikern und der Umweltschutztechnik immer offensichtlicher. Die Umwelt ist immer sauberer geworden, es wird immer effizienter und sparsamer mit Pestiziden und Düngemitteln umgegangen. In der Landschaft ist aber zu erkennen, dass eher Einzelaspekte des Umweltschutzes in den Fokus genommen wurden als die Zusammenhänge unserer heutigen Umweltsituation. Man schützt einzelne Tier- oder Pflanzenarten, bedenkt aber die landschaftlichen Zusammenhänge zu wenig, in denen sie sich entwickeln. Man baut lieber Lärmschutzanlagen, anstatt die Quellen des Lärms abzustellen. Man prangert die Freisetzung von Kohlendioxid an, weil dadurch das Weltklima beeinflusst wird, denkt dann aber eher darüber nach, wie man Kohlendioxid in unterirdischen Kavernen beseitigen kann, als darüber, wie man die Verbrennung von fossilen Rohstoffen einschränkt. In einem unübersichtlichen Dschungel an Subventionen werden bald die, bald andere Formen von Landwirtschaft, Industrie, Verkehr und Energieerzeugung gefördert; Widerstand regt sich blindlings zeitweilig gegen die eine, dann gegen eine andere Form der finanziellen Förderung, und man bemüht sich zu wenig um eine Klärung, wie grundsätzlich zu verfahren sei.

Die Industrialisierung brachte – das zeigt die Betrachtung der Landschaftsgeschichte – einen erheblichen Aufschwung, weil anstelle von Holz, das zur Versorgung der Bevölkerung und der Gewerbebetriebe nicht ausreichte, fossile Rohstoffe gewonnen und verbraucht wurden: Kohle, Erdöl und Erdgas. Diese Rohstoffe schienen lange Zeit in unbegrenzter Menge zur Verfügung zu stehen. Doch sie sind irgendwann verbraucht oder können nicht mehr mit vertretbarem Aufwand gefördert werden. Zwar hat sich mehrfach gezeigt, dass dies keine unmittelbare Bedrohung darstellt, weil immer wieder neue Lagerstätten entdeckt wurden oder ausgebeutet werden konnten. Aber das ändert nichts an der Tatsache, dass fossile Rohstoffe begrenzt sind und so schnell wie möglich ersetzt werden müssen, damit der Wohlstand auf der Welt nicht nur gewahrt bleibt, sondern dafür gesorgt wird, dass alle Menschen daran Anteil haben können.

Offensichtlich unbeeindruckt von diesen Überlegungen wuchs die Mobilität von Menschen und Waren weiter. Dabei werden immer noch Verkehrsmittel bevorzugt, die erhebliche Energiemengen verbrauchen. Das Flugzeug wurde durch umfangreiche Förderung eine kostengünstige und zeitsparende Alternative zur umweltfreundlicheren Bahn. Immer mehr Menschen fliegen in ihren Ferien in

Einkaufszentren und Lagerhäuser mit ihren Parkplätzen an der Autobahn in Hamburg-Moorfleet.

ferne Länder. Der Transport mit LKWs ist in vielen Fällen günstiger und effizienter als der Güterverkehr mit der Bahn; der billige Transport erleichtert die Lieferung von Gütern aus Billiglohnländern und benachteiligt einheimische Industriebetriebe, die weniger kostengünstig produzieren können. Zwar gibt es immer wieder Ansätze, gegen diese durchaus erkannten Entwicklungen zu steuern, aber in der Landschaft sind deren Folgen unübersehbar geblieben.

Insgesamt lässt sich erkennen, dass traditionelle Gegensätze zwischen städtischen und ländlichen Regionen immer weiter aufgeweicht werden. Überall werden die gleichen Ein- und Mehrfamilienhäuser errichtet, besonders deutlich wird das dann, wenn Fertighäuser oder am Reißbrett entworfene Kompakthaustypen entstehen, die ohne Berücksichtigung des Bauplatzes als „urban", „ländlich" oder „mediterran" bezeichnet werden. Hinzu kommen die überall auf der grünen Wiese entstehenden Einkaufszentren. Ein Teil der Städte und auch einige ländliche Regionen werden in diesem Prozess begünstigt, andere urbane wie rurale Gebiete aber verlieren erheblich an Attraktivität und werden von ihren Bewohnern verlassen. In attraktiven Gebieten gibt es viele Arbeitsplätze, und sie liegen verkehrsgünstig – dicht an Flughäfen, Autobahnen und Eisenbahnlinien. Zu ihnen gehören weite Teile des Schweizer Mittellandes und Süddeutschlands, Hamburg und seine Umgebung, Orte am Berliner Autobahnring. Aber auch ausgesprochen ländliche Regionen wachsen, besonders bekannt dafür wurde in den ersten Jahren des 21. Jahrhunderts das Oldenburger Münsterland: Vechta, Lohne und Bramsche sind exzellent an die Autobahn angeschlossen, und es gibt auch moderne Bahnverbindungen. Im nördlichen Hessen profitieren viele Orte von nahen Autobahnkreuzen. Dort entstanden besonders viele Güterverteilzentren, von denen aus das gesamte Land mit nahezu jedem erdenklichen Gut über Nacht per Lastwagen beliefert werden kann, beispielsweise mit Autoersatzteilen, Lebensmitteln, Büchern und Arzneimitteln. Auch die Post wird in diesen Zentren gesammelt, sortiert und weitergesendet.

Obwohl fast jedes Gebiet in Mitteleuropa von Güterverteilzentren aus in wenigen Stunden beliefert werden kann, nimmt die Attraktivität vieler Gegenden ab. Die Bevölkerung vieler traditionell ländlicher Gebiete sinkt ebenso wie diejenige vieler Groß- und Mittelstädte. Dies betrifft das Landesinnere von Mecklenburg-Vorpommern, das Umland des Harzes und das Weserbergland, auch Städte wie Cottbus, Dessau und Wittenberge. Offenbar kann die perfekte Lieferung aller notwendigen Güter in kürzester Frist die als nachteilig angesehene Situation in etlichen Gebieten nicht wettmachen. Die Bedingungen des Transportes sorgen nämlich dafür, dass vielerorts Arbeitsplätze verloren gehen: Es ist günstiger, Waren von außerhalb zu beziehen, als sie lokal herzustellen. Und die Verteilung der Güter erfolgt in den Güterverteilzentren, aber nicht vor Ort.

Besonders erheblich ist der Verlust von Arbeitsplätzen dort, wo der Abbau von Bodenschätzen eingestellt wurde, große Industriebetriebe geschlossen und militärische Übungsplätze aufgegeben wurden. Zahlreiche Arbeitsplätze gingen auch in der Landwirtschaft verloren: Der Trend, kleine Bauernhöfe aufzugeben, ist noch nicht gebrochen. Viel Land wird allerdings weiterhin bearbeitet, weil kleine Betriebe zu größeren zusammengelegt werden.

Eine Konzentration auf einzelne Gebiete ist ebenso im Tourismus zu beobachten. Als Ferienziele begehrt sind nach wie vor das Hochgebirge und das Meer. Sommers wie winters geschätzt sind Urlaubsziele in den Alpen. Wenn kein Schnee gefallen ist, werden Pisten mit Kunstschnee präpariert. Beliebte Ferienziele am Meer liegen vor allem an der Ostseeküste Mecklenburg-Vorpommerns und im Südosten Schleswig-Holsteins sowie auf den Nordseeinseln. Auch viele Seen werden gerne aufgesucht, die mecklenburgischen Seen rings um die Müritz mit dem großen Ferienzentrum Fleesensee, der Bodensee und die oberbayerischen Seen. Die Touristenzahlen in den Mittelgebirgen nehmen dagegen ab; Wanderferien im deutschen Wald sind längst nicht mehr so beliebt wie Jahrzehnte zuvor.

All dies sind ökonomische und soziologische, auch demographische Veränderungen. Sie alle schlagen sich in der Landschaft nieder. In benachteiligten Regionen werden Siedlungen verlassen. Häuser stehen leer, die Rollläden sind heruntergelassen oder die Fenster mit Brettern vernagelt. Viele Häuser verfielen oder wurden abgerissen, auch Fabrikanlagen und große Wohnblocks. Große Teile von Plattenbausiedlungen in den östlichen Bundesländern wurden „rückgebaut"; Hochhäuser wurden aber auch im Westen Deutschlands gesprengt oder abgerissen, beispielsweise in Hannover. Ganze Industriegebiete wurden verlassen und nun in noch viel größerem Rahmen rekultiviert als Jahrzehnte zuvor. Ganze Landschaften wurden im Ruhrgebiet, rings um Bitterfeld, südlich von Leipzig, bei Senftenberg und Cottbus sowie in der Oberlausitz neu gestaltet. Dort entstanden Seen mit Freizeitanlagen, große Parkanlagen, vor allem der IBA-Emscher-Park im Ruhrgebiet, auch auffällige Landmarken wie „Ferropolis" bei Gräfenhainichen, wo ausgediente gigantische Braunkohlenbagger und Absetzbrücken zu einem bizarren Gebilde zusammengefügt wurden. In den meisten Fällen gelang es nicht, neue Arbeitsplätze an diesen Orten zu schaffen.

In der Lüneburger Heide und der Prignitz, in Schleswig-Holstein, bei Berlin, in der Lausitz und auf der Schwäbischen Alb wurden große Truppenübungsplätze entbehrlich. Diese Flächen wurden überwiegend zu Gebieten für den Naturschutz. Die militärische Nutzung brachte es mit sich, dass trotz aller ökologischer Beeinträchtigungen, die von Panzerspuren, Geländeverunreinigungen und Flächenbränden ausgingen, vielerorts überkommene Landschaftsstrukturen erhalten blieben. Nun setzt sich überall die natürliche Sukzession durch. An einigen Orten baute man ehemalige Militärflugplätze zu zivilen Flughäfen um. Dies gelang in Hahn in Rheinland-Pfalz besonders gut, und man versucht nun Entsprechendes in Laage bei Rostock, Nobitz bei Altenburg und bei Baden-Baden, obwohl eine Notwendigkeit für die Nutzung dieser Flughäfen nicht besteht: Nur wenige Flugzeuge pro Tag starten und landen regelmäßig an diesen Orten. Nur

Riesiges Weizenfeld bei Salzgitter; ganz im Hintergrund der Harz mit dem Brocken.

wenige Arbeitsplätze entstehen in der Nähe dieser Anlagen. Weite Flächen haben eine unklare Zukunft.

Gleiches gilt für Flächen, die bisher von extensiv betriebener Landwirtschaft genutzt wurden. Sämtliche Heideflächen, Magerwiesen, Streuwiesen an den Seen, Boddenwiesen an der Ostseeküste, das Feuchtgrünland des Spreewaldes und die Halligwiesen an der Nordseeküste werfen keinen oder nur geringen Profit ab, aus wirtschaftlichen Gründen werden sie nicht mehr genutzt. Durch Pflege des Landes gelingt es, viele dieser Flächen in einem Zustand zu erhalten, der einem Status quo entspricht. Kleine Felder verschwinden. Viele Hecken und Obstbäume werden nicht mehr gepflegt, Obstbäume sogar oft nicht einmal mehr abgeerntet. Zwischen den verwildernden Gehölzen breitet sich Gestrüpp aus.

Die Konzentration in der Landwirtschaft ist auch daran zu erkennen, dass ganze Gutsanlagen aufgelassen (Rotspalk bei Güstrow) und Felder weiterhin vergrößert werden. Am Beginn des 21. Jahrhunderts sind viele Äcker in den westlichen Bundesländern ähnlich groß geworden wie diejenigen, die von der kollektivierten Landwirtschaft im Osten bewirtschaftet worden waren. Dies hatte möglicherweise sogar ökologische Folgen, die Naturschützer als Erfolge feiern: In Niedersachsen und Schleswig-Holstein breiten sich Kraniche aus. Die Vögel brauchen große Flächen, um landen und starten zu können, und sie müssen ihre Umgebung recht weit überblicken können.

Erosion soll dadurch verhindert werden, dass viele Flächen nicht mehr gepflügt, sondern gemulcht werden: Strohreste und Ernterückstände verbleiben im Boden, damit dessen Qualität verbessert wird. Mit teuren Methoden des soge-nannten „Precision farming" wird jedem Stück Ackerfläche nur so viel Mineral-dünger zugeführt, wie jeweils gebraucht wird; zuvor werden die Ernteergebnisse des Vorjahres genauestens analysiert, um den jeweiligen Bedarf an Mineralstof-fen genau zu ermitteln. Über den integrierten Pflanzenschutz werden Pestizide nur noch dann zugeführt, wenn dies notwendig ist. Eine vorbeugende Pestizidbe-handlung findet dagegen nicht mehr statt. Als Folge werden Nahrungsmittel, Böden und Gewässer erheblich weniger belastet als zuvor.

Ein ökonomisches Wachstum kann in vielen Gegenden nur von neuen Formen der Energiegewinnung ausgehen. Unübersehbar in der Landschaft sind die zahl-reichen Windkraftanlagen, die am Ende des 20. und zu Beginn des 21. Jahrhun-derts errichtet wurden. Vor allem an den Küsten von Nord- und Ostsee sowie auf weiträumigen Ackerflächen in den östlichen Bundesländern wurden unzäh-lige Windräder aufgestellt, auch an den Rändern zahlreicher Mittelgebirge – am Westrand des Schwarzwaldes ebenso wie im oberhessischen Bergland. Die Subventionierung der Einspeisung von Strom, der mit Solaranlagen gewonnen wird, hat dazu geführt, dass derartige Anlagen auf vielen Hausdächern montiert wurden. Dies wirkt sich auf Landschaft aus: Viele Ortsbilder werden durch den grellen Schein der in der Sonne blinkenden Solaranlagen in Mitleidenschaft ge-zogen. An etlichen Orten wurde sogar die landwirtschaftliche Nutzung aufge-

Windkraftanlagen am Nordseedeich nordwestlich von Niebüll.

geben, um Solaranlagen auf Flächen zu installieren, beispielsweise bei Mering in Bayern. Nicht minder deutlich auf das Bild der Landschaft wirken sich der verstärkte Anbau von Raps und Mais aus. Dabei geht es nicht mehr allein um die Bereitstellung von Futtermitteln, sondern um den Anbau von Rohstoffen für die Herstellung von Biodiesel und die Versorgung von Biogasanlagen.

Fatalerweise wirken in vielen Gegenden der industrielle Rückzug, der Rückgang an Urlaubsgästen und der Umbau der Landwirtschaft zusammen. Arbeitsplätze verschwinden; als Folge davon sinkt das Interesse an diesen abgelegenen Bereichen, und die zuvor jahrhundertelang aufgebaute Infrastruktur zieht sich aus der Fläche zurück. Dadurch wird der Abbau an Arbeitsplätzen weiter verstärkt, und das Interesse an den Regionen sinkt noch mehr: Diese Teufelsspirale scheint kaum aufzuhalten zu sein.

Durch viele Gegenden ziehen sich heute nur die Autobahnen. Viele von ihnen sind in die Breite gewachsen, indem neben die ursprünglichen zwei Fahrspuren in jede Richtung weitere Spuren gelegt wurden. Zu neuartigen Agglomerationen wurden viele Autobahnausfahrten und Rastplätze. An den Autobahnausfahrten wurden nicht nur die bereits erwähnten Güterverteilzentren aufgebaut, sondern auch Freizeiteinrichtungen: In Bispingen in der Lüneburger Heide findet man ein reichhaltiges Angebot, das aus Raststätten, einem Ferienpark, einer Kartbahn und einer Sommerskihalle besteht, in der man zu jeder Jahreszeit Ski laufen kann. Sie soll an das Ötztal bei Sölden erinnern. Andernorts kommt man von der Auto-

Sechsspurige Autobahn mit aufwendigen seitlichen Befestigungen und Lärmschutzwänden (bei Ludwigsburg).

bahn rasch zu den Freizeitparks: zum Hansapark bei Sierksdorf, ins Fantasialand bei Brühl, zum Europapark in Rust oder zum Legoland bei Günzburg. Auch am südlichen Stadtrand von Leipzig (Belantis), in Sottrum bei Derneburg, Geiselwind und Sinsheim findet man Freizeitparks, in denen man aneinandergereihte Versatzstücke aus fernen Welten besichtigen kann, aber auf die heimische Landschaft nicht oder nur sehr fragmentarisch verwiesen wird. Das meiste dort Gebotene ist austauschbar, auch wenn darauf verwiesen wird, die eigene Anlage habe die größte Achterbahn oder Ähnliches zu bieten. Andernorts gibt es Einkaufszentren direkt an der Autobahn (bei Merseburg und Tamm bei Ludwigsburg) und gigantische Möbelgeschäfte (Senden bei Ulm, Eching bei München). Erheblich gewachsen sind die Anlagen von Autobahnrasthöfen mit riesigen Tankstellen, Gaststätten und vor allem Parkplätzen. Denn dort muss für unzählige Lastwagen Platz geschaffen sein, deren Fahrer die gesetzlichen Ruhezeiten einhalten müssen. Viele von ihnen sind auf weiten Strecken unterwegs; der Wegfall des Eisernen Vorhangs und die Erweiterung der Europäischen Union nach Osten haben dazu geführt, dass die Warenströme zwischen den Nordseehäfen Belgiens, der Niederlande und Deutschlands auf der einen, Polen, Tschechien, der Slowakei und den baltischen Ländern auf der anderen Seite erheblich angewachsen sind. Doch auch zwischen den Nordseehäfen und dem Mittelmeerraum werden wesentlich mehr Güter transportiert. Weil andere Transportwege (Schiene, Wasserwege) nicht zur Verfügung stehen oder nicht ausreichend ausgebaut sind, werden sehr viele Waren mit dem LKW befördert. Die Lastwagen ersetzen viele Lagerflächen von Industriebetrieben, weil es heute darauf ankommt, bestimmte Produkte der Zulieferindustrie „just in time" bereitzustellen. Trotz der Überfülle und zahlreicher Verkehrsstauungen auf den Autobahnen gelingt dies offensichtlich bei einem Transport mit dem LKW noch am besten. Autobahnrastplätze sind so etwas wie mobile Lagerhäuser von Handel und Industrie geworden – bei erheblichem Flächenverbrauch.

Nicht nur viele Straßen und im weitesten Sinne dazugehörende Anlagen werden immer weiter ausgebaut. Auch bestehende Flughäfen wurden stark erweitert, an einigen Orten sogar neu gebaut. Völlig neu entstand der Münchner Flughafen bei Freising, und zum großen Teil neu gebaut wird der Flughafen Schönefeld südlich von Berlin. Weiter vergrößert wurden die Anlagen von Düsseldorf, Stuttgart und Hannover. In der dicht besiedelten Schweiz gibt es Probleme, überhaupt Flugplätze von ausreichender Größe mit den dazugehörenden Einflugschneisen einzurichten: Der Flughafen von Basel liegt auf französischem Gebiet, Einflugschneisen zum Zürcher Flughafen führen über Deutschland. Erheblich ausgebaut wurde das Airbuswerk in Hamburg. Dies war nur möglich, indem man Wasserflächen an der Elbe überbaute und An- und Abflugschneisen über dicht besiedeltes Gelände legte. Man nahm sogar das Sicherheitsrisiko in Kauf, das davon ausgeht, dass sich die Anflugbahnen des Airbuswerkes und des Hamburger Flughafens Fuhlsbüttel in gefährlicher Weise kreuzen.

Der Eisenbahnverkehr in die Fläche wurde vor allem in Deutschland erheblich abgebaut, viel mehr als in Österreich und in der Schweiz. Nach der Einstellung zahlreicher Verbindungen wurde auch der noch verbliebene Güterverkehr auf vielen Strecken stillgelegt. Auch entlang bestehender Strecken wurden zahlreiche Güterbahnhöfe aufgegeben, darunter große Anlagen wie in Stuttgart-Untertürkheim, Magdeburg, Heidelberg und Löhne. Auf einigen Hauptbahnen hingegen hat der Verkehr derart stark zugenommen, dass weitere Verdichtungen der Fahrpläne nicht mehr möglich sind. Dies ist sicher einer der Gründe für die starke Zunahme des LKW-Verkehrs auf den Autobahnen. Notwendig ist die Entflechtung des schnellen Reise- und des langsameren Güterverkehrs auf der Schiene. Dies gelang bereits durch den Bau mehrerer Schnellfahrstrecken in Deutschland und Frankreich; hinzu kommen seit dem Beginn des 21. Jahrhunderts die Linie von Zürich nach Bern und die österreichische Westbahn zwischen Wien und Salzburg. Wo parallele Schnellfahrstrecken entstanden sind, können die früheren Hauptlinien verstärkt von Güterzügen genutzt werden: am Mittelrhein, im Leinetal zwischen Göttingen und Hannover, im Maintal zwischen Würzburg und Gemünden. Dabei entsteht ein neues Problem: Sehr laute Güterzüge machen die Orte an den Bahnlinien unattraktiver, vor allem der Tourismus am Rhein geht zurück. Abhilfe lässt sich vielerorts mit Lärmschutzwänden schaffen, die aber Landschaftskompartimente in neuer Weise voneinander abtrennen und den Blick von Bahnreisenden in die freie Landschaft verhindern. Aus besonderem Grund wurden kilometerlange Wälle an der Schnellbahnstrecke von Hannover nach Berlin aufgeworfen: Man will damit dort vorkommende Großtrappen schützen. Diese Anlage ist ein besonders auffälliges Indiz dafür, dass zwar eine bestimmte Vogelart geschützt wird, man aber immer mehr darauf verzichtet, den Landschaftscharakter zu bewahren: Haushohe Wälle neben der Bahnlinie beeinflussen das Bild der Landschaft stärker als die Bahnlinie allein, und sie verhindern, dass Bahnreisende die Landschaft neben der Strecke überblicken können.

Auch beim Schiffsverkehr kommt es zu einem Ausbau und einer Konzentration auf wenige Wasserstraßen, während andere kaum noch befahren werden. Zu Anfang des 21. Jahrhunderts nahm vor allem die Menge an transportierten Containern zu; immer zahlreichere und größere Containerschiffe fuhren über die Weltmeere zu belgischen, niederländischen und deutschen Häfen. Die Niederelbe wurde immer weiter ausgebaggert, damit größere Containerschiffe den Hamburger Hafen erreichen konnten. Dort und in Bremerhaven entstanden riesige Containerterminals. In diesen Häfen werden Container von Schiffen nicht nur auf Eisenbahnzüge, Lastwagen und Binnenschiffe umgeschlagen, sondern auch auf sogenannte Feederschiffe, die von den Nordseehäfen aus vor allem zu den Ostseehäfen fahren. Der Nord-Ostsee-Kanal und die sehr flache südwestliche Ostsee können von den größten Containerschiffen der Welt nicht befahren werden; dafür besteht aber auch keine wirtschaftliche Notwendigkeit, weil die Menge der Container, die nach Schweden, Finnland, Russland, Polen und die baltischen

Kilometerlang erstreckt sich der Containerhafen von Bremerhaven.

Länder transportiert werden müssen, nicht so groß ist wie diejenige, die für alle Destinationen gemeinsam aus Nordamerika und Ostasien in Westeuropa ankommt. Aus diesem Grund wurde der Neubau eines weiteren Tiefwasserhafens für die größten Containerschiffe der Welt notwendig. Der gewählte Standort in Wilhelmshaven am Jadebusen ist aus ökologischer Sicht besonders günstig, denn die Zufahrt nach Wilhelmshaven muss weniger stark ausgebaggert werden als die Unterläufe von Weser und Elbe, die von der Flussströmung immer wieder versanden. In den Jadebusen münden dagegen keine Flüsse; er versandet erheblich weniger, und die Fahrrinne vor Wilhelmshaven wird durch die regelmäßigen Tideströmungen freigehalten.

Der Binnenschiffsverkehr wächst vor allem auf dem Rhein und auf dem Mittellandkanal. Andere Flüsse, vor allem die Donau und die Elbe, müssten für die ganzjährige Verwendung von Binnenschiffen, die auf dem Rhein unterwegs sind, aufwendig ausgebaut werden. Dagegen bestehen erhebliche Bedenken. Eventuell ist es günstiger, flachere Binnenschiffe zu entwerfen, die auf diesen sowie auch weiteren Flüssen verkehren. Ihre Bauformen könnten an Vorbildern von Schiffen ausgerichtet werden, die in früheren Jahrhunderten auf zeitweise wasserarmen und daher flachen Flüssen unterwegs waren.

Neben ökonomischen Zielen gewinnen auch ökologische an Bedeutung, was von der Bevölkerung und zunehmend von Naturschutzexperten eingefordert wird. Die Europäische Union bestand darauf, dass aus allen Mitgliedsländern

Vogelschutz- und FFH-Gebiete gemeldet werden mussten. In letzteren geht es um den Schutz von Besonderheiten von Flora, Fauna oder Habitat (Lebensraum). Dabei wurde ein Typenkatalog vorgegeben; entsprach ein Gebiet einem Typ, konnte es gemeldet werden. Das klingt gut, aber es besteht die Gefahr, dass die gemeldeten Gebiete auf eine Weise gepflegt werden, dass sie den Charakteristika eines Biotoptyps entsprechen. Dabei könnte aber ihre individuelle Prägung verloren gehen.

Werden Schutzgebiete zerstört oder beeinträchtigt, werden Ausgleichs- und Ersatzmaßnahmen gefordert. Nach dem Umbau einer Landschaft durch eine neue Nutzung muss auch eine zweite noch umgebaut werden, um ökologische Funktionen oder besondere Standorte von Tieren oder Pflanzen wieder herzustellen. Ökologische Funktionen und Standortverluste für bestimmte Arten lassen sich zwar unter Umständen ausgleichen. Einen Ersatz für eine zerstörte Landschaft kann man aber nicht schaffen. Jede Landschaft ist einmalig und erhält durch eine neue Gestaltung oder eine veränderte Nutzung ein neues Gesicht.

Nationalparks werden als Vorranggebiete für Natur verstanden. Viel weniger Gedanken macht man sich um dort geschaffene einmalige Landschaften, die auch unter dem Einfluss des Menschen zustande kamen. An der Nordsee ist nicht nur das Wattenmeer weltweit einmalig, sondern auch die jahrhundertelange Schaffung von Neuland. Dazu gehören die Halligen mit ihren Warften, die eingedeichten Köge, die verschiedenen Küstenhäfen, letztlich auch die gesamte Kultur der Marschgebiete. Im Hochgebirge sind nicht nur Alpenpflanzen und -tiere schützenswert, sondern auch die Almwirtschaft insgesamt. Die in Landschaften bestehenden Zusammenhänge aus Natur, Nutzung und Ideen wurden bislang kaum einmal geschützt.

Überall wird deutlich: Ökonomische Funktionen von Landschaften stehen eindeutig im Vordergrund des Interesses. Aber auch ökologische Funktionen werden vielerorts beachtet. Zusammenhänge hingegen gehen verloren, ebenso das Interesse der Menschen an Umwelt, Landschaft und auch an ihren Mitmenschen. Selbst dies lässt sich an der Landschaft ablesen. Es mangelt am Miteinander, am Verständnis dafür, was in der Landschaft geschieht.

Man wird sich fragen müssen, ob künftig neben einer Ausweitung neuer Formen von Landnutzung durch Industrie- und Verkehrsanlagen eher der Schutz von Natur oder der Schutz von Landschaft mit allen ihren Zusammenhängen im Vordergrund stehen sollte. Diese Frage ist aus juristischer Sicht nicht zu beantworten, sondern nur von Experten und Menschen, für die Landschaft Heimat bedeutet. Dabei ist auch die Frage zu stellen, ob es in Zukunft eher um den Schutz für das gesamte Land oder nur für einzelne Zentren gehen sollte.

34. Landschaft im Wandel

Die Darstellung der Landschaftsgeschichte hat nicht allein den Zweck, durch Zusammenfassung von Erkenntnissen Kulissen zu errichten, vor denen sich historische Entwicklungen abgespielt haben. Vielmehr soll damit der Versuch unternommen werden, das Erscheinungsbild der heutigen Landschaft zu erklären. Wird Landschaft ohne ihre Geschichte beschrieben, werden die Zusammenhänge nicht klar, die zum heutigen Erscheinungsbild geführt haben, und der Charakter von Landschaften wird ohne die Darstellung von deren Geschichte nicht deutlich.

In der Landschaft, die uns umgibt, stoßen viele unterschiedliche Nutzungsräume, Landschaftstypen, vom Menschen besiedelte und unbesiedelte Areale aneinander, verschiedene Ökosysteme und Biotope, die zu unterschiedlichen Zeiten Impulse für ihr heutiges Erscheinungsbild erhalten haben. In der Ökologie und Geographie sind zahlreiche Methoden entwickelt worden, unsere aktuelle Umwelt zu beschreiben. Zu wenig werden dabei aber die historischen Entwicklungen beachtet, die zur Ausprägung der heutigen Landschaft führten. Immer wieder versuchte man, aus aktuellen Gegebenheiten auf die Vergangenheit zu schließen, was zum Beispiel an der wichtigen, aber nie beantwortbaren Frage nach den Prozentanteilen früherer Bewaldung deutlich wird, wo sich doch die Grenze zwischen Wald und „Nichtwald" in ihrer heutigen Prägnanz erst im 19. Jahrhundert herausgebildet hat.

Ökologen und Geographen beklagen den Landschaftswandel, fassen ihn aber meistens nur mit den beiden Worten „früher" und „heute", also nur mit zwei Zeitebenen. Das „Früher" muss aber, wie die Beschäftigung mit der Landschaftsgeschichte zeigt, in zahlreiche zeitliche Ebenen aufgelöst werden; dies zu versuchen ist ein zentrales Anliegen dieses Buches. Die Spuren früherer Bebauung und Landschaftsgestaltung liegen wie dünne Zwiebelschalen übereinander, wie man es aus archäologischer Sicht ausdrücken könnte. Aber auch das ist eigentlich nicht der Fall, denn vielfach finden sich die Spuren alter Landschaften nicht geschichtet im Boden, sondern an der Erdoberfläche, nebeneinander, miteinander verwoben.

Wir sind auf Schritt und Tritt mit den Folgen der Geschichte der Landschaft konfrontiert. Dabei scheinen die Spuren der jüngsten Vergangenheit deutlicher erkennbar zu sein, also zum Beispiel die Folgen von Flurbereinigung und Industrialisierung. Die älteren Abschnitte der Geschichte bestimmen unser Leben aber stärker, als es uns bewusst ist.

Geologische Kräfte formten die „nackte" Landschaft; die Lage der Alpen und die mehrfachen Klimaänderungen des Eiszeitalters führten zur Verarmung der mitteleuropäischen Flora. Die Klimaerwärmung verwandelte Mitteleuropa in ein Waldland. Der Mensch, ein Lebewesen abwechslungsreicher Umwelt, drang in diese Landschaft ein und veränderte sie; zuerst gestaltete er kleine Gebiete um, dann immer größere, schließlich ganz Mitteleuropa. Die anthropogene Landschaftsveränderung war von Anfang an radikal: Wald wurde beseitigt, konnte sich regenerieren, Flussläufe wurden verändert, neue Pflanzen und Tiere nach Mitteleuropa eingeführt. Aussichts- und Ökotopengrenzlage bestimmten die Wahl der Aufenthalts- und Wohnorte des Menschen zu jeder Zeit, wenn auch aus immer wieder sich wandelnden Gründen. Mit neuen Ackerbaumethoden und Werkstoffen eroberte der Mensch neue Siedelräume, Gebirge, steinige, unfruchtbarere Regionen, das Land an der Küste. Der dichte Wald wurde an immer mehr Stellen aufgelichtet. Immer neue Pflanzen und Tiere wurden in Mitteleuropa heimisch. Die Kammerung und Gliederung der Landschaft wurde vielfältiger. Neue Siedlungstypen entstanden, Städte, Klöster, Burgen. Das Dorf wandelte sich: Zunächst hatte es geringe Platzkonstanz, dann wurde seine Lage fixiert, städtische Siedelweisen griffen immer mehr aufs Land über. Gewässerverunreinigung wurde schon im Umkreis römerzeitlicher und mittelalterlicher Städte zu einem fühlbaren Problem. Gewässer wurden nach menschlichen Bedürfnissen verändert, Gruben ausgehoben, Halden aufgeworfen. Diese Tendenzen nahmen im Verlauf der Geschichte zu. Die Wälder schrumpften, der Wasserabfluss wurde beschleunigt, aber auch wieder durch das Anlegen zahlreicher Mühlweiher und Fischteiche verlangsamt. Große Raubtiere wurden ausgerottet, ihre Beutetiere breiteten sich aus. Die Landschaft wurde neu eingeteilt, vermessen. Straßen wurden fixiert, sodann die Grenzen zwischen Land und Meer, Wald und Offenland, zwischen Wiese, Weide und Acker.

Mit der Zunahme der Zahl von Nutzungsräumen stieg auch die Artenvielfalt; immer mehr Tiere und Pflanzen wurden in Mitteleuropa als Kulturfolger heimisch. Die Landschaften wurden stets aufs Neue verändert, vor allem unter dem Einfluss der Landwirtschaft, die das Ziel vor Augen haben musste, eine ausreichende Ernährung für immer mehr Menschen bereitzustellen, ein Ziel, das sie nicht immer erfüllen konnte. Aber trotz aller Veränderungen der Landschaft gelang es, Mitteleuropa zu einer der ökologisch stabilsten Regionen der Welt werden zu lassen; fast nirgendwo sonst auf der Welt wird schon seit über 7000 Jahren ohne größere Krise Ackerbau betrieben.

Die Waldzerstörung und die Übernutzung der Landschaft hätten aber im 18. Jahrhundert und zu Beginn des 19. Jahrhunderts in eine ökologische Katastrophe führen können. Seitdem wurden Wälder aufgebaut und bewirtschaftet. Heute haben wir zwar mit negativen Folgen der Verwendung standortfremder Holzarten zu kämpfen, aber man darf nicht vergessen, dass es damals gelang, dem Wald einen generellen Fortbestand in Mitteleuropa zu sichern.

Letztlich wurde die ökologische Katastrophe durch die Industrialisierung verhindert. Sie führte zur Nutzung neuer Rohstoffe und zur Schaffung neuer Verkehrsnetze. Gerade die Industrialisierung wird aber aus ökologischer Sicht eher anders bewertet, denn ihre negativen Folgen auf die Umwelt waren viel offensichtlicher: Luft- und Gewässerverunreinigung, Saurer Regen und Waldsterben, Landschaftsverbrauch, Abraumhalden, Bodenverseuchung. Als Gegensatz dazu wurde eine im Umbruch begriffene Agrarlandschaft verstanden, die dank des von der Stadt ins Dorf fließenden Geldes im 19. Jahrhundert eine oft verklärte Blütezeit erreichte.

Die moderne Landwirtschaft wird ebenfalls kritisiert, weil sie alte, gewachsene Strukturen in der Landschaft beseitigte, zur Gewässerverunreinigung beitrug, zur Überdüngung des Bodens, die Voraussetzungen für Winderosion schuf. Aber Auswirkungen der Industrialisierung, neue Geräte und Maschinen, und die Bodendüngung haben zur Erfüllung eines alten Zieles der Mitteleuropäer geführt: Alle Menschen in dieser Region können satt werden und sich vielfältig ernähren.

Die heute zu verzeichnenden Überschüsse nicht nur an Nahrungsmitteln, sondern auch an Holz und vielen Industrieprodukten erleichtern es uns, durch Landschaftsgestaltung und Rekultivierung negative Folgen der Übernutzung zu beseitigen und zu verhindern, dass andere Rohstoffe wie Luft und Trinkwasser zu Mangelwaren werden. In diesen Zusammenhang müssen Überlegungen über die Zukunft nicht mehr genutzten Landes, der Brachflächen, gestellt werden. Alleen und Feldgehölze, die richtigen Tiefen von Gräben und Mäander der Flüsse sind wichtig für die Stabilität der Landschaft. Man hat in den Zeiten der landwirtschaftlichen „Erzeugungsschlacht" ihren Sinn vergessen; diesen Fehler gilt es zu korrigieren.

In Mitteleuropa ist der Schutz der Umwelt zu einem besonderen Anliegen der Gesellschaft geworden, das einen höheren Stellenwert einnimmt als in den meisten anderen Industrieländern. Das liegt sicher zum Teil in der Herausbildung des Heimatgefühls im 19. Jahrhundert begründet, was anderswo so nicht stattfand, oder – anders ausgedrückt –, mit der technischen und geistigen Bewältigung der drohenden ökologischen Katastrophe in der Zeit der Industrialisierung, im Spannungsfeld von Revolution und Restauration. Umweltschutz, Naturschutz und Landschaftsschutz als populär unterstützte Ziele resultieren daraus, ein eigenartiges ideologisches Gemisch aus konservativen und progressiven Gedanken.

Dem Einfluss des Umweltschutzgedankens hat sich die Industrie nicht entzogen. Im Gegenteil: Rauchgasentschwefelungsanlagen, Kläranlagen, Einspritzpumpen und Katalysatoren für Autos wurden in den 1980er Jahren zu Exportschlagern der deutschen Industrie. Für Stoffe, deren schädliche Wirkung auf die Umwelt man erkannt hat, werden Ersatzstoffe bereitgestellt, man denke nur an Asbest, DDT und Fluorchlorkohlenwasserstoffe, wobei die deutsche Industrie wiederum weltweit eine Vorreiterrolle übernahm und deutsche Gesetze zur Einhaltung strengster Normen verpflichten.

„Narben", die vor allem im Zeitalter der Industrialisierung der Landschaft zugefügt wurden, werden nach Kräften beseitigt. Steinbrüche, Kiesgruben und Tagebaue werden zugefüllt und rekultiviert, zum Teil mit enormem technischen Aufwand; Müll und lockeres Erdreich, mit denen man Gruben auffüllt, geben schließlich nicht die gleiche Festigkeit wie das abgebaute Gestein, und es muss verhindert werden, dass Umweltgifte aus dem Müll in das Grundwasser treten. Aus Baggerseen werden Badeseen; die neu entstandenen Gewässer werden von zahlreichen Tier- und Pflanzenarten als Lebensraum angenommen. Mit Hilfe der Kläranlagen gelingt es, innerhalb weniger Jahre aus verunreinigten Gewässern wieder saubere zu machen; dies zeigen die Erfolge an der Ruhr, am Chiemsee und am Bodensee, am Rhein und an der Weser, nun auch an der Elbe. Das Wasser von Nord- und Ostsee muss ebenfalls sauberer werden – eine Herausforderung, die Gesellschaft und Industrie begriffen haben.

Doch auch so lebensfeindlich aussehende „Monster" wie alte Halden, Steinbrüche und stark verschmutzte Gewässer wurden zu Lebensräumen von sich neu ausbreitenden Tier- und Pflanzenarten. Die Beseitigung dieser Standorte und die anschließende Rekultivierung von Industriebrachen können durchaus auch zum Verlust an Tier- und Pflanzenarten führen. Wären alle mittelalterlichen Abraumhalden an Erzbergwerken rekultiviert worden, hätte es nicht zur Ausbildung der Schwermetallvegetation kommen können. Auch die Rekultivierung ist eine Neuschöpfung und Veränderung von Landschaft, keine Schaffung von Natur (also keine Renaturierung, die es grundsätzlich nicht gibt und nicht geben kann), und jede Landschaftsveränderung verursacht einen Wandel im Inventar von Tier- und Pflanzenarten.

Überlässt man ehemals genutzte Landschaften sich selbst, unterbindet also jede weitere Nutzung durch den Menschen, tritt der Wandel für Fauna und Flora ebenfalls ein. Denn es laufen dann natürliche Sukzessionen ab: Jeder See wird irgendwann verlanden, und jede offene Heide wird irgendwann zum Wald. Die Tier- und Pflanzenarten, über die die Sukzession hinweggeht, werden benachteiligt; sie sterben aus, wenn nicht an einem anderen Platz in der Landschaft sich wieder geeigneter Lebensraum für sie findet. Dieses Problem ist heute an vielen Stellen virulent. Die Anzahl verschiedenartiger Nutzungsräume sinkt im Zeitalter einer immer großflächiger agierenden Landwirtschaft, die mit Mineraldünger und Pestiziden auf jedem Ackerboden immer gleichförmigere Lebensbedingungen herstellen kann und ehemals nur extensiv genutzte, aus ökologischer Sicht sehr spezielle Nutzungsstandorte aufgibt. Es wird also nicht nur die insgesamt genutzte Agrarfläche kleiner; auch die Vielfalt der verschiedenen Standorte nimmt erstmals in der Geschichte der Kulturlandschaft ab. Damit verbunden ist als zentrales Problem des Naturschutzes der drohende und vielfach schon eingetretene Schwund an Tier- und Pflanzenarten, der, um ein neues Schlagwort dafür zu nennen, Rückgang der Biodiversität.

Diese zum Teil dramatische Dezimierung wird in zahllosen Floren- und Faunenwerken, in „Roten Listen", angeprangert. Die Unter-Schutz-Stellung von

Lebewesen und der Schutz ihrer Lebensräume, also die Ausweisung von Naturschutzgebieten, sollen dem entgegenwirken. Nutzt man die Lebensräume bedrohter Tier- und Pflanzenarten nicht genau wie bisher weiter, verschwinden die bedrohten Lebewesen dennoch: Birken machen sich auf Heiden breit, später Eichen und Buchen. Mäht man bisher beweidete Heideflächen, verhindert man wohl die Verbuschung; aber es werden dann alle Pflanzen gestutzt und nicht nur die, die das grasende Vieh selektiv bevorzugt. Die auf Viehweiden stehengebliebenen und daher häufiger gewordenen Arten von Orchideen und Enzian sowie die Silberdistel werden bei Mahd genauso gestutzt wie ehemals allein die vom Vieh gefressenen Pflanzen; die unter Naturschutz stehenden Gewächse extensiv genutzter Viehweiden werden durch Pflegemahd seltener. Stellt man eine Streuobstwiese unter Naturschutz, schneidet aber die Apfelbäume und das Gras darunter nicht mehr, verändert sich das Landschaftsbild ebenfalls. Alle Pflegepläne für Naturschutzgebiete rufen eine Wandlung der Tier- und Pflanzenwelt hervor, wenn sie nicht zur genauen Beibehaltung der historisch überkommenen Nutzung führen; streng genommen müssten Heideflächen sogar von Zeit zu Zeit umgebrochen und mit Buchweizen bestellt, ja sogar abgebrannt werden, was das deutsche Naturschutzgesetz verbietet.

Die Weiternutzung extensiv bewirtschafteten Agrarlandes nach alter Väter Weise wäre der beste „Naturschutz". Aber er kann nicht Ziel einer auf Ertragssteigerung und Rationalisierung ausgerichteten Landwirtschaft sein. Es kostet sehr viel Geld und Arbeit, genauso wie vor einhundert Jahren kleine Äcker zu bewirtschaften, ohne moderne Traktoren, Pflüge, Sämaschinen und Mähdrescher. Das Gleiche gilt für die Beweidung von Heiden und Hudewäldern: Hirten müssten dort wie einst ihre kleinen Herden aus wenig „leistungsfähigen" Rindern, Schafen, Ziegen und Schweinen hüten.

Mit naturwissenschaftlichen Erwägungen allein sind die vom Natur- und Artenschutz aufgeworfenen Fragen nicht zu lösen. Das Betreiben eines „reinen Naturschutzes" wäre nämlich einfach: Man könnte alle natürlicherweise ablaufenden Sukzessionen zulassen und die dabei stattfindende Floren- und Faunenverarmung als naturgegeben hinnehmen. Dabei aber würden die meisten Orchideen, Enziane und Silberdisteln aussterben, Störche, Schwalben und Sperlinge sich zurückziehen, weil sie ja in die natürlichen Lebensgemeinschaften Mitteleuropas, die Wälder, nicht hineingehören. Wer dafür eintritt, dass diese Pflanzen und Tiere in Mitteleuropa heimisch bleiben, muss weniger einen konsequenten Naturschutz als einen Schutz der Landschaft und damit einen Kulturschutz betreiben. Sehr viele Tier- und Pflanzenarten sind bei uns nur deswegen heimisch, weil menschliche Kultur sie begünstigt hat. Wer diese Tatsache nicht beachtet und trotzdem einen „Naturschutz" fordert, dabei aber von der ursprünglichen Nutzung abweichende Pflegekonzepte erstellt, reißt Landschaftsteile und die in ihnen heimischen Tier- und Pflanzenarten aus einem inneren Zusammenhang heraus, zerstört Zusammenhänge, die in einer Landschaft einmal bestanden haben. Wer an mehr oder weniger gut dafür geeigneten Stellen einen Tümpel anlegt, schafft nur eine neue Struktur in der Landschaft, für die es keine Einbindung, keinen inneren Zusammenhang gibt.

Wie man die Konstanz der Lebensräume für die als Kulturfolge entstandene Vielfalt der Tier- und Pflanzenarten erhalten und dabei die natürlichen Sukzessionen, den Wandel, integrieren will, ist ein komplexes Problem, das nicht nur mit der Larmoyanz eines Epimetheus angegangen werden darf. Die Geschichte der Landschaft zeigt, dass es immer wieder neue „Initialen" für die Entstehung von Landschaftsstrukturen gegeben hat. Das Anlegen von Äckern, Bahndämmen, Müllhaufen und Parks führte stets zur Neu-Einbürgerung weiterer Tier- und Pflanzenarten, also zur Vergrößerung der Vielfalt. Konsequenterweise kann man sich daher nicht in jedem Fall gegen die Einführung weiterer Landschaftselemente stellen.

Die Kenntnis der Geschichte der Landschaft und jeder Versuch, Zusammenhänge zu erhellen, die zum Entstehen eines Lebensraumes beigetragen haben, sind wichtig für den Erhalt der Vielfalt der Lebensräume mit ihrem Pflanzen- und Tierarteninventar. Geschützt werden kann nur das, dessen Entstehung man kennt. Also ist, gerade wenn man sich über den hypothetischen und vorläufigen Charakter vieler Aussagen dieses Buches im Klaren ist, die intensive Beschäftigung mit der Geschichte der Landschaft die Voraussetzung für eine moderne Ökologie. Es wird dadurch klar, dass wir vor die Alternative gestellt sind, entweder Naturschutz zu betreiben mit allem Wandel, der dabei eine Rolle spielt, oder Landschaft zu schützen und deren Stabilität sowie alle Zusammenhänge, die darin erkennbar werden, aus kultureller Sicht zu wahren.

Literaturverzeichnis

Allgemeine Literatur

Bätzing, W., Die Alpen. Geschichte und Zukunft einer europäischen Kulturlandschaft. 3. Auflage, München 2003.

Becker-Dillingen, J., Quellen und Urkunden zur Geschichte des deutschen Bauern. Berlin 1935.

Berger, D., Geographische Namen in Deutschland. Herkunft und Bedeutung der Namen von Ländern, Städten, Bergen und Gewässern. Mannheim, Leipzig, Wien, Zürich 1993.

Bertsch, K. & F., Geschichte unserer Kulturpflanzen. Stuttgart 1947.

Born, M., Die Entwicklung der deutschen Agrarlandschaft. Darmstadt 1989.

Braun, G., Deutschland. Dargestellt auf Grund eigener Beobachtung, der Karten und der Literatur. Berlin 1916.

Burga, C. A. & Perret, R., Vegetation und Klima der Schweiz seit dem jüngeren Eiszeitalter. Thun 1998.

Burrichter, E., Vegetationsbereicherung und Vegetationsverarmung unter dem Einfluß des prähistorischen und historischen Menschen. Natur und Heimat 37(2), 1977, 46 – 51.

Dannenberg, H.-E., Fischer, N. & Kopitzsch, F. (Hrsg.), Land am Fluss. Beiträge zur Regionalgeschichte der Niederelbe. Stade 2006.

Drack, W. u. a., Ur- und frühgeschichtliche Archäologie der Schweiz. Basel 1968 ff.

Ellenberg, H., Vegetation Mitteleuropas mit den Alpen. Stuttgart 1978.

Firbas, F., Waldgeschichte Mitteleuropas. Jena 1949, 1952.

Franz, G., Deutsche Agrargeschichte. Stuttgart 1969 ff.

Franz, G., Geschichte des deutschen Gartenbaues. Stuttgart 1984.

Gradmann, R., Süddeutschland. Stuttgart 1931.

Grimm, J. & W., Deutsches Wörterbuch. Leipzig 1854 ff. Neudruck München 1984.

Haber, W., Was ist Landschaft? Zu Geschichte und Selbstverständnis der Landschaftsökologie. In: B. Busch (Hrsg.), Erde. Köln 2002, 361 – 372.

Haber, W., Zwischen Vergangenheit und ungewisser Zukunft. Eine ökologische Standortsbestimmung der Gegenwart. Rundgespräche der Kommission für Ökologie 32: Natur und Mensch in Mitteleuropa im letzten Jahrtausend. München 2007, 149 – 164.

Hegi, G., Illustrierte Flora von Mitteleuropa. München 1906 ff.

Hoskins, W. G., The Making of the English Landscape. Harmondsworth 1985.

Hüppe, J., Zur Entwicklung der Ackerunkrautvegetation seit dem Neolithikum. Natur- und Landschaftskunde 23, 1987, 25 – 33.

Hüppe, J., Die Genese moderner Agrarlandschaften in vegetationsgeschichtlicher Sicht. Verhandlungen der Gesellschaft für Ökologie 19(2), 1989, 424 – 432.

Jäger, H., Entwicklungsprobleme europäischer Kulturlandschaften. Darmstadt 1987.

Jankuhn, H., Schietzel, K. & Reichstein, H., Archäologische und naturwissenschaftliche Untersuchungen an ländlichen und frühstädtischen Siedlungen im deutschen Küstengebiet vom 5. Jahrhundert v. Chr. bis zum 11. Jahrhundert n. Chr. Band 2: Handelsplätze des frühen und hohen Mittelalters. Weinheim 1984.

Körber-Grohne, U., Nutzpflanzen in Deutschland. Stuttgart 1987.

Körber-Grohne, U., Gramineen und Grünlandvegetationen vom Neolithikum bis zum Mittelalter in Mitteleuropa. Bibliotheca Botanica 139, Stuttgart 1990.

Kossack, G., Südbayern: Mensch und Umwelt in vor- und frühgeschichtlicher Zeit. Oberbayerisches Archiv 103, 1978, 332–354.

Kossack, G., Behre, K.-E. & Schmid, P., Archäologische und naturwissenschaftliche Untersuchungen an ländlichen und frühstädtischen Siedlungen im deutschen Küstengebiet vom 5. Jahrhundert v. Chr. bis zum 11. Jahrhundert n. Chr. Band 1: Ländliche Siedlungen. Weinheim 1984.

Küster, H., Vom Werden einer Kulturlandschaft. Vegetationsgeschichtliche Studien am Auerberg (Südbayern). Weinheim 1988.

Küster, H., Gedanken zur Entstehung von Waldtypen in Süddeutschland. Berichte der Reinhold-Tüxen-Gesellschaft 2, 1990, 25–43.

Küster, H., Postglaziale Vegetationsgeschichte von Südbayern. Berlin 1995.

Küster, H., Auswirkungen von Klimaschwankungen und menschlicher Landschaftsnutzung auf die Arealverschiebung von Pflanzen und die Ausbildung mitteleuropäischer Wälder. Forstwissenschaftliches Centralblatt 115, 1996, 301–320.

Küster, H., Kleine Kulturgeschichte der Gewürze. Ein Lexikon von Anis bis Zimt. 3. Auflage, München 2003.

Küster, H., Die Ostsee. Eine Natur- und Kulturgeschichte. 2. Auflage, München 2004.

Küster, H., Die Elbe. Landschaft und Geschichte. München 2007.

Küster, H., Geschichte des Waldes. Von der Urzeit bis zur Gegenwart. 3. Auflage, München 2008.

Küster, H., Schöne Aussichten. Kleine Geschichte der Landschaft. München 2009.

Liedtke, H. & Marcinek, J. (Hrsg.), Physische Geographie Deutschlands. 2. Auflage, Gotha 1995.

Meynen, E. & Schmithüsen, J., Handbuch der naturräumlichen Gliederung Deutschlands. Remagen 1953 ff.

Müller-Karpe, H., Handbuch der Vorgeschichte. München 1966 ff.

Overbeck, F., Botanisch-Geologische Moorkunde. Neumünster 1975.

Piggott, S., Vorgeschichte Europas. Vom Nomadentum zur Hochkultur. München 1974.

Pott, R., Entstehung von Vegetationstypen und Pflanzengesellschaften unter dem Einfluß des Menschen. Düsseldorfer Geobotanische Kolloquien 5, 1988, 27–53.

Pott, R., Die Pflanzengesellschaften Deutschlands. Stuttgart 1992.

Pott, R., Entwicklung von Pflanzengesellschaften durch Ackerbau und Grünlandnutzung. Gartenbauwissenschaft 57(4), 1992, 157–166.

Pott, R., Geschichte der Wälder des westfälischen Berglandes unter dem Einfluß des Menschen. Forstarchiv 63, 1992, 171–182.

Pott, R., Farbatlas Waldlandschaften. Stuttgart 1993.

Pott, R., Die Nordsee. Eine Natur- und Kulturgeschichte. München 2003.

Pott, R. & Hüppe, J., Die Hudelandschaften Nordwestdeutschlands. Abhandlungen aus dem Westfälischen Museum für Naturkunde 53(1/2), Münster 1991.

Radkau, J., Natur und Macht. Eine Weltgeschichte der Umwelt. München 2000.

Reichholf, J.H., Eine kurze Naturgeschichte des letzten Jahrtausends. Frankfurt 2007.

Straka, H., Pollen- und Sporenkunde. Stuttgart 1975.

Wiegand, C. & Niedersächsischer Heimatbund (Hrsg.), Spurensuche in Niedersachsen. Historische Kulturlandschaften entdecken. 2. Auflage, Hannover 2005.

Zohary, D. & Hopf, M., Domestication of Plants in the Old World. Oxford 1988.

1. Eine Geschichte ohne Anfang, ohne Daten, ohne Ende

Conwentz, H., Die Gefährdung der Naturdenkmäler und Vorschläge zu ihrer Erhaltung. Berlin 1904.

Gamper, M. & Suter, J., Postglaziale Klimageschichte der Schweizer Alpen. Geographica Helvetica 2, 1982, 105–114.

Gradmann, R., Die Steppenheide. Aus der Heimat 46(4), 1933, 98–123.

Gradmann, R., Vorgeschichtliche Landwirtschaft und Besiedlung. Geographische Zeitschrift 42, 1936, 378–386.

Gradmann, R., Altbesiedeltes und jungbesiedeltes Land. Studium Generale 1(3), 1948, 163–177.

Gradmann, R., Das Pflanzenleben der Schwäbischen Alb. 4. Auflage. Stuttgart 1950.

Kossack, G., Ortsnamen und Wohnplatzmobilität. In: V. Setschkareff, P. Rehder & H. Schmid, Ars Philologica Slavica. Festschrift für Heinrich Kunstmann. München 1988, 254–269.

Kral, F., Spät- und postglaziale Waldgeschichte der Alpen auf Grund der bisherigen Pollenanalysen. Wien 1979.

Lange, E., Wald und Offenland während des Neolithikums im herzynischen Raum auf Grund pollenanalytischer Untersuchungen. Wissenschaftliche Beiträge der Martin-Luther-Universität Halle-Wittenberg 1980, 11–20.

Meitzen, A., Siedelung und Agrarwesen der Westgermanen und Ostgermanen, der Kelten, Römer, Finnen und Slawen. Berlin 1895.

Müller, H., Zur spät- und nacheiszeitlichen Vegetationsgeschichte des mitteldeutschen Trockengebietes. Nova Acta Leopoldina Neue Folge 16(110), Leipzig 1953.

Müller, S., Schwarzerderelikte in Stuttgarts Umgebung. Jahresheft der Geologischen Abteilung des Württembergischen Statistischen Landesamtes 1, 1951, 79–90.

Nietsch, H., Wald und Siedlung im vorgeschichtlichen Mitteleuropa. Leipzig 1939.

Patzelt, G., Die spätglazialen Stadien und postglazialen Schwankungen von Ostalpengletschern. Berichte der Deutschen Botanischen Gesellschaft 85(1–4), 1972, 47–57.

Rudolph, K., Grundzüge der nacheiszeitlichen Waldgeschichte Mitteleuropas. Beihefte zum Botanischen Centralblatt 47/II, 1930, 111–176.

Schoenichen, W., Urdeutschland. Neudamm 1935.

Schwarz, K., Lagen die Siedlungen der linearbandkeramischen Kultur Mitteldeutschlands in waldfreien oder in bewaldeten Landschaften? In: K. Schwarz, Strena Praehistorica. Festgabe für Martin Jahn zum 60. Geburtstag. Halle/Saale 1948, 1–28.

Tacitus, Germania. Übersetzt, erläutert und mit einem Nachwort herausgegeben von M. Fuhrmann. Stuttgart 1972.

2. Stein entsteht, Stein vergeht

Adams, F. T., Der Weg zum Homo sapiens. Frankfurt/Main 1971.

Egli, E., Gespräch mit der Natur. Spracherbe in der Naturforschung. Olten, Freiburg/Breisgau 1971.

Freyberg, B. von, Thüringen. Geologische Geschichte und Landschaftsbild. Öhringen 1937.

Geyer, O. & Gwinner, M., Geologie von Baden-Württemberg. Stuttgart 1986.

Gripp, K., Erdgeschichte von Schleswig-Holstein. Neumünster 1964.

Machatschek, F., Geomorphologie. Leipzig 1954.

Mader, M., Die Flußgeschichte des Neckars und das Wandern des Albtraufes. Veröffentlichungen für Naturschutz und Landschaftspflege in Baden-Württemberg 47/48, 1978, 443–507.

Schirmer, W., Rheingeschichte zwischen Mosel und Maas. Hannover 1990.

Wagner, G., Einführung in die Erd- und Landschaftsgeschichte. Öhringen 1931.

3. Eiszeiten, Warmzeiten

Beug, H.-J., Waldgrenzen und Waldbestand in Europa während des Eiszeitalters. Göttinger Universitätsreden 61, Göttingen 1977.

Brelie, G. von der, Die Wiederkehr von Nord- und Ostsee in der Nacheiszeit. Meyniana 1, 1952, 23–26.

Dienemann, W., Die Entstehung des Steinhuder Meeres und des Dümmers. Neues Archiv für Niedersachsen 12, 1963, 230–249.

Ebers, E., Die Eiszeit im Landschaftsbilde des bayerischen Alpenvorlandes. München, Berlin 1934.

Firbas, F., Die glazialen Refugien der europäischen Gehölze (ohne Osteuropa). Report of the VIth International Congress on Quaternary Warsaw 1961, Vol. II: Palaeobotanical Section. Lódz 1964, 375–382.

Frenzel, B., Die Vegetationsgeschichte Süddeutschlands im Eiszeitalter. In: H. Müller-Beck, Urgeschichte in Baden-Württemberg. Stuttgart 1983, 91–166.

Geyer, O. & Gwinner, M., Geologie von Baden-Württemberg. Stuttgart 1986.

Goedeke, R., Grüger E. & Beug, H.-J., Zur Frage der Zahl der Eiszeiten im Norddeutschen Tiefland. Erdfalluntersuchungen am Elm. Nachrichten der Akademie der Wissenschaften in Göttingen. II. Mathematisch-physikalische Klasse 15, 1965, 207–212.

Gripp, K., Erdgeschichte von Schleswig-Holstein. Neumünster 1964.

Jerz, H., Das Eiszeitalter in Bayern. Stuttgart 1993.

Machatschek, F., Geomorphologie. Leipzig 1954.

Wagner, G., Einführung in die Erd- und Landschaftsgeschichte. Öhringen 1931.

Woldstedt, P., Das Eiszeitalter. Stuttgart 1958.

4. Jäger und Sammler

Albrecht, G. & Wollkopf, P., Rentierjäger und frühe Bauern. Steinzeitliche Besiedlung zwischen dem Bodensee und der Schwäbischen Alb. Konstanz 1990.

Childe, G., Man Makes Himself. London 1956.

Die ersten Menschen im Alpenraum von 50 000 bis 5000 vor Christus. Sitten 2002.

Koenigswald, W. von & Hahn, J., Jagdtiere und Jäger der Eiszeit. Stuttgart 1981.

Küster, H., Technik und Gesellschaft in frühen Kulturen der Menschheit. In: H. Albrecht & C. Schönbeck, Technik und Gesellschaft. Düsseldorf 1993, 35–54.

Lais, R. & Schmid, E., Das Alter der paläolithischen Fundstelle am Ölberg bei Ehrenstetten, Landkreis Freiburg i. Br. Badische Fundberichte 20, 1956, 9–36.

Müller-Beck, H., Die Ausdehnung des menschlichen Lebensraumes. Beiträge zur Allgemeinen und Vergleichenden Archäologie 3, 1981, 1–16.

Reiß, J., Das altsteinzeitliche Jägerlager von Gönnersdorf. Natur und Museum 106 (1), 1976, 1–5.

Rust, A., Vor 20 000 Jahren. Rentierjäger der Eiszeit. Neumünster 1972.

Straka, H., Zwei C14-Bestimmungen zum Alter der Eifelmaare. Naturwissenschaftliche Rundschau 3, 1957, 109–110.

Taute, W., Großwildjäger der späten Eiszeit. Bild der Wissenschaft 12, 1969, 1203–1211.

Tromnau, G., Den Rentierjägern auf der Spur. 50 Jahre Eiszeitforschung im Ahrensburger Tunneltal. Neumünster 1980.

Wagner, E., Das Rentierjägerlager an der Schussenquelle bei Schussenried, Kr. Biberach. Kulturdenkmale in Baden-Württemberg 48, Stuttgart 1981.

5. Meere und Wälder entstehen

Behre, K.-E., Die Geschichte des Jadebusens und der Jade. In: H.-E. Reineck, Das Watt. Ablagerungs- und Lebensraum. Frankfurt/Main 1978, 39–49.

Behre, K.-E., Meeresspiegelschwankungen und Siedlungsgeschichte in den Nordseemarschen. Vorträge der Oldenburgischen Landschaft 17, Oldenburg 1987.

Behre, K.-E., Landschaftsgeschichte Norddeutschlands. Umwelt und Siedlung von der Steinzeit bis zur Gegenwart. Neumünster 2008.

Behre, K.-E. & Lengen, H.v. (Hrsg.), Ostfriesland. Geschichte und Gestalt einer Kulturlandschaft. Aurich 1996.

Brelie, G. von der, Die Küstentorfe Ostfrieslands und ihre marine Beeinflussung. Neues Jahrbuch für Geologie und Paläontologie 4/5, 1955, 201–217.

Dechend, W., Eustatische und tektonische Einflüsse im Quartär der südlichen Nordseeküste. Geologische Jahrbücher 68, 1954, 501–516.

Dechend, W., Der Ablauf der holozänen Nordsee-Transgression im oldenburgisch-ostfriesischen Raum, insbesondere im Gebiet von Jever i.O. Geologische Jahrbücher 72, 1956, 295–314.

Dittmer, E., Neue Beobachtungen und kritische Bemerkungen zur Frage der „Küstensenkung". Die Küste 8, 1960, 29–44.

Fischer, L. u. a. (Hrsg.), Das Wattenmeer. Kulturlandschaft vor und hinter den Deichen. Stuttgart 2005.

Gehlen, B., Steinzeitliche Funde im östlichen Allgäu. In: H. Küster, Vom Werden einer Kulturlandschaft (siehe „Allgemeine Literatur"), 195–209.

Gramsch, B., Ausgrabungen auf dem mesolithischen Moorfundplatz bei Friesack, Kr. Nauen. Veröffentlichungen des Museums für Ur- und Frühgeschichte Potsdam 21, 1987, 75–100.

Jelgersma, S., Holocene sea level changes in the Netherlands. Maastricht 1961.

Kloss, K., Pollenanalysen zur Vegetationsgeschichte, Moorentwicklung und mesolithisch-neolithischen Besiedlung im Unteren Rhinluch bei Friesack, Bezirk Potsdam. Veröffentlichungen des Museums für Ur- und Frühgeschichte Potsdam 21, 1987, 101–120.

Kloss, K., Zur Umwelt mesolithischer Jäger und Sammler im Unteren Rhinluch bei Friesack. Veröffentlichungen des Museums für Ur- und Frühgeschichte Potsdam 21, 1987, 121–130.

Küster, H., Sammelfrüchte des Neolithikums. Abhandlungen aus dem Westfälischen Landesmuseum in Münster 48 (2/3), 1986, 433–440.

Küster, H., The history of the landscape around Auerberg, southern Bavaria – a pollen analytical study. In: H.H. Birks, u.a., The Cultural Landscape. Past, Present and Future. Cambridge 1988, 301–310.

Küster, H., Die Entstehung von Vegetationsgrenzen zwischen dem östlichen und dem westlichen Mitteleuropa während des Postglazials. In: A. Lang, H., Parzinger & H. Küster, Kulturen zwischen Ost und West. Berlin 1993, 473–492.

Landesamt für den Nationalpark Schleswig-Holsteinisches Wattenmeer & Umweltbundesamt (Hrsg.), Umweltatlas Wattenmeer 1. Nordfriesisches und Dithmarscher Wattenmeer. Stuttgart 1998.

Nationalparkverwaltung Niedersächsisches Wattenmeer & Umweltbundesamt (Hrsg.), Umweltatlas Wattenmeer 2. Wattenmeer zwischen Elb- und Emsmündung. Stuttgart 1999.

Sauramo, M., Die Geschichte der Ostsee. Helsinki 1958.

Schlichtherle, H. & Wahlster, B., Archäologie in Seen und Mooren. Stuttgart 1986.

Schmitz, H., Pollenanalytische Untersuchungen in Hohen Viecheln am Schweriner See. In: E. Schuldt, Hohen Viecheln. Ein mittelsteinzeitlicher Wohnplatz in Mecklenburg. Schriften der Sektion für Vor- und Frühgeschichte der Deutschen Akademie der Wissenschaften 10. Berlin 1961, 14–38.

Smith, A.G., The influence of Mesolithic and Neolithic man on British vegetation: a discussion. In: D. Walker & R.G. West, Studies in the vegetational history of the British Isles. London 1970, 81–96.

6. Die ersten Ackerbauern

Albrecht, G. & Wollkopf, P., Rentierjäger und frühe Bauern. Steinzeitliche Besiedlung zwischen dem Bodensee und der Schwäbischen Alb. Konstanz 1990.

Bakels, C.C., Four Linearbandkeramik settlements and their environment: a paleoecological study of Sittard, Stein, Elsloo and Hienheim. Leiden 1978.

Bakels, C.C., Der Mohn, die Linearbandkeramik und das westliche Mittelmeergebiet. Archäologisches Korrespondenzblatt 12, 1982, 11–13.

Brunnacker, K. & Kossack, G., Ein Beitrag zur vorrömischen Besiedlungsgeschichte des niederbayerischen Gäubodens. Archaeologica Geographica 5/6, 1956/57, 43–54, Tafel 1–2.

Childe, G., Man Makes Himself. London 1956.

Clark, J.G.D., Prehistoric Europe: The economic basis. London 1952.

Ellmers, D., Zwei neolithische Bootsmodelle donauländischer Kulturen. In: A. Lang, H. Parzinger & H. Küster, Kulturen zwischen Ost und West. Berlin 1993, 9–17.

Gradmann, R., Das ländliche Siedlungswesen des Königreichs Württemberg. Stuttgart 1913.

Gradmann, R., Die Steppenheide. Aus der Heimat 46(4), 1933, 98–123.

Gradmann, R., Vorgeschichtliche Landwirtschaft und Besiedlung. Geographische Zeitschrift 42, 1936, 378–386.

Gradmann, R., Altbesiedeltes und jungbesiedeltes Land. Studium Generale 1(3), 1948, 163–177.

Helbaek, H., Ecological effects of irrigation in ancient Mesopotamia. Iraq 22, 1960, 186–196.

Hiller, A., Litt, T. & Eissmann, L., Zur Entwicklung der jungquartären Tieflandstäler im Saale-Elbe-Raum unter besonderer Berücksichtigung von 14C-Daten. Eiszeitalter und Gegenwart 41, 1991, 26–46.

Iversen, J., Forest clearance in the Stone Age. Scientific American 194(3), 1956, 36–41.

Körber-Grohne, U., Federgras-Grannen (Stipa pennata L. s.str.) als Vorrat in einer mittelneolithischen Grube in Schöningen, Landkreis Helmstedt. Archäologisches Korrespondenzblatt 17, 1987, 463–466, Tafel 59–64.

Kossack, G., Ländliches Siedlungswesen in vor- und frühgeschichtlicher Zeit. Offa 39, 1982, 271–279.

Kreuz, A.M., Die ersten Bauern Mitteleuropas – eine archäobotanische Untersuchung zu Umwelt und Landwirtschaft der ältesten Bandkeramik. Leiden 1990.

Küster, H., Pollen analytical evidence for the beginning of agriculture in South Central Europe. In: A. Milles u.a., The Beginnings of Agriculture. British Archaeological Reports International Series 496, Oxford 1989, 137–147.

Küster, H., Technik und Gesellschaft in frühen Kulturen der Menschheit. In: H. Albrecht & C. Schönbeck, Technik und Gesellschaft. Düsseldorf 1993, 35–54.

Lange, E., Wald und Offenland während des Neolithikums im herzynischen Raum auf Grund pollenanalytischer Untersuchungen. Wissenschaftliche Beiträge der Martin-Luther-Universität Halle-Wittenberg 1980, 11–20.

Linke, W., Boden und Vegetation als bestimmende Faktoren der frühesten Siedlungsräume in Mitteleuropa. Berichte zur deutschen Landeskunde 51, 1977, 29–40.

Litt, T., Stratigraphische Belege für anthropogen ausgelöste Bodenverlagerungen vom Neolithikum bis zur frühen Eisenzeit im circumhercynen Raum. Ethnographisch-Archäologische Zeitschrift 29, 1988, 129–137.

Lüning, J., Siedlung und Siedlungslandschaft in bandkeramischer und Rössener Zeit. Offa 39, 1982, 9–33.

Lüning, J., Siedlung und Kulturlandschaft der Steinzeit. In: Siedlungen der Steinzeit. Spektrum der Wissenschaft. Heidelberg 1989, 7–11.

Lüning, J., & Kalis, A.J., Die Umwelt prähistorischer Siedlungen – Rekonstruktionen aus siedlungsarchäologischen und botanischen Untersuchungen im Neolithikum. Siedlungsforschung 6, 1988, 39–55.

Lüning, J. & Meurers-Balke, J., Experimenteller Getreideanbau im Hambacher Forst, Gemeinde Elsdorf, Kr. Bergheim/Rheinland. Bonner Jahrbücher 180, 1980, 305–344.

Lüning, J. & Stehli, P., Die Bandkeramik in Mitteleuropa: von der Natur- zur Kulturlandschaft. In: Siedlungen der Steinzeit. Spektrum der Wissenschaft. Heidelberg 1989, 110–120.

Müller, H., Zur spät- und nacheiszeitlichen Vegetationsgeschichte des mitteldeutschen Trockengebietes. Nova Acta Leopoldina Neue Folge 16 (110), Leipzig 1953.

Müller, S., Schwarzerdereklikte in Stuttgarts Umgebung. Jahresheft der Geologischen Abteilung des Württembergischen Statistischen Landesamtes 1, 1951, 79–90.

Nietsch, H., Wald und Siedlung im vorgeschichtlichen Mitteleuropa. Leipzig 1939.

Pott, R., Nacheiszeitliche Entwicklung des Buchenareals und der mitteleuropäischen Buchenwaldgesellschaften. Naturschutzzentrum Nordrhein-Westfalen, Seminarberichte 12, 1992, 6–18.

Schier, W., Zur vorrömischen Besiedlung des Donautales südöstlich von Regensburg. Bayerische Vorgeschichtsblätter 50, 1985, 9–80.

Schwanitz, F., Die Entstehung der Kulturpflanzen. Berlin, Göttingen, Heidelberg 1957.

Schwarz, K., Lagen die Siedlungen der linearbandkeramischen Kultur Mitteldeutschlands in waldfreien oder in bewaldeten Landschaften? In: K. Schwarz, Strena Praehistorica. Festgabe für Martin Jahn zum 60. Geburtstag. Halle/Saale 1948, 1–28.

Stehli, P., Merzbachtal – Umwelt und Geschichte einer bandkeramischen Siedlungskammer. Germania 67(1), 1989, 51–76.

Waterbolk, H.T., The spread of food production over the European continent. In: T. Sjøfold, Introduksjonen av jordbruk i Norden. Oslo 1982, 19–37.

Zindel, C. & Defuns, A., Spuren von Pflugackerbau aus der Jungsteinzeit in Graubünden. Helvetia archaeologica 42, 1980, 42–45.

7. Die Entwicklung von Mooren und Flüssen

Gripp, K., Eider und Elbe. Ein erdgeschichtlicher Vergleich. Neumünster 1941.

Hallik, R., Die Marschen der Unterelbe im Spät- und Postglazial. Mitteilungen aus dem Geologischen Staatsinstitut in Hamburg 23, 1954, 57–60.

Hallik, R., Das Elbtal bei Hamburg seit dem Ende der Eiszeit. Abhandlungen und Verhandlungen des Naturwissenschaftlichen Vereins in Hamburg Neue Folge 6, 1962, 233–250.

Jerz, H., Schauer, T. & Scheurmann, K., Zur Geologie, Morphologie und Vegetation der Isar im Gebiet der Ascholdinger und Pupplinger Au. Jahrbuch des Vereins zum Schutz der Bergwelt 51, 1986, 87–151.

Klostermann, J., Rheinstromverlagerungen bei Xanten während der letzten 10 000 Jahre. Natur am Niederrhein 1(1), 1986, 5–15.

Küster, H., Die Entstehung von Vegetationsgrenzen zwischen dem östlichen und dem westlichen Mitteleuropa während des Postglazials. In: A. Lang, H. Parzinger & H. Küster, Kulturen zwischen Ost und West. Berlin 1993, 473–492.

Machatschek, F., Geomorphologie. Leipzig 1954.

Schirmer, W., Rheingeschichte zwischen Mosel und Maas. Hannover 1990.

Simon, W.G., Die Entwicklung des Elbe-Aestuars von der Überflutung der Nordsee nach der letzten Vereisung bis zur Gegenwart, nach dem Stand der Kenntnis von 1964. Abhandlungen und Verhandlungen des Naturwissenschaftlichen Vereins in Hamburg Neue Folge 9, 1964, 163–209.

8. Zu neuen Ufern

Ammann, B., Säkulare Seespiegelschwankungen: wo, wie, wann, warum? Mitteilungen der Naturforschenden Gesellschaft in Bern Neue Folge 39, 1982, 97–106.

Bakels, C.C., Der Mohn, die Linearbandkeramik und das westliche Mittelmeergebiet. Archäologisches Korrespondenzblatt 12(1), 1982, 11–13.

Bauer, S., Siedlungsarchäologische Untersuchungen im bayerischen Altmoränengebiet – die Talrandsiedlung Pestenacker. Bericht der Römisch-Germanischen Kommission 71, 1990, 334–354.

Bürger, O., Prähistorische Landschaftskunde am Fallbeispiel Pestenacker. Diss. München 1994.

Jacomet, S., Pflanzen mediterraner Herkunft in neolithischen Seeufersiedlungen der Schweiz. In: H. Küster, Der prähistorische Mensch und seine Umwelt. Festschrift für Udelgard Körber-Grohne. Forschungen und Berichte zur Vor- und Frühgeschichte in Baden-Württemberg 31, Stuttgart 1988, 205–212.

Keefer, E., Die Suche nach der Vergangenheit. 120 Jahre Archäologie am Federsee. Stuttgart 1992.

Kleinmann, A., Nachweis spät- und postglazialer Seespiegelschwankungen am Ammersee mittels pollenanalytischer und sedimentologischer Untersuchungen. Diss. München 1992.

Küster, H., Jung- und endneolithischer Ackerbau im südlichen Mitteleuropa. In: J. Lichardus, Die Kupferzeit als historische Epoche. Saarbrücker Beiträge zur Altertumskunde 55, Bonn 1991, 539–547.

Lüdi, W., Pfahlbauprobleme. In: E. Rübel & W. Lüdi, Bericht über das Geobotanische Forschungsinstitut Rübel in Zürich für das Jahr 1950. Zürich 1951, 108–139.

Müller, J. & Kleinmann, A., Die Sedimentationsverhältnisse im Starnberger See während des Spät- und Postglazials. In: Geologische Karte 1:25000. Erläuterungen zum Blatt Nr. 8034 Starnberg Süd. München 1987, 78–88.

Neef, R., Botanische Untersuchungen im jungneolithischen Pestenacker. Die ersten Ergebnisse. Bericht der Römisch-Germanischen Kommission 71, 1990, 381–389.

Peglar, S.M., The mid-Holocene Ulmus decline at Diss Mere, Norfolk, UK: a year-by-year pollen stratigraphy from annual laminations. The Holocene 3(1), 1993, 1–13.

Pott, R., Vegetationsgeschichtliche und pflanzensoziologische Untersuchungen zur Niederwaldwirtschaft in Westfalen. Abhandlungen aus dem Westfälischen Museum für Naturkunde 47(4), Münster 1985.

Schlichtherle, H., Pfahlbauten: die frühe Besiedlung des Alpenvorlandes. In: Siedlungen der Steinzeit. Spektrum der Wissenschaft. Heidelberg 1989, 140–153.

Schlichtherle, H. & Wahlster, B., Archäologie in Seen und Mooren. Stuttgart 1986.

9. Zu neuen Höhen

Brunnacker, K., Freundlich, J., Menke, M. & Schmeidl, H., Das Jungholozän im Reichenhaller Becken. Eiszeitalter und Gegenwart 27, 1976, 159–173.

Holtmeier, F.-K., Die obere Waldgrenze in den Alpen unter den Einflüssen natürlicher Faktoren und des Menschen. Abhandlungen aus dem Westfälischen Museum für Naturkunde 48(2/3), 1986, 395–412.

Küster, H., Die Entwicklung der montanen und subalpinen Heiden in vegetationsgeschichtlicher Sicht. Berichte der Reinhold-Tüxen-Gesellschaft 5, 1993, 77–90.

Küster, H., Highland and lowland exploitation in the Alps: the evidence from pollen data. In: P. Biagi & J. Nandris, Highland Zone Exploitation in Southern Europe. Monografie di Natura Bresciana 20, Trieste 1994, 95–105.

Lang, G., Holozäne Veränderungen der Waldgrenze in den Schweizer Alpen – Methodische Ansätze und gegenwärtiger Kenntnisstand. In: C. Brombacher, S. Jacomet & J. N. Haas, Festschrift Zoller. Berlin, Stuttgart 1993, 317–327.

Pauli, L., Die Alpen in Frühzeit und Mittelalter. Die archäologische Entdeckung einer Kulturlandschaft. München 1980.

Wyss, R., Die frühe Besiedlung der Alpen aus archäologischer Sicht. Siedlungsforschung 8, 1990, 69–86.

10. Späte Bronze- und frühe Eisenzeit

Ammann, B., Säkulare Seespiegelschwankungen: wo, wie, wann, warum? Mitteilungen der Naturforschenden Gesellschaft in Bern Neue Folge 39, 1982, 97–106.

Kleinmann, A., Nachweis spät- und postglazialer Seespiegelschwankungen am Ammersee mittels pollenanalytischer und sedimentologischer Untersuchungen. Diss. München 1992.

Schlichtherle, H. & Wahlster, B., Archäologie in Seen und Mooren. Stuttgart 1986.

Smolla, G., Der „Klimasturz" um 800 vor Chr. und seine Bedeutung für die Kulturentwicklung in Südwestdeutschland. In: Festschrift für Peter Goessler. Tübinger Beiträge zur Vor- und Frühgeschichte. Stuttgart 1954, 168–186.

11. Eisen und Salz, Roggen und Hafer

Behre, K.-E., The history of rye cultivation in Europe. Vegetation History and Archaeobotany 1(3), 1992, 141–156.

Dehn, R., Zu spätlatènezeitlichen Siedlungen im Breisgau. In: O.-H. Frey, H. Roth & C. Dobiat, Marburger Kolloquium 1989. Wolfgang Dehn zum 80. Geburtstag. Marburg 1991, 89–99.

Ernst, W., Schwermetallvegetation der Erde. Stuttgart 1974.

Haffner, A., Die westliche Hunsrück-Eifel-Kultur. Römisch-Germanische Forschungen 36, Berlin 1976.

Kimmig, W., Die Heuneburg an der oberen Donau. Führer zu archäologischen Denkmälern in Baden-Württemberg 1, Stuttgart 1983.

Kossack, G., Südbayern während der Hallstattzeit. Römisch-Germanische Forschungen 24, Berlin 1959.

Kossack, G., Zur Frage der Dauer germanischer Siedlungen in der römischen Kaiserzeit. Zeitschrift der Gesellschaft für Schleswig-Holsteinische Geschichte 91, 1966, 13–42.

Kroll, H., Vorgeschichtliche Plaggenböden auf den nordfriesischen Inseln. In: H. Beck, D. Denecke & H. Jankuhn, Untersuchungen zur eisenzeitlichen und frühmittelalterlichen Flur in Mitteleuropa und ihrer Nutzung. Göttingen 1980, 22–29.

Küster, H., Vegetationsgeschichtliche Untersuchungen. In: F. Maier u. a., Ergebnisse der Ausgrabungen 1984–1987 in Manching. Stuttgart 1992, 433–476, Beilage 19, 20.

Küster, H., Kaa, R. & Rehfuess, K.-E., Beziehungen zwischen der Landnutzung und der Deposition von Blei und Cadmium in Torfen am Nordrand der Alpen. Naturwissenschaften 75, 1988, 611–613.

Müller-Wille, M., Eisenzeitliche Fluren in den festländischen Nordseegebieten. Münster 1965.

Parzinger, H., Vettersfelde – Mundolsheim – Aspres-lès-Corps. Gedanken zu einem skythischen Fund im Lichte vergleichender Archäologie. In: A. Lang, H. Parzinger & H. Küster, Kulturen zwischen Ost und West. Berlin 1993, 203–237.

Weber, G., Neues zur Befestigung des Oppidums Tarodunum, Gde. Kirchzarten, Kreis Breisgau-Hochschwarzwald. Fundberichte aus Baden-Württemberg 14, 1989, 273–288.

Zimmermann, W.H., Die eisenzeitlichen Ackerfluren – Typ „Celtic field" – von Flögeln-Haselhörn, Kr. Wesermünde. Probleme der Küstenforschung im südlichen Nordseegebiet 11, 1976, 79–90.

12. Frühe Siedlungen an der Küste

Bantelmann, A., Die Landschaftsentwicklung an der schleswig-holsteinischen Westküste. Neumünster 1967.

Bantelmann, A., Molen, S. J. von der, Rasmussen, A. H. & Reinhardt, W., Geschichte des Wattenraumes. In: J. Abrahamse u. a., Wattenmeer. Ein Naturraum der Niederlande, Deutschlands und Dänemarks. Neumünster 1976, 223–241.

Behre, K.-E., Acker, Grünland und natürliche Vegetation während der römischen Kaiserzeit im Gebiet der Marschensiedlung Bentumersiel/Unterems. Probleme der Küstenforschung im südlichen Nordseegebiet 12, 1977, 67–84, Tafel 1–2.

Behre, K.-E., Die Geschichte des Jadebusens und der Jade. In: H.-E. Reineck, Das Watt. Ablagerungs- und Lebensraum. Frankfurt/Main 1978, 39–49.

Behre, K.-E., Die ursprüngliche Vegetation in den deutschen Marschgebieten und deren Veränderung durch prähistorische Besiedlung und Meeresspiegelbewegungen. Verhandlungen der Gesellschaft für Ökologie 13, 1985, 85–96.

Behre, K.-E., Meeresspiegelverhalten und Besiedlung während der Zeit um Christi Geburt in den Nordseemarschen. Offa 43, 1986, 45–53.

Behre, K.-E., Meeresspiegelschwankungen und Siedlungsgeschichte in den Nordseemarschen. Oldenburg 1987.

Behre, K.-E., Die Entwicklung der Nordseeküsten-Landschaft aus geobotanischer Sicht. Berichte der Reinhold-Tüxen-Gesellschaft 3, 1991, 45–58.

Behre, K.-E., Landschaftsgeschichte Norddeutschlands. Umwelt und Siedlung von der Steinzeit bis zur Gegenwart. Neumünster 2008.

Behre, K.-E. & Lengen, H.v. (Hrsg.), Ostfriesland. Geschichte und Gestalt einer Kulturlandschaft. Aurich 1996.

Brelie, G. von der, Die Wiederkehr von Nord- und Ostsee in der Nacheiszeit. Meyniana 1, 1952, 23–26.

Dircksen, R., Das Wattenmeer. München 1959.

Dittmer, E., Die nacheiszeitliche Entwicklung der schleswig-holsteinischen Westküste. Meyniana 1, 1952, 138–168.

Dittmer, E., Der Mensch als geologischer Faktor an der Nordseeküste. Eiszeitalter und Gegenwart 4/5, 1954, 210–215.

Fischer, L. u. a. (Hrsg.), Das Wattenmeer. Kulturlandschaft vor und hinter den Deichen. Stuttgart 2005.

Gierloff-Emden, H.G., Luftbild und Küstengeographie am Beispiel der deutschen Nordseeküste. Bad Godesberg 1961.

Haarnagel, W., Die Marschen im deutschen Küstengebiet und ihre Besiedlung. Berichte zur deutschen Landeskunde 27(2), 1961, 203–219.

Hasbargen, L., Die Ostfriesischen Inseln. Forschungen zur deutschen Landeskunde 141, Bad Godesberg 1963.

Higelke, B., Hoffmann, D. & Müller-Wille, M., Zur Landschaftsentwicklung und Siedlungsgeschichte der nordfriesischen Marscheninseln und Watten im Einzugsbereich der Norderhever. Probleme der Küstenforschung im südlichen Nordseegebiet 11, 1976, 163–185.

Higelke, B., Hoffmann D. & Müller-Wille, M., Das Norderhever-Projekt. Beiträge zur Landschafts- und Siedlungsgeschichte der nordfriesischen Marschen und Watten. Offa 39, 1982, 245–270.

Hövermann, J., Die Entwicklung der Siedlungsformen in den Marschen des Elb-Weser-Winkels. Forschungen zur deutschen Landeskunde 56, Remagen 1951.

Homeier, H., Der Gestaltwandel der ostfriesischen Küste im Laufe der Jahrhunderte. Ein Jahrtausend ostfriesischer Deichgeschichte. In: J. Ohling, Ostfriesland im Schutze des Deiches 2. Pewsum 1969, 3–75.

Körber-Grohne, U., Geobotanische Untersuchungen auf der Feddersen Wierde. Wiesbaden 1967.

Kossack, G., Zur Frage der Dauer germanischer Siedlungen in der römischen Kaiserzeit. Zeitschrift der Gesellschaft für Schleswig-Holsteinische Geschichte 91, 1966, 13–42.

Kossack, G., Stand und Probleme siedlungsarchäologischer Forschung in Archsum auf Sylt. Offa 39, 1982, 183–188.

Kossack, G. u. a., Archsum auf Sylt. Mainz 1980 ff.

Landesamt für den Nationalpark Schleswig-Holsteinisches Wattenmeer & Umweltbundesamt (Hrsg.), Umweltatlas Wattenmeer 1. Nordfriesisches und Dithmarscher Wattenmeer. Stuttgart 1998.

Leege, O., Werdendes Land in der Nordsee. Öhringen 1935.

Lüders, K., Die Entstehung der ostfriesischen Inseln und der Einfluß der Dünenbildung auf den geologischen Aufbau der ostfriesischen Küste. Probleme der Küstenforschung im Gebiet der südlichen Nordsee 5, 1953, 5–14.

Müller-Wille, M., Zehn Karten zur Besiedlung der Nordseemarschen. Offa 38, 1981, 193–210.

Müller-Wille, M., Mittelalterliche und frühneuzeitliche Siedlungsentwicklung in Moor- und Marschgebieten. Siedlungsforschung 2, 1984, 7–41.

Müller-Wille, M. u. a., Norderhever-Projekt. Neumünster 1988.

Nationalparkverwaltung Niedersächsisches Wattenmeer & Umweltbundesamt (Hrsg.), Umweltatlas Wattenmeer 2. Wattenmeer zwischen Elb- und Emsmündung. Stuttgart 1999.

Reinhardt, W., Über Siedlungsformen in den Seemarschen der ostfriesischen Westküste und ihre Stellung in der siedlungsgeographischen Forschung von Marsch und Geest. Die Kunde Neue Folge 6(1–2), 1955, 18–25.

Reinhardt, W., Studien zur Entwicklung des ländlichen Siedlungsbildes in den Seemarschen der ostfriesischen Westküste. Probleme der Küstenforschung im südlichen Nordseegebiet 8, 1965, 73–148, Tafel I–V.

Reinhardt, W., Die Orts- und Flurformen Ostfrieslands in ihrer siedlungsgeschichtlichen Entwicklung. In: J. Ohling, Ostfriesland im Schutze des Deiches 1. Pewsum 1969, 203–375.

Schmid, P., Die vor- und frühgeschichtlichen Grundlagen der Besiedlung Ostfrieslands nach der Zeitenwende. In: J. Ohling, Ostfriesland im Schutze des Deiches 1. Pewsum 1969, 107–200.

Schmid, P., Siedlung und Wirtschaft im frühen Mittelalter an der südlichen Nordseeküste. Oldenburg 1982.

Schütte, H., Sinkendes Land an der Nordsee? Öhringen 1939.

Ulbert, G., Die römischen Funde von Bentumersiel. Probleme der Küstenforschung im südlichen Nordseegebiet 12, 1977, 33–65.

Voigt, H., Die Insel Amrum: Landschaft und Entwicklung. In: M. & N. Hansen, Amrum – Geschichte und Gestalt einer Insel. Itzehoe-Münsterdorf 1969, 12–54.

Waterbolk, H.T., Frühe Besiedlung im Wattenraum. In: J. Abrahamse u.a., Wattenmeer. Ein Naturraum der Niederlande, Deutschlands und Dänemarks. Neumünster 1976, 211–221.

Wohlenberg, E., Die Halligen Nordfrieslands. Heide 1985.

13. Das südliche Mitteleuropa als Provinz des römischen Weltreiches

Archäologisches Landesmuseum Baden-Württemberg (Hrsg.), Imperium Romanum. Roms Provinzen an Neckar, Rhein und Donau. Esslingen 2005.

Beck, W. & Planck, D., Der Limes in Südwestdeutschland. Stuttgart 1980.

Columella, L.I.M., Zwölf Bücher über Landwirtschaft. Herausgegeben und übersetzt von W. Richter. München 1981.

Filtzinger, P., Filtzinger, D. & Cämmerer, B., Die Römer in Baden-Württemberg. Stuttgart 1976.

Fischer, T., Römer und Bajuwaren an der Donau. Regensburg 1988.

Garbsch, J., Der spätrömische Donau-Iller-Rhein-Limes. Aalen 1970.

Gechter, M. & Kunow, J., Zur ländlichen Besiedlung des Rheinlandes vom 1. Jahrhundert v. bis ins 5. Jahrhundert n. Chr. Geb. In: R.F.J. Jones u.a., First Millennium Papers. British Archaeological Reports International Series 401, Oxford 1988, 109–128.

Groenman-van Waateringe, W., Die verhängnisvolle Auswirkung der römischen Herrschaft auf die Wirtschaft an den Grenzen des Reiches. Offa 37, 1980, 366–371.

Guyan, W.U., Mensch und Urlandschaft der Schweiz. Zürich 1954.

Haversath, J.-B., Die Agrarlandschaft im römischen Deutschland der Kaiserzeit (1.–4. Jh. n. Chr.). Passau 1984.

Hopf, M., Einige Bemerkungen zu römerzeitlichen Fässern. Jahrbuch des Römisch-Germanischen Zentralmuseums Mainz 14, 1967, 212–216.

Isenberg, E., Der pollenanalytische Nachweis von Juglans regia L. im nacheiszeitlichen Mitteleuropa. Abhandlungen aus dem Westfälischen Museum für Naturkunde 48(2/3), 1986, 457–469.

Klostermann, J., Rheinstromverlagerungen bei Xanten während der letzten 10000 Jahre. Natur am Niederrhein 1(1), 1986, 5–15.

Knörzer, K.-H., Verkohlte Reste von Viehfutter aus einem Stall des römischen Reiterlagers von Dormagen. Rheinische Ausgrabungen 20, 1979, 130–137.

König, M., Ein Fund römerzeitlicher Traubenkerne in Piesport/Mosel. In: U. Körber-Grohne & H. Küster, Archäobotanik. Dissertationes Botanicae 133. Berlin, Stuttgart 1989, 107–116.

Körber-Grohne, U., Nutzpflanzen und Umwelt im römischen Germanien. Aalen 1979.

Körber-Grohne, U. & Piening, U., Die Pflanzenreste aus dem Ostkastell von Welzheim mit besonderer Berücksichtigung der Graslandpflanzen. In: U. Körber-Grohne u.a., Flora und Fauna im Ostkastell von Welzheim. Forschungen und Berichte zur Vor- und Frühgeschichte in Baden-Württemberg 14, Stuttgart 1983, 17–88.

Küster, H., Werden und Wandel der Kulturlandschaft im Alpenvorland. Pollenanalytische Aussagen zur Siedlungsgeschichte am Auerberg in Südbayern. Germania 64(2), 1986, 533–559.

Küster, H., Getreidevorräte in römischen Siedlungen an Rhein, Neckar und Donau. In: A.J. Kalis u.a., 7000 Jahre bäuerliche Landschaft: Entstehung, Erforschung, Erhaltung. Archaeo-Physika 13, 1993, 133–137.

Küster, H., The economic use of Abies wood as timber in central Europe during Roman times. Vegetation History and Archaeobotany 3, 1994, 25–32.

Kunow, J., Relations between Roman occupation and the Limesvorland in the province of Germania Inferior. In: T. Blagg & M. Millett, The Early Roman Empire in the West. Oxford 1990, 87–96.

Müller-Wille, M. & Oldenstein, J., Die ländliche Besiedlung des Umlandes von Mainz in spätrömischer und frühmittelalterlicher Zeit. Bericht der Römisch-Germanischen Kommission 62, 1981, 261–316.

Nierhaus, R., Römische Straßenverbindungen durch den Schwarzwald. Badische Fundberichte 23, 1967, 117–157.

Pauli, L., Die Alpen in Frühzeit und Mittelalter. Die archäologische Entdeckung einer Kulturlandschaft. München 1980.

Tacitus, Germania. Übersetzt, erläutert und mit einem Nachwort herausgegeben von M. Fuhrmann. Stuttgart 1972.

Ulbert, G., Römische Holzfässer aus Regensburg. Bayerische Vorgeschichtsblätter 24, 1959, 6–29.

Ulbert, G. & Fischer, T., Der Limes in Bayern. Stuttgart 1983.

14. Die „dunkle" Völkerwanderungszeit

Barthel, H. u. a., Das Altenburger Land. Werte unserer Heimat 33, Berlin 1973.

Behre, K.-E., Ernährung und Umwelt der wikingerzeitlichen Siedlung Haithabu. Neumünster 1983.

Besteman, J. C., Frisian salt and the problem of salt-making in North Holland in the Carolingian period. Berichten van de Rijksdienst voor het Oudheidkundig Bodemonderzoek 24, 1974, 171–174, Tafel 24.

Fehring, G. P., Alt Lübeck und Lübeck, zur Topographie und Besiedlung zweier Seehandelszentren im Wandel vom 12. zum 13. Jahrhundert. Die Heimat 89(6/7), 1982, 181–188.

Fischer, T., Römer und Bajuwaren an der Donau. Regensburg 1988.

Fritze, W. H., Die Begegnung von deutschem und slawischem Ethnikum im Bereich der hochmittelalterlichen deutschen Ostsiedlung. Siedlungsforschung 2, 1984, 187–219.

Geisler, H., Straubing im frühen Mittelalter. Archäologische Beiträge zur Siedlungstopographie zwischen Römerzeit und Mittelalter. Vorträge des 5. Niederbayerischen Archäologentages, Deggendorf 1987, 143–157.

Gringmuth-Dallmer, E., Zur Kulturlandschaftsentwicklung in frühgeschichtlicher Zeit im germanischen Gebiet. Zeitschrift für Archäologie 6, 1972, 64–90.

Haarnagel, W., Die frühgeschichtliche Handels-Siedlung Emden und ihre Entwicklung bis ins Mittelalter. Friesisches Jahrbuch 1955, 9–78.

Herrmann, J., Frühe Kulturen der Westslawen. Leipzig, Jena, Berlin 1981.

Hübinger, P. E., Kulturbruch oder Kulturkontinuität im Übergang von der Antike zum Mittelalter. Darmstadt 1968.

Hvass, S., Ländliche Siedlungen der Kaiser- und Völkerwanderungszeit in Dänemark. Offa 39, 1982, 189–195.

Jankuhn, H., Haithabu. Ein Handelsplatz der Wikingerzeit. Neumünster 1976.

Kaske, G., Die niederelbischen Geestrandstädte. Die Heimat 76(6), 1969, 165–167.

Koch, R., Das archäologische Umfeld der Fossa Carolina. Kölner Jahrbuch für Vor- und Frühgeschichte 23, 1990, 669–678.

Krämer, R., Historisch-geographische Untersuchungen zur Kulturlandschaftsentwicklung in Butjadingen mit besonderer Berücksichtigung des mittelalterlichen Marktortes Langwarden. Probleme der Küstenforschung im südlichen Nordseegebiet 15, 1984, 65–125, Tafel 1–4.

Krenzlin, A., Dorf, Feld und Wirtschaft im Gebiet der großen Täler und Platten östlich der Elbe. Forschungen zur deutschen Landeskunde 70, Remagen 1952.

Krenzlin, A., Historische und wirtschaftliche Züge im Siedlungsformenbild des westlichen Ostdeutschland. Frankfurter Geographische Hefte 27–29, Frankfurt/Main 1955.

Krüger, B., Die Kietzsiedlungen im nördlichen Mitteleuropa. Berlin 1962.

Küster, H., Werden und Wandel der Kulturlandschaft im Alpenvorland. Pollenanalytische Aussagen zur Siedlungsgeschichte am Auerberg in Südbayern. Germania 64(2), 1986, 533–559.

Küster, H., Die Entstehung von Vegetationsgrenzen zwischen dem östlichen und dem westlichen Mitteleuropa während des Postglazials. In: A. Lang, H. Parzinger & H. Küster, Kulturen zwischen Ost und West. Berlin 1993, 473–492.

Küster, H., Pollenanalytische Untersuchungen im Bereich des Karlsgrabens, Graben, Stadt Treuchtlingen, und Dettenheim, Stadt Weißenburg i. Bay., Landkreis Weißenburg-Gunzenhausen, Mittelfranken. Das Archäologische Jahr in Bayern 1993, Stuttgart 1994, 135–138.

Lorenzen, N., Untergang und Wiedererstehung des Dorfes Immenstedt. Die Heimat 65(4), 1958, 117–120.

Mathiessen, C., Der Limes Saxoniae. Zeitschrift der Gesellschaft für Schleswig-Holsteinische Geschichte 68, 1940, 1–77.

Müller-Wille, M., Dörfler, W., Meier, D. & Kroll, H., The transformation of rural society, economy and landscape during the first millennium AD: Archaeological and palaeobotanical contributions from Northern Germany and Southern Scandinavia. Geografiska Annaler 70B(1), 1988, 53–68.

Müller-Wille, M. & Oldenstein, J., Die ländliche Besiedlung des Umlandes von Mainz in spätrömischer und frühmittelalterlicher Zeit. Bericht der Römisch-Germanischen Kommission 62, 1981, 261–316.

Müller-Wille, M. u. a., Oldenburg – Wolin – Staraja Ladoga – Novgorod – Kiev. Handel und Handelsverbindungen im südlichen und östlichen Ostseeraum während des frühen Mittelalters. Bericht der Römisch-Germanischen Kommission 69, 1988, 11–306.

Oberbeck, G., Die mittelalterliche Kulturlandschaft des Gebietes um Gifhorn. Bremen-Horn 1957.

Parzinger, H., Vettersfelde – Mundolsheim – Aspres-lès-Corps. Gedanken zu einem skythischen Fund im Lichte vergleichender Archäologie. In: A. Lang, H. Parzinger & H. Küster, Kulturen zwischen Ost und West. Berlin 1993, 203–237.

Pott, R., Der Einfluß der Niederholzwirtschaft auf die Physiognomie und die floristisch-soziologische Struktur von Kalkbuchenwäldern. Tuexenia 1, 1981, 233–242.

Pott, R., Vegetationsgeschichtliche und pflanzensoziologische Untersuchungen zur Niederwaldwirtschaft in Westfalen. Abhandlungen aus dem Westfälischen Museum für Naturkunde 47(4), Münster 1985.

Radig, W., Die Siedlungstypen in Deutschland und ihre frühgeschichtlichen Wurzeln. Berlin 1955.

Reinhardt, W., Studien zur Entwicklung des ländlichen Siedlungsbildes in den Seemarschen der ostfriesischen Westküste. Probleme der Küstenforschung im südlichen Nordseegebiet 8, 1965, 73–148, Tafel I-V.

Reinhardt, W., Zur Frage der Wüstungen in der ostfriesischen Marsch. In: Wüstungen in Deutschland. Zeitschrift für Agrargeschichte und Agrarsoziologie, Sonderheft 2. Frankfurt/Main 1967, 97–101.

Reinhardt, W., Die Orts- und Flurformen Ostfrieslands in ihrer siedlungsgeschichtlichen Entwicklung. In: J. Ohling, Ostfriesland im Schutze des Deiches 1. Pewsum 1969, 203–375.

Rösch, M., Jacomet, S. & Karg, S., The history of cereals in the region of the former Duchy of Swabia (Herzogtum Schwaben) from the Roman to the Post-medieval period: results of archaeobotanical research. Vegetation History and Archaeobotany 1(4), 1992, 193–231.

Schmid, P., Emden. Lage und frühma. Topographie. Reallexikon der Germanischen Altertumskunde 7(3/4), Berlin, New York 1989, 257–266.

Schwarz, K., Der „Main-Donau-Kanal" Karls des Großen. Eine topographische Studie. In:

J. Werner, Aus Bayerns Frühzeit. Friedrich Wagner zum 75. Geburtstag. München 1962, 321–328.

Warnke, D., Wieken an der südlichen Ostseeküste. Berlin 1977.

Waterbolk, H. T., Siedlungskontinuität im Küstengebiet der Nordsee zwischen Rhein und Elbe. Probleme der Küstenforschung im südlichen Nordseegebiet 13, 1979, 1–21.

Waterbolk, H. T., Mobilität von Dorf, Ackerflur und Gräberfeld in Drenthe seit der Latènezeit. Archäologische Siedlungsforschungen auf der nordniederländischen Geest. Offa 39, 1982, 97–137.

15. Das mittelalterliche Dorf

Behre, K.-E., Beginn und Form der Plaggenwirtschaft in Nordwestdeutschland nach pollenanalytischen Untersuchungen in Ostfriesland. Neue Ausgrabungen und Forschungen in Niedersachsen 10, 1976, 197–224.

Behre, K.-E., Zur Geschichte der Bierwürzen nach Fruchtfunden und schriftlichen Quellen. In: W. van Zeist & W.A. Casparie, Plants and Ancient Man. Rotterdam 1984, 115–122.

Behre, K.-E., The history of rye cultivation in Europe. Vegetation History and Archaeobotany 1(3), 1992, 141–156.

von Below, G., Geschichte der deutschen Landwirtschaft des Mittelalters. Stuttgart 1966.

Böhm, M. u. a. (Hrsg.), Auf der Hut. Hirtenleben und Weidewirtschaft. Neusath-Perschen 2003.

Born, M., Studien zur spätmittelalterlichen und neuzeitlichen Siedlungsentwicklung in Nordhessen. Marburger Geographische Schriften 44, Marburg 1970.

Brandt, K., Historisch-geographische Studien zur Orts- und Flurgenese in den Dammer Bergen. Göttinger Geographische Abhandlungen 58, Göttingen 1971.

Drescher, G., Geographische Fluruntersuchungen im Niederbayerischen Gäu. Münchner Geographische Hefte 13, Kallmünz 1957.

Ellenberg, H., Bauernhaus und Landschaft. Stuttgart 1990.

Engelhard, K., Die Entwicklung der Kulturlandschaft des nördlichen Waldeck seit dem späten Mittelalter. Giessener Geographische Schriften 10, Giessen 1967.

Gebhard, T., Wegweiser zur Bauernhausforschung in Bayern. München-Pasing 1957.

Gradmann, R., Das ländliche Siedlungswesen des Königreichs Württemberg. Stuttgart 1913.

Groenman-van Waateringe, W. & van Wijngaarden-Bakker, L.H., Farm Life in a Carolingian Village. Assen 1987.

Habicht, W., Dorf und Bauernhaus im deutschsprachigen Lothringen und im Saarland. Saarbrücken 1980.

Hempel, L., Bodenerosion in Nordwestdeutschland. Forschungen zur Deutschen Landeskunde 144, Bad Godesberg 1963.

Henkel, G., Die ländliche Siedlung als Forschungsgegenstand der Geographie. Darmstadt 1983.

Hildebrandt, H., Regelhafte Siedlungsformen im Hünfelder Land. Marburger Geographische Schriften 34, Marburg 1968.

Hildebrandt, H., Grundzüge der ländlichen Besiedlung nordhessischer Buntsandsteinlandschaften im Mittelalter. In: M. Born, Beiträge zur Landeskunde von Nordhessen. Marburger Geographische Schriften 60, Marburg 1973, 199–282.

Jänichen, H., Beiträge zur Wirtschaftsgeschichte des schwäbischen Dorfes. Stuttgart 1970.

Jänichen, H., Markung und Allmende und die mittelalterlichen Wüstungsvorgänge im nördlichen Schwaben. In: Die Anfänge der Landgemeinde und ihr Wesen I. Vorträge und Forschungen 7, Sigmaringen 1986, 163–222.

Klein, E., Die Entwicklung des Pflugs im deutschen Südwesten. Der Museumsfreund 7, Stuttgart 1966.

Konold, W., Oberschwäbische Weiher und Seen. Karlsruhe 1987.

Kühlhorn, H., Untersuchungen zur Topographie mittelalterlicher Dörfer in Südniedersachsen. Forschungen zur deutschen Landeskunde 148, Bad Godesberg 1964.

Küster, H., Umwelt und Pflanzenanbau. In: H. Dannheimer & H. Dopsch, Die Bajuwaren von Severin bis Tassilo. München 1988, 185–191.

Küster, H., Botanische Untersuchungen belegen die Existenz eines Mühlweihers bei der frühmittelalterlichen Wassermühle von Dasing, Landkreis Aichach-Friedberg, Schwaben. Das Archäologische Jahr in Bayern 1993, Stuttgart 1994, 128–129.

Landzettel, W., Deutsche Dörfer. Braunschweig 1982.

Oberbeck, G., Die mittelalterliche Kulturlandschaft des Gebietes um Gifhorn. Bremen-Horn 1957.

Pyritz, E., Binnendünen und Flugsandebenen im Niedersächsischen Tiefland. Göttinger Geographische Abhandlungen 61, Göttingen 1972.

Radig, W., Die Siedlungstypen in Deutschland und ihre frühgeschichtlichen Wurzeln. Berlin 1955.

Scharlau, K., Gewannflurenforschung in Hessen. In: Die Anfänge der Landgemeinde und ihr Wesen I. Vorträge und Forschungen 7, Sigmaringen 1986, 29–51.

Schröder, K.H., Die Gewannflur in Süddeutschland. In: Die Anfänge der Landgemeinde und ihr Wesen I. Vorträge und Forschungen 7, Sigmaringen 1986, 11–28.

Sperber, H., Die Pflüge in Altbayern. München 1982.

Wand, N., Das Dorf der Salierzeit. Sigmaringen 1991.

16. Die mittelalterliche Stadt

Abel, W., Einige Bemerkungen zum Land-Stadtproblem im Spätmittelalter. Göttingen 1976.

Badstübner, E. u. a., Das Gleichberggebiet. Werte der deutschen Heimat 6, Berlin 1963.

Borst, O., Stuttgart. Stuttgart, Aalen 1973.

Caspers, H., Die Bodentierwelt und Biologie des Hamburger Alsterbeckens und der Stadtkanäle. Mitteilungen des Hamburger Zoologischen Museums und Institutes 52, 1953, 9–60.

Christaller, W., Die zentralen Orte in Süddeutschland. Jena 1933.

Engelhard, K., Die Entwicklung der Kulturlandschaft des nördlichen Waldeck seit dem späten Mittelalter. Giessener Geographische Schriften 10, Giessen 1967.

Fröde, E. & W., Windmühlen. Köln 1981.

Gringmuth-Dallmer, E., Vorformen der Stadtentwicklung im östlichen Mecklenburg und in der Uckermark. Zeitschrift für Archäologie 23, 1977, 61–77.

Herzberg, H. & Rieseberg, H.J., Mühlen und Müller in Berlin. Düsseldorf 1987.

Humpert, K. & Schenk, M., Entdeckung der mittelalterlichen Stadtplanung. Das Ende vom Mythos der „gewachsenen Stadt". Stuttgart 2001.

Johanek, P., Residenzen und Grablegen. In: Schaumburger Landschaft (Hrsg.), Neue Beiträge zu Adriaen de Vries. Bielefeld 2008, 9–25.

Krüger, B., Die Kietzsiedlungen im nördlichen Mitteleuropa. Berlin 1962.

Küster, H., Spätmittelalterliche Pflanzenreste aus einem Brunnen von Deggendorf (Niederbayern). Vorträge des 6. Niederbayerischen Archäologentages, Deggendorf 1988, 175–199, Tab. 1.

Küster, H., Mittelalterliche Eingriffe in Naturräume des Voralpenlandes. In: B. Herrmann, Umwelt in der Geschichte. Göttingen 1989, 63–76.

Landesdenkmalamt Baden-Württemberg & Stadt Zürich, Stadtluft, Hirsebrei und Bettelmönch. Die Stadt um 1300. Stuttgart 1992.

Mattern, H. & Wolf, R., Die Haller Landheg. Sigmaringen 1990.

Meckseper, C., Kleine Kunstgeschichte der deutschen Stadt im Mittelalter. Darmstadt 1982.

Oexle, J., Zur Siedlungsgeschichte des Konstanzer Stadthügels. Freiburger Diözesan-Archiv 109, 1989, 7–26.

Oexle, J., Der Ulmer Münsterplatz im Spiegel archäologischer Quellen. Stuttgart 1991.

Otremba, E., Nürnberg. Die alte Reichsstadt in Franken auf dem Wege zur Industriestadt. Forschungen zur deutschen Landeskunde 48, Landshut 1950.

Popp, H., Die Innenstadt von Passau. In: H. Popp, Geographische Exkursionen im östlichen Bayern. Passau 1987, 9–24.

Reinstorf, E., Die Insel Wilhelmsburg. In: H. Laue & H. Meyer, Zwischen Elbe, Seeve und Este. Ein Heimatbuch des Landkreises Harburg 2, Harburg 1925, 21–40.

Schindler, R., Das karolingische Hamburg und die Probleme der frühgeschichtlichen Städteforschung Niedersachsens. In: K. Schwarz (Hrsg.), Strena Prehistorica. Festgabe zum 60. Geburtstag von Martin Jahn. Halle/Saale 1948, 239–253.

Schindler, R., Hamburgs Frühzeit im Lichte der Ausgrabungen. Zeitschrift des Vereins für Hamburgische Geschichte 43, 1956, 49–72.

Schindler, R., Archäologische Altstadtforschung in Hamburg. Neue Ausgrabungen in Deutschland. Berlin 1958, 596–601.

Schwieker, F., Hamburg. Eine landschaftskundliche Stadtuntersuchung. Hamburg 1925.

Siebel, G., Die Nassau-Siegener Landhecken. Siegerländer Beiträge zur Geschichte und Landeskunde 12, Siegen 1963.

Stampf, I. von, Die Entstehung und mittelalterliche Entwicklung der Stadt Nürnberg in geographischer Betrachtung. Erlangen 1929.

Stoob, H., See- und Flußhäfen vom Hochmittelalter bis zur Industrialisierung. Köln, Wien 1986.

Vogt, H.-J., Die Wiprechtsburg Groitzsch. Eine mittelalterliche Befestigung in Westsachsen. Berlin 1987.

Warnke, D., Wieken an der südlichen Ostseeküste. Berlin 1977.

Weidle, K., Der Grundriß von Alt-Stuttgart. Stuttgart 1961.

17. Straßen und Burgen

Brandes, D., Zur Flora der Burgen im nördlichen Harzvorland. Braunschweiger Naturkundliche Schriften 2(4), 1987, 797–901.

Bruns, F. & Weczerka, H., Hansische Handelsstraßen. Köln, Graz 1962.

Dehn, W., „Transhumance" in der westlichen Späthallstattkultur? Archäologisches Korrespondenzblatt 2, 1972, 125–127.

Dollinger, P., Die Hanse. Stuttgart 1966.

Dreyer-Eimbcke, E., Alte Straßen im Herzen Europas. Frankfurt/Main 1989.

Iser, W., Der Meilenhofener Leonhardiritt. Schöne Heimat 81(2), 1992, 105–106.

Janssen, A., Flora und Vegetation der Ruine Stollberg/Steigerwald – anthropogene Veränderung des Wuchspotentials. Tuexenia 10, 1990, 385–400.

Lohmeyer, W., Rheinische Höhenburgen als Refugien für nitrophile Pflanzen. Natur und Landschaft 50(11), 1975, 311–318.

Mortensen, H., Alte Straßen und Landschaftsbild am Beispiel des Nordwestharzes. Neues Archiv für Niedersachsen 12, 1963, 150–166.

Pieplow, J., Von Jütland an die Elbe. Neumünster 1983.

Schulenberg, P., Hohlwege in der Umgebung von Düsseldorf-Gerresheim. In: Archäologie im Rheinland 1990, Köln 1991, 153–155.

Stoob, H., See- und Flußhäfen vom Hochmittelalter bis zur Industrialisierung. Köln, Wien 1986.

18. Wer nicht will deichen, der muss weichen

Bantelmann, A., Die Landschaftsentwicklung an der schleswig-holsteinischen Westküste. Neumünster 1967.

Behre, K.-E., Die Geschichte des Jadebusens und der Jade. In: H.-E. Reineck, Das Watt. Ablagerungs- und Lebensraum. Frankfurt/Main 1978, 39–49.

Behre, K.-E., Meeresspiegelschwankungen und Siedlungsgeschichte in den Nordseemarschen. Oldenburg 1987.

Behre, K.-E., Landschaftsgeschichte Norddeutschlands. Umwelt und Siedlung von der Steinzeit bis zur Gegenwart. Neumünster 2008.

Behre, K.-E. & Lengen, H.v. (Hrsg.), Ostfriesland. Geschichte und Gestalt einer Kulturlandschaft. Aurich 1996.

Brandt, K., Der Fund eines mittelalterlichen Siels bei Stollhammer Ahndeich, Gem. Butjadingen, Kr. Wesermarsch, und seine Bedeutung für die Landschaftsentwicklung zwischen Jadebusen und Weser. Probleme der Küstenforschung im südlichen Nordseegebiet 15, 1984, 51–64.

Busch, A., Wo lag vor 1200 die Schiffsanlegestelle von Grote Rungholt, und warum wurde sie nach Lütke Rungholt verlegt? Die Heimat 71(3), 1964, 74–78.

Ehrhardt, M., „Ein guldten Bandt des Landes". Zur Geschichte der Deiche im Alten Land. Stade 2003.

Ehrhardt, M., „Dem großen Wasser allezeit entgegen". Zur Geschichte der Deiche in Wursten. Stade 2007.

Ey, J., Hochmittelalterlicher und frühneuzeitlicher Landesausbau zwischen Jadebusen und Weser. Probleme der Küstenforschung im südlichen Nordseegebiet 18, 1991, 1–88.

Fischer, L. u.a. (Hrsg.), Das Wattenmeer. Kulturlandschaft vor und hinter den Deichen. Stuttgart 2005.

Fischer, N., Wassernot und Marschengesellschaft. Zur Geschichte der Deiche in Kehdingen. Stade 2003.

Fischer, N., Im Antlitz der Nordsee. Zur Geschichte der Deiche in Hadeln. Stade 2007.

Fliedner, D., Die Kulturlandschaft der Hamme-Wümme-Niederung. Göttinger Geographische Abhandlungen 55, Göttingen 1970.

Higelke, B., Hoffmann, D. & Müller-Wille, M., Zur Landschaftsentwicklung und Siedlungsgeschichte der nordfriesischen Marscheninseln und Watten im Einzugsbereich der Norderhever. Probleme der Küstenforschung im südlichen Nordseegebiet 11, 1976, 163–185.

Higelke, B., Hoffmann, D. & Müller-Wille, M., Das Norderhever-Projekt. Beiträge zur Landschafts- und Siedlungsgeschichte der nordfriesischen Marschen und Watten. Offa 39, 1982, 245–270.

Hövermann, J., Die Entwicklung der Siedlungsformen in den Marschen des Elb-Weser-Winkels. Forschungen zur deutschen Landeskunde 56, Remagen 1951.

Homeier, H., Der Gestaltwandel der ostfriesischen Küste im Laufe der Jahrhunderte. Ein Jahrtausend ostfriesischer Deichgeschichte. In: J. Ohling, Ostfriesland im Schutze des Deiches 2. Pewsum 1969, 3–75.

Kaiser, J., Segler in der Zeitenwende. Norderstedt 1977.

Landesamt für den Nationalpark Schleswig-Holsteinisches Wattenmeer & Umweltbundesamt

(Hrsg.), Umweltatlas Wattenmeer 1. Nordfriesisches und Dithmarscher Wattenmeer. Stuttgart 1998.

Marschalleck, K.H., Die Salzgewinnung an der friesischen Nordseeküste. Probleme der Küstenforschung im südlichen Nordseegebiet 10, 1973, 127–150.

Müller-Wille, M., Mittelalterliche und frühneuzeitliche Siedlungsentwicklung in Moor- und Marschgebieten. Siedlungsforschung 2, 1984, 7–41.

Müller-Wille, M. u. a., Norderhever-Projekt. Neumünster 1988.

Muuß, U. & Petersen, M., Die Küsten Schleswig-Holsteins. Neumünster 1971.

Nationalparkverwaltung Niedersächsisches Wattenmeer & Umweltbundesamt (Hrsg.), Umweltatlas Wattenmeer 2. Wattenmeer zwischen Elb- und Emsmündung. Stuttgart 1999.

Nitz, H.-J., Die mittelalterliche und frühneuzeitliche Besiedlung von Marsch und Moor zwischen Ems und Weser. Siedlungsforschung 2, 1984, 43–76.

Ohling, J., Die Acht und ihre sieben Siele. Pewsum 1963.

Ostfriesische Landschaft (Hrsg.), Gulfhäuser in Ostfriesland. Aurich 2000.

Reinhardt, W., Studien zur Entwicklung des ländlichen Siedlungsbildes in den Seemarschen der ostfriesischen Westküste. Probleme der Küstenforschung im südlichen Nordseegebiet 8, 1965, 73–148, Tafel I–V.

Reinhardt, W., Zum frühen Deichbau im niedersächsischen Küstengebiet. Probleme der Küstenforschung im südlichen Nordseegebiet 15, 1984, 29–40.

Schürmann, T., Die Inventare des Landes Hadeln. Wirtschaft und Haushalte einer Marschenlandschaft im Spiegel überlieferter Nachlassverzeichnisse. Stade, Otterndorf 2005.

Siebert, E., Entwicklung des Deichwesens vom Mittelalter bis zur Gegenwart. In: J. Ohling, Ostfriesland im Schutze des Deiches 2. Pewsum 1969, 79–385.

Wohlenberg, E., Die Halligen Nordfrieslands. Heide 1985.

19. Die Kultivierung der letzten Wildnisse

Bartsch, J. & M., Vegetationskunde des Schwarzwaldes. Pflanzensoziologie 4, Jena 1940.

Denecke, D., Siedlungsentwicklung und wirtschaftliche Erschließung der hohen Mittelgebirge in Deutschland. Ein historisch-geographischer Forschungsüberblick. Siedlungsforschung 10, 1992, 9–47.

Gringmuth-Dallmer, E., Untersuchungen zum Landesausbau des 11./12. Jahrhunderts im östlichen Deutschland. In: H. W. Böhme, Siedlungen und Landesausbau zur Salierzeit. Teil 1. In den nördlichen Landschaften des Reiches. Sigmaringen 1991, 147–162.

Gringmuth-Dallmer, E., Die mittelalterliche Besiedlung des Mittel- und Unterharzes. Siedlungsforschung 10, 1992, 145–161.

Hagel, J., Mensch und Wasser in der Geschichte. Stuttgart 1989.

Klein, E., Die Entwicklung des Pflugs im deutschen Südwesten. Der Museumsfreund 7, Stuttgart 1966.

Krause, W., Zur Kenntnis der Wiesenbewässerung im Schwarzwald. Veröffentlichungen der Landesstelle für Naturschutz und Landschaftspflege in Baden-Württemberg 24, 1956, 484–507.

Kühn, A., Bestandsaufnahme und Erhaltung der Wiesenbewässerungsanlage Kirchehrenbach/Weilersbach. Kulturlandschaft 2(1), 1992, 16–20.

Küster, H., Die Entwicklung der montanen und subalpinen Heiden in vegetationsgeschichtlicher Sicht. Berichte der Reinhold-Tüxen-Gesellschaft 5, 1993, 77–90.

Küster, H., Vielfalt und Monotonie von Ackerstandorten und deren Auswirkungen auf die Unkrautflora. Naturschutz und Landschaftspflege in Brandenburg Sonderheft 1 (Naturschutz in der Agrarlandschaft), Potsdam 1994, 4–7.

Lahring, H., Die Stauwiesenanlagen im Flotwedel. In: F. Helmke & H. Hohls, Der Speicher. Celle 1930, 301–306.

Michelsen, P., Irrigation in the Alps. Tools & Tillage 5(3), 1986, 160–173.

Monheim, F., Die Bewässerungswiesen des Siegerlandes. Forschungen zur deutschen Landeskunde 42, Leipzig 1943.

Radke, G., Landschaftsgeschichte und -ökologie des Nordschwarzwaldes. Hohenheimer Arbeiten 68, Stuttgart 1973.

Ries, H., Weiden und Weidewirtschaft am Feldberg. In: K. Müller, Der Feldberg im Schwarzwald. Freiburg 1948, 403–422.

Schwabe-Braun, A., Die Heustadel-Wiesen im nordbadischen Murgtal. Geschichte – Vegetation – Naturschutz. Veröffentlichungen der Landesstelle für Naturschutz und Landschaftspflege in Baden-Württemberg 55/56, 1982, 167–237.

Schwarz, K., Frühmittelalterlicher Landesausbau im östlichen Franken zwischen Steigerwald, Frankenwald und Oberpfälzer Wald. Mainz 1984.

Seidenspinner, W., Das Maulbronner Wassersystem – Relikte zisterziensischer Agrarwirtschaft und Wasserbautechnik im heutigen Landschaftsbild. Denkmalpflege in Baden-Württemberg 18(4), 1989, 181–191.

Seidenspinner, W., Historische Wiesenwässerung im Teinachtal. Relikte der Agrar- und Technikgeschichte zwischen Funktionsverlust und Zeugniswert. Denkmalpflege in Baden-Württemberg 20(3), 1991, 136–144.

Sick, W.-D., Die Besiedlung der Mittelgebirge im alemannischen Raum. Siedlungsforschung 10, 1992, 49–62.

Sperber, H., Die Pflüge in Altbayern. München 1982.

20. Nutzung und Übernutzung der Wälder

Bärnthol, R., Nieder- und Mittelwald in Franken. Waldwirtschaftsformen aus dem Mittelalter. Bad Windsheim 2003.

Brande, A. & Schumann, M., Pollen- und Holzkohleanalysen zum Problem der mittelalterlichen Teerschwelen in Düppel (Berlin-Zehlendorf). Acta praehistorica et archaeologica 23, 1991, 103–110.

Burrichter, E., Baumformen als Relikte ehemaliger Extensivwirtschaft in Nordwestdeutschland. Drosera 1, 1984, 1–18.

Burrichter, E., Tinner Loh, Borkener Paradies und Haselünner Wacholderhain. In: Jahrbuch des Emsländischen Heimatbundes 34, 1988, 168–207.

Burrichter, E. & Pott, R., Verbreitung und Geschichte der Schneitelwirtschaft mit ihren Zeugnissen in Nordwestdeutschland. Tuexenia 3, 1983, 443–453.

Delius, W., Hauberge und Haubergsgenossenschaften des Siegerlandes. Breslau 1910. Neudruck Aalen 1973.

Eisenbeis, P., Schon vor 270 Jahren: Staudämme im Hotzenwald. Beiträge zur Geschichte am Hochrhein. Waldshut-Tiengen 1977, 80–83.

Elmer, W., Die Waldweide im Thüringer Wald und im Harz, ein landwirtschaftliches, forstwirtschaftliches und sozialpolitisches Problem. In: R. Gilsenbach & A. Nickels, Reichtum und Not der Natur. Dresden 1955, 125–136.

Hasel, K., Herrenwies und Hundsbach. Forschungen zur deutschen Landeskunde 45, Leipzig 1944.

Hilbig, O., Pollenanalytische Untersuchungen am Buchendorfer Weiher, Landkreis Starnberg. In: H.H. Schmidt, Ackerbau und Siedlungsgeschichte im oberen Würmtal bei München. München 1991, 15*–27*.

Hillebrecht, M.-L., Die Relikte der Holzkohlewirtschaft als Indikatoren für Waldnutzung und Waldentwicklung. Göttinger Geographische Abhandlungen 79, Göttingen 1982.

Hillebrecht, M.-L., Eine mittelalterliche Energiekrise. In: B. Herrmann, Mensch und Umwelt im Mittelalter. Stuttgart 1986, 275–283.

Hüppe, J., Entwicklung der Tieflands-Heidegesellschaften Mitteleuropas in geobotanisch-vegetationskundlicher Sicht. Berichte der Reinhold-Tüxen-Gesellschaft 5, 1993, 49–75.

Keweloh, H.-W., Flößerei in Deutschland. Stuttgart 1985.

Kratochwil, A. & Schwabe, A., Weidbuchen im Schwarzwald als Zeugen extensiver Wirtschaftsweisen: Rekonstruktion von Jugend- und Altersstadien durch aktualistischen Vergleich und Analyse von Stammquerschnitten. Forstwissenschaftliches Centralblatt 106(6), 1987, 300–311.

Küster, H., Geschützte Pflanzen: Die Eibe. Naturschutz- und Naturparke 119, 1985, 31–32.

Küster, H., Die Entwicklung der montanen und subalpinen Heiden in vegetationsgeschichtlicher Sicht. Berichte der Reinhold-Tüxen-Gesellschaft 5, 1993, 77–90.

Pott, R., Geschichte der Hude- und Schneitelwirtschaft Nordwestdeutschlands und deren Auswirkungen auf die Vegetation. Oldenburger Jahrbuch 83, 1983, 357–376.

Pott, R., Extensive anthropogene Vegetationsveränderungen und deren pollenanalytischer Nachweis. Flora 180, 1988, 153–160.

Pott, R., Historische Waldnutzungsformen Nordwestdeutschlands. Rundschreiben des Westfälischen Heimatbundes 3(2), 1990, 1–9.

Pott, R., Extensiv genutzte Wälder in Nordrhein-Westfalen und ihre Schutzwürdigkeit. Geobotanische Kolloquien 7, 1991, 59–82.

Pott, R. & Burrichter, E., Der Bentheimer Wald. Geschichte, Physiognomie und Vegetation eines ehemaligen Hude- und Schneitelwaldes. Forstwissenschaftliches Centralblatt 102(6), 1983, 350–361.

Renner, E., Entstehung und Entwicklung der Murgflößerei bis zum Dreißigjährigen Kriege. Diss. Freiburg 1928.

Scheifele, M., Als die Wälder auf Reisen gingen. Wald – Holz – Flößerei in der Wirtschaftsgeschichte des Enz-Nagold-Gebietes. Karlsruhe 1996.

Schubart, W., Die Entwicklung des Laubwaldes als Wirtschaftswald zwischen Elbe, Saale und Weser. Aus dem Walde 14, Hannover 1966.

Schubert, E., Der Wald: wirtschaftliche Grundlage der spätmittelalterlichen Stadt. In: B. Herrmann, Mensch und Umwelt im Mittelalter. Stuttgart 1986, 257–274.

Schwabe, A., Pflege der Weidberge des Schwarzwaldes aus der Sicht des Naturschutzes. Der Schwarzwald 3, 1990, 108–111.

Schwabe, A. & Kratochwil, A., Weidbuchen im Schwarzwald und ihre Entstehung durch Verbiß des Wälderviehs. Karlsruhe 1987.

Tüxen, R., Die Lüneburger Heide. Rotenburger Schriften 26, 1967, 1–52.

Wilmanns, O., Schwabe-Braun, A. & Emter, M., Struktur und Dynamik der Pflanzengesellschaften im Reutwaldgebiet des mittleren Schwarzwaldes. Documents phytosociologiques N.S. 4, Lille 1979, 983–1024.

21. Ökologische Krisen, Wandel des Bauerntums

Abel, W., Massenarmut und Hungerkrisen im vorindustriellen Europa. Hamburg, Berlin 1974.

Abel, W., Agrarkrisen und Agrarkonjunktur. Hamburg, Berlin 1978.

Abel, W., Massenarmut und Hungerkrisen im vorindustriellen Deutschland. Göttingen 1986.

Achilles, W., Deutsche Agrargeschichte im Zeitalter der Reformen und der Industrialisierung. Stuttgart 1993.

Blanckenburg, W. von, Welternährung. München 1986.

Damaschke, A., Die Bodenreform. Jena 1916.

Deevey, E. S., The human population. Scientific American 203, 1960, 195–204.

Gercke, A., Der landwirtschaftliche Strukturwandel im 14. Jahrhundert. Die Ursache der Wüstungsperiode und die Meierhofbildung im Calenberger Land. Niedersächsisches Jahrbuch für Landesgeschichte 44, 1972, 316–328.

Golkowsky, R., Die Gemeinheitteilungen im nordwestdeutschen Raum vor dem Erlaß der ersten Gemeinheitteilungsordnungen. Hildesheim 1966.

Hamm, F., Naturkundliche Chronik Nordwestdeutschlands. Hannover 1956.

Jäger, H., Mittelalterliche Wüstungen im fränkisch-thüringischen Kontaktraum. Würzburger Geographische Arbeiten 89, Würzburg 1994, 149–166.

Jänichen, H., Markung und Allmende und die mittelalterlichen Wüstungsvorgänge im nördlichen Schwaben. In: Die Anfänge der Landgemeinde und ihr Wesen I. Vorträge und Forschungen 7, Sigmaringen 1986, 163–222.

Janssen, W., Studien zur Wüstungsfrage im fränkischen Altsiedelland zwischen Rhein, Mosel und Eifelnordrand. Köln 1975.

Jensen, W., Trenthorst. Zur Geschichte der Lübschen Güter. Neumünster 1956.

Krausch, H.-D., Wüstungsforschung in Brandenburg. Märkische Heimat 4(3), 1960, 151–160.

Malthus, T. R., An essay on the principle of population. London 1798.

Marquardt, G., Die Schleswig-Holsteinische Knicklandschaft. Kiel 1950.

Nichtweiss, J., Das Bauernlegen in Mecklenburg. Berlin 1954.

Pott, R., Entwicklung von Hecken in der Kulturlandschaft Nordwestdeutschlands. Verhandlungen der Gesellschaft für Ökologie 17, 1987, 663–670.

Pott, R., Historische und aktuelle Formen der Bewirtschaftung von Hecken in Nordwestdeutschland. Forstwissenschaftliches Centralblatt 108, 1989, 111–121.

Pyritz, E., Binnendünen und Flugsandebenen im Niedersächsischen Tiefland. Göttinger Geographische Abhandlungen 61, Göttingen 1972.

Reif, A., Flora und Vegetation der Hecken des Hinteren und Südlichen Bayerischen Waldes. Hoppea 44, 1985, 179–276.

Reif, A. & Lastic, P.Y., Heckensäume im nordöstlichen Oberfranken. Hoppea 44, 1985, 277–324.

22. Landhaus, Landschloss, neue Residenz – Garten, Park und neue Stadt

Bauer, R., Der Münchner „Theodors-Park" (Englischer Garten). In: B. Kirchgässner & J.B. Schultis, Wald, Garten und Park: Vom Funktionswandel der Natur für die Stadt. Sigmaringen 1993, 51–63.

Beck, J., Historische Gutsgärten im Elbe-Weser-Raum. Geschichte und kulturhistorische Bedeutung der Gutsgärten als Teil der Kulturlandschaft. Stade 2009.

Beck, J. & Lubricht, R., Historische Gutsgärten zwischen Elbe und Weser. Stade 2006.

Drescher, H. u.a., Potsdam und seine Umgebung. Werte der deutschen Heimat 15, Berlin 1969.

Franz, G., Hohenheim. Geschichte und Gegenwart. Stuttgart 1979.

Heimatbund Niedersachsen & Niedersächsische Gesellschaft zur Erhaltung Historischer Gärten (Hrsg.), Historische Gärten in Niedersachsen. Hannover 2000.

Hirsch, E., Dessau-Wörlitz. Zierde und Inbegriff des 18. Jahrhunderts. München 1985.

Johanek, P., Residenzen und Grablegen. In: Schaumburger Landschaft (Hrsg.), Neue Beiträge zu Adriaen de Vries. Bielefeld 2008, 9–25.

König, M. v. (Hrsg.), Herrenhausen. Die Königlichen Gärten in Hannover. Göttingen 2006.

Küster, H. & Hoppe, A., Gartenreich Dessau-Wörlitz. Landschaft und Geschichte. München 2010.

Kulturstiftung Dessau-Wörlitz (Hrsg.), Unendlich schön. Das Gartenreich Dessau-Wörlitz. 2. Auflage, Berlin 2006.

Lutze, E. & Retzlaff, H., Herbarium des Georg Oellinger Anno 1553 zu Nürnberg. Salzburg 1949.

Pfotenhauer, A., Alles fließt. Fürst Pückler und seine Gärten zur Selbsterfahrung. Monumente 4 (3/4), 1994, 4–10.

Fürst von Pückler-Muskau, H., Andeutungen über Landschaftsgärtnerei. Stuttgart 1977.

Reichhoff, L., Die Entwicklung der Dessau-Wörlitzer Kulturlandschaft. Naturschutz im Land Sachsen-Anhalt 28(1/2), 1991, 22–28.

Schnizlein, A., Führer durch Rothenburg ob der Tauber. Rothenburg 1970.

Stiftung Preußische Schlösser und Gärten Berlin-Brandenburg (Hrsg.), Preußische Gärten in Europa. 300 Jahre Gartengeschichte. Leipzig 2007.

Wilhelm-Busch-Gesellschaft e. V. & Grünflächenamt der Landeshauptstadt Hannover (Hrsg.), „Zurück zur Natur". Idee und Geschichte des Georgengartens in Hannover-Herrenhausen. Göttingen 1997.

23. Rohstoffe und Wasserkraft, Mühlen und frühe Industrie

Coblenz, W. u. a., Die südöstliche Oberlausitz mit Zittau und dem Zittauer Gebirge. Werte unserer Heimat 16, Berlin 1971.

Dietz, B., Vom spätmittelalterlichen Handwerk zur industriellen Produktionsweise: der Aufstieg des bergischen Papiergewerbes. Zeitschrift des Bergischen Geschichtsvereins 93, 1987/88, 81–131.

Gräbner, W., Das Gradierwerk der Saline Bad Sülze als technisches Kulturdenkmal. In: R. Gilsenbach & U. Zielinski, Von Domen, Mühlen und goldenen Reitern. Dresden 1955, 215–227.

Herzberg, H. & Rieseberg, H. J., Mühlen und Müller in Berlin. Düsseldorf 1987.

Krins, H. u. a., Brücke, Mühle und Fabrik. Technische Kulturdenkmale in Baden-Württemberg. Stuttgart 1991.

Schwieker, F., Hamburg. Eine landschaftskundliche Stadtuntersuchung. Hamburg 1925.

Slotta, R., Einführung in die Industriearchäologie. Darmstadt 1982.

Stubenvoll, W., Die deutschen Hugenottenstädte. Frankfurt/Main 1990.

24. Die Moorkultivierungen

Bauer, H., Die Mark Brandenburg. Berlin-Grunewald 1954.

Borck, H.-G., Die Besiedlung und Kultivierung der Emslandmoore bis zur Gründung der Emsland GmbH. Niedersächsisches Jahrbuch für Landesgeschichte 45, 1973, 1–30.

Braumann, F. & Müller, H., Der Naturpark Drömling in Sachsen-Anhalt. Naturschutz- und Naturparke 152, 1994, 9–17.

Ey, J., Hochmittelalterlicher und frühneuzeitlicher Landesausbau zwischen Jadebusen und Weser. Probleme der Küstenforschung im südlichen Nordseegebiet 18, 1991, 1–88.

Fliedner, D., Die Kulturlandschaft der Hamme-Wümme-Niederung. Göttinger Geographische Abhandlungen 55, Göttingen 1970.

Gipp, W., Geschichte der Moor- und Torfnutzung in Bayern. Telma 16, 1986, 305–317.

Haas, G., Die Vögel des Federseegebiets nach ihrem jahreszeitlichen Vorkommen. In: W. Zimmermann, Der Federsee. Stuttgart 1961, 101–147.

Hansemann, J., Die historische Entwicklung des Torfabbaues im Toten Moor bei Neustadt am Rübenberge, Landkreis Hannover. Telma 14, 1984, 127–143.

Kasper, A. & Wall, E., Die Kultivierung des Steinhauser oder Wilden Rieds. In: W. Zimmermann, Der Federsee. Stuttgart 1961, 387–402.

Lilienthal, K., Jürgen Christian Findorffs Erbe. Osterholz-Scharmbeck 1931.

Meyer, H., Zur Geschichte des Moorgutes Sedelsberg von 1912 bis 1951. Telma 14, 1984, 145–161.

Müller-Scheessel, K., Jürgen Christian Findorff und die kurhannoversche Moorkolonisation im 18. Jahrhundert. Hildesheim 1975.

Pötsch, J., Die Grünland-Gesellschaften des Fiener Bruchs in West-Brandenburg. Wissenschaftliche Zeitschrift der Pädagogischen Hochschule Potsdam, Mathematisch-Naturwissenschaftliche Reihe 7(1/2), 1962, 167–200.

Schultze, A., Die Sielhafenorte und das Problem des regionalen Typus im Bauplan der Kulturlandschaft. Göttinger Geographische Abhandlungen 27, Göttingen 1962.

Schwalb, M., Die Entwicklung der bäuerlichen Kulturlandschaft in Ostfriesland und Westoldenburg. Bonner Geographische Abhandlungen 12, Bonn 1953.

Starklof, L., Moor-Kanäle und Moor-Colonien zwischen Hunte und Ems. Oldenburg 1847.

Wegener, A., Die Besiedlung der nordwestdeutschen Hochmoore. Telma 15, 1985, 151–172.

25. Neue Kulturpflanzen

Becker, H., Die Feld-Teich-Wechselwirtschaft und ihre agrargeographischen Probleme. In: H. Pinkwart, Genetische Ansätze zur Kulturlandschaftsforschung. Festschrift für Helmut Jäger. Würzburg 1983, 171–188.

Benecke, F., Die Korbflechtindustrie Oberfrankens. Leipzig 1921.

Böckler, W., Der Flachsbau in Deutschland. Berlin 1937.

Böhm, L. u.a., Burger und Lübbenauer Spreewald. Werte unserer Heimat 36, Berlin 1981.

Coblenz, W. u.a., Die südöstliche Oberlausitz mit Zittau und dem Zittauer Gebirge. Werte unserer Heimat 16, Berlin 1971.

Crämer, U., Das Allgäu. Werden und Wesen eines Landschaftsbegriffs. Berichte zur deutschen Landeskunde 84, Remagen 1954.

Freckmann, K. u.a., Flachs im Rheinland. Anbau und Verarbeitung. Köln 1979.

Freudenberg, H., Die Obstbaulandschaft am Bodensee. Badische Geographische Abhandlungen 18, Freiburg, Heidelberg 1938.

Hebeler, W. & Müllerott, H., Denkmale des Waidanbaus in Thüringen. Erfurt 1989.

Koch, F., Die geographische Verbreitung der Obstkelterei, des Obstwein- und Mostgenusses in Mittel- und Westeuropa. Öhringen 1936.

Krings, W., Die Anfänge des Gartenbaus in Bamberg aus historisch-geographischer Sicht. Geschichte des Gartenbaus und der Gartenkunst 1, Erfurt 1994, 73–104.

Krins, H. u.a., Brücke, Mühle und Fabrik. Technische Kulturdenkmale in Baden-Württemberg. Stuttgart 1991.

Krüger, T., Spuren der Flachsverarbeitung in der Landschaft des linken Niederrheins. Bonner Jahrbücher 186, 1986, 523–533.

Küster, H., Neue Pflanzen für die Alte Welt. Kartoffel und Mais als Kärrner der Industriellen Revolution. Kultur & Technik 16(4), 1992, 30–35.

Küster, H., 7000 Jahre Ackerwirtschaft in Bayern. Botanische Untersuchungen zu historischen Problemen. Naturwissenschaftliche Rundschau 45(10), 1992, 385–391.

Kugler, H. & Schmidt, W., Das Gebiet an der unteren Unstrut. Werte unserer Heimat 46, Berlin 1988.

Lucke, R., Silbereisen R. & Herzberger, E., Obstbäume in der Landschaft. Stuttgart 1992.

Neuß, E., Der Weinbau an Saale und Unstrut und sein Einfluß auf das Landschaftsbild. In: R. Gilsenbach & U. Zielinski, Von Domen, Mühlen und goldenen Reitern. Dresden 1955, 177–186.

Opitz, E., Gubener Korbmacher. In: Gubener Heimatkalender 1987, 27–30.

Otremba, E., Nürnberg. Die alte Reichsstadt in Franken auf dem Wege zur Industriestadt. Forschungen zur deutschen Landeskunde 48, Landshut 1950.

Schiller, J.C., Die Baumzucht im Großen. Stuttgart 1993.

Scholkmann, K., Die sieben Keltern in Metzingen, Kreis Reutlingen. Denkmalpflege in Baden-Württemberg 12(4), 1983, 179–183.

Vietheer, H., Die Bandreißer in der Haseldorfer Marsch. Die Heimat 72(3), 1965, 65–72.

Wielandt, F., Das Konstanzer Leinengewerbe. Konstanz 1950.

26. Die Industrialisierung

Brüggemeier, F.-J. & Rommelspacher, T., Besiegte Natur. Geschichte der Umwelt im 19. und 20. Jahrhundert. München 1987.

Feit, U., Die Kaliwirtschaft Niedersachsens. In: G. Schwarz, Hannover und Niedersachsen. Beiträge zur Landes- und Wirtschaftskunde. Hannover 1953, 183–187.

Gilhaus, U., „Schmerzenskinder der Industrie". Umweltverschmutzung, Umweltpolitik und sozialer Protest im Industriezeitalter in Westfalen 1845–1914. Paderborn 1995.

Glebe, G., Das hessische Werrakalibergbaugebiet. Rhein-Mainische Forschungen 66, Frankfurt/Main 1969.

Heese, M., Der Landschaftswandel im mittleren Ruhrindustriegebiet seit 1820. Münster 1941.

Klose, H., Das westfälische Industriegebiet und die Erhaltung der Natur. Berlin 1919.

Krins, H. u.a., Brücke, Mühle und Fabrik. Technische Kulturdenkmale in Baden-Württemberg. Stuttgart 1991.

Manske, D.J., Das Industriegebiet der Mittleren Oberpfalz. In: H. Popp, Geographische Exkursionen im östlichen Bayern. Passau 1987, 105–114.

Meier, F., Die Änderung der Bodennutzung und des Grundeigentums im Ruhrgebiet von 1820 bis 1955. Forschungen zur deutschen Landeskunde 131, Bad Godesberg 1961.

Nölting, E., Die niedersächsische Zement-Industrie. In: G. Schwarz, Hannover und Niedersachsen. Beiträge zur Landes- und Wirtschaftskunde. Hannover 1953, 188–197.

Oesterwind, B.C. & Unselt, M., Vom Kloster zur Tuchfabrik. Untersuchungen im Bereich des ehemaligen Minoritenklosters Lennep. In: Archäologie im Rheinland 1990. Köln 1991, 147–150.

Osterhammel, J., Die Verwandlung der Welt. Eine Geschichte des 19. Jahrhunderts. 3. Auflage, München 2009.

Ranke, W. & Korff, G., Hauberg und Eisen. Landwirtschaft und Industrie im Siegerland um 1900. München 1980.

Rüsewald, K. & Schäfer, W., Geographische Landeskunde Westfalens. Paderborn 1937.

Schellin, D., Juwel der Sozialgeschichte. Industrie-Ensemble Alte Schmelz in St.Ingbert bedroht. Süddeutsche Zeitung 24.8.1993, 10.

Slotta, R., Einführung in die Industriearchäologie. Darmstadt 1982.

Achilles, F.W., Hafenstandorte und Hafenfunktionen im Rhein-Ruhr-Gebiet. Bochumer Geographische Arbeiten 2, Paderborn 1967.

AEG Aktiengesellschaft, Vom O-Bus zum DUO-Bus. Informationen aus der AEG Geschichte 1, Frankfurt/Main 1991.

Axt, K., Exoten am Nordostseekanal und an der Eider. Die Heimat 68(3), 1961, 73–76.

Bärthel, E.-V., Der Stadtwald Breisach. 700 Jahre Waldgeschichte in der Aue des Oberrheins. Stuttgart 1965.

Blum, Das Eisenbahnnetz Niedersachsens. Oldenburg 1933.

Borchert, F., Die Leipzig-Dresdner Eisenbahn. Berlin 1989.

Brandes, D., Flora und Vegetation niedersächsischer Binnenhäfen. Braunschweiger naturkundliche Schriften 3(2), 1989, 305–334.

Broelmann, J., Schiffahrt aus der Steckdose. Die Elektrifizierung des Teltow-Kanals. Kultur & Technik 17(2), 1993, 20–21.

Brückner, O., Die Eisenbahn-Empfangsgebäude im Königreich Hannover. Hannover 1939.

Eichberg, H., Stimmung über der Heide. Vom romantischen Blick zur Kolonisierung des Raumes. In: G. Großklaus & E. Oldemeyer, Natur als Gegenwelt. Karlsruhe 1983, 197–233.

Finke, W., Der Max-Clemens-Kanal im Münsterland. Archäologie in Deutschland 1, 1987, 10–11.

Fischer, E., Das Schiffshebewerk Niederfinow. Eberswalde o. J.

Gebauer, J.H., Aus der Frühgeschichte der Hildesheimer Chausseen. Archiv für Landes- und Volkskunde von Niedersachsen 18, 1943, 406–415.

Gerleve, L., Beiträge zur Linienführung von Schiene und Straße. Emsdetten 1939.

Hartig, G.L., Über die Bepflanzung der Landstraßen mit Bäumen. In: G.L. Hartig (Hrsg.), Forst- und Jagd-Archiv von und für Preußen 2(1), 1817, 67–73.

Hovers, G., Der Ausbau der Außenweser zu einer Großschiffahrtsstraße. Niedersächsisches Jahrbuch für Landesgeschichte 51, 1979, 65–76.

Jöns, K., Eine Pflanze wandert. Die Heimat 60(6), 1953, 192–193.

Krabbe, W.R., „Altlast" Eisenbahn. Ein Problem der Stadtplanung um 1900. Kultur & Technik 17(2), 1993, 30–35.

Krausch, H.-D., Bemerkenswerte Bäume im Gubener Land (5). Die Robinie. Gubener Heimatkalender 32, 1988, 89–94.

Krins, H. u.a., Brücke, Mühle und Fabrik. Technische Kulturdenkmale in Baden-Württemberg. Stuttgart 1991.

Küster, H., Blüten der Technik. Menschliches Wirken hat Standorte für Pflanzen vernichtet und neue geschaffen. Kultur & Technik 14(4), 1990, 32–37.

Kuhfahl, G., Die kursächsischen Postmeilensäulen August des Starken. Dresden 1930.

Kunz, E., Von der Tulla'schen Rheinkorrektion bis zum Oberrheinausbau. 150 Jahre Eingriff in Naturstromregime. In: K. Ehls u.a., Naturschutzgebiet Limberg am Kaiserstuhl. Führer durch Natur- und Landschaftsschutzgebiete Baden-Württembergs 2, Karlsruhe 1978, 173–196.

Lehmann, I. & Rohde, M. (Hrsg.), Alleen in Deutschland. Leipzig 2006.

Mattheis, A. & Otte, A., Die Vegetation der Bahnhöfe im Raum München – Mühldorf – Rosenheim. Berichte der Akademie für Naturschutz und Landschaftspflege 13, 1989, 77–143.

Maxeiner, D., Lichte Höhe. Mobil 1, 1994, 34–38.

Plessen, M.L. von u.a., Die Elbe. Ein Lebenslauf. Berlin 1992.

Schmidt, W., Havelland um Werder, Lehnin und Ketzin. Werte der deutschen Heimat 53, Leipzig 1992.

Schneider, G., Zusammenfassende Darstellung der Rheinregulierung Straßburg/Kehl-Istein. Freiburg 1966.

Staisch, E., Hauptbahnhof Hamburg. Geschichte der Eisenbahn in Norddeutschland. Hamburg 1981.

Störzner, B., Von den Bomätschern. In: O. Winter, Die Elbe. Berlin 1934, 55–56.

Tümmers, H. J., Der Rhein. Ein europäischer Fluß und seine Geschichte. München 1994.

28. Die großen Aufforstungen

Bärthel, E.-V., Der Stadtwald Breisach. 700 Jahre Waldgeschichte in der Aue des Oberrheins. Stuttgart 1965.

Brunnengräber, R., Deutschland – Deine Landschaften. München 1985.

Duve, C., Der Forst „Hahnheide" bei Trittau vor etwa 130 Jahren. Die Heimat 81(2), 1974, 46–48.

Fischer, A., Untersuchungen zur Populationsdynamik am Beginn von Sekundärsukzessionen. Die Bedeutung von Samenbank und Samenniederschlag für die Wiederbesiedlung vegetationsfreier Flächen in Wald- und Grünlandgesellschaften. Dissertationes Botanicae 110, Berlin, Stuttgart 1987.

Harrison, R. P., Wälder. Ursprung und Spiegel der Kultur. München, Wien 1992.

Hartmann, W. & Schröder, U., Landschaftswandel seit 1770; dargestellt an den Räumen Clenze, Fließau-Pudripp, Lübbow-Lichtenberg und Schaafhausen-Weitsche. Jahresheft des Heimatkundlichen Arbeitskreises Lüchow-Dannenberg 2, 1970, 87–98.

Hauff, R., Die Bodenvegetation älterer Fichtenbestände auf aufgeforsteten Schafweiden der Mittleren Alb. Mitteilungen des Vereins für Forstliche Standortskunde und Forstpflanzenzüchtung 15, 1965, 39–43.

Hennig, R., Der Sachsenwald. Neumünster 1983.

Hoffmann, F., Das Vordringen nordamerikanischer Gewächse nach Schleswig-Holstein im 18. Jahrhundert. Die Heimat 60(9), 1953, 251–253.

Jäger, H., Wildtierpopulationen, Umweltveränderung und anthropogene Eingriffe. Würzburger Geographische Arbeiten 87, Würzburg 1993, 491–501.

Knauer, N., Vogelkojen. Die Heimat 61(1), 1954, 15–18.

Köstler, J., Geschichte des Waldes in Altbayern. München 1934.

Kolp, O., Die nordöstliche Heide Mecklenburgs. Berlin 1957.

Kürschner, K., Ein Beitrag zur Geschichte des Reinhäuser Waldes. Göttingen 1976.

Küster, H., Vielfalt und Monotonie von Ackerstandorten und deren Auswirkungen auf die Unkrautflora. Naturschutz und Landschaftspflege in Brandenburg Sonderheft 1 (Naturschutz in der Agrarlandschaft), Potsdam 1994, 4–7.

Meinecke, T., Aufforstung des nordwestdeutschen Heidegebietes. Neudamm 1927.

Ottens, M., Der Entenfang bei Boye. In: F. Helmke & H. Hohls, Der Speicher. Celle 1930, 495–500.

Riehl, G., Die Forstwirtschaft im Oberharzer Bergbaugebiet von der Mitte des 17. bis zum Ausgang des 19. Jahrhunderts. Aus dem Walde 15, Hannover 1968.

Schubart, W., Die Entwicklung des Laubwaldes als Wirtschaftswald zwischen Elbe, Saale und Weser. Aus dem Walde 14, Hannover 1966.

Schwarz, K., Archäologisch-topographische Studien zur Geschichte frühmittelalterlicher Fernwege und Ackerfluren. Materialhefte zur Bayerischen Vorgeschichte A 45, Kallmünz 1989.

Speer, J., Wald und Forstwirtschaft in der Industriegesellschaft. München 1960.

Thürauf, G., Endmoränengebiet in Großstadtnähe östlich von München. In: H. Fehn u. a., Topographischer Atlas Bayern. München 1968, 246–247.

Vietinghoff-Riesch, A. Frhr. von, Ein Waldgebiet im Schicksal der Zeiten. Die Oberlausitz. Hannover 1949.

Wagner, F., Die Wälder Memmingens. Memmingen 1992.

Weber, H., Die Geschichte der Spessarter Forstorganisation. München 1954.

Weck, F., Fremdländische Holzarten bei der Wiederherstellung des Waldes in Deutschland. Merkblätter des Zentralinstitutes für Forst- und Holzwirtschaft 3(9), Hamburg-Reinbek 1949.

Wiedemann, H., Zweihundert Jahre preußische Forsteinrichtung. Aus dem Walde 26, Hannover 1976.

29. Die fortschrittliche „gute alte Zeit"

Beck, R., Ebersberg oder das Ende der Wildnis. Eine Landschaftsgeschichte. München 2003.

Borchert, C., Das Acker-Grünland-Verhältnis in Bayern. Münchner Geographische Hefte 12, Kallmünz 1957.

Brandt, P., Preußen. Zur Sozialgeschichte eines Staates. Reinbek 1981.

Büschenfeld, J. (Hrsg.), Natur- und Umweltgeschichte in Westfalen. Westfälische Forschungen 57, Münster 2007.

Crämer, U., Das Allgäu. Werden und Wesen eines Landschaftsbegriffs. Berichte zur deutschen Landeskunde 84, Remagen 1954.

Ditt, K., Gudermann, R. & Rüße, N. (Hrsg.), Agrarmodernisierung und ökologische Folgen. Westfalen vom 18. bis zum 20. Jahrhundert. Paderborn 2001.

Eichler, J., Gradmann, R. & Meigen, W., Ergebnisse der pflanzengeographischen Durchforschung von Württemberg, Baden und Hohenzollern. Stuttgart 1905 ff.

Franz, G., Hohenheim. Geschichte und Gegenwart. Stuttgart 1979.

Freudenberg, H., Die Obstbaulandschaft am Bodensee. Badische Geographische Abhandlungen 18, Freiburg und Heidelberg 1938.

Freund, G., Blockbau in Bewegung. Ökonomiegebäude als Bedeutungsträger alpiner Sachkultur. Münster 2007.

Glebe, G., Das hessische Werrakalibergbaugebiet. Rhein-Mainische Forschungen 66, Frankfurt/Main 1969.

Golkowsky, R., Die Gemeinheitsteilungen im nordwestdeutschen Raum vor dem Erlaß der ersten Gemeinheitsteilungsordnungen. Hildesheim 1966.

Graebner, P., Die Pflanze. In: E. Friedel & R. Mielke, Landeskunde der Provinz Brandenburg I. Die Natur. Berlin 1909, 129–264.

Gröll, W., Die Pflanzen der alten Bauerngärten des 19. Jahrhunderts in Norddeutschland. Jahrbuch des Naturwissenschaftlichen Vereines im Fürstentum Lüneburg 36, 1983, 321–329.

Gröll, W., Über ländliche Gärten in Norddeutschland. Volkskunst 2, 1985, 42–46.

Hagel, J., Mensch und Wasser in der Geschichte. Stuttgart 1989.

Hartmann, W. & Schröder, U., Landschaftswandel seit 1770; dargestellt an den Räumen Clenze, Fließau-Pudripp, Lübbow-Lichtenberg und Schaafhausen-Weitsche. Jahresheft des Heimatkundlichen Arbeitskreises Lüchow-Dannenberg 2, 1970, 87–98.

Hetzel, W., Wiesenbewässerung und Agrarlandschaft des oldenburgischen Huntetals. Bremen-Horn 1957.

Hoppe, A., Die Bewässerungswiesen Nordwestdeutschlands. Geschichte, Wandel und heutige Situation. Abhandlungen aus dem Westfälischen Museum für Naturkunde 64(1), Münster 2002.

Klein, L., Charakterbilder mitteleuropäischer Waldbäume I. Jena 1905.

Klose, H., Das westfälische Industriegebiet und die Erhaltung der Natur. Berlin 1919.

Krausch, H.-D., Die Einführung der Zierpflanzen nach Mitteleuropa. Beiträge zur Gartendenkmalpflege. Berlin 1989, 7–19.

Krausch, H.-D., Bauerngärten in der Uckermark. Schwedter Jahresblätter 14, 1993, 5–15.

Krins, H. u. a., Brücke, Mühle und Fabrik. Technische Kulturdenkmale in Baden-Württemberg. Stuttgart 1991.

Kühn, F., Veränderung der Unkrautflora von Mähren während der Entwicklung der Landwirtschaft. Naturschutz und Landschaftspflege in Brandenburg Sonderheft 1 (Naturschutz in der Agrarlandschaft), Potsdam 1994, 8–13.

Küster, H., Vielfalt und Monotonie von Ackerstandorten und deren Auswirkungen auf die Unkrautflora. Naturschutz und Landschaftspflege in Brandenburg Sonderheft 1 (Naturschutz in der Agrarlandschaft), Potsdam 1994, 4–7.

Kufferath-Sieberin, G., Die Zuckerindustrie der linksrheinischen Bördenlandschaft. Arbeiten zur rheinischen Landeskunde 9, Bonn 1955.

Lucke, R., Silbereisen, R. & Herzberger, E., Obstbäume in der Landschaft. Stuttgart 1992.

Mak, G. Wie Gott verschwand aus Jorwerd. Der Untergang des Dorfes in Europa. Aus dem Niederländischen von I. de Keghel. Berlin 1999.

Middelhauve, L., Die Milchwirtschaft Schleswig-Holsteins. Die Heimat 61(3), 1954, 57–61.

Monheim, F., Die Bewässerungswiesen des Siegerlandes. Forschungen zur deutschen Landeskunde 42, Leipzig 1943.

Natho, I., Das Knopf- oder Franzosenkraut (Galinsoga Ruiz et Pavon) und seine Geschichte in Deutschland. Archiv der Freunde der Naturgeschichte in Mecklenburg 4, 1958, 234–242.

Nitzschke, H., Der Neuenburger Urwald bei Bockhorn in Oldenburg. Vegetationsbilder 23(6/7), Jena 1932.

Panne, K. (Hrsg.), Albrecht Daniel Thaer. Der Mann gehört der Welt. Celle 2002.

Ritter, G., Stein. Eine politische Biographie. Stuttgart 1958.

Schmidt, W., Havelland um Werder, Lehnin und Ketzin. Werte der deutschen Heimat 53, Leipzig 1992.

Seiberlich, T., Die Parzellenwirtschaften Badens unter besonderer Berücksichtigung der Beziehungen zwischen Landwirtschaft und Industrie. Quakenbrück 1931.

Sendtner, O., Die Vegetationsverhältnisse Südbayerns. München 1854.

Stopfel, W., Kulturdenkmäler der Schiene. Denkmalpflege in Baden-Württemberg 8, 1979, 159–164.

Stuhr, K., Die Vorgeschichte und Geschichte der Genossenschaftsmeierei Struvenhütten. Die Heimat 71(11), 1964, 367–371.

Thünen, J. H. von, Der isolierte Staat in Beziehung auf Landwirtschaft und Nationalökonomie. Rostock 1842.

Vigelius, O., Die wirtschaftliche und soziale Bedeutung der Freilandrosenkultur in Deutschland. Diss. Heidelberg 1905.

Waldhäusl, F. W., Der Bodenanbau in der Provinz Sachsen und in Anhalt im Jahre 1913. Leipzig 1935.

Wallbaum, U., Die Rübenzuckerindustrie in Hannover. Stuttgart 1997.

Willdenow, C.-L., Prodromus florae Berolinensis. Berlin 1787.

30. Ins Grüne!

Braun, A., Voraussetzungen, Probleme und Auswirkungen von planerischen Maßnahmen im Fremdenverkehrsraum, aufgezeigt am Beispiel eines Hotel-, Kongreß- und Freizeitzentrums an der Lübecker Bucht. Die Heimat 86(6), 1979, 113–126.

Brunnengräber, R., Deutschland – Deine Landschaften. München 1985.

Dietmann, T., Ökologische Schäden durch Massenschisport. Jahrbuch des Vereins zum Schutz der Bergwelt 50, 1985, 107–159.

Dogterom, J. u.a., Fremdenverkehr. In: J. Abrahamse u.a., Wattenmeer. Ein Naturraum der Niederlande, Deutschlands und Dänemarks. Neumünster 1976, 301–311.

Frühsorge, G., Die Kunst des Landlebens. Vom Landschloß zum Campingplatz. München, Berlin 1993.

Hartmann, K., Die Berliner Gartenstadt Falkenberg. Ein Planungsbeispiel der deutschen Gartenstadtbewegung. In: B. Kirchgässner & J.B. Schultis, Wald, Garten und Park: Vom Funktionswandel der Natur für die Stadt. Sigmaringen 1993, 83–95.

Hasbargen, L., Die Ostfriesischen Inseln. Forschungen zur deutschen Landeskunde 141, Bad Godesberg 1963.

Kager, W. & Naleppa, W., Die volkswirtschaftliche Leistung einer Kleinsiedlung. Aufbau und Ertragsgestaltung der Siedlung Goldstein bei Frankfurt a.M. Frankfurt/Main 1938.

Kannenberg, E.G., Die frühe Entwicklung der ältesten Seebäder an der schleswig-holsteinischen Ostseeküste. Die Heimat 63(3), 1956, 52–54; 63(4), 1956, 78–80; 63(5), 1956, 111–112.

Lux, H., Das Naturschutzgebiet Lüneburger Heide. Stuttgart, Hamburg 1983.

Muuß, U. & Petersen, M., Die Küsten Schleswig-Holsteins. Neumünster 1971.

Schadt, J., Die Anfänge der Gartenstadtbewegung in Südwestdeutschland. In: B. Kirchgässner & J.B. Schultis, Wald, Garten und Park: Vom Funktionswandel der Natur für die Stadt. Sigmaringen 1993, 97–104.

Schauer, T., Vegetationsveränderungen und Florenverlust auf Skipisten in den bayerischen Alpen. Jahrbuch des Vereins zum Schutz der Bergwelt 46, 1981, 149–179.

Schroeter, W., Carl Hagenbecks Tierpark feiert Jubiläum. Die Heimat 89(4), 1982, 128–132.

Wagner, U., Jens Person Lindahl und die Entstehung des Würzburger Ringparks. In: B. Kirchgässner & J.B. Schultis, Wald, Garten und Park: Vom Funktionswandel der Natur für die Stadt. Sigmaringen 1993, 65–81.

Wedemeyer, M., Miramar – Ein Haus auf Vorposten. Ein Beitrag zum Jubiläum 125 Jahre Bad und 75 Jahre Stadt Westerland. Die Heimat 87(7), 1980, 193–196.

Wiepert, P., Die Entwicklung eines Ostseebades. Die Heimat 64(3), 1957, 68–71.

31. Erdöl, Beton, Strom und zwei Weltkriege

Benz, W., Eine Präriestadt, mitten in Deutschland. Vor 50 Jahren wurde Salzgitter als nationalsozialistische Mustersiedlung gegründet. Süddeutsche Zeitung 4.4.1992, 193.

Brunnengräber, R., Deutschland – Deine Landschaften. München 1985.

Graeber-Möller, I., Die Entwicklung der Pflanzengesellschaften auf den Trümmern und Auffüllplätzen. In: E.-W. Raabe, Festschrift für Dr. h.c. Willi Christiansen. Mitteilungen der Arbeitsgemeinschaft für Floristik in Schleswig-Holstein und Hamburg 5, Kiel 1955, 44–59.

Grimminger, H., Michler, G. & Steinberg, C., Der Speichersee. Mitteilungen der Geographischen Gesellschaft in München 64, 1979, 41–76.

Haertle, K.-M., Die gelungene Eingliederung. Heimatvertriebene und Flüchtlinge im Landkreis Ebersberg. Stuttgart 1987.

Leonhardt, F., Brücken. Ästhetik und Gestaltung. Stuttgart 1984.

Mauss, O. & Müller, J., Salzgitter. Salzgitter-Lebenstedt 1969.

Nagler, A., Schmidt, W. & Stottele, T., Die Vegetation an Autobahnen und Straßen in Südhessen. Tuexenia 9, 1989, 151–182.

Nissen, N.R., 125 Jahre Erdöl in Dithmarschen. Die Heimat 88(4/5), 1981, 116–118.

Reinhardt-Fehrenbach, G., Unvermeidlicher Abbruch? Das Kraftwerk Rheinfelden. Denkmalpflege in Baden-Württemberg 21(4), 1992, 109–117.

Roweck, H. & Reinöhl, H., Zur Verbreitung und systematischen Abgrenzung der Teichrosen Nuphar pumila und N. x intermedia in Baden-Württemberg. Veröffentlichungen für Naturschutz und Landschaftspflege in Baden-Württemberg 61, 1985, 81–153.

Santé, G., Volkswagenwerk und Volkswagenstadt. In: G. Schwarz, Hannover und Niedersachsen. Beiträge zur Landes- und Wirtschaftskunde. Hannover 1953, 210–221.

Schlicht, G., Die niedersächsische Erdölwirtschaft. In: G. Schwarz, Hannover und Niedersachsen. Beiträge zur Landes- und Wirtschaftskunde. Hannover 1953, 156–165.

Speer, J., Wald und Forstwirtschaft in der Industriegesellschaft. München 1960.

Uhlenhut, A., Strom aus dem Kunstwerk. Das Wasserkraftwerk und Industriemuseum Heimbach in der Nordeifel. Kultur & Technik 18(1), 1994, 46–49.

32. Von der „Erzeugungsschlacht" zur Überproduktion
33. Urbane Zentren, auch abseits der Städte, verlassenes Land, auch in der Stadt

Bauer, A.F., Probleme und Aufgaben des praktischen Windschutzes in unserer Agrarlandschaft. Naturschutzarbeit und naturkundliche Heimatforschung in den Bezirken Rostock, Schwerin, Neubrandenburg 4, 1959, 2–8.

Deutsche Landwirtschafts-Gesellschaft (Hrsg.), Landwirtschaft 2010. Welche Wege führen in die Zukunft? Frankfurt 1999.

Elsen, T. van & Scheller, U., Zur Bedeutung einer stark gegliederten Feldflur für die Entwicklung von Ackerwildkraut-Gesellschaften. Beispiele aus Thüringen und Nordhessen. Naturschutz und Landschaftspflege in Brandenburg Sonderheft 1 (Naturschutz in der Agrarlandschaft), Potsdam 1994, 17–31.

Haenel, H., Spuren der Vergangenheit in der modernen Ernährung. Ernährung/Nutrition 15(3), 1991, 147–154.

Kluge, U., Agrarwirtschaft und ländliche Gesellschaft im 20. Jahrhundert. München 2005.

Küster, H., Neue Pflanzen für die Alte Welt. Kartoffel und Mais als Kärrner der Industriellen Revolution. Kultur & Technik 16 (4), 1992, 30–35.

Küster, H., Vielfalt und Monotonie von Ackerstandorten und deren Auswirkungen auf die Unkrautflora. Naturschutz und Landschaftspflege in Brandenburg Sonderheft 1 (Naturschutz in der Agrarlandschaft), Potsdam 1994, 4–7.

Mak, G. Wie Gott verschwand aus Jorwerd. Der Untergang des Dorfes in Europa. Aus dem Niederländischen von I. de Keghel. Berlin 1999.

Raabe, E.-W., Beiträge zum Landschaftswandel in Schleswig-Holstein I. Der Abbau der Knicklandschaft der Gemeinde Heikendorf vor Kiel. Die Heimat 85(4/5), 1978, 111–115.

Reichholf, J.H., Der Tanz um das goldene Kalb. Der Ökokolonialismus Europas. Berlin 2004.

Volquardsen, J.V., Zur Agrarreform in Schleswig-Holstein nach 1945. Zeitschrift der Gesellschaft für Schleswig-Holsteinische Geschichte 102/103, 1977/1978, 187–344.

Wiebe, D., Die Gärtnergruppensiedlung Gönnebek. Die Heimat 76(7), 1969, 212–217.

Abbildungsnachweis

Die Abbildungen stammen von Hansjörg Küster mit Ausnahme von:

Seite 17: nach I. Bartels und J. Büdel aus H. Wilhelmy, Geomorphologie in Stichworten I. Ferdinand Hirt Verlag, Kiel 1975
Seite 21: nach Focus/Herder & Gwinner, Freiburg 1972
Seite 24/25: aus Diercke Weltatlas. Georg Westermann Verlag, Braunschweig 1974
Seite 26: nach F. Fezer & U. Muuß, aus H. Küster, Botanische Wanderungen in deutschen Ländern 1: Baden-Württemberg. Urania Verlagsgesellschaft, Leipzig, Jena, Berlin 1993
Seite 30: nach K. Gripp, aus G. Schott, Die Naturlandschaften, in G. Schwantes, Geschichte Schleswig-Holsteins 1: Die Urgeschichte, Wachholtz Verlag, Neumünster 1958
Seite 31, 32, 49, 64, 157: © Heinz Fleischmann Kartographisches Institut München
Seite 37: aus P. Woldstedt, Das Eiszeitalter. Ferdinand Enke Verlag, Stuttgart 1958
Seite 38: aus H. Albrecht & P. Wollkopf, Rentierjäger und frühe Bauern. Konstanzer Museumsjournal 1990; © Städtische Museen Konstanz – Rosengartenmuseum
Seite 42, 120: Luftbild Bertram, Haar
Seite 43: nach G. Wagner & A. Koch, Raumbilder zur Erd- und Landschaftsgeschichte Südwestdeutschlands. Verlag Reprodruck GmbH, Schmiden bei Stuttgart 1961
Seite 46: nach K. Wölfle, Hamburger Geschichtsatlas. Verlag Friederichsen & Co., Hamburg 1926
Seite 52: nach S. Bortenschlager aus F. Kral, Spät- und postglaziale Waldgeschichte der Alpen auf Grund der bisherigen Pollenanalysen. Wien 1979
Seite 77: Peter Palm, Berlin
Seite 78: Gerhard Lanz, Spektrum der Wissenschaft
Seite 144, 225: aus A. Bantelmann, Die Landschaftsentwicklung an der schleswig-holsteinischen Westküste. Wachholtz Verlag, Neumünster 1967
Seite 152: aus M. Müller-Wille u.a., Norderhever-Projekt. Wachholtz Verlag, Neumünster 1988
Seite 160, 213: Luftbild Otto Braasch, Schwäbisch Gmünd
Seite 162: E. Keller, Bayerisches Landesamt für Denkmalpflege, München
Seite 168: nach S. Hvass, Ländliche Siedlungen der Kaiser- und Völkerwanderungszeit in Dänemark. Offa, 39, 1982
Seite 174: aus H. Jankuhn, Haithabu. Ein Handelsplatz der Wikingerzeit. Wachholtz Verlag, Neumünster 1976
Seite 188: nach K. Schwarz, Archäologisch-topographische Studien zur Geschichte frühmittelalterlicher Fernwege und Ackerfluren. Verlag Michael Laßleben, Kallmünz 1989
Seite 198: Bertram-Luftbild, Haar, mit freundlicher Genehmigung des Verkehrsamtes der Stadt Nördlingen
Seite 201: Luftbild Max Prugger, 1983
Seite 202: aus E. Otremba, Nürnberg. Die alte Reichsstadt in Franken auf dem Wege zur Industriestadt. Forschungen zur deutschen Landeskunde 48, Landshut 1950
Seite 206: aus R. Schindler, Hamburgs Frühzeit im Lichte der Ausgrabungen. Zeitschrift des Vereins für Hamburgische Geschichte 43, 1956
Seite 215: picture-alliance/Bildagentur Huber

Seite 251: Richard Pott, Hannover aus: R. Pott, Farbatlas Waldlandschaften, Stuttgart 1993
Seite 269: Ansgar Hoppe, Hannover
Seite 302: SZ-Photo/M. Vollmer
Seite 358 oben: picture-alliance/dpa
Seite 362 oben: Stefan von der Lahr, München
Seite 378: picture-alliance/ZB/euroluftbild
Graphiken: U. Lay, Freiburg i. Br.

Register